V&R Academic

digilit

Literatur und Literaturvermittlung
im Zeitalter der Digitalisierung

Band 1

Herausgegeben von
Matthias Beilein, Claudia Stockinger und Simone Winko

Sebastian Böck / Julian Ingelmann /
Kai Matuszkiewicz / Friederike Schruhl (Hg.)

Lesen X.0

Rezeptionsprozesse in der digitalen Gegenwart

Mit 34 Abbildungen

V&R unipress

MIX
Papier aus verantwortungsvollen Quellen
FSC® C083411
FSC
www.fsc.org

Bibliografische Information der Deutschen Nationalbibliothek

Die Deutsche Nationalbibliothek verzeichnet diese Publikation in der Deutschen Nationalbibliografie; detaillierte bibliografische Daten sind im Internet über http://dnb.d-nb.de abrufbar.

ISSN 2512-8930
ISBN 978-3-8471-0745-3

Weitere Ausgaben und Online-Angebote sind erhältlich unter: www.v-r.de

Gedruckt mit freundlicher Unterstützung der Deutschen Forschungsgemeinschaft.

Printed in Germany.
Titelbild: © Katharina Lukoschek
Druck und Bindung: CPI buchbuecher.de GmbH, Zum Alten Berg 24, D-96158 Birkach

Gedruckt auf alterungsbeständigem Papier.

Inhalt

Orte des Lesens

Zeiten des Lesens

Sebastian Böck / Julian Ingelmann / Kai Matuszkiewicz / Friederike Schruhl

Lesen in der digitalen Gegenwart. Eine Einleitung

Mehr als acht von zehn Personen der deutschen Bevölkerung haben in den letzten zwölf Monaten ein Buch gelesen – so ein Ergebnis der aktuellen *Buchkäufer- und Buchleserstudie* des *Börsenvereins des Deutschen Buchhandels.*[1] Derartige Erhebungen lassen die viel beschworene These vom „Ende des Lesens"[2] in der digitalen Gegenwart fragwürdig erscheinen. Dennoch wird intensiv darüber diskutiert, ob digitale Medien nicht nur das gedruckte Buch, sondern auch die Kulturtechnik des Lesens insgesamt verdrängen.[3] Tablets und Smartphones, so Vertreter*innen dieser Auffassung, verhinderten eine ausdauernde, konzentrierte und aufmerksame Lektüre.[4] Leser*innen ‚wischten' nunmehr lediglich über die Texte hinweg. Häufig wird der Verlust des Papierraschelns beim Umblättern gar als ein Untergang der abendländischen Kultur gedeutet.[5] Ebenso radikal treten auch die Befürworter*innen des digitalen Wandels der Lesekultur auf. Mit der ‚technischen Revolution' verbinden sie eine vermeintlich längst überfällig gewordene Verabschiedung eines anachronistischen Paradigmas. Gedruckte Bücher sind in ihren Augen nicht mehr zeitgemäß. Sie seien oftmals zu lang und aufgrund ihrer materiellen Beschaffenheit schlicht unpraktisch.[6] Digitale Anwendungen böten hingegen eine Reihe von Vorteilen: Durch die Möglichkeit, die Schriftgröße und die Helligkeit des Hintergrunds anzupassen, würden sie individuellen Bedürfnissen gerecht; sie könnten personalisierte Lektürevorschläge unterbreiten und erleichterten den Zugang zu potenziellem Lesestoff. Ohnehin sei die Fixierung auf ein einziges Medium überkommen.

1 Vgl. die Studie *Buchkäufer und -leser 2015. Profile, Motive, Einstellungen (Oktober 2015)* des *Börsenvereins des Deutschen Buchhandels.* Eine Zusammenfassung ist in diesem Band abgedruckt ab S. 292.

2 Siehe zusammentragend Kuhn 2013, S. 219ff.

3 Vgl. bspw. die Feuilletondebatten über die Zukunft des Lesens: Hintermeier 2010; Goos/Voigt 2014.

4 Siehe Wolf/Barzillai 2009.

5 Für eine pointierte Zusammenfassung dieser Kulturkritik siehe Hagner 2014.

6 Siehe bspw. Gomez 2007.

Transmediale Verbindungen zwischen Bild, Text und Ton sorgten für grundsätzlich andere Leseerfahrungen, die weitaus mehr Rezipient*innengruppen ansprächen als das gedruckte Buch. So stellt beispielsweise Henning Lobin fest, dass dort, „wo eine Hand heute in der U-Bahn, auf dem Bahnsteig, im Café oder heimlich in Meetings ein Smartphone hält und ein Mensch etwas liest, [...] früher nicht ein Buch oder eine Zeitung [war], sondern meistens – nichts. Wir lesen heute mehr, aber ganz anders“[7]. Der These vom Ende des Lesens steht die Diagnose einer neuen Konjunktur des Lesens somit diametral entgegen.

1 Gegenstände, Medien und Institutionen des Lesens im Zeitalter der Digitalisierung

Auch wenn zur Digitalisierung – wie zu jedem Medienwechsel – disparate Deutungen gehören, die von kulturpessimistischen Krisendiagnosen bis hin zu euphorischen Zukunftshoffnungen reichen,[8] zeichnen sich die gegenwärtigen Auseinandersetzungen über das Lesen dadurch aus, dass auffallend viele Annahmen über das Funktions- und Leistungsspektrum des Lesens aufeinandertreffen, wobei sich die jeweiligen Positionen vielfach auf unterschiedliche Kontexte beziehen und zumeist implizit mit engeren oder weiteren Lese-, Literatur- und Textbegriffen operieren. Zudem haben die Kritiker*innen nicht einfach verschiedene Meinungen über das Lesen, sondern rekurrieren häufig auf heterogene Problembereiche. Das hängt vor allem damit zusammen, dass es sich beim Lesen um eine multimodale und kontextabhängige Praxis handelt, die mit Gegenständen, Medien und Institutionen verbunden ist und über ein hohes Variationspotenzial verfügt. Ein schweres, in Leinen gebundenes Buch evoziert eine andere Lesehaltung als ein Hochglanzmagazin; eine Gutenachtgeschichte wird anders gelesen als ein Text am Schreibtisch;[9] während der Urlaubsroman in der Regel vollständig und von vorne nach hinten gelesen wird, blättert man in Forschungsliteratur ständig zwischen den Seiten, wobei man manche Fußnote im Text überliest und ausgewählte Stellen häufig wiederholt und intensiv studiert.[10] Implizite Erwartungen an die ‚richtige Lektüre', d. h. an die Art und Weise des Lesens, die Auswahl des Stoffes und die angemessene Leseumgebung, durchziehen die Diskussionen über den Zustand des Lesens und sind vor allem deswegen folgenreich, weil sie Bewertungen digitaler Rezeptionsprozesse prä-

7 Lobin 2014, S. 122. Siehe bspw. Lobin 2012.
8 Siehe bspw. die Ausführungen in Beilein/Stockinger 2017 sowie Hagner 2015, S. 11f. und 222ff.
9 Siehe hierzu die Überlegungen von Spoerhase 2015, grundlegend Saenger 1997.
10 Siehe Luhmann 2001.

judizieren können – ohne jedoch die Spezifika digitaler Anwendungen zu berücksichtigen.[11]

Der vorliegende Sammelband hat sich daher zum Ziel gesetzt, die neu entstehenden Gegenstandsbereiche des Lesens ebenso zu untersuchen wie die zur Routine gewordenen Lesegewohnheiten und die Resilienz bestimmter Leseideale. Mit der Fokussierung auf die Praxis des Lesens und ihre räumliche, mediale und institutionelle Verankerung sollen in den versammelten Beiträgen Leseobjekte und Lesekontexte ins Zentrum gestellt werden. Zuvor möchten wir den Begriff des Lesens diskutieren und unter drei Aspekten eingrenzen, um im Anschluss daran eine historisch informierte Perspektive auf die Erforschung des Lesens in der digitalen Gegenwart vorzuschlagen.

2 Lesen als Rezeptionsbegriff. Textualität – Metaphorizität – Soziabilität

In seinen berühmten ‚Sudelbüchern' notierte Georg Christoph Lichtenberg: „Eine schädliche Folge des allzu vielen Lesens ist, daß sich die Bedeutung der Wörter abnutzt, die Gedanken werden nur so ohngefähr ausgedrückt. Der Ausdruck sitzt dem Gedanken nur los an. Ist das wahr?"[12] Unabhängig davon, wie man diese Frage beantwortet, ist der Aphorismus Lichtenbergs für die Bestimmung des Lesens aufschlussreich. Einerseits verdeutlicht er, dass Kulturtechniken und den darin eingebundenen Medien nicht erst seit der berüchtigten ‚digitalen Demenz'[13] das menschliche Gehirn erodierende Potenziale nachgesagt werden. Andererseits wird hier deutlich, wie vieldeutig ‚Lesen' verwendet wird. Erstens bezieht sich Lichtenberg implizit auf das Lesen als einen Akt, bei dem Wörter aufgenommen werden. Zweitens hebt er auf das Lesen als die Verarbeitung und Interpretation von Informationen ab, die durch diese Wörter ausgedrückt werden. Anders gesagt: Lesen ist zugleich ein kognitiver Prozess und eine hermeneutische Tätigkeit. Diese unterschiedlichen Akte werden mitsamt der dazugehörigen Kontexte, Medien und Akteur*innen von der Leseforschung sehr differenziert betrachtet.[14] Weil ein Sammelband allein eine solche Komplexität nicht adäquat abzubilden vermag, scheint es uns ratsam zu sein, das Verständnis des Begriffs ‚Lesen' heuristisch einzuhegen. Gemeinsam haben die meisten Auffassungen des Lesens, die sich in Forschung, Medien oder auch der Alltags-

11 Siehe zu den Besonderheiten digitaler Lesemedien Mangen/Weel 2016.

12 Lichtenberg 1983, S. 247 [E 273].

13 Siehe Spitzer 2014.

14 Siehe dazu exemplarisch die Handbücher von Rautenberg/Schneider 2015 sowie Kamil u.a. 2011.

kommunikation entdecken lassen, dass sie auf das Lesen als einen Rezeptionsprozess rekurrieren. In diesem weiten Sinne wird Lesen als ein (kommunikativer) Prozess der Aufnahme, der Verarbeitung und des Verstehens von Informationen oder Gedanken anderer begriffen. Aus dieser Gesamtheit greifen wir im Folgenden drei Konzepte von Lesen heraus, die die Beiträge dieses Bandes immer wieder tangieren: ‚Lesen als literaler Rezeptionsprozess', ‚Lesen als metaphorische Beschreibung von Rezeptionszusammenhängen' und ‚Lesen als soziale Praxis'. Diese gilt es, kurz zu skizzieren.

Versteht man ‚Lesen als literalen Rezeptionsprozess', so ist hiermit zumeist ein visuell oder taktil ablaufender Akt gemeint, bei dem (eine Reihe von) Schriftzeichen dekodiert, interpretiert und reflektiert werden. Dieser Akt wird oft auch als ‚Lektüre' aufgefasst und fußt nicht selten auf einem eher engen, linguistisch informierten Textbegriff. Aus dieser Perspektive ist Lesen (wie Schreiben, Spielen oder Rechnen) eine bedeutende Kulturtechnik, eine basale menschliche Fertigkeit, die man sich allerdings erst einmal aneignen muss. Die Psycholinguistik, die Kognitionspsychologie oder die Neurologie haben sich in den letzten beiden Dekaden verstärkt dem Lesenlernen zugewandt.[15] Betrachtet man Lesen hingegen als eine ‚metaphorische Beschreibung von Rezeptionsvorgängen', so liegt dieser Auffassung ein eher weit gefasster Textbegriff zugrunde, wie er sich infolge der ‚linguistischen Wende' zunehmend in den Kulturwissenschaften etablierte. Er kulminiert nicht zuletzt in der von der Kulturanthropologie inspirierten Metapher der ‚Kultur als Text'.[16] Konzipiert man Kultur als Text, ist es legitim, ihre Rezeption, wie auch immer sie beschaffen sein mag, als ‚Lesen' zu bezeichnen. Die Wahrnehmung von kulturellen Entitäten sowie deren Interpretation und Analyse werden somit zu Leseakten.

Was die beiden ersten Verständnisse von Lesen eint, ist ihre Fokussierung auf den Rezeptionsprozess als einen Akt, der auf ein Objekt hin ausgerichtet ist. Hiervon hebt sich das ‚Lesen als soziale Praxis' ab. Freilich lösen sich die beteiligten sozialen Akteur*innen hierbei nie gänzlich von den Objekten, die Anlass der sozialen Aktivität sind, jedoch steht das Soziale deutlich im Vordergrund und ist primärer Handlungsmovens der involvierten Akteur*innen. Es geht demgemäß nicht lediglich um das Lesen eines Textes, sondern um die Art und Weise des Lesens; vor allem die kollektiven Formen des Lesens wurden hier verstärkt untersucht. Von der mittelalterlichen und frühneuzeitlichen Vorlesegesellschaft, über die literarischen Salons der Neuzeit bis zu gegenwärtigen sozialen Lesepraktiken wie dem digitalen ‚social reading'[17] lassen sich derartige

15 Siehe zum psycholinguistischen Ansatz exemplarisch Underwood/Batt 2001 und zur entwicklungspsychologischen Perspektive Snowling/Hulme 2005. Zum kognitionspsychologisch erforschten Bereich des Textverstehens siehe exemplarisch Dijk/Kintsch 1983.

16 Vgl. Bachmann-Medick 2009, S. 37.

17 Siehe Stein 2010 sowie Pleimling 2012.

Phänomene beobachten, auch wenn sie in Erscheinung und Reichweite doch sehr different sein können. Alle rekurrieren jedoch auf einen gemeinsamen Kommunikationsanlass: den geschriebenen Text. Insofern wird hier – ähnlich dem Lesen als literalem Rezeptionsprozess – ein engeres Textverständnis vertreten.[18] Durch dieses Lesekonzept werden viele z. B. im Internet beobachtbare Kommunikationsvorgänge über Texte erst als ‚Lesen' erfassbar.

Die Ursachen dafür, dass wir drei derart verschiedene Auffassungen von Lesen ausgewählt haben, liegen letztlich in einer Kultur und Gesellschaft begründet, die von der Digitalisierung zunehmend bestimmt wird und sich beispielsweise unter drei Paradigmen beschreiben lässt: Textualität, Metaphorizität und Soziabilität. Lesen ist und bleibt erstens letztlich selbst in Zeiten digitaler Medien ein eher textbezogener Rezeptionsprozess, was eine Betrachtung von Lesen als literalem Rezeptionsprozess notwendig macht. Ob als E-Book, als E-Magazin, als Facebook-Post, Tweet oder Produktbeschreibung im Online-Shop – Texte (in einem engen Sinne) durchziehen die digitale Welt und erfordern ein literales Lesen. Zweitens verwenden Menschen in fachlichen wie alltäglichen Diskursen stets den Begriff ‚Lesen' in metaphorischer Hinsicht. Nicht nur Kulturwissenschaftler*innen ‚lesen' die Kultur, auch nicht-professionelle Mediennutzer*innen ‚lesen' Enhanced E-Books oder teilen ihre ‚Lektüre' von *Game of Thrones* mit anderen Fans.[19] Die nach wie vor anhaltenden Einflüsse einer langen kulturgeschichtlichen Tradition, die sich am Text ausrichtete, prägen dementsprechend nicht nur die Rezeption an sich, sondern auch die Art und Weise, diese zu bezeichnen, zu diskutieren und zu analysieren. Und drittens sind das Lesen selbst, sowie der Austausch über das Gelesene, nach wie vor eine nicht zu unterschätzende Motivation für Leser*innen, zu lesen. Plattformen wie *LovelyBooks* mögen auf den ersten Blick lediglich wie ‚Neuauflagen' bekannter Formen des (gemeinschaftlichen) Lesens wirken; auf den zweiten Blick zeigt sich jedoch, dass sie es im Unterschied zu den älteren Formen des Lesens als sozialer Praxis einem dispersen Publikum ermöglichen, miteinander über Texte zu kommunizieren. Vor diesem Hintergrund zeigt sich bereits, dass in der digitalen Gegenwart nicht alle alten Gewissheiten obsolet sind, dass aber auch keineswegs alle Novitäten nur Replikate von Vorgängern sind, die nur geringfügig abgewandelt würden. Die aktuelle Medienkultur muss dementsprechend synchron wie diachron differenziert beleuchtet werden, wozu es notwendig erscheint, im anschließenden Kapitel einen kurzen Einblick in die historische Leseforschung zu geben. Zuvor lässt sich jedoch bereits konstatieren, dass auch im digitalen Zeitalter Texte noch (im traditionellen Sinne) gelesen werden, dass Lesen nach

18 Vgl. dazu, auch wenn er sich in seinen Ausführungen nicht auf das Lesen, sondern auf die Literatur bezieht, Mussil 2006, S. 335.

19 Siehe *Game of Thrones* seit 2011.

wie vor eine soziale und kollektiv geteilte Betätigung darstellt, welche für uns als ‚buchstäblicher' Prozess der Informationsgewinnung ebenso Bedeutung gewinnt wie als (metaphorisch interpretierbare) Form der Weltaneignung oder -erklärung.

3 Von der Schriftrolle zum E-Book. Lesen zwischen Kontinuität und historischem Wandel

Eine Geschichte des Lesens zu schreiben, die den Umfang einer Einleitung nicht übersteigt, ist schwierig;[20] immerhin geht es um eine Kulturtechnik, die sich über Jahrtausende hinweg entwickelt hat. Die Aufgabe wäre allerdings auch dann kompliziert, wenn wir ein ganzes Buch füllen dürften, denn die historische Leseforschung sieht sich mit zahlreichen methodischen Herausforderungen konfrontiert: Es mangelt an systematischen Vorarbeiten; die Quellenlage ist dünn; die nötige interdisziplinäre Zusammenarbeit gestaltet sich oft mühsam.[21] Diese Probleme erwachsen gewissermaßen aus der Anlage des Untersuchungsgegenstands, schließlich ist „Lektüre ein[] Prozess […], der auch und wesentlich im Kopf des Lesers stattfindet"[22] und sich daher nur selten in für die Nachwelt nachvollziehbaren Daten niederschlägt.

Doch selbst wenn vergangene Prozesse und Praktiken der Lektüre problemlos zu rekonstruieren wären, stellten die vielen möglichen Ansatzpunkte einer „Geschichte des Lesens" noch immer eine Herausforderung für Historiograph*innen dar.[23] Zwar gelingt es Georg Jäger, das Feld der historischen Leseforschung in nur acht Fragen zu umreißen; damit macht er aber nur umso deutlicher, wie umfangreich dieses Thema ist.[24] Denn die Umstände, unter denen Menschen lasen, variierten seit der Antike ebenso stark wie die Kontexte, in denen das Lesen diskutiert wurde. Wer eine Geschichte des Lesens schreiben will,

---

20 Diese Feststellung ist indes keineswegs bahnbrechend, wie Helmut Zedelmaiers ausführlicher Kommentar zu Matthias Bickenbachs Dissertation *Von den Möglichkeiten einer ‚inneren' Geschichte des Lesens* zeigt: „Die Betonung der besonderen Schwierigkeit, Komplexität oder Unmöglichkeit fehlt in Arbeiten zur Geschichte des Lesens selten", schreibt Zedelmaier, „[sie] gehört sozusagen zum festen Repertoire der Vor- und Nachbemerkungen, meist verbunden mit dem Verweis auf die geringe Aufmerksamkeit, welche die Forschung diesem Gegenstand bislang gewidmet hat." Zedelmaier 2001, S. 78.

21 Für einen systematischen Überblick über Herausforderungen und Desiderate der historischen Leseforschung vgl. Tschopp 2014, S. 157–162; siehe bspw. auch Boelmann 2009.

22 Tschopp 2014, S. 161–162; vgl. dazu auch Bickenbach 1999, S. 1–20. Zu den methodischen Möglichkeiten einer Wahrnehmungsrekonstruktion siehe Tschopp 2005.

23 Vgl. Zedelmaier 2001, S. 81–82.

24 Vgl. Jäger 1987, S. 493.

muss sich daher zunächst einmal überlegen, wie er sie erzählen möchte. Einige mögliche Narrative seien hier beschrieben.[25]

Die Geschichte des Lesens ließe sich beispielsweise als Mediengeschichte konzipieren. Dann wäre bei der Steintafel anzufangen und die Entwicklung von der Schriftrolle über den Codex bis hin zum ‚modernen Buch' zu skizzieren.[26] Wir müssten darauf hinweisen, dass diese Speichermedien auf verschiedene Arten produziert wurden, spezielle Rezeptionshaltungen erforderten und für bestimmte Textsorten unterschiedlich geeignet waren. Es wäre wohl auch nötig, zu umreißen, wie sich eine mündlich geprägte Gesellschaft zur Schriftkultur entwickelte,[27] wenngleich Matthias Bickenbach darauf hinweist, dass diese Veränderung keineswegs den Charakter einer ersetzenden Verdrängung hatte.[28] Wir könnten uns für den Siegeszug des Taschenbuchs seit 1900[29] ebenso interessieren wie für die Verbreitung des Hörbuchs[30] oder die Erfindung des E-Books,[31] schließlich hatten all diese Innovationen Einfluss auf den Akt der Lektüre im Allgemeinen sowie auf die Zusammensetzung des Publikums im Speziellen.

Wir könnten die Leser*innen aber auch in das Zentrum unserer Analyse stellen und die Geschichte des Lesens als Sozialgeschichte schreiben, wie es Jost Schneider getan hat.[32] Dann schlügen wir einen Bogen von der „[l]iterarischen Kommunikation im Stammeszeitalter"[33] zu den Lesegesellschaften der Aufklärung,[34] berichteten von der Bedeutung der Lektüre für die Herausbildung eines bürgerlichen Selbst- und Klassenbewusstseins[35] und erläuterten die gesellschaftliche Bedeutung der Literatur im nationalsozialistischen Deutschland sowie in der Nachkriegszeit.[36] Statt unser Narrativ an der Ereignisgeschichte zu

25 Siehe White 2008.

26 Für eine knappe Darstellung dieser Entwicklung siehe Griep 2005. Eher anekdotisch, aber dennoch aufschlussreich berichtet Manguel 1998.

27 Siehe bspw. Stein 2010.

28 Vgl. Bickenbach 1999, S. 55–93; siehe dazu auch Saenger 1997.

29 Siehe Völker 2014 sowie Klimmt/Rössler 2016, welche die Nachkriegszeit in den Blick nehmen und damit eine für den Erfolg des Taschenbuchs besonders nachhaltige Epoche beleuchten.

30 Siehe Binczek/Epping-Jäger 2012; Häusermann/Janz-Peschke/Rühr 2010 sowie Rühr 2008.

31 Besonders der letztgenannte Lesemedienwandel sorgt noch immer für kontroverse Debatten, wie auch die Beiträge dieses Sammelbands zeigen. Für relativ neutrale, historisch interessierte Beiträge zum E-Book siehe Jungbluth 2015 sowie Manley/Holley 2012.

32 Siehe Schneider 2004.

33 Schneider 2004, S. 23–46.

34 Noch immer eignet sich für einen Überblick Dann 1981; siehe auch Schön 1987, S. 177–222. Von den zahlreichen Studien, die regionale und zeitliche Besonderheiten von Lesegesellschaften analysieren, siehe bspw. Hilmar 2001.

35 Siehe Engelsing 1974.

36 Siehe Adam 2016 sowie Adam 2010.

orientieren, könnten wir aber auch das Leseverhalten einzelner Gruppen, Milieus oder Stände zu bestimmten Zeitpunkten in den Blick nehmen.[37]

Dabei fiele uns wohl auf, dass das Lesen schon immer Gegenstand von Wertvorstellungen und moralischen Abwägungen war; uns würde bewusst, wie sehr es stets von Normen, Vorschriften und Gesetzen geprägt wurde. Wir zeigten, wie Zensur das Leseverhalten beeinflussen kann,[38] und beleuchteten, wie stark die Rezeption von und das Sprechen über Literatur davon abhängig sind, was eine Gesellschaft zu einem bestimmten Zeitpunkt als erwünschtes Verhalten erachtet.[39] Um historische Beispiele anzuführen, zitierten wir aus Platons Schriftkritik[40] und hielten dem einen Ausspruch Augustinus' entgegen, der in seinen *Bekenntnissen* von einer Bekehrung durch Lesen berichtet.[41]

Dann wagten wir einen Sprung in das Deutschland des ausgehenden 18. Jahrhunderts, also an die Schwelle zur modernen literarischen Kultur, in der das extensive Lesen das intensive ablöste, weil es nunmehr ein vergleichsweise großes alphabetisiertes Publikum gab, das erstmals genug Zeit und Geld dafür hatte, Bücher in größerer Menge zu kaufen.[42] Dass davon nicht alle Zeitgenoss*innen gleichermaßen begeistert waren, würden wir anhand einer Publikation von Johann Gottfried Hoche verdeutlichen, dessen *Vertraute Briefe über die jetzige abentheuerliche Lesesucht und über den Einfluß derselben auf die Verminderung des häuslichen und öffentlichen Glücks* zu den zentralen Texten der Lesesucht-Debatte um 1800 gehört.[43] In diesem Zusammenhang zitierten wir auch Heinrich Zschokkes Rat an christliche Leser*innen: „Lies nicht viel; aber auch nicht *vielerlei* durch einander."[44] Das ermöglichte uns die Überleitung zum Thema der Leseempfehlungen und Kanones, die nicht einfach aufzeigen, „was wir lesen sollen",[45] sondern die

> als die historisch und kulturell variablen Ergebnisse komplexer Selektions- und Deutungsprozesse betrachtet werden [müssen], die Kanonisierungsinstanzen – z. B. Schule oder Universität – zuzuschreiben sind und in denen inner- und außerliterarische

37 Siehe bspw. Meise 2014 sowie Siegert 2014.
38 Siehe Mix 2014 sowie Plachta 2006.
39 Siehe J. Schneider 2014.
40 Vgl. Griep 2005, S. 58–67; siehe ferner Kullmann 1991.
41 Vgl. Augustinus 1987, S. 417 sowie Zedelmaier 2001, S. 86–87. Siehe außerdem Bickenbach 1999, S. 76–86.
42 Siehe bspw. Schön 1997.
43 Vgl. [Hoche] 1794. Zur Lesesucht-Debatte siehe Künast 2013 sowie König 1977.
44 [Zschokke] 1858, S. 125.
45 Diese Frage verwenden Stefan Neuhaus und Uta Schaffers im Titel ihres Sammelbands zu *Kanon und literarische[r] Wertung am Beginn des 21. Jahrhunderts*. Vgl. Neuhaus/Schaffers 2016.

> Faktoren – von Textqualitäten über literarische Normen bis zu sozialen und kulturellen Bedingungen der Entstehungs- und Rezeptionszeit – zusammenwirken.[46]

Kanones interessierten uns in diesem Zusammenhang auch deshalb, weil eine Geschichte des Lesens immer auch eine Geschichte der Lesestoffe ist.[47]

Die drei skizzierten Ansätze stellen nur einen Bruchteil der möglichen Narrative über die historische Entwicklung des Lesens dar. Dabei haben wir noch gar nicht darüber gesprochen, dass eine Lesegeschichte natürlich auch beleuchten müsste, welch unterschiedliche Zwecke, Ziele und Motivationen mit der Lektüre in der Vergangenheit verbunden wurden,[48] wie wichtig die Rolle von Analphabetismus und Schulbildung war,[49] dass Lesen immer auch von ökonomischen Faktoren auf Produzent*innen- und Rezipient*innenseite beeinflusst wird.[50] Auch die Institutionen der Lesegeschichte, also beispielsweise Bibliothek und Buchhandel, hätten wir dann nur am Rande erwähnt.[51] Zum Schluss bliebe dann noch festzustellen, dass die Geschichte des Lesens nicht einfach irgendwann endet, sondern bis in die Gegenwart andauert und sogar in die Zukunft fortgedacht werden kann.[52]

Diese Perspektiven, aus denen man die Geschichte des Lesens erzählen könnte, benötigen jeweils ihr eigenes Spezialwissen, und die einzelnen Ansätze werden zusätzlich dadurch verkompliziert, dass man sie nicht unabhängig voneinander verstehen kann. An dieser Stelle müssen wir uns daher darauf beschränken, auf die Schwierigkeiten hinzuweisen, die mit einem solchen Unterfangen verbunden sind und zu verdeutlichen, dass wir bei der Erforschung der digitalen Gegenwart die analogen Wurzeln des Lesens nicht außer Acht lassen dürfen. Wenn wir in die Buchhandlung gehen, um das Buch einer Verlagsautorin zu kaufen, über das wir eine Rezension im Feuilleton gelesen haben,

---

46 Beilein/Stockinger/Winko 2012, S. 2f.

47 Diese Umwertung der Literaturgeschichte vollzogen schon früh Wolfgang Iser und Hans Robert Jauß durch die Etablierung eines rezeptions- bzw. wirkungsästhetischen Ansatzes. Siehe Iser 1972; Iser 1976 sowie Jauss 1975; siehe auch die Aufsätze von Gumbrecht (1975) sowie Stierle (1975) in derselben Ausgabe der *Poetica*.

48 Siehe U. Schneider 2014 sowie Rühr/Kuhn 2013, darin besonders Streblow/Schöning 2013.

49 Siehe bspw. Engelsing 1973.

50 Siehe bspw. Wegmann 2002.

51 Zum Buchhandel in Deutschland seit Gutenberg siehe Wittmann 1999. Für einen genaueren Einblick in das 19. und 20. Jahrhundert siehe die momentan sechsbändige Reihe *Geschichte des deutschen Buchhandels im 19. und 20. Jahrhundert* vom Börsenverein des Deutschen Buchhandels/Historische Kommission seit 2001. Für einen knappen Überblick über die historische Entwicklung der Bibliothek siehe Jochum 2007. Zahlreiche historische Hinweise liefert auch das *Handbuch Bibliothek* von Umlauf/Gradmann 2012.

52 Für Ansätze zu einer Fortschreibung der Geschichte des Lesens in die Zukunft unter den Bedingungen der digitalen Gegenwart siehe Maas/Ehmig 2013 sowie Kuhn 2013, bes. S. 234–238. Für ältere Versuche siehe bspw. Petrucci 1999 sowie Schön 1998.

müssen wir das als historisch gewachsenen Prozess verstehen und uns ins Bewusstsein rufen, dass dieser Prozess keine naturgegebene Selbstverständlichkeit ist.[53] In der digitalen Gegenwart können wir schließlich völlig anders an unseren Lesestoff gelangen: Wir können beispielsweise in einem sozialen Netzwerk auf den Roman einer Selfpublisherin verwiesen werden, den wir nur einen Mausklick später erwerben und automatisch auf unseren E-Book-Reader herunterladen, um ihn nach der Lektüre auf unserem Blog zu besprechen.

Die Digitalisierung ändert nicht nur die Medien des Lesens, sondern auch die damit verbundenen Praktiken und Prozesse. Die Gegenwart konfrontiert Leser*innen mit neuen Vernetzungsmöglichkeiten, Lektüreweisen und Lesestoffen. Diese Entwicklungen lassen sich momentan nur schwer überblicken, weil sie so umfassend und aktuell sind, dass sie sich in ihrer Tragweite kaum einordnen und in ihrer Bedeutung für die Zukunft des Lesens kaum einschätzen lassen. Die Beiträger*innen dieses Bandes versuchen es trotzdem – und nicht von ungefähr knüpfen sie dabei auch an zahlreiche historische Theorien, an etablierte Begriffe und an Konzepte aus der Vergangenheit an.

4 Gliederung und Beiträge

Die im vorliegenden Band versammelten Beiträge betrachten das Phänomen ‚Lesen in der digitalen Gegenwart' aus disziplinär verschiedenen, jeweils auf spezifische Teilaspekte und Erkenntnisinteressen ausgerichteten Blickwinkeln. So steht die Verhandlung des Lesens, der Leser*in sowie der gebrauchten Lesemedien keineswegs im alleinigen Fokus von traditionellen Textwissenschaften wie der Linguistik oder den (hier vor allem durch die Amerikanistik, Anglistik, Germanistik und Skandinavistik repräsentierten) Philologien, sondern findet sich überdies im Schnittpunkt einer Vielzahl von benachbarten Praxis- und Forschungsfeldern wieder. Um der transdisziplinären Anlage des Themas zu entsprechen, bemühen die folgenden Beiträge daher ein breitgefächertes empirisch-hermeneutisches Instrumentarium aus informatischen, pädagogischen, soziologischen, bild-, buch-, film-, literatur-, medien-, rechts- und wirtschaftswissenschaftlichen Ansätzen. Der epistemische Rahmen zielt somit auf den Versuch einer querschnitthaften Bestandsaufnahme der zeitgenössischen Leseforschung. Hierbei kann weder ein Anspruch auf Lückenlosigkeit erhoben werden noch soll der – aller Interdisziplinarität zum Trotz – unzweifelhaft im

---

53 Dementsprechend fordert Alfred Messerli auch eine stärkere Historisierung von Lesepraktiken und -prozessen gerade in Anbetracht der Digitalisierung. Vgl. Messerli 2014, S. 226 sowie Zedelmaier 2001, S. 96.

Horizont der gegenstandsnahen Text- und Literaturwissenschaften zu verortende Fokus dieses Sammelbandes verschwiegen werden.

Seinem Gegenstand nähert sich der Band in insgesamt vier Kapiteln an, welche sich je schwerpunktmäßig mit Fragen nach den Formen, Akteur*innen, Orten und Zeiten des Lesens befassen und hierbei einer Grobgliederung von einleitend-theoretischen über empirische bis zu historischen Perspektiven auf das Thema folgen.

Den Einstieg bildet ein weit gefasster Blick auf unterschiedliche *Formen des Lesens*, wie sie sich unter den veränderten Rezeptionsbedingungen der Digitalisierung entfalten. Axel KUHN und Svenja HAGENHOFF kritisieren in ihrem Beitrag ein Festhalten an statisch-objektzentrierten Medienbegriffen innerhalb der Leseforschung – insbesondere für die Analyse von Leseformaten in digitalen Medienumgebungen – und setzen dagegen Impulse in Richtung eines dynamischen Gestaltungsverständnisses von Textoberflächen und Leseprozessen, deren Komplexität als System variabler Eigenschaften zu erschließen sei. Unterdessen weist Martin STOBBE auf die literaturwissenschaftliche Notwendigkeit eines erweiterten, nämlich doppelbödigen Textverständnisses für die Lektüre digitaler Literaturen hin. Unter dem literalen Oberflächentext verberge sich der Quellcode, dem es bedeutungsstiftende, für ein umfängliches ästhetisches Textverstehen mitunter grundlegende Funktionsmechanismen und Strukturen abzulesen gelte. Peter SCHEINPFLUG beleuchtet die in digitalen Konvergenzkulturen heute weit verbreitete Praktik des *augmented reading* am Beispiel dreier multimedialer Kon*texte* (einer Augmented-Reality-App für Marvel-Comics, einer Second-Screen-App für Disney-Filme sowie des niederländischen Spielfilms *App*), während Ayoe Quist HENKEL den metafiktionalen Potentialen von multisensorisch-interaktiven Literatur-Apps (*Tavs* und *Pry*) nachspürt.

Den eigentlichen *Akteur*innen des Lesens*, den Leser*innen in einem engeren wie weiteren Sinne, aber auch denjenigen, die sich und ihre Artefakte gelesen sehen wollen, widmen sich Renate Giacomuzzi, Kristina Busse und Thomas Ernst. Untersucht GIACOMUZZI die Inszenierungspraktiken von Gegenwartsschriftsteller*innen in deren Social-Media-Auftritten und verortet diese als Form der Autor*in–Leser*in-Kommunikation im Spannungsfeld der polaren Konzepte von Sozialität und Autorschaft, stehen bei BUSSE Praktiken der Fan-Fiction als kreativ-produktive Rezeptionsverfahren im Mittelpunkt. Insbesondere schenkt sie den literarischen Aspekten dergestalt individueller Narrative anhand von *tropes* Beachtung, den engmaschigen Beziehungsgeflechten zwischen Fan- und Referenztexten ebenso wie den Kanonisierungs- bzw. Autorisierungsprozessen innerhalb der alternativen *storyworlds.* Thomas ERNSTS Beitrag ergründet das juristisch diffizile Gefüge von Autor*in, Werk und Leser*in in der literarischen Praxis von Sozialen Medien und Online-Schreibprojekten.

Ins Feld, an die *Orte des Lesens*, führt uns u. a. Raphaela Knipp, welche unter Rückgriff auf ethnographische Verfahren dem Bildungsmythos der solitären Leser*in entgegenwirkt und eine Traditionslinie des kollektiven Lesens zwischen analogen Lesezirkeln und Social-Reading-Plattformen im Internet (am Beispiel von *LovelyBooks*) sichtbar macht. Auf Basis qualitativ-quantitativer Erhebungen am Ort einer nicht primär unterhaltenden, sondern wissenschaftlich-belehrenden Lektüre richtet Naomi Baron einen vergleichenden Blick auf die digitalen und nichtdigitalen Lesegewohnheiten von US-amerikanischen Universitätsstudent*innen. Christian Müller evaluiert den Umgang von Grundschüler*innen mit dem Enhanced E-Book *Alice im Wunderland* (Atomic Antelope, 2010), auf deren Grundlage er ein didaktisches Modell zur Vermittlung digitaler Lesekompetenzen skizziert. Die lektüreanleitende wie -begleitende Rezensionspraktik auf *Amazon.de* untersucht Martin Rehfeldt und arbeitet dabei Unterschiede und Gemeinsamkeiten in der Besprechung von ‚hoch-' und ‚unterhaltungsliterarischen' Werken heraus.

Abgerundet wird der Rundumblick auf das Phänomen ‚Lesen' mit einer historischen Perspektiverweiterung. Hinsichtlich der *Zeiten des Lesens* schaut Tobias Christ zurück und liefert eine sozialgeschichtliche Überblicksdarstellung literaturbezogener Autor*in–Leser*in-Kommunikation mit Fokus auf die prädigitale Jahrtausendwende. Auf das Jetzt und Heute sowie das tendenzielle Morgen konzentriert sich abschließend Silvia Serena Tschopp, die in einem Gespräch mit Friederike Schruhl und Matthias Beilein anlässlich der aktuellen *Buchkäufer- und Buchleser-Studie* des *Börsenvereins des Deutschen Buchhandels* weiterführende Überlegungen zu einer historischen Leseforschung in der bzw. für die Gegenwart anstellt. Eine Zusammenfassung besagter Studie beschließt den Sammelband.

5 Zu diesem Buch

Die meisten Beiträge beruhen auf Vorträgen, die auf der Tagung *#Lesen. Transformationen traditioneller Rezeptionsprozesse im digitalen Zeitalter* gehalten wurden. Diese Konferenz fand vom 29. September bis zum 1. Oktober 2016 an der Georg-August-Universität Göttingen statt und wurde von den Kollegiat*innen des DFG-Graduiertenkollegs *Literatur und Literaturvermittlung im Zeitalter der Digitalisierung* ausgerichtet. Es war unser Ziel, ein noch unzureichend erschlossenes Forschungsfeld aus möglichst vielseitigen Perspektiven zu begehen, den internationalen und interdisziplinären Austausch zu fördern und die gemeinsame Diskussion unter den Wissenschaftler*innen anzuregen. In diesem Sinne danken wir unseren Autor*innen für die Bereitschaft, sich auf einen eng gesteckten Zeitplan einzulassen, sich in ein Forschungsfeld zu begeben, das sich konstant verändert, sowie für die stets reibungslose und freundliche Zusammenarbeit.

Es verdienen zudem die Menschen eine dankende Erwähnung, die dieses Projekt von Beginn an begleitet und unterstützt haben. Allen voran gilt unser Dank der Deutschen Forschungsgemeinschaft (DFG), die nicht nur die Publikation dieses Buchs finanziert, sondern auch das Graduiertenkolleg *Literatur und Literaturvermittlung im Zeitalter der Digitalisierung* gefördert und die Ausrichtung der Tagung ermöglicht hat. Matthias Beilein, Claudia Stockinger und Simone Winko danken wir dafür, die neue Reihe *digilit. Literatur und Literaturvermittlung im Zeitalter der Digitalisierung* mit unserem Buch eröffnen zu dürfen sowie für die fortwährende Unterstützung bei der Erarbeitung des Bandes. Für die konzeptionelle Mitarbeit danken wir Nicole Gabriel, für die verlässliche Hilfe bei Lektorat und Korrektorat bedanken wir uns bei Beeke Hadeler, Eva Tanita Kraaz, Anika Tasche und Anna-Lena Zimmermann. Unseren Kolleg*innen möchten wir für die gemeinsame Organisation der Tagung danken und hervorheben, dass sie uns bei der Erstellung dieses Sammelbands mit guten Ideen, wertvollen Ratschlägen und tatkräftiger Unterstützung hilfreich zur Seite gestanden haben. Wir bedanken uns außerdem beim Team von V&R unipress für das Vertrauen in unser Buch, die kundige Beratung und die umstandslose Realisierung unseres Projekts. Ohne die vielfältige und unermüdliche Unterstützung der genannten und ungenannten Helfer*innen wäre die Publikation dieses Buches nicht möglich gewesen.

Bibliographie

Adam, Christian: *Lesen unter Hitler. Autoren, Bestseller, Leser im Dritten Reich.* Berlin: Galiani Berlin, 2010.

Adam, Christian: *Der Traum vom Jahre Null. Autoren, Bestseller, Leser. Die Neuordnung der Bücherwelt in Ost und West nach 1945.* Berlin: Galiani Berlin, 2016.

Augustinus, Aurelius: *Bekenntnisse. Zweisprachige Ausgabe.* Übers. v. Joseph Bernhart. Frankfurt a. M.: Insel Taschenbuch, 1987.

Bachmann-Medick, Doris: *Cultural Turns. Neuorientierungen in den Kulturwissenschaften.* 3., neu bearb. Aufl. Reinbek bei Hamburg: Rowohlt, 2009.

Beilein, Matthias/Stockinger, Claudia/Winko, Simone: „Einleitung. Kanonbildung und Literaturvermittlung in der Wissensgesellschaft", in: Dies. (Hg.): *Kanon, Wertung und Vermittlung. Literatur in der Wissensgesellschaft.* Berlin u. a.: De Gruyter, 2012, S. 1–15.

Beilein, Matthias/Stockinger, Claudia: „Literatur und Digitalisierung. Editorial", in: *Zeitschrift für Germanistik* 2017/2, S. 233–238.

Benioff, David/Weiss, D. B.: *Game of Thrones.* Home Box Office u. a. 2011 ff.

Bickenbach, Matthias: *Von den Möglichkeiten einer ‚inneren' Geschichte des Lesens.* Tübingen: Max Niemeyer, 1999.

Binczek, Natalie/Epping-Jäger, Claudia: *Literatur und Hörbuch.* München: Edition Text + Kritik, 2012.

Boelmann, Jan: „Leseforschung", in: Schneider, Jost (Hg.): *Methodengeschichte der Germanistik.* Berlin u. a.: De Gruyter, 2009, S. 309–322.

Börsenverein des deutschen Buchhandels / Historische Kommission (Hg.): *Geschichte des deutschen Buchhandels im 19. und 20. Jahrhundert* [Reihe]. Diverse Verlage, seit 2001.

Dann, Otto (Hg.): *Lesegesellschaften und bürgerliche Emanzipation. Ein europäischer Vergleich.* München: Beck, 1981.

Dijk, Teun Adrianus van/Kintsch, Walter: *Strategies of Discourse Comprehension.* New York, NY u. a.: Academic Press.

Engelsing, Rolf: *Analphabetentum und Lektüre. Zur Sozialgeschichte des Lesens in Deutschland zwischen feudaler und industrieller Gesellschaft.* Stuttgart: Metzler, 1973.

Engelsing, Rolf: *Der Bürger als Leser. Lesergeschichte in Deutschland 1500–1800.* Stuttgart: Metzler, 1974.

Griep, Hans-Joachim: *Geschichte des Lesens. Von den Anfängen bis Gutenberg.* Darmstadt: Primus, 2005.

Gumbrecht, Hans Ulrich: „Konsequenzen der Rezeptionsästhetik oder Literaturwissenschaft als Kommunikationssoziologie", in: *Poetica. Zeitschrift für Sprach- und Literaturwissenschaft* 1975/7, H. 3–4, S. 388–413.

Gomez, Jeff: *Print Is Dead. Books in our Digital Age.* New York NY: Palgrave Macmillan, 2007.

Goos, Hauke/Voigt, Claudia: „Lesen und lesen lassen", 2014, verfügbar unter: http://www.spiegel.de/spiegel/print/d-130754215.html [10.04.2017].

Hagner, Michael: *Buchkritik als Kulturkritik.* Basel: Schwabe, 2014.

Hagner, Michael: *Zur Sache des Buches.* Göttingen: Wallstein, 2015.

Häusermann, Jürg/Janz-Peschke, Korinna/Rühr, Sandra Marion: *Das Hörbuch. Medium – Geschichte – Form.* Konstanz: UVK, 2010.

Hintermeier, Hannes: „Zukunft des Buches. Mehr scannen, weniger lesen", 2010, verfügbar unter http://www.faz.net/aktuell/feuilleton/geisteswissenschaften/zukunft-des-buches-mehr-scannen-weniger-lesen-1984207.html [10.04.2017].

[Hoche, Johann Gottfried:] *Vertraute Briefe über die jetzige abentheuerliche Lesesucht und über den Einfluß derselben auf die Verminderung des häuslichen und öffentlichen Glücks.* Hannover: Christian Ritscher, 1794.

Iser, Wolfgang: *Der implizite Leser. Kommunikationsformen des Romans von Bunyan bis Beckett.* München: Wilhelm Fink, 1972.

Iser, Wolfgang: *Der Akt des Lesens. Theorie ästhetischer Wirkung.* München: Wilhelm Fink, 1976.

Jäger, Georg: „Historische Lese(r)forschung", in: Arnold, Wolfgang/Dittrich, Wolfgang/Zeller, Bernhard (Hg.): *Die Erforschung der Buch- und Bibliotheksgeschichte in Deutschland.* Wiesbaden: Harrassowitz, 1987, S. 485–507.

Jauss, Hans Robert: „Der Leser als Instanz einer neuen Geschichte der Literatur", in: *Poetica. Zeitschrift für Sprach- und Literaturwissenschaft* 1975/7, H. 3–4, S. 325–344.

Jochum, Uwe: *Kleine Bibliotheksgeschichte.* Stuttgart: Reclam, 2007.

Jungbluth, Anja: „Vor Kindle. Die Anfänge des E-Books", in: *Perspektive Bibliothek* 2015/4.2, S. 87–106.

Kamil, Michael L./Pearson, P. David/Moje, Elizabeth Birr/Afflerbach, Peter (Hg.): *Handbook of Reading Research.* Volume IV. New York u. a.: Routledge, 2011.

Klimmt, Reinhard/Rössler, Patrick: *Reihenweise. Die Taschenbücher der 1950er Jahre und ihre Gestalter.* 2 Bde. Butjadingen u. a.: Achilla Presse, 2016.

König, Dominik von: „Lesesucht und Lesewut“, in: Göpfert, Herbert G. (Hg.): *Buch und Leser. Vorträge des ersten Jahrestreffens des Wolfenbütteler Arbeitskreises für Geschichte des Buchwesens, 13. und 14. Mai 1976.* Hamburg: Hauswedell, 1977, S. 89–124.

Kuhn, Axel: „Das Ende des Lesens? Zur Einordnung medialer Diskurse über die schwindende Bedeutung des Lesens in einer sich ausdifferenzierenden Medienlandschaft“, in: Rühr, Sandra/Ders. (Hg.): *Sinn und Unsinn des Lesens. Gegenstände, Darstellungen und Argumente aus Geschichte und Gegenwart.* Göttingen: V&R unipress, 2013, S. 219–240.

Kullmann, Wolfgang: „Platons Schriftkritik“, in: *Hermes. Zeitschrift für klassische Philologie* 1991/119, H. 1, S. 1–21.

Künast, Hans-Jörg: „Lesen macht krank und kann tödlich sein. Lesesucht und Selbstmord um 1800“, in: Rühr, Sandra/Kuhn, Axel (Hg.): *Sinn und Unsinn des Lesens. Gegenstände, Darstellungen und Argumente aus Geschichte und Gegenwart.* Göttingen: V&R unipress, 2013, S. 121–142.

Lichtenberg, Georg Christoph: *Sudelbücher, Fragmente, Fabeln, Verse* [Georg Christoph Lichtenberg: *Schriften und Briefe. Erster Band mit einer Einführung des Herausgebers.* Hg. v. Franz H. Mautner.]. Frankfurt a. M.: Insel, 1983.

Lobin, Henning: „Die Digitalisierung von Lesen und Schreiben und deren kulturellen Auswirkungen“, in: Pawlowski, Grzegorz/Olpinska-Szkielko, Magdalena/Bonacchi, Silvia (Hg.): *Mensch – Sprachen – Kulturen. Beiträge und Materialien der internationalen wissenschaftlichen Jahrestagung des Verbandes Polnischer Germanisten.* Warschau: Euro-Edukacja, 2012, S. 205–216.

Lobin, Henning: *Engelbarts Traum. Wie der Computer uns Lesen und Schreiben abnimmt.* Frankfurt a. M.: Campus, 2014.

Luhmann, Niklas: „Lesen lernen“, in: Gente, Peter/Paris, Heidi/Weinmann, Martin (Hg.): *Short Cuts 1.* Frankfurt a. M.: Zweitausendeins, 2001, S. 150–157.

Maas, Jörg F./Ehmig, Simone C. (Hg.): *Zukunft des Lesens. Was bedeuten Generationswechsel, demografischer und technischer Wandel für das Lesen und den Lesebegriff? Ergebnisse einer Tagung der Stiftung Lesen.* Mainz: Stiftung Lesen, 2013.

Mangen, Anne/Weel, Adriaan van der: „The Evolution of Reading in the Age of Digitisation. An Integrative Framework for Reading Reserach“, in: *Literacy* 2016/50, H. 3, S. 116–124.

Manguel, Alberto: *Eine Geschichte des Lesens.* Berlin: Volk und Welt, 1998.

Manley, Laura/Holley, Robert P.: „History of the Ebook. The Changing Face of Books“, in: *Technical Services Quarterly* 2012/29, S. 292–311.

Meise, Helga: „Lesen als kulturelle Praktik von Frauen (16.–18. Jahrhundert)“, in: *Internationales Archiv für die Sozialgeschichte der deutschen Literatur* 2014/39, H. 1, S. 166–183.

Messerli, Alfred: „Lesen im Bild. Zur Ikonographie von Buch und Lektüreakten vom 16. bis zum 20. Jahrhundert“, in: *Internationales Archiv für die Sozialgeschichte der deutschen Literatur* 2014/39, H. 1, S. 226–245.

Mix, York-Gothart (Hg.): *Kunstfreiheit und Zensur in der Bundesrepublik Deutschland (1949–2009).* Berlin u. a.: De Gruyter, 2014.

Mussil, Stephan: „Der Begriff der Literatur", in: *Deutsche Vierteljahresschrift*, 2006/80, H. 1, S. 317–352.

Neuhaus, Stefan/Schaffers, Uta (Hg.): *Was wir lesen sollen. Kanon und literarische Wertung am Beginn des 21. Jahrhunderts.* Würzburg: Königshausen & Neumann, 2016.

Petrucci, Armando: „Reading to Read. A Future for Reading", in: Cavallo, Guglielmo/Chartier, Roger (Hg.): *A History of Reading in the West.* Cambridge u. a.: Polity Press, 1999.

Plachta, Bodo: *Zensur.* Stuttgart: Reclam, 2006.

Pleimling, Dominique: „Social Reading – Lesen im digitalen Zeitalter", in: *Aus Politik und Zeitgeschichte*, 2012/41–42, verfügbar unter: http://www.bpb.de/apuz/145378/social-reading-lesen-im-digitalen-zeitalter?p=all [29.03.2017].

Rautenberg, Ursula/Schneider, Ute (Hg.): *Lesen. Ein interdisziplinäres Handbuch.* Berlin u. a.: De Gruyter, 2015.

Rühr, Sandra: *Tondokumente von der Walze zum Hörbuch. Geschichte – Medienspezifik – Rezeption.* Göttingen: V&R unipress, 2008.

Rühr, Sandra/Kuhn, Axel (Hg.): *Sinn und Unsinn des Lesens. Gegenstände, Darstellungen und Argumente aus Geschichte und Gegenwart.* Göttingen: V&R unipress, 2013.

Saenger, Paul: *Space Between Words. The Origins of Silent Reading.* Stanford: Stanford University Press, 1997.

Schneider, Jost: *Sozialgeschichte des Lesens. Zur historischen Entwicklung und sozialen Differenzierung der literarischen Kommunikation in Deutschland.* Berlin u. a.: De Gruyter, 2004.

Schneider, Jost: „Spurlose Lektüren. Weshalb schweigen Leser über ihre Lektürepraxis?", in: *Internationales Archiv für die Sozialgeschichte der deutschen Literatur* 2014/39, H. 1, S. 246–267.

Schneider, Ute: „‚Wozu lesen?'. Persistente Funktionen des Lesens im sozialen Kontext", in: *Internationales Archiv für die Sozialgeschichte der deutschen Literatur* 2014/39, H. 1, S. 268–283.

Schön, Erich: *Der Verlust der Sinnlichkeit oder die Verwandlung des Lesers. Mentalitätswandel um 1800.* Stuttgart: Klett-Cotta, 1987.

Schön, Erich: „Publikum und Roman im 18. Jahrhundert", in: Jäger, Hans-Wolf (Hg.): *„Öffentlichkeit" im 18. Jahrhundert.* Göttingen: Wallstein, 1997, S. 295–326.

Schön, Erich: „Kein Ende von Buch und Lesen", in: Stiftung Lesen (Hg.): *Lesen im Umbruch. Forschungsperspektiven im Zeitalter von Multimedia.* Baden-Baden: Nomos, 1998, S. 39–77.

Siegert, Reinhart: „Buchbesitz und Büchernutzung von Bauern und Handwerkern im 18. und 19. Jahrhundert. Zur Bedeutung von Büchern für die Geisteswelt des ‚gemeinen Mannes'", in: *Internationales Archiv für die Sozialgeschichte der deutschen Literatur* 2014/39, H. 1, S. 184–203.

Snowling, Margaret J./Hulme, Charles (Hg.): *The Science of Reading. A Handbook.* Malden, MA u. a.: Blackwell, 2005.

Spitzer, Manfred: *Digitale Demenz. Wie wir uns und unsere Kinder um den Verstand bringen.* München: Droemer, 2014.

Spoerhase, Carlos: „Lese lieber ungewöhnlich“, 2015, verfügbar unter: http://www.faz.net/aktuell/feuilleton/forschung-und-lehre/fehlt-wissenschaftlern-konzentration-fuers-lesen-13877905.html?printPagedArticle=true#pageIndex_2 [10.04.2017].

Stein, Bob: „A Taxonomy of Social Reading. A Proposal“, 2010, verfügbar unter: http://futureofthebook.org/social-reading/ [29.03.2017].

Stein, Peter: *Schriftkultur. Eine Geschichte des Schreibens und Lesens.* Darmstadt: Primus, 2010.

Stierle, Karlheinz: „Was heißt Rezeption bei fiktionalen Texten?“, in: *Poetica. Zeitschrift für Sprach- und Literaturwissenschaft* 1975/7, H. 3–4, S. 345–387.

Streblow, Lilian/Schöning, Anke: „Lesemotivation. Dimensionen, Befunde, Förderung“, in: Rühr, Sandra/Kuhn, Axel (Hg.): *Sinn und Unsinn des Lesens. Gegenstände, Darstellungen und Argumente aus Geschichte und Gegenwart.* Göttingen: V&R unipress, 2013, S. 181–196.

Tilgner, Hilmar: *Lesegesellschaften an Mosel und Mittelrhein im Zeitalter des aufgeklärten Absolutismus. Ein Beitrag zur Sozialgeschichte der Aufklärung im Kurfürstentum Trier.* Stuttgart: Franz Steiner, 2001.

Tschopp, Silvia Serena: „Das Unsichtbare begreifen. Die Rekonstruktion historischer Wahrnehmungsmodi als methodische Herausforderung der Kulturgeschichte“, in: *Historische Zeitschrift* 2005/280, S. 39–81.

Tschopp, Silvia Serena: „Umrisse und Perspektiven“, in: *Internationales Archiv für die Sozialgeschichte der deutschen Literatur* 2014/39, H. 1, S. 151–165.

Umlauf, Konrad/Gradmann, Stefan (Hg.): *Handbuch Bibliothek. Geschichte, Aufgaben, Perspektiven.* Stuttgart u. a.: Metzler, 2012.

Underwood, Geoffrey/Batt, Vivienne: *Reading and Understanding. An Introduction to the Psychology of Reading.* Oxford u. a.: Blackwell, 2001.

Völker, Daniela: *Das Buch für die Massen. Taschenbücher und ihre Verlage.* Marburg: Tectum, 2014.

Wegmann, Thomas: *Tauschverhältnisse. Zur Ökonomie des Literarischen und zum Ökonomischen in der Literatur von Gellert bis Goethe.* Würzburg: Königshausen & Neumann 2002.

White, Hayden: *Metahistory. Die historische Einbildungskraft im 19. Jahrhundert in Europa.* Frankfurt a. M.: Fischer, 2008.

Wittmann, Reinhard: *Geschichte des deutschen Buchhandels.* München: Beck, 1999.

Wolf, Maryanne/Barzillai, Mirit: „The Importance of Deep Reading“, in: *Educational Leadership* 2009/66, H. 6, S. 32–37.

Zedelmaier, Helmut: „Die schwierige Lesegeschichte. Kritische Anmerkungen zu einer Neuerscheinung“, in: *Beiträge zur Geschichte der deutschen Sprache und Literatur* 2001/123, S. 78–98.

[Zschokke, Heinrich:] „Die Lesesucht“, in: *Stunden der Andacht zur Beförderung wahren Christenthums und häuslicher Gottesverehrung* 1858/5, S. 119–126.

Formen des Lesens

Axel Kuhn / Svenja Hagenhoff

Kommunikative statt objektzentrierte Gestaltung. Zur Notwendigkeit veränderter Lesekonzepte und Leseforschung für digitale Lesemedien

Abstract
Reading research treats digital reading media along the lines of traditional physical reading objects (e. g. E-Book, Screen vs. Paper). This article criticizes this approach and proposes to define digital reading media as a system of variable and dynamic design elements for text presentation and text accessibility in communicative spheres. This is leading to first arguments for a more differentiated reading research, which is capable to precisely analyze different design aspects of reading media in their consequences for generalized reading processes and especially for situational reading activities.

1 Leseforschung, Lesemedien und Digitalisierung

Die Erzeugung, Verteilung und Verarbeitung von Informationen hat sich zu einem der wichtigsten sozialen Funktionsbereiche der modernen Gesellschaft entwickelt und gilt dort als elementare Wohlstandsbasis: Informationen sind die Grundlage individueller Bildung und organisationalen Wissens und helfen Unsicherheiten in privaten Lebenswelten und sozialen Systemen zu verringern.[1] Sie sind nach wie vor hauptsächlich schriftlich codiert, weshalb Lesen als Schlüsselkompetenz und Basishandlung der soziokulturellen Partizipation an gesellschaftlichen Prozessen aller Art identifiziert werden kann.[2] Lese- und Leserforschung ist vor diesem Hintergrund Grundlagenforschung, deren Erkenntnisse in vielfältigen Aufgabenbereichen der Gesellschaft, der Arbeitswelt, der Bildung, der privaten Lebensgestaltung etc. nutzenstiftend sind.

Darüber hinaus ist sie als ein Teilbereich einer ganzheitlichen Mediennutzungsforschung zu begreifen: Sie umfasst unterschiedliche Ebenen des individuellen Leseprozesses und der Lesehandlung sowie deren Organisation, Insti-

1 Vgl. Castells 2010; Van Dijk 2006.
2 Vgl. Saxer 2012, S. 197–200.

tutionalisierung und soziale Funktionalität. Lesen vollzieht sich über verschiedene technische Lesemedien, deren historisch differenzierte Begrenzungen und Möglichkeiten Rezeptionsprozesse und Leseweisen schriftlich codierter Informationen beeinflussen.[3] In Deutschland wirkt sich bis heute aus, dass Lese- und Leserforschung sich aus einer Tradition demoskopischer Buchmarktforschung entwickelte, die aufgrund pragmatischer empirischer Messbarkeit das Buchlesen als Indikator des Lesens heranzieht.[4] Bis zum Ende des 20. Jahrhunderts wurde Lesen deshalb mit materiellen Lesemedien gleichgesetzt, die mit dem Buchdruck verknüpft sind. Auch die Institutionalisierung der Lese- und Leserforschung ab den 1990er Jahren änderte hieran nichts,[5] stattdessen konzentrierten sich die folgenden Forschungsbemühungen weniger auf die Lesemedien, sondern auf den Leseprozess in Form einer generalisierten Lesekompetenz- und Lesesozialisationsforschung, ausgerichtet erneut vor allem auf Bücher, Zeitungen und Zeitschriften.

Obwohl die Gleichsetzung von Büchern, Zeitschriften und Zeitungen mit dem Lesen grundsätzlich in Frage zu stellen ist,[6] werden mit der fehlenden Integration medialer Kontexte in die Leseforschung durch die Digitalisierung schriftcodierter Informationen damit verbundene Probleme noch deutlicher sichtbar. Digitalisierung ermöglicht Lesemedien, deren Eigenschaften wie Haptik, Räumlichkeit oder Visualität sich von denen traditioneller materieller Lesemedien grundlegend unterscheiden. Dies führt zu veränderten Gestaltungsoptionen und damit zu veränderten Leseprozessen und Lesehandlungen, die sich stärker an den universellen Kompetenzen und Handlungen der Bedienung von Computern und ihren Ein- und Ausgabegeräten orientieren. In digitalen Umgebungen entstehen deshalb imitierende, transformierende und gänzlich neue Lesemedien,[7] die durch eine Vielzahl unterschiedlicher Textdarstellungen, Textzugangsarten und damit verbundenen Nutzungshandlungen gekennzeichnet sind. Zur Erfassung der unvorhersehbaren Konsequenzen dieser medialen Veränderungen[8] sind deshalb Konzepte des Lesens und der Leseforschung notwendig, die weniger statische und begrenzte Leseobjekte in den Blick nehmen, sondern detaillierter konkrete kommunikative Räume des Lesens in Verbindung mit spezifischen Eigenschaften von Lesemedien unterscheiden können.

Fokussiert werden in diesem Beitrag komplexe Langtexte, beispielsweise Fachtexte, Sachtexte oder Belletristik, die in ihrer digitalen Umsetzung im Ge-

---

3 Vgl. Kuhn/Hagenhoff 2015, S. 361.

4 Vgl. Bonfadelli 2015a, S. 531–533.

5 Vgl. ebd., S. 533–536.

6 Lesen vollzieht sich von jeher über unterschiedlichste Medien und nicht nur in Relation zum Buchdruck mit beweglichen Lettern.

7 Vgl. Gervais 2007; Hack 2015.

8 Vgl. Baron 2014.

gensatz zu Kurztexten auf Websites oder in sozialen Netzwerken bisher wenig Aufmerksamkeit erfahren haben.[9] Das Lesen derartiger Texte ist als kulturelle Praxis von Relevanz, weil sie eine Grundlage tiefergehender Wissenskonstruktionen, individueller und kollektiver Identitätsbildung sowie die Basis von Problemlösungskompetenzen im alltäglichen sozialen Handeln darstellen.[10] Derartige Texte sind als intentionale Repräsentationen von Sinn in soziokulturell definierten Praktiken definiert, welche von Lesern als kohärente sprachliche Äußerungen thematisch und/oder strukturell als Einheit erzeugt werden.[11] Sie zeichnen sich durch hohe Anforderungen an den Leser aus, die sich auf ihre Verständlichkeit auswirken, insbesondere ihre sprachliche Form und ihre darüber angelegten Bedeutungspotenziale. Graf definiert komplexe Texte deshalb über grammatikalische und inhaltliche Merkmale der Textstrukturierung zwischen Differenz und Kohärenz von angelegten Bedeutungen, die Notwendigkeit von Wissen zu den umgebenden soziohistorischen Kontexten und Diskursen sowie die notwendige Lesekompetenz für die konkrete Interaktion mit dem Text.[12] Komplexe Texte waren bisher zumeist eng an spezifische materielle Leseobjekte gebunden, heute verändert sich ihre Darstellung und Zugänglichkeit in digitalen Umgebungen jedoch maßgeblich, weshalb die Gestaltung der Darstellung und Zugänglichkeit dieser Texte differenzierter im Hinblick auf Lesebedürfnisse erforscht werden muss.[13]

Dieser Beitrag kritisiert die bisherigen Betrachtungen digitaler Lesemedien als objektivierte Entitäten, beispielsweise als E-Book, und stellt einen Lösungsansatz zur Beschreibung des Formalobjekts und einer damit verbundenen Lese- und Leserforschung vor. Anhand der Gestaltungsmöglichkeiten digitaler Lesemedien für Textdarstellungen und -zugänge wird aufgezeigt, dass differenzierte Beschreibungsansätze des Lesens notwendig sind, um komplexe Lesehandlungen unter Einbezug des genutzten Mediums als dynamische Kommunikationsräume darstellen zu können. Hieraus leiten sich Differenzierungsmöglichkeiten von Lesekonzepten sowie der Lese- und Leserforschung ab.

---

9 Texte werden hier allgemein als beschreib- und kommunizierbares Wissen von beliebiger Komplexität, kohärenter Repräsentation und semiotischer Sichtbarkeit verstanden. Sie sind nach Komplexität, Textsorten, Funktionen und Präsentationsformen differenzierbar (vgl. Antos/Hasler/Perrin 2011, S. 638.). In Bezug auf die Abgrenzbarkeit von unterschiedlichen Texten hat auch die Textsortenforschung festgestellt, dass die statisch-produktorientierte Sicht durch eine dynamisch-verwendungsorientierte Sicht auf der Basis von Eigenschaften ersetzt werden müsste (vgl. Adamzik 2008, S. 175.), wenngleich die verschiedenen Ergebnisse als noch nicht befriedigend beurteilt werden (zur differenzierten Methodendiskussion vgl. ebd. sowie Steinseifer 2011).

10 Vgl. Mangen/van der Weel 2016, S. 118.

11 Vgl. Graf 2015, S. 185f.

12 Ebd., S. 185–188.

13 Vgl. Mangen/van der Weel 2016, S. 116.

2 Objektzentrierte Perspektiven auf Lesemedien

2.1 Zusammenfassung bisheriger objektzentrierter Ansätze

Digitale Lesemedien komplexer Texte werden gegenwärtig über objektzentrierte Ansätze in ihrem Einfluss auf Leseprozesse thematisiert,[14] die wenig wechselseitige Beachtung finden.

Bezüglich der konkreteren Gestaltung von (analogen) Lesemedien liegen zahlreiche Arbeiten zum Thema Typographie vor,[15] deren Erkenntnisse eingeschränkt auf digitale Lesemedien übertragbar sind. Angepasste digitale Konzepte für komplexe Texte sind bisher kaum entwickelt worden,[16] stattdessen finden sich zahlreiche (pragmatische) Ausführungen zur Gestaltung von Websites.[17] Der Einsatz von Hypertextelementen ist zudem ein langjährig diskutiertes Themenfeld in den Literaturwissenschaften.[18] Verfolgte Konzepte sind die universelle Leserlichkeit und Lesbarkeit von Schriftzeichen und Texten durch mikro- und makrotypographische Gestaltungsmöglichkeiten der Schrift, des Schriftsatzes und paratextueller Elemente, fokussiert auf das Dispositiv der gedruckten Seite.

In den Literatur- und Medienkulturwissenschaften werden digitale Lesemedien zumeist auf die Qualität der mit ihnen verbundenen Textverständlichkeit und Textdarstellung reduziert. Funktionale Analysen beschränken sich hier vor allem auf die Umsetzung spezifischer Textsorten, deren Komposition und damit verbundenes Leseverstehen.[19] Analysiert werden Möglichkeiten der Erschließung von Texten über deren Strukturierung oder stilistische Einflüsse auf das Texterleben, mediale Kontexte werden aber selten berücksichtigt. Erörtert wird die Relation von Textmerkmalen zur Informationsverarbeitung im Hinblick auf Prägnanz, Eindeutigkeit und Geschwindigkeit des Verstehens.

In der angewandten Medieninformatik steht dagegen die Gestaltung von interaktiven Systemen für alltägliche Aufgaben im Mittelpunkt,[20] wobei Interaktionsanforderungen in bestimmten Situationen für bestimmte Nutzer differenziert werden.[21] Ergebnisse sind Entwurfsmuster für typisierte Interaktionen, die

14 Vgl. ausführlicher Hagenhoff/Kuhn 2015, S. 219–222.
15 Vgl. bspw. Wehde 2000; Morris/Aquilante/Yager/Bigelow 2002; Forssman/Jong 2004.
16 Für einen frühen Ansatz vgl. Bayer 2003. Eine Ausnahme stellt der Versuch von Nielsen dar, der aus Anlass der Einführung des Amazon-Lesegeräts Kindle formuliert hat: „Writing for Kindle is like writing for print, the Web, and mobile devices combined; optimal usability means optimizing content for each platform's special characteristics." (Nielsen 2009).
17 Vgl. bspw. Neutzling 2002; Heijnk 2011.
18 Vgl. bspw. Mangen 2008; Landow 1994.
19 Vgl. bspw. Simanowski/Schäfer/Gendolla 2010; Siemens/Schreibman 2007.
20 Vgl. bspw. Nielsen/Budiu 2013, Krug 2013.
21 Vgl. bspw. Herczeg 2009, S. 140.

sich jedoch bisher nicht konkret auf Leseprozesse und Lesehandlungen beziehen.[22] Im Mittelpunkt steht das Konzept der Gebrauchstauglichkeit (Usability) der Mensch-Maschine-Schnittstelle als Interaktionsobjekt, die während einer medialen Nutzungshandlung die rational begründete Effizienz und Effektivität der Zielerreichung sowie die Zufriedenheit im Hinblick auf vorherige Erwartungen fokussiert.

Der objektzentrierten und wenig integrativen Betrachtung digitaler Lesemedien steht gleichzeitig eine Lese- und Leserforschung gegenüber, die durch disziplinäre Spezialisierungen unterschiedliche Schwerpunkte ausgebildet hat. Diese können nur transdisziplinär ein ganzheitliches Bild des Lesens erzeugen,[23] jedoch werden die unterschiedlichen Forschungsströmungen kaum zusammengeführt,[24] und das obwohl sich zahlreiche Fragestellungen problemorientiert und nicht disziplinär begrenzt darstellen.[25]

Lese- und Leserforschung erstreckt sich dabei über unterschiedliche Gegenstände unterschiedlicher Reichweite, in einer vereinfachten Sichtweise vor allem die Informationsverarbeitung von Schriftzeichen und deren Erlernbarkeit sowie die damit verbundenen soziokulturellen Praktiken des Lesens.

Die erste Sichtweise fokussiert im Hinblick auf die Gestaltung von Lesemedien vor allem die Wahrnehmung und kognitive Verarbeitung von schriftcodierter Information. Textgestaltung wird hier auf menschliche Wahrnehmungsprozesse bezogen und hat zum Ziel, möglichst widerstandslose Leseprozesse in ihren Charakteristika zu bestimmen. Leserlichkeit und Lesbarkeit als Grundlage kognitiver Verarbeitung und emotionaler Effekte nehmen den Leseprozess als universellen Decodierungsprozess von Zeichen in den Blick. Eingegrenzt wird diese Perspektive zumeist auf physiologische und psychologische Prozesse, die im Hinblick auf den Erwerb von technischer Lesekompetenz thematisiert werden.

Die zweite Sichtweise fokussiert dagegen die komplexe kommunikative Handlung des Lesens, wobei die Gestaltung von Texten vor allem im Hinblick auf das Leseverstehen, situatives Lesehandeln und die damit verbundenen Bedürfnisse betrachtet wird. Hier lassen sich zwei unterschiedliche, defizitäre Perspektiven unterscheiden: Erstens die Mediennutzungsforschung, die lediglich Lesertypisierungen über soziodemographische Daten erzeugt,[26] aber Selektion, Re-

22 Vgl. Schumacher 2005, S. 57; Krieg 2012, S. 108. Ausnahmen sind einzelne Analysen der Mensch-Maschine-Interaktion über Oberflächen der Textdarstellung (z. B. Hillesund 2010). Die Gebrauchstauglichkeit wird vor allem im Zusammenhang mit Websites in Form von Normen thematisiert. Technische Gestaltungsaspekte werden darüber hinaus vor allem in Bezug zu unterschiedlichen Dateiformaten thematisiert (z. B. Bläsi/Rothlauf 2013).

23 Vgl. Rühr/Kuhn 2013, S. 541.

24 Für einen Forschungsüberblick vgl. ebd. sowie Bonfadelli 2015b.

25 Vgl. hierzu ausführlich Bonfadelli 2015a, S. 532.

26 Vgl. hierzu auch Bonfadelli 2015b.

zeption und Wirkung im Hinblick auf Lesemedien nur rudimentär unterscheidet, beispielsweise zwischen Buch/Zeitung/Zeitschrift oder gedruckt/digital. Und zweitens die Lesesozialisationsforschung, deren situative Verortung von Lesehandlungen sich aber auf Familie, Schule und Peergroup beschränkt und dort vor allem das literarische Lesen und die literale Kompetenz als narratives Verstehen hervorhebt.

Objektzentrierte Gestaltungsperspektiven von Lesemedien und eine weitgehend gegeneinander abgegrenzte und größtenteils undifferenzierte Lese- und Leserforschung bedingen sich dabei wechselseitig: Bisherige Forschungen zu Lesemedien typisieren diese entlang spezifischer materieller Leseobjekte[27] und weisen diesen Funktionen und Leseweisen zu, auf deren Basis allgemeine Erkenntnisse zu Leseprozessen generiert werden. Gleichzeitig ist die Wahrnehmung des Lesens über die so spezifizierten Leseobjekte so alltäglich, dass sich die Erforschung des Lesens stärker auf die schriftcodierten Inhalte und weniger auf die Medialität des Textes verlagert. Damit verbunden ist eine weitgehende Ausblendung der Nutzungshandlung, die stark mit technischen Aspekten und der Gestaltung des jeweiligen Lesemediums verbunden ist.[28] Lesen wird in Folge vereinfachter, objektivierter oder gar nicht berücksichtigter Lesemedien oftmals als einheitlicher Gegenstand behandelt, obwohl es unzählige Varianten von Leseprozessen und Lesehandlungen gibt, in denen Lesemedien einen strukturierenden, funktionalen Kontext darstellen.[29] Auch in medienökonomischen Perspektiven werden Märkte und Geschäftsmodelle mit Bezug zum Lesen entlang dieser etablierten Leseobjekte typisiert und auf dieser Basis Aussagen zu Leistungsprozessen von Organisationen, Abgrenzungen von Märkten oder Nachfrageverhalten und Zahlungsbereitschaften von Konsumenten erzeugt. Medien generell werden hier anhand von Technologie (print vs. elektronisch oder audiovisuell) sowie unpräzisen Zeitbezügen (periodisch vs. nicht-periodisch sowie Häufigkeit der Produktion und Distribution) unterschieden.[30]

Mit der Digitalisierung werden objektzentrierte Modelle des Lesens und seiner Organisation zunehmend fragwürdig, weil sich der differenzierbare materielle Objektcharakter von Lesemedien weiter auflöst und Lesen als einheitlicher Prozess immer weniger begründet werden kann:[31] Textanalysen, materielle Objekteigenschaften und literarische Sozialisationsprozesse können Lesen nicht mehr umfassend als funktionale Basiskompetenz der Informationszirkulation

27 Materielle Leseobjekte werden vor allem über einzelne Medienformate wie Buch, Zeitung oder Zeitschrift definiert, aber auch über binäre Differenzierungen wie Hard- vs. Softcover oder unterschiedliche Warengruppen beschrieben.

28 Vgl. Hillesund 2010.

29 Vgl. Kuhn/Rühr 2013, S. 545.

30 Vgl. Sommer/Rimscha 2014, S. 247f.

31 Vgl. Saxer 2010, S. 92.

definieren. Die in einer objektzentrierten Tradition erfolgten Versuche, digitale Lesemedien als vermeintlich präzise fassbare Objekte zu erfassen hatten zur Folge, dass ‚das' Lesen in digitalen Lesemedien hauptsächlich über statische Eigenschaften wie Papier vs. Bildschirm oder gedrucktes Buch vs. E-Book verglichen wurde, die dadurch gewonnenen Erkenntnisse aber keine Rückschlüsse auf das tatsächliche Nutzungsverhalten unterschiedlicher Texte in unterschiedlicher digitaler Inszenierung zulassen.[32] Die einheitliche Bestimmung komplexer Texte in digitalen Lesemedien als ‚E-Book' kann deshalb als gescheitert betrachtet werden, es fehlt aber gleichzeitig an theoretischen und methodischen Konzepten, die Gestaltung digitaler Lesemedien in ihrer Bedeutung für das Lesen und ihrem Einfluss auf den Leser deutlicher zu charakterisieren.[33]

2.2 Kritik der objektzentrierten Forschungsansätze

Es lassen sich drei Argumente formulieren, weshalb eine Fortsetzung der Leseforschung auf Basis objektivierter Lesemedien im Kontext der Digitalisierung wenig sinnvoll erscheint und durch andere Ansätze abgelöst werden sollte.

Erstens sind die postulierten klaren Grenzen zwischen den verschiedenen etablierten materiellen Leseobjekten als Mediengattungen von jeher nicht haltbar. Präzise, belastbare Definitionen, die verschiedene Lesemedien voneinander unterscheiden können, lagen – trotz etlicher Versuche – noch nie vor.[34] So erfolgt beispielsweise die Bestimmung der Zeitschrift seit über drei Jahrhunderten als Negativdefinition (ist keine Zeitung, ist kein Buch) oder als Mischform von anderen Medien.[35] Den Definitionsversuchen konkreter Leseobjekte liegt dabei zugrunde, dass diese deren Differenzierungen als singuläre und isolierbare, empirisch über Beobachtung erfassbare Analyseobjekte beschreiben sollen. Dabei ist es relativ einfach, Ausprägungen der benannten Objekte zu finden, die den bestimmten Eigenschaften nicht exakt entsprechen und die Zuschreibung einer dauerhaften ‚medienspezifischen Grammatik' von Leseobjekten verhindern.[36] Statt abstrahierter Merkmale spezifischer Lesemedien stehen hier oft

32 Als Beispiel hierfür sei eine Studie zum Leseverstehen komplexer Texte in digitaler und analoger Form angeführt, die zu dem Schluss kommt, dass analoge Lesemedien ein höheres Leseverstehen ermöglichen. Benutzt wurden aber lediglich PDF-Abbilder des gedruckten Textes statt medienadäquater Darstellungs- und Zugangsweisen. Belegt wurde somit lediglich, was passiert, wenn man Medien unter anderen Voraussetzungen imitiert (vgl. Mangen/Walgermo/Kolbjørn 2013).

33 Vgl. Kuhn/Rühr 2013, S. 562.

34 Vgl. hierzu die Kritik bei Sommer/Rimscha 2014, S. 248; auch Hagenhoff 2016.

35 Vgl. bspw. Stöber 2002, S. 42f.

36 Darstellungsformen von schriftcodierten Informationen unterliegen historisch kontextualisierten Dispositiven, die spezifische Gestaltungsmerkmale aufweisen können, beispiels-

historische Gestaltungsaspekte, Technologien und Medienvorstellungen im Vordergrund. Die schriftliche Codierung von Informationen erfolgte jedoch in einer vielseitigen Medienumgebung und unter stetiger Variation situativer Kontexte, individueller Bedürfnisse und soziokultureller Kontexte,[37] weshalb typisierte Gegenstände nur einen kleinen Teilbereich des Lesens erfassen können. Derartige Abgrenzungsversuche liegen auch in digitalen Kontexten beispielsweise über unspezifische Gattungen von ‚Internet' oder ‚Online' quer zur etablierten Gattungssystematik vor, was zur Folge hat, dass weder Leseobjekte noch ihre zugehörigen Märkte voneinander abgegrenzt werden können. Digitalisierung ermöglicht hierbei die weitere Auflösung der Einheitlichkeit von Zeichencodierung und Trägerobjekt, es lassen sich somit immer kleinteiligere Leseobjekte mit unterschiedlichen Eigenschaften als Mediengattungen differenzieren,[38] was zu weniger statt mehr Erkenntnissen führt und diese Herangehensweise zunehmend defizitär erscheinen lässt.[39]

Ein zweites Argument gegen eine objektzentrierte Lese- und Leserforschung beruht auf der Tatsache, dass Lesemedien intentional gestaltete Artefakte darstellen, um Bedürfnisse ihrer Nutzer zu befriedigen. Lesemedien erreichen ihre Funktionalität somit nicht aus der freien Gestaltung von Eigenschaften, sondern aus der Befriedigung, die durch ihre Nutzung in konkreten Situationen entsteht.[40] Aus dieser resultiert wechselseitig die Nachfrage nach spezifischen Gestaltungsaspekten, andernfalls kommt es zu einem Ausbleiben des Erfolgs eines spezifisch gestalteten Angebots. Eigenschaften werden somit bewusst in ökonomischen und publizistischen Kontexten gestaltet und gesucht, ihr Erfolg ist keine feste Größe, sondern ein Resultat komplexer Organisations- und Nutzungsentscheidungen: Es gibt keine kausalen Wirkungszusammenhänge einzelner Gestaltungsausprägungen im Hinblick auf Lesewirkungen, stattdessen steht ihre Zweckdienlichkeit für mehrere Akteure im Mittelpunkt. Auf dieser Basis gibt es folglich auch kein digitales Lesen an sich, sondern nur spezifische Lesestrategien und Nutzungshandlungen konkret gestalteter digitaler Lesemedien, die wiederum von den Bedürfnissen, den Kompetenzen, den situativen

---

weise den standardisierten oder individuellen Bucheinband, die Einbindung von Texten in intermediale Kommunikationsnetzwerke, ästhetische Zuschreibungen etc. Medienspezifische Grammatiken als Komposition gestalterischer Elemente haben deshalb normativen Charakter (vgl. Steinseifer 2011, S. 173).

37 Vgl. Stitz/Wölfel 2015, S. 367.

38 Vgl. hierzu auch Gervais 2007, S. 193.

39 Parallelen finden sich zudem in der sprachwissenschaftlichen Gattungsanalyse von Texten, in der ebenfalls keine exklusiven Muster unterschieden werden können, sondern ebenso ihre Modulationen betrachtet werden müssen (vgl. Ayaß 2011, S. 290).

40 Sauer spricht von Leseaufgaben, die zu erfüllen sind: „der Leser liest, um zu x-en" (Sauer 1995, S. 155), wobei das x für die Aufgabe, den Zweck oder das Ziel des Lesens steht (vgl. ebd., S. 154–156).

Kontexten des Lesers und der Textsorte abhängig sind.[41] Der Einfluss der Gestaltung digitaler Lesemedien kann somit nicht universell bestimmt werden, sondern muss hinsichtlich typisierter Bereitstellungs- und Nutzungshandlungen unterschieden werden.

Ein drittes Argument basiert auf der digitalen Medienumgebung selbst, welche bisher zu wenig als genuiner Möglichkeitsraum des Lesens gedacht wird.[42] Mit der bisherigen Objektzentrierung des Lesens erklärt sich die fehlende Emanzipation digitaler Lesemedien von der lange tradierten Printkultur. Bisherige digitale Lesemedien für komplexe Texte imitieren materielle Leseobjekte hinsichtlich ihrer typographischen Dispositive und ihrer Navigation (sequentielles Blättern). Es entstehen Leseobjekte in Form digitaler Klone analoger Vorbilder.[43] Vordergründig erzeugt dieses Vorgehen Wiedererkennung und somit habitualisierte Nutzungsweisen, tatsächlich sind diese Objekte aber – im Vergleich zu ihren analogen Vorbildern – häufig weder gut les- noch benutzbar. Ursächlich hierfür ist die falsche Gleichstellung der grundlegenden Medialität zweier unterschiedlicher technischer Mediensysteme, die unterschiedliche Grenzen und Möglichkeiten der Darstellung von schriftcodierten Informationen, Leseprozessen und Nutzungsweisen aufweisen.

Zusammengefasst erscheinen die bisherige Umsetzungen digitaler Lesemedien und die mit ihnen verbundene Lese- und Leserforschung als wenig geeignet zur Erklärung ihrer Bedeutung für Leseprozesse und Lesehandlungen. Stattdessen sollte der Wandel von Lesemedien genuin aus den digitalen Möglichkeiten heraus gedacht werden:

> Dieser Wandel wird ergänzt und verstärkt durch eine Loslösung […] vom Paradigma der Printtexte. Daher ist es nur konsequent, wenn damit die Optimierung der Usability von Kommunikationsangeboten […] in den Vordergrund des Interesses rückt. Damit wird das Gelingen […] bedeutsam für ‚optimales' kommunikatives Handeln in gesellschaftlichen Systemen und Organisationen.[44]

Die binäre Differenzierung über gedruckte und elektronische Leseobjekte wird differenzierten Möglichkeiten digitaler Lesemedien dabei bisher kaum gerecht, auch weil sich unter den Voraussetzungen digitaler Möglichkeiten der Gestaltung, die wesentlich mehr Optionen zulässt als analoge Medienumgebungen, typisierbare Gestaltungsmuster nur langsam etablieren können.[45]

41 Vgl. Hagenhoff/Kuhn 2015, S. 198.

42 Die Verlegerin Christiane Frohmann bezeichnet diese Nachahmung des Bekannten und Gewohnten als „Denknebel", der eine eigenständige nativ digitale Gestaltung von Lesemedien verhindere (vgl. Frohmann 2014).

43 Für Zeitungen und den in diesem Zusammenhang verwendeten Begriff des E-Papers vgl. Hagenhoff 2015, S. 137 sowie allgemeiner Drucker 2007.

44 Antos/Hasler/Perrin 2011, S. 654f.

45 Mediale Gestaltungs- und Nutzungsmuster setzen sich in historischer Perspektive generell

3 Kommunikative Gestaltung zwischen Leseprozess, Lesemedium und Lesehandlung

3.1 Lesemedien als Systeme mit variablen Eigenschaften

Statt objektzentrierter Bestimmungsversuche erscheinen systemische Beschreibungsansätze besser geeignet, digitale Lesemedien in ihrer Bedeutung für Leseprozesse und Lesehandlungen zu analysieren. Dabei wird Lesen als kommunikative Handlung verstanden, in deren Mittelpunkt Medientechnologie genutzt wird, die eine spezifische Vermittlungsleistung schriftcodierter Informationen zwischen Akteuren erbringt, die sich wiederum aus ihren Möglichkeiten und Grenzen der Darstellung von Texten sowie des Zugangs zu diesen Texten ergibt.

Digitale Technologie zur Erzeugung dieser Vermittlungsleistung weist dabei spezifische Merkmale auf, die sich auf die Bereitstellung von zu lesenden Informationen sowie deren Darstellung und Nutzbarkeit auswirken: Zwischen Informationen und Akteure tritt kein materielles, statisches Objekt, sondern computerbasierte Formen der Zeichendarstellung und Nutzungsmöglichkeiten. Diese sind durch die Universalität der digitalen Codierung theoretisch in ihren Möglichkeiten unbegrenzt und werden nur durch technische Leistungs-[46] sowie menschliche Wahrnehmungs- und Verarbeitungsgrenzen beschränkt. Die Basis des Lesens wird somit die zugrundeliegende Software, welche über Auszeichnungsanweisungen digital codierte Informationen in menschenlesbare Schriftzeichen umwandelt und diese als Text anordnet sowie über die Benutzungsschnittstelle den funktionalen Zugang des Lesers zum Text festlegt: „Textoberfläche und Benutzungsschnittstelle bestimmen somit in Wechselwirkung den Zugang und die Interaktion mit dem Text in spezifischer Weise.“[47]

Über Software statt materielle Leseobjekte wird deutlich, dass digitale Lesemedien funktionale Erweiterungen von Leseprozessen und Lesehandlungen ermöglichen:[48] Sie sind im genuinen Sinn interaktive und variierende mediale Objekte, die manuell oder automatisiert in konkreten kommunikativen Räumen

---

langsam durch, weil sie sich zunächst an vorhandenen Mustern orientieren, dann funktional emanzipieren und schließlich eine eigene mediale Logik entwickeln (vgl. für die historische Differenzierung von Textsorten Jakobs 2005, S. 75; für die historischen Differenzierungen von Gattungen Holly 2011, S. 367; für die historische Medienentwicklung beispielsweise Stöber 2004, 2008).

46 Eine technische Leistungsgrenze ist z. B. der vorhandene Internetzugang, der für spezifische Funktionen vorausgesetzt wird.

47 Hagenhoff/Kuhn 2015, S. 218.

48 Vgl. Jakobs 2013, S. 127. Analoge beziehungsweise materielle Leseobjekte stellen statische Formen des Systemverhaltens und der Nutzerinteraktion dar, die Differenzierung der Nutzererfahrung erfolgt deshalb hauptsächlich über den Inhalt.

angepasst werden können.[49] Mit dieser Dynamisierung der Leseobjekte gehen veränderte Anforderungen und Folgen einher: Digitale Lesemedien weisen keine festen Entwürfe der Textdarstellung und Textzugänglichkeit auf, stattdessen wird das konkrete Layout eines Textes erst im Moment seiner Rezeption verwirklicht. „Die typografische Gestaltung im engeren Sinne weicht der typografischen Programmierung."[50] Dies hat zur Folge, dass Leser stärker beeinflussen können, wie sie einen Text rezipieren und nutzen wollen. Damit steigen zum einen die Anforderungen an notwendige Nutzungskompetenzen, zum anderen gewinnt die Ebene des Textzugangs gegenüber dem Inhalt an Bedeutung[51] und wird zu einem entscheidenden Moment der Mediennutzung, weil sie nicht mehr einmalig und fest erlernt wird, sondern flexibel und im besten Fall intuitiv erfolgt.[52]

Eine erste Bestimmung der gestaltbaren Systemkomponenten digitaler Lesemedien[53] erfolgt auf der Grundlage des systemtheoretischen Konzepts der Unterscheidung von Medium und Form:[54] Als Medium der Gestaltung werden unterschiedliche Kategorien der Textdarstellung und der Textzugänglichkeit und ihre potenziellen Ausprägungen bestimmt, die in ihren konkreten Formen und Kompositionen konkrete und gleichzeitig dynamische Lesemedien darstellen, die ihre Vermittlungsleistung in bestimmten kommunikativen Räumen erbringen und spezifische Rezeptionsprozesse und Nutzungsmöglichkeiten bedingen. Als Kategorien digitaler Textdarstellung werden Potenziale multipler Kommunikationskanäle, variabler Typographie, modularer Textstrukturierung und die Mutationsfähigkeit des Textes bestimmt. In ihren Ausprägungen von monomedial bis multimedial, fester bis flexibler Zeichendarstellung, aufeinander aufbauender bis unabhängiger Texteinheiten und Abgeschlossenheit bis stetiger Mutation verweisen diese Kategorien insbesondere auf das Rezeptionsobjekt des Textes, dessen grundsätzliche Lesbarkeit sowie dessen Funktionalität in spezifischen Lesestrategien. Der Zugang zu digitalen Texten wiederum variiert hinsichtlich der softwarebasierten Präsentationsumgebung, dem Grad an Interaktivität mit dem Nutzer, der Einbindung in technische und soziale Netzwerke sowie der Navigationsmöglichkeiten im Text. Ihre jeweiligen Ausprägungen zwischen standardisiert und monolithisch, handlungsbegrenzt und handlungsintensiv, singulär und vernetzt sowie eindimensional, stetig, sequenziell und mehrdimensional, diskret, wahlfrei verweisen auf das mediale

49 Vgl. Günther 2013.
50 Jong 2015, S. 255, zur algorithmischen Kontrolle des typografischen Dispositivs vgl. auch Hack 2015, S. 76 sowie Wehde 2000, S. 9.
51 Vgl. Wardrip-Fruin 2010, S. 40.
52 Vgl. Jakobs 2013, S. 119f.
53 Vgl. ausführlich Kuhn/Hagenhoff 2015.
54 Vgl. Luhmann 1998, S. 190–202.

Nutzungsobjekt des Textes sowie dessen Funktionalität in spezifischen Lesehandlungen.

Mit einem derartigen Ansatz variabler Systemgestaltung ist begründet, warum digitale Lesemedien materielle Lesemedien nicht imitieren, sondern ihre Funktionen erweitern und angepasste oder gänzlich neue Leseprozesse und Lesehandlungen ermöglichen. Da diese Potenziale bisher noch nicht erkannt oder passend aufeinander abgestimmt wurden, sind bisher allerdings eher disruptive Effekte digitaler Lesemedien auf Leseprozesse und Lesehandlungen beobachtbar: Digitale Lesemedien stellen zu häufig defizitäre Imitationen materieller Leseobjekte dar.

3.2 Kommunikationsdesign statt Objektgestaltung

Mit einer systemischen Betrachtung von digitalen Lesemedien als Komposition von Eigenschaftsausprägungen erweitert sich der Blickwinkel auf das Lesen von universellen Aussagen zur Lesbarkeit zu differenzierten Aussagen zu Relationen von medialen Eigenschaften zu konkreten Leseprozessen und Lesehandlungen. An dieser Stelle wird daher vorgeschlagen, statt defizitär bestimmbare digitale Leseobjekte komplexer Texte stärker die Gestaltung ihrer konkreten Kommunikationsräume in den Blick zu nehmen und digitale Lesemedien als gestaltbaren Aspekt differenzierter Leseprozesse und Lesehandlungen zu verstehen.

Hierzu wird zunächst vorgeschlagen, Leseprozesse als Wahrnehmungs- und Verarbeitungsprozesse schriftcodierter Zeichen theoretisch stärker von Lesehandlungen als bedürfnisorientierter Kommunikation in konkreten kommunikativen Räumen zu trennen. Dabei wird ihre gegenseitige Abhängigkeit nicht verneint, ihre Trennung erlaubt aber spezifischere Aussagen zu Gestaltungselementen und ihrer Funktionalität. Zum einen stehen dabei universelle physische und psychische Prozesse der Wahrnehmung und Verarbeitung von schriftcodierten Informationen, die sich über generell gültige Gestaltungsaspekte der Leserlichkeit und Lesbarkeit von Zeichen manifestieren. Formuliert werden können hier neben Aspekten der generellen Leserlichkeit von Zeichen generalisierte Lesestrategien im Umgang mit optimierten digitalen Textdarstellungen wie beispielsweise zur Informationsextraktion aus Texten oder zur Einbindung des Lesers in Inhalte.[55] Gestaltungsaspekte sind hier der klassischen Typographie entlehnt und richten sich vor allem auf die Textdarstellung über

55 Die Unterscheidung von Rezeption und Mediennutzung findet sich in allen Aspekten der Medienforschung, wobei die neurobiologischen, kognitionspsychologischen und linguistischen Perspektiven die Grundlagen des Lesens erörtern, aber nicht hinreichend für die Betrachtung der Lesehandlung sind.

Schriftformen, Satzspiegel, Strukturierungen und paratextuelle Elemente, erweitert um den virtuellen Raum, der beispielsweise andere Anordnungen und Wahrnehmungsdispositive erlaubt als die gedruckte Seite.

Zum anderen werden diese generalisierten Leseprozesse von konkreten Lesehandlungen überlagert, in denen Gestaltung als problemlösendes System situativer Lesepraktiken betrachtet werden muss.[56] Lesestrategien werden dabei zu differenzierbaren Leseweisen transformiert, deren Charakteristika sich aus der Konstellation bestimmter typisierter Leser,[57] konkreter Lesemotivationen[58] und situativer Handlungskontexte[59] ergeben. Leseweisen sind somit spezifische Formen sozialen Handelns und deshalb nur als komplexe symbolische Interaktionen von Leser, Medium und Text in situationsbedingten Beziehungen zu verstehen, die zu symbolischen und physischen kommunikativen Handlungen führen.

Lesehandlungen können im Rahmen der allgemeineren Mediennutzungsforschung dabei als Zuwendung zu einem Medium, zusammengesetzt aus Selektionen, Rezeptionsprozessen und Wirkungen, beschrieben werden, die während des Lesens zirkulär verlaufen.[60] Die Grundlagen der Selektion eines medialen Angebots in einer konkreten Situation sind nach dem Nutzen- und Belohnungsansatz dann die erwarteten Gratifikationen der Nutzung, die als Erwartungshaltung des Lesers auf der Basis seiner konkreten Bedürfnisse beruhen.[61] Die Auswahl eines Lesemediums für eine spezifische Lesehandlung erfolgt somit im Rahmen dieser Bedürfnisse sowie der Zugänglichkeit der medialen Auswahloptionen.[62] Die gesamte Lesehandlung vollzieht sich dabei in kommunikativen Räumen, die nicht beliebig, sondern sozial strukturiert sind, und Leseprozesse und Lesehandlungen soziokulturell beeinflussen.[63] Mit der konstruktivistischen Bestimmung des aktiven Lesers stehen deshalb dessen Motivationen, Selektionen und intendierte Wirkungen bei Leseprozessen und Lesehandlungen im Mittelpunkt der Gestaltung von Textdarstellungen und

56 Vgl. Hillesund 2010.

57 Leser lassen sich über kognitive Fähigkeiten, Wissensbestände und Lesekompetenzen beschreiben.

58 Lesemotivationen lassen sich als intrinsische oder extrinsische Handlungsziele auf der Basis individueller Interessen oder sozialer Interaktionsanforderungen beschreiben.

59 Situative Kontexte lassen sich über physische Bedingungen des Lesens wie Lichtverhältnisse oder Raumanordnungen von Subjekten und Objekten beschreiben.

60 Vgl. Schweiger 2002, S. 51.

61 Bedürfnisse sind komplexe Dispositionen des Lesers aus rationalen Effizienz- und Effektivitätserwartungen, soziokulturellen Zuschreibungen von Funktionalität, affektiven Einstellungen und habitualisierten Nutzungsmustern.

62 Vgl. Bonfadelli 2015b, S. 70–72. Zugänglichkeiten sind komplexe Dispositionen physischer Verfüg- und Erreichbarkeit, technischer Funktionsfähigkeit, der Passung von Nutzungsanforderungen und Kompetenzen sowie der sozialen Erwünschtheit der Nutzung.

63 Vgl. Löw 2012, S. 191.

Textzugängen: Gestaltung bedeutet die Anpassung des Lesemediums an komplexe Handlungszusammenhänge zwischen Lesereigenschaften, Lesemotivationen, Textsorten und situativen Kontexten. Somit ist sie auf konkrete Problemlösungen ausgerichtet,[64] die über generelle Leserlichkeit und Lesbarkeit hinausgehen, ohne diese auszuschließen.

Gestaltungskonzepte digitaler Texte sollten entsprechend aus konkreten kommunikativen Räumen und ihren Anforderungen und nicht allein aus den technischen Möglichkeiten heraus entwickelt werden.[65] Über flexible Eigenschaften der Textdarstellung und des Textzugangs können Texte dann so inszeniert werden, dass sie in spezifischen kommunikativen Räumen optimale Lesehandlungen realisieren und somit eine maximale Nützlichkeit für den Leser erreichen. Je passgenauer Textdarstellung und Textzugang für spezifische kommunikative Räume gestaltet werden, desto wahrscheinlicher wird der kommunikative Erfolg des Lesens in Form erwünschter Gratifikationen. Jakobs fasst diesen übergreifenden Ansatz der Betrachtung von Texten und Lesemedien unter dem Begriff ‚Kommunikative Usability' zusammen: „Kommunikative Usability wird definiert als Qualität der sprachlich-kommunikativen Gestaltung von Inhalten [...] wie auch der so genannten Benutzerschnittstelle und ergänzender Teile [...]."[66] Jakobs betont dabei ebenfalls den Grad der notwendigen Passung von Anforderungen der zielorientierten Lesehandlung und der Gestaltungsmerkmale des Kommunikationsangebots.[67]

Digitale Gestaltungspotenziale unterscheiden sich gegenüber materiellen Leseobjekten dabei wie gezeigt durch ihre präziseren Anpassungsmöglichkeiten an spezifische Bedürfnisse des Lesers und Anforderungen in einer spezifischen Lesesituation, die in ihren konkreten Formen der Textanordnung, der Textgestaltung und des Textzugangs in Kombination Leseprozesse und Lesehandlungen prägen.[68] Im Vergleich zu materiellen Objekten verschieben sich Gestaltungseffekte auf die Lesehandlung dabei von der Textdarstellung auf den Textzugang, der digital dynamischer gestaltet werden kann.[69] Damit werden Gestaltungsaspekte zugleich Gegenstand der zielgerichteten Auswahl spezifischer digitaler Lesemedien und wirken sich insgesamt auf Lesemotivationen, Lesestrategien und Lesewirkungen aus.

Mit der Differenzierung von Leseprozess und Lesehandlung, der Bestimmung kommunikativer Räume mit spezifischen Anforderungen sowie einem Ver-

---

64 Vgl. Günther 2013.

65 Bunia (vgl. 2013, S. 171) verweist beispielsweise darauf, dass standardisierte digitale Layouts sich nicht für alle Textsorten, Lesestrategien und Leseziele eignen.

66 Jakobs 2013, S. 126.

67 Vgl. ebd.

68 Vgl. Kuhn/Hagenhoff 2015, S. 371; Wardrip-Fruin 2010, S. 38.

69 Vgl. Antos/Hasler/Perrin 2011, S. 648.

ständnis digitaler Lesemedien als System variabler Eigenschaften wird Lesen somit zu einer differenzierteren Handlung, die in typisierten kommunikativen Räumen unterschiedlich verläuft und unterschiedliche Gestaltungsanforderungen aufweist.

4 Lesekonzepte für und Leseforschung zu digitalen Lesemedien

Digitalisierung ermöglicht erweiterte Gestaltungsmöglichkeiten der Textdarstellung und des Textzugangs, die Leseprozesse und Lesehandlungen differenzierter darstellbar machen. Dabei gehen digitale Lesemedien in ihren Gestaltungspotenzialen über materielle Leseobjekte hinaus, weshalb bisherige objektzentrierte Lesekonzepte und Leseforschungsansätze für diese Medien als defizitär bestimmt werden können: Mit der Differenzierung digitaler Lesemedien über dynamische Eigenschaftsausprägungen der Textdarstellung und des Textzugangs wird mehr denn je deutlich, dass einheitliche abstrahierte Lesekonzepte lediglich auf der Ebene der Zeichenwahrnehmung und -verarbeitung in Form technischer Lesekompetenzen, generalisierter Lesestrategien und Gestaltungskonventionen universeller Leserlichkeit und Lesbarkeit möglich sind. Auf der Ebene konkreter Lesehandlungen dagegen sind differenzierte Konzepte unterschiedlicher Leseweisen notwendig, die sich aus Variablen von Lesereigenschaften, Lesemotivationen, Lesesituationen und Textsorten zusammensetzen und die je nach Konstellation mit bestimmten Gestaltungsausprägungen des Lesemediums im Hinblick auf Textdarstellung und Textzugänglichkeit korrelieren (sollten). Für die Lese- und Leserforschung würde dies eine Abkehr von der pragmatischen Gleichsetzung von Lesen mit materiellen Objekten, einzelnen Textsorten und singulären Lesesituationen bedeuteten, die ihr Erkenntnispotenzial erweitern und präzisieren würde.

Die vorgeschlagenen Differenzierungen des Lesebegriffs und die damit verbundene Erweiterung der Leser- und Leseforschung stellt in dieser Form aber zunächst vor allem eine theoretische Perspektive dar. Sie steht gleichzeitig vor verschiedenen ungelösten Problemen. So gibt es bisher keine zufriedenstellende Kategorisierung kommunikativer Räume, in denen Lesehandlungen von Bedeutung sind. Einfache Kategorien wie Arbeit/Freizeit oder Information/Unterhaltung sind hier wenig brauchbar. Es sind deshalb entsprechende Leseszenarien und ihre Anforderungen zu bestimmen, die mit entsprechend gestalteten digitalen Lesemedien adäquat unterstützt werden können.

Systemische Analysen kommunikativer Räume des Lesens und der mit ihnen verwobenen digitalen Lesemedien über Eigenschaftsausprägungen stehen gleichzeitig vor der Herausforderung ihrer empirischen Überprüfbarkeit. Da Kausalbeziehungen in derartigen Ansätzen nicht dargestellt werden können, müssen typisierte Wahrscheinlichkeiten des Erfolgs spezifischer Konstellationen aus Lesern, medialen Eigenschaften, Situationen und Zielen erarbeitet und überprüft werden. Hier könnte eine empirische Rekonstruktion typischer Anwendungsmuster digitaler Lesemedien mit bestimmten Eigenschaften hilfreich sein, die deutlich macht, welche Eigenschaften wann von Lesern erwartet oder vermisst werden.[70] Eine Herausforderung liegt hier in der Operationalisierung einzelner Variablen und ihrem tatsächlichen Einfluss in dynamischen Systemen, die nur schwer getrennt erfasst werden können. Es fehlt bislang an entsprechenden Methoden, auch in der allgemeineren Mediennutzungsforschung.

Der erkenntnistheoretische Wechsel der Erforschung des Einflusses von Lesemedien von objektzentrierten Gestaltungstraditionen zur Ausrichtung an kommunikativen Räumen erfolgt dabei vor allem aufgrund der Möglichkeitspotenziale der Digitalisierung von Texten. Dies erscheint aber insofern risikoreich, weil digitale Lesemedien und Texte sich gerade erst etablieren. Der Vergleich standardisierter typographischer Leseobjekte mit digitalen Lesemedien ist problematisch, weil sich für letztere bisher weder Standardisierungen herausgebildet haben, noch funktionale Zuschreibungen etablieren konnten. Somit werden Potenziale digitaler Lesemedien durch vergleichende Erwartungen und Zuschreibungen materieller Leseobjekte überlagert, welche deren Emanzipation als eigenständige Medien des Lesens erschweren, was sich dann auch auf ihre Erforschung negativ auswirkt.

Bibliographie

Adamzik, Kirsten: „Textsorten und ihre Beschreibung“, in: Janich, Nina (Hg.): *Textlinguistik. 15 Einführungen.* Tübingen: Narr, 2008, S. 145–177.

Antos, Gerd/Hasler, Ursula/Perrin, Daniel: „Textoptimierung“, in: Habscheid, Stephan (Hg.): *Textsorten, Handlungsmuster, Oberflächen. Linguistische Typologien der Kommunikation.* Berlin: De Gruyter, 2011, S. 638–658.

Ayaß, Ruth: „Kommunikative Gattungen, mediale Gattungen“, in: Habscheid, Stephan (Hg.): *Textsorten, Handlungsmuster, Oberflächen. Linguistische Typologien der Kommunikation.* Berlin: De Gruyter, 2011, S. 275–295.

Baron, Naomi: *Words Onscreen. The Fate of Reading in a Digital World.* Oxford: Oxford University Press, 2015.

Bayer, Sonja Katrin: *Bildschirmtypografie. Technische und psychologische Determinanten der Gestaltung von Online-Dokumenten.* Erlangen: Institut für Buchwissenschaft, Universität Erlangen-Nürnberg, 2003.

Bläsi, Christoph/Rothlauf, Franz: *On the interoperability of ebook formats.* Brüssel, 2013.

70 Vgl. hierzu auch Jakobs 2005, S. 73.

BONFADELLI, Heinz: „Entstehung und Entwicklung der modernen Lese- und Leserforschung im 20. Jahrhundert“, in: Rautenberg, Ursula/Schneider, Ute (Hg.): *Lesen. Ein interdisziplinäres Handbuch*. Berlin: De Gruyter, 2015a, S. 531–546.

BONFADELLI, Heinz: „Sozial- und kommunikationswissenschaftliche Ansätze“, in: Rautenberg, Ursula/Schneider, Ute (Hg.): *Lesen. Ein interdisziplinäres Handbuch*. Berlin: De Gruyter, 2015b, S. 63–84.

BUNIA, Remigius: „Digitale Textreproduktion“, in: Binczek, Natalie/Dembeck, Till/Schäfer, Jörgen (Hg.): *Handbuch Medien der Literatur*. Berlin: De Gruyter, 2013, S. 208–219.

CASTELLS, Manuel: *The Rise of the Network Society*. 2. Aufl. Chichester: Wiley-Blackwell, 2010.

DRUCKER, Johanna: „The Virtual Codex from Page Space to E-Space“, in: Siemens, Ray/Schreibman, Susan (Hg.): *A companion to digital literacy studies*. Malden, MA: Blackwell Publishers, 2007, S. 216–232.

FORSSMAN, Friedrich/JONG, Ralf de: *Detailtypografie*. 2. Aufl. Mainz: Schmidt, 2004.

FROHMANN, Christiane: *Digitales Publizieren sollte sich von der klassischen Buchkultur emanzipieren*, 2014, verfügbar unter: https://irights.info/artikel/christiane-frohmann-digitales-publizieren-sollte-sich-von-der-klassischen-buchkultur-emanzipieren/23423 [27.01.2017].

GERVAIS, Bertrand: „Is there a text on this screen? Reading in an era of hypertextuality“, in: Siemens, Ray/Schreibman, Susan (Hg.): *A companion to digital literacy studies*. Malden, MA: Blackwell Publishers, 2007, S. 183–202.

GRAF, Werner: „Leseverstehen komplexer Texte“, in: Rautenberg, Ursula/Schneider, Ute (Hg.): *Lesen. Ein interdisziplinäres Handbuch*. Berlin: De Gruyter, 2015, S. 185–206.

GÜNTHER, Matthias: „Digitale Haptik. Gestaltung, die funktioniert“, in: *Upload Magazin. E-Business, Social Media und die Internetwirtschaft* 2013/11.

HACK, Günter: „Philosophie des Responsive Design. Gestaltung und Kontrolle“, in: *Merkur. Deutsche Zeitschrift für europäisches Denken* 2015/5, S. 71–77.

HAGENHOFF, Svenja: „E-Paper“, in: Rautenberg, Ursula (Hg.): *Reclams Sachlexikon des Buches*. 3. Aufl. Stuttgart: Reclam, 2015, S. 137.

HAGENHOFF, Svenja: „Buch und Buchsachgruppen“, in: Krone, Jan/Pellegrini, Tassilo (Hg.): *Handbuch Medienökonomie*. Berlin: Springer, 2016, Online first.

HAGENHOFF, Svenja/KUHN, Axel: „Klickst Du noch oder liest Du schon? Softwarebasierte Benutzungsschnittstellen als Chance und Risiko digitaler Buch-, Zeitschriften- und Zeitungsangebote“, in: Pagel, Sven (Hg.): *Schnittstellen (in) der Medienökonomie. Interaktion mit Medienpolitik, Medienrezeption und Medientechnologie*. Baden-Baden: Nomos, 2015, S. 217–239.

HEIJNK, Stefan: *Texten fürs Web*. Heidelberg: dpunkt, 2011.

HERCZEG, Michael: *Einführung in die Medieninformatik. Interaktive Medien*. München, Wien: Oldenbourg, 2009.

HILLESUND, Terje: „Digital reading spaces. How expert readers handle books, the Web and electronic paper“, in: *firstmonday. peer reviewed journal on the internet* 2010/4.

HOLLY, Werner: „Medien, Kommunikationsformen, Textsortenfamilien“, in: Habscheid, Stephan (Hg.): *Textsorten, Handlungsmuster, Oberflächen. Linguistische Typologien der Kommunikation*. Berlin: De Gruyter, 2011, S. 144–163.

Jakobs, Eva-Maria: „Bewertungsperspektiven auf Websites", in: Schütz, Astrid/Habscheid, Stephan/Holly, Werner/Krems, Josef/Voß, Günter (Hg.): *Neue Medien im Alltag. Befunde aus den Bereichen Arbeit, Lernen und Freizeit.* Lengerich u. a.: Pabst, 2005, S. 71–86.

Jakobs, Eva-Maria: „Kommunikative Usability", in: Marx, Konstanze/Schwarz-Friesel, Monika (Hg.): *Sprache und Kommunikation im technischen Zeitalter. Wieviel Internet (v)erträgt unsere Gesellschaft?* Berlin: De Gruyter Saur, 2013, S. 119–142.

Jong, Ralf de: „Typographische Lesbarkeitskonzepte", in: Rautenberg, Ursula/Schneider, Ute (Hg.): *Lesen. Ein interdisziplinäres Handbuch.* Berlin: De Gruyter, 2015, S. 233–256.

Krieg, Martin: „APPsolut praktisch?! Wie mobil optimierte Websites und Apps die Rezeption von Nachrichten auf mobilen Endgeräten determinieren", in: Fengler, Susanne/Eberwein, Tobias/Jorch, Julia (Hg.): *Theoretisch praktisch!? Anwendungsoptionen und gesellschaftliche Relevanz der Kommunikations- und Medienforschung.* Konstanz: UVK, 2012, S. 163–183.

Krug, Steve: *Don't Make Me Think. A Common Sense Approach to Web Usability.* Berkeley, CA: New Riders, 2013.

Kuhn, Axel/Hagenhoff, Svenja: „Digitale Lesemedien", in: Rautenberg, Ursula/Schneider, Ute (Hg.): *Lesen. Ein interdisziplinäres Handbuch.* Berlin: De Gruyter, 2015, S. 361–380.

Kuhn, Axel/Rühr, Sandra: „Stand der modernen Lese- und Leserforschung. Eine kritische Analyse", in: Rautenberg, Ursula (Hg.): *Buchwissenschaft in Deutschland. Ein Handbuch.* Berlin u. a.: De Gruyter Saur, 2013, S. 535–602.

Landow, George: *Hyper/Text/Theory.* Baltimore: John Hopkins University Press, 1994.

Löw, Martina: *Raumsoziologie.* 7. Aufl. Frankfurt a. M. [Ort der Erstaufl.]: Suhrkamp, 2012.

Luhmann, Niklas: *Die Gesellschaft der Gesellschaft.* 1. Bd. Frankfurt a. M.: Suhrkamp, 1998.

Mangen, Anne: „Hypertext fiction reading. Haptics and immersion", in: *Journal of research in reading* 2008/4, S. 404–419.

Mangen, Anne/van der Weel, Adrian: „The evolution of reading in the age of digitization. An integrative framework for reading research", in: *Literacy* 2016/3, S. 116–124.

Mangen, Anne/Walgermo, Bente/Kolbjørn, Brønnick: „Reading linear texts on paper versus computer screen. Effects on reading comprehension", in: *International Journal of Educational Research* 2013/o. Nr., S. 61–68.

Morris, Robert A./Aquilante, Kathy/Yager, Dean/Bigelow, Charles: „P-13. Serifs Slow RSVP Reading at Very Small Sizes, but Don't Matter at Larger Sizes", in: *SID Symposium Digest of Technical Papers* 2002/1, S. 244–247.

Neutzling, Ulli: *Typo und Layout im Web.* Reinbek bei Hamburg: Rowohlt Taschenbuch Verlag, 2002.

Nielsen, Jakob: *Kindle Content Design,* 2009, verfügbar unter: https://www.nngroup.com/articles/kindle-content-design/ [29.01.2017].

Nielsen, Jakob/Budiu, Raluca: *Mobile usability. Für iPhone, iPad, Android und Kindle.* Heidelberg u. a.: mitp, 2013.

Rühr, Sandra/Kuhn, Axel (Hg.): *Sinn und Unsinn des Lesens. Gegenstände, Darstellungen und Argumente aus Geschichte und Gegenwart.* Göttingen: V&R unipress, 2013.

SAUER, Christoph: „Ein Minimalmodell zur Verständlichkeitsanalyse und -optimierung“, in: Spillner, Bernd (Hg.): *Sprache. Verstehen und Verständlichkeit.* Frankfurt a. M.: Peter Lang, 1995, S. 149–171.

SAXER, Ulrich: „Buchwissenschaft als Medienwissenschaft“, in: Rautenberg, Ursula (Hg.): *Buchwissenschaft in Deutschland.* Berlin: De Gruyter, 2010, S. 65–104.

SAXER, Ulrich: *Mediengesellschaft. Eine kommunikationssoziologische Perspektive.* Wiesbaden: Springer VS, 2012.

SCHUMACHER, Peter: „Usability für mobile Dienste. Nutzerstudie zu einem MMS-Dienst der dpa infocom zur Fußball-Berichterstattung“, in: *i-com* 2005/1, S. 57–58.

SCHWEIGER, Wolfgang: „Nutzung informationsorientierter Hypermedien. Theoretische Überlegungen zu Selektions- und Rezeptionsprozessen und empirischer Gehalt“, in: Rössler, Patrick/Kubisch, Susanne/Gehrau, Volker (Hg.): *Empirische Perspektiven der Rezeptionsforschung.* München: R. Fischer, 2002, S. 49–73.

SIEMENS, Ray/SCHREIBMAN, Susan (Hg.): *A companion to digital literacy studies.* Malden, MA: Blackwell Publishers, 2007.

SIMANOWSKI, Roberto/SCHÄFER, Jörgen/GENDOLLA, Peter (Hg.): *Reading Moving Letters. Digital Literature in Research and Teaching. A Handbook.* Bielefeld: Transcript, 2010.

SOMMER, Christoph/RIMSCHA, M. Bjørn von: „Jenseits von traditionellen Mediengattungen. Die transmediale Angebotstmatrix“, in: Rau, Harald (Hg.): *Digitale Dämmerung. Die Entmaterialisierung der Medienwirtschaft.* Baden-Baden: Nomos, 2014, S. 247–266.

STEINSEIFER, Martin: „Die Typologisierung multimodaler Kommunikationsangebote. Am Beispiel der visuellen Aspekte seitenbasierter Dokumente“, in: Habscheid, Stephan (Hg.): *Textsorten, Handlungsmuster, Oberflächen. Linguistische Typologien der Kommunikation.* Berlin: De Gruyter, 2011, S. 164–189.

STITZ, Angelo/WÖLFEL, Matthias: „Reagierende Schriftzeichen“, in: Diefenbach, Sarah/Henze, Niels/Pielot, Martin (Hg.): *Mensch und Computer 2015.* Berlin: De Gruyter Oldenbourg, 2015, S. 367–370.

STÖBER, Rudolf: „Historische Zeitschriftenforschung heute“, in: Vogel, Andreas/Holtz-Bacha, Christina (Hg.): *Zeitschriften und Zeitschriftenforschung.* Wiesbaden: Springer VS, 2002, S. 42–59.

STÖBER, Rudolf: „What Media Evolution Is. A Theoretical Approach to the History of New Media“, in: *European Journal of Communication* 2004/4, S. 483–505.

STÖBER, Rudolf: „Innovation und Evolution. Wie erklärt sich medialer und kommunikativer Wandel?“, in: Winter, Carsten/Hepp, Andreas/Krotz, Friedrich (Hg.): *Theorien der Kommunikations- und Medienwissenschaft. Grundlegende Diskussionen, Forschungsfelder und Theorieentwicklungen.* Wiesbaden: Springer VS, 2008, S. 139–156.

VAN DIJK, Jan: *The network society. Social aspects of new media.* 2. Aufl. London: Sage, 2006.

WARDRIP-FRUIN, Noah: „Five Elements of Digital Literature“, in: Simanowski, Roberto/Schäfer, Jörgen/Gendolla, Peter (Hg.): *Reading Moving Letters. Digital Literature in Research and Teaching. A Handbook.* Bielefeld: Transcript, 2010, S. 29–57.

WEHDE, Susanne: *Typographische Kultur. Eine zeichentheoretische und kulturgeschichtliche Studie zur Typographie und ihrer Entwicklung.* Tübingen: Niemeyer, 2000.

Martin Stobbe

Quellcode lesen? Ein Plädoyer für *Procedural Literacy* in den Literaturwissenschaften

Abstract
The paper investigates the methodological question as to whether source code is a relevant dimension for the analysis of digital literature. It argues that under digital conditions, (self-)critical literary studies must consider general principles of the algorithmic in their analysis and thus should develop a so called procedural literacy.

1 Der Quellcode digitaler Literaturen

Die Frage danach, ob und wie sich das Lesen unter digitalen Bedingungen verändert, kann in sehr vielen, sehr verschiedenen Dimensionen gestellt werden. Dabei stehen in erster Linie entweder empirische oder hypothetische LeserInnen, die digitalen Bedingungen ihrer Lesetätigkeit oder die zu lesenden Gegenstände selbst, sofern sie digital sind, im Fokus der Untersuchung – meist natürlich in Wechselwirkung. Im Folgenden geht es nicht primär um diese Objektperspektive, die kurz gesagt nach den Menschen und der Welt ‚da draußen' fragt, sondern um eine methodologische Selbstreflexion. Es geht darum, ob professionelle LeserInnen, in diesem Fall LiteraturwissenschaftlerInnen, ihre Lesegewohnheiten unter digitalen Bedingungen ebenfalls ändern bzw. ihr Repertoire an Analysetechniken erweitern müssen, um ihren Gegenstand adäquat beschreiben zu können.

Das klingt zunächst trivial, insofern sich wissenschaftliches Lesen gerade durch die Passung seiner Methoden als professionell auszeichnet. Im Falle digitaler Literaturen hat man es aber mit einem nicht zu unterschätzenden Kompetenzproblem zu tun, insofern solche Literaturen durch programmierbare Umgebungen, das heißt wesentlich algorithmische Medien zur Erscheinung gebracht werden. Simone Winko hat bereits vor mehr als zehn Jahren festgestellt, dass jeder digitale Text eigentlich aus zwei Schichten besteht: einem Oberflächentext, der in vielerlei Hinsicht dem Text analoger Literatur entspricht, und einem Quelltext, der die technisch-funktionale Seite des Artefakts ‚beschreibt'.[1] Digitale Literatur weist also ein hochgradig technologisches Apriori auf,[2] dessen Analyse ganz und gar nicht triviale Anforderungen an die VertreterInnen traditioneller Geisteswissenschaften stellt. Aber müssen LiteraturwissenschaftlerInnen diesen zweiten Text, den Quellcode, wirklich ebenfalls lesen können, wie Winko es fordert?

Es scheint, dass diese konzise Frage irgendwo zwischen Faszination für das Technische und der Furcht vor seiner Komplexität zwar immer wieder erwähnt,[3] dann aber doch aufgeschoben wird. Ein Grund dafür könnte in einem wissenschaftshistorisch gewachsenen Fundamentalproblem liegen. Das Modell der ‚zwei Kulturen',[4] das mathematisch-naturwissenschaftlich-technische Fächer auf der einen und gesellschaftlich-kulturelle Fächer auf der anderen Seite postuliert, bekommt nämlich entgegen aller Skepsis plötzlich eine handfeste Manifestation, wenn die Akteure der einen Seite es mit Gegenständen zu tun bekommen, die zu integralen Teilen mit den Kategorien der anderen Seite beschrieben werden müssen. Das liegt nicht zuletzt an strukturell sehr konkreten Gegebenheiten der gegenwärtigen akademischen Ausbildung. Eine praktische Implementierung von Programmierkursen ist in der geisteswissenschaftlichen Welt in Deutschland nur selten zu finden. Einfach gesagt: Wer nicht programmieren kann, wird sich schwertun, Quellcode zu lesen und im Rahmen ihrer Standardausbildung lernen GeisteswissenschaftlerInnen dies zumeist nicht.

Eine Ausnahme stellen natürlich die Hochburgen der *Digital Humanities* dar.[5] Hier geht es allerdings um etwas grundlegend Anderes. Die Perspektive dieser ‚*Core*' *Digital Humanities* richtet sich in den meisten Fällen von einer digitalen Methode auf einen der Tendenz nach analogen Gegenstand. Paradebeispiele sind die Analysen massiver Textkorpora, die händisch nicht zu bewältigen sind.[6] Programmieren ist hier eher das notwendige Handwerk zur Herstellung, Bewertung und Anpassung geeigneter Forschungsumgebungen. Die Perspektive, die im vorliegenden Beitrag im Fokus steht, ist eine dazu umgekehrte, insofern hier bereits digitale Artefakte wie E-Books, Hypertexte, Blogs oder Computerspiele vorliegen, deren Untersuchung prinzipiell ‚klassisch' literatur- oder kulturwissenschaftlich erfolgen soll. Programmierfähigkeit dient nach dem Modell des doppelten Textes in diesem Fall vielmehr der Herstellung von vollständiger Lesefähigkeit.

1 Vgl. Winko 2005.
2 Nicht gemeint ist damit das „medientechnische Apriori", das Gegenstand der Analysen Friedrich Kittlers war. Vgl. dazu Winkler 2003.
3 Vgl. etwa Lauer 2003.
4 Vgl. ursprünglich Snow 1987.
5 Vgl. für eine aktuelle Übersicht Cologne Center for eHumanities 2011.
6 Vgl. etwa DARIAH-DE 2015.

Ziel des Beitrags ist es vor diesem Hintergrund, erneut für eine solche technische Lesefähigkeit zu argumentieren, ihre genaue Qualität aber auch auf einen produktiven Prüfstand zu stellen. Die Grundfrage nach den Zwecken und Möglichkeiten von Codelektüre wird dabei zunächst einmal aus der pragmatischen, technischen Sicht der Informatik betrachtet. Was steht wirklich im Code, das an der Oberfläche nicht sichtbar ist? Anschließend werden ein paar einfache Gegenstände beispielhaft analysiert und die Grenzen solcher Analysen aufgezeigt. Daraus lässt sich schließlich eine Kompetenz ableiten, die nur in abgeschwächter Form etwas mit vollständiger Programmierfähigkeit bzw. dem Lesen von konkretem Quellcode zu tun hat. Es wird sich zeigen, dass es vielmehr darum gehen muss, allgemeinere Prinzipien des Algorithmischen bei der Analyse digitaler Literaturen zu berücksichtigen, das heißt eine *Procedural Literacy* auszubilden.

2 Zwecke von Codelektüre

Die Frage, welchen Mehrwert Codelektüre bieten kann, sattelt auf der Frage, was digitale Literatur aus rein technischer Sicht eigentlich ist. Als klassische allgemeine Definition dürfte diejenige von Roberto Simanowski gelten. Er setzt drei Merkmale digitaler Literatur fest: Interaktivität, Intermedialität und Inszenierung.[7] Die beiden Elemente Interaktivität und Inszenierung sind dabei für die technische Seite am zentralsten. Simanowski beschreibt sie wie folgt:

> Mit **Interaktivität** ist die Teilhabe des Rezipienten an der Konstruktion des Werkes gemeint, was zum einen in Reaktion auf Eigenschaften des Werkes, zum andern in Reaktion auf Handlungen anderer Rezipienten erfolgen kann. Im ersten Falle handelt es sich um programmierte Interaktivität, die zwischen Mensch und Software stattfindet;
> […]
> **Inszenierung** steht für die Programmierung einer werkimmanenten oder rezeptionsabhängigen Performance. Dem digitalen Werk können auf seinen unsichtbaren Textebenen (im HTML-Quellcode oder in den Bild- und Tondatei) Aspekte der Aufführung eingeschrieben werden, so dass die Worte und Bilder gewissermaßen ihren ‚Auftritt' haben. Das Stichwort dazu kann vom Programm kommen oder vom Betrachter durch bestimmte Inputs.[8]

Bei genauerem Hinsehen überschneiden sich diese beiden Elemente in wichtigen Punkten: Man könnte die „Teilhabe des Rezipienten an der Konstruktion des Werkes" auch gut mit „rezeptionsabhängige[r] Performance" übersetzen. Nicht anders verhält es sich mit der Betonung der „programmierte[n] Interaktivität,

7 Simanowski 1999.
8 Ebd.

die zwischen Mensch und Software stattfindet“, insofern sie nichts fundamental Anderes bedeutet, als dass „[d]as Stichwort [zum Auftritt des Textes] vom Programm […] oder vom Betrachter durch bestimmte Inputs“ kommen kann. So kondensiert kann man noch eine weitere Kürzung vornehmen und das Ganze aus der versprochenen, etwas pragmatischeren Perspektive der Informatik betrachten: Digital-literarische Artefakte sind – so banal das klingt – Computerprogramme. In ihrem Standardwerk *Grundlagen der Informatik* bringen Herold, Lurz und Wohlrab die Frage danach, was wiederum Computerprogramme sind, auf die einfache Formel: „Daten + Algorithmus“.[9] In der Langfassung bedeutet das: „Computerprogramme sind Verfahren, die gegebene Daten durch Algorithmen in einem Computer manipulieren, um […] einen gewünschten Endzustand zu erhalten.“[10]

Algorithmen sind nun technisch betrachtet erst einmal etwas relativ Unspektakuläres: Sie sind eindeutige Lösungswege für ein Problem. Ein Beispiel kann das verdeutlichen. Angenommen jemand ist im Besitz eines Datensatzes, in dem um die 1000 Zahlen erfasst sind und möchte von allen Zahlen die Fakultät errechnen. Man könnte nun einen Algorithmus formulieren, der in etwa wie folgt aussieht:

Schritt 1: Wähle die nächste Zahl aus und setze die Variablen X und Y auf den Wert dieser Zahl.

Schritt 2: Setze Y auf den Wert Y-1.

Schritt 3: Multipliziere X mit Y.

Schritt 4: Speichere das Ergebnis aus Schritt 3 in X.

Schritt 5: Wiederhole Schritt 2 bis 5, bis Y den Wert 1 erreicht hat.

Schritt 6: Schreibe den Inhalt von X auf den Bildschirm und fahre mit Schritt 1 fort bis keine Zahl mehr übrig ist.

Ein solcher Algorithmus tritt in den meisten Fällen allerdings gerade nicht in natürlicher Sprache auf, sondern in Form von Quellcode: „Die Formulierung eines Algorithmus erfolgt in einer Sprache, die der Computer […] abarbeiten kann. Programmiersprachen sind ein Hilfsmittel zur Abbildung der Daten und Kontrollstrukturen des Algorithmus.“[11] Der wichtigste, sich wiederholende Teil des oben beschriebenen Algorithmus’ würde in der Skriptsprache PHP, die häufig in der Webentwicklung eingesetzt wird, etwa wie folgt aussehen:

9 Herold u. a. 2012, S. 154.
10 Ebd.
11 Ebd., S. 155.

```
function fakultaet ($X)
{
    for ($fakultaet = 1; $X > 1; --$X)
    {
        $fakultaet *= $X;
    }
    return $fakultaet;
}
```

Abb. 1: Berechnung der Fakultät der Variablen $X in PHP

Man kann an diesem einfachen Algorithmus unmittelbar die Vorzüge von Computerprogrammen ablesen: Sie beherrschen Rekursionen und Bedingungen – und das ist, was digitale Vorgänge im Kern zu digitalen Vorgängen macht. Sie können sehr schnell und mit hoher Zuverlässigkeit das tun, wozu Menschen extrem lange bräuchten – zum Beispiel die Fakultät von 1000 Zahlen berechnen, Rohdaten zu Vorhersagen an der Börse oder zur Visualisierung eines Gehirns im MRT-Scanner umrechnen. Prinzipiell tun sie aber genau das gleiche, was Menschen auch tun, wenn sie Probleme lösen, was letztlich darin begründet liegt, dass Menschen diese Programme formulieren. Diese Sichtweise ist in Form der sogenannten Church-Turing-These in die Informatik eingegangen:[12] Sie besagt, dass mit einer Maschine genau die formalen Operationen durchführbar sind, die auch ein rechnender Mensch durchführt.

2.1 Beschleunigung und Absicherung der Analyse

Aus dieser Perspektive lässt sich also zunächst einmal festhalten, dass Programme schlicht der Problemlösung dienen. Sie sind Verfahren, um etwas schneller, effizienter und genauer zu machen.

Man kann die Frage, die diesen Beitrag leitet, deshalb auf ‚halber Strecke' erneut stellen: Welche Vorteile würde es unter diesen Prämissen bringen, den Quellcode eines Programms zu lesen? Es würde zunächst nichts mehr bedeuten, als genau ablesen zu können, welche Schritte ein Rechner ausführen soll. Aber wenn die Church-Turing-These stimmt, wäre das inhaltlich ohne Mehrwert, weil AnwenderInnen auch ohne Kenntnis des Quellcodes wissen können, was ein Programm macht. Sie könnten experimentell durch Variation ihrer Eingaben und Beobachtung der korrespondierenden Ausgaben auf den Weg zwischen beiden schließen, weil Problemlösen im Computer der menschlichen Problemlösefähigkeit strukturell entspricht.

12 Hoffmann 2011, S. 308f.

Gegenüber der Forschungswirklichkeit literaturwissenschaftlicher Praxis scheint diese Sichtweise allerdings reichlich naiv. Die meisten Fälle digitaler Literaturen sind nämlich eher solche Programme, die gerade keine Probleme im oben angebotenen Verständnis von Algorithmen lösen und das ist entscheidend für ein anderes Verständnis von Quellcode. Digitale Literatur hat als Datenbasis zunächst einmal statt Zahlen Buchstaben, Worte, Sätze, Bilder oder ähnliches. Der wichtigste Unterschied ist aber ein anderer: Programme, die als kulturelle Artefakte auftreten – also Hypertexte, Blogs, Computerspiele usw. – nehmen ihren NutzerInnen ja gerade keine Arbeit ab, sondern vermehren umgekehrt Arbeit, insofern ihre Rezeption Zeit kostet. Digitale Literatur in diesem Sinne wäre also ein Computerprogramm, das seine Daten durch einen Algorithmus paradoxerweise vielmehr verkompliziert, statt sie zu vereinfachen. Hier liegt weniger ein zu lösendes Problem vor als vielmehr eine zu treffende Aussage, ein Akt der Kommunikation. Das Erzählen einer Geschichte ist von vornherein überhaupt kein Problem, das mit einem Programm gelöst werden müsste. Digitale Literatur kombiniert das Erzählen aber *konzeptuell* mit den Möglichkeiten algorithmischer Verarbeitung, sodass statt einer Komplexitätsreduktion sogar das Gegenteil entsteht: eine Komplexitätssteigerung. Erst dadurch wird es möglich, dass einzelne RezipientInnen eingreifen können, dass ein und dasselbe Artefakt mehrere Varianten derselben Geschichte erzählt, dass Geschichten teilautomatisch transformiert werden usw. Ein und dieselbe Geschichte wäre im radikalsten Fall nie zwei Mal die gleiche. Algorithmen sind also plötzlich aus Rezeptionsperspektive äußerst produktive Problemvermehrer, statt Problemlöser. Problemlöser bleiben sie lediglich aus technischer Sicht der ProduzentInnen, die alternative Erzählkonzepte umsetzen möchten und im Computer die nötigen Werkzeuge dafür finden.

Diese Sicht liegt implizit auch dem oben erwähnten Aufsatz von Winko zugrunde, in dem es um ein einfaches Beispiel konkreter, interaktiver Poesie geht. Die Antwort auf Winkos Grundfrage, ob LiteraturwissenschaftlerInnen den zugrundeliegenden Quellcode, der hier in HTML bzw. CSS und teilweise in JavaScript vorliegt, direkt lesen können müssen, fällt allerdings recht vorsichtig aus:

> Informationen wie diese [das heißt die Analyseergebnisse, MSt] erhalten die Leser natürlich auch, wenn sie die Texte mehrmals lesen oder durchklicken. Bei überschaubaren Hypertexten mag darin der einfachere Weg liegen. Bei komplexen Texten jedoch kann die Analyse der Quellcodes (wenn sie denn zugänglich sind) solche Einsichten schneller bringen als mehrfache Lesedurchgänge.[13]

Das Lesen des Quellcodes kann das Analyseverfahren also beschleunigen und absichern. Das, was das Programm digitaler Literatur für seine RezipientInnen

13 Winko 2005.

bewirkt, eine Komplexitätssteigerung, kann man durch die Lektüre des Quellcodes in der Analyse wieder rückgängig machen. Anders gesagt hat die Lektüre von Code hier zunächst einmal pragmatische Zwecke. Einen inhaltlich-hermeneutischen Mehrwert hat sie aber dieser Sichtweise nach noch nicht.

2.2 Aufdecken verborgener algorithmischer Vorannahmen am Beispiel *Depression Quest*

Nun gehört es mittlerweile zum Common Sense vieler wissenschaftlicher wie nichtwissenschaftlicher Diskurse, dass Algorithmen nicht nur eine gewissermaßen neutrale Besonderheit digitaler Medien sind, sondern auch „soziale[], kulturelle[] und politische[] Implikationen"[14] besitzen. Dieses Bewusstsein, dass sich gar im Postulat eines *algorithmic turn* ausdrückt,[15] umfasst vor allem zwei Dimensionen. Erstens geht es dabei um die Einsicht, dass algorithmische Medien (wie Computerprogramme) aufgrund bestimmter Eigenschaften direkte Auswirkungen nicht nur auf die Artefakte haben, die in ihnen realisiert werden, sondern transitiv auch auf die NutzerInnen dieser Artefakte. Diese Einsicht wird dann zweitens dadurch brisant, dass sie unsichtbar sind: „[...] algorithms remain outside our grasp, and they are designed to be."[16]

Weshalb das ein ernstzunehmendes Problem ist, wird deutlich, wenn man sich eine zentrale Eigenschaft von Algorithmen vergegenwärtigt, die in den vorangegangenen Überlegungen nur implizit vorausgesetzt wurde:

> Und ebenso wird das Modell [das einem Programm zugrunde liegen muss, MSt] alle Faktoren in zweifelsfrei-eindeutige Relationen bringen. Vieldeutigkeiten, wie sie in einer Erzählung selbstverständlich wären, sind innerhalb formalsprachlich formulierter Modelle inakzeptabel.[17]

Wäre es anders, könnten Computer sie schlicht nicht verarbeiten. Um ein Programm aber eindeutig und damit ausführbar zu machen, sind immer wichtige Vorentscheidungen nötig, die jetzt als Vorentscheidungen unsichtbar werden. Nun erzählen aber viele digital-literarische Artefakte trotzdem Geschichten, obwohl Winkler sie dem Algorithmischen nicht zu Unrecht gegenüberstellt. Dadurch kommt es zu einer Art innerer Spannung zwischen dem technologischen Apriori und der auf dem Bildschirm erscheinenden Laufzeitoberfläche. Programme, die als digitale Literatur gelten können, verbinden im Prinzip potenziell-polyvalente Daten mit zweifelsfrei-eindeutigen Algorithmen. Die Transparenz jedes algorith-

14 Heise 2016, S. 202.
15 Vgl. ebd., S. 203f.
16 Gillespie 2014, S. 192.
17 Winkler 2015, S. 89.

mischen Mediums wird bei digitaler Literatur wegen dieser Spannung rezeptionsseitig noch verschärft. Aus dieser Sichtweise leitet sich neben der Antwort von Winko noch eine zweite Antwort darauf ab, wozu dic Lektüre des Quellcodes dienen kann: Sie deckt möglicherweise verdeckte Vorannahmen auf.

Verdeutlichen lässt sich dieser Zusammenhang an einem Textadventure, das es in den Game Studies und der Spielekritik zu recht hoher Aufmerksamkeit gebracht hat.[18] Es handelt sich um *Depression Quest*,[19] das von Zoë Quinn programmiert, von Patrick Lindse geschrieben und 2013 veröffentlicht wurde. Die SpielerInnen schlüpfen in die Rolle einer an Depression erkrankten Person, die sich mit verschiedensten Situationen des alltäglichen Lebens wie Arbeit, Freundschaft und Beziehungen konfrontiert sieht. Diese Situationen werden in ausführlichen Bildschirmtexten beschrieben, unter denen mehrere Handlungsoptionen in Form von Hyperlinks angegeben sind, aus denen SpielerInnen auswählen können. Manche dieser Optionen sind nicht immer verfügbar, erzählt wird allerdings zeitlich linear, sodass einmal gewählte Optionen für diesen Erzähldurchlauf bindend sind. Unter den Handlungsoptionen befinden sich außerdem drei Statusanzeigen, die angeben, wie sich die Hauptfigur gerade in Bezug auf ihre Depression fühlt, ob sie momentan in Therapie ist und ob sie Medikamente einnimmt (Abb. 2).

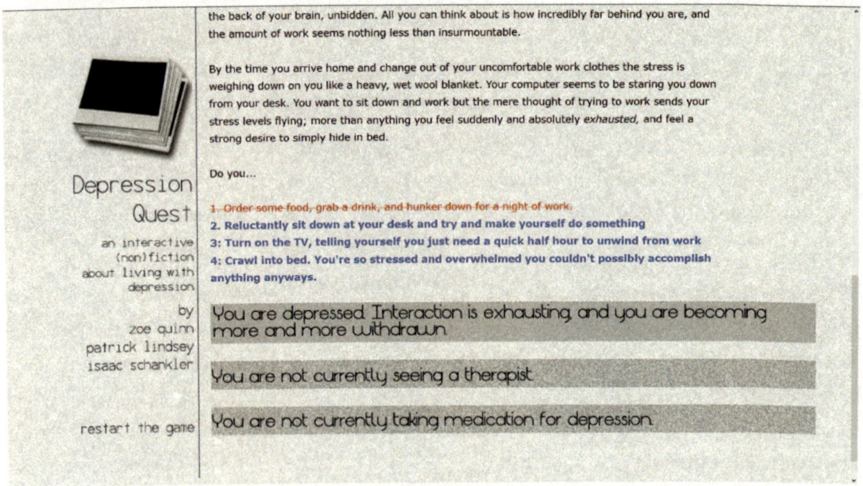

Abb. 2: Spieloberfläche von *Depression Quest*

Im Gegensatz zu einfachen Hypertexten, die letztlich aus einem Netz an möglichen Situationen und den Hyperlinks zwischen ihnen bestehen, fügt *Depression*

18 Vgl. Parkin 2014.
19 *Depression Quest* 2013.

Quest eine zweite Ebene ein, die die möglichen Wege durch die Geschichte mitbestimmt. Welche Handlungsoptionen nämlich zur Verfügung stehen und welche gestrichen sind, hängt vom mentalen Zustand der Hauptfigur ab. Einen *plot*-Graphen zu erzeugen, der alle möglichen Wege durch das Spiel aufzeigt, reicht in diesem Fall also nicht mehr aus, um den Gegenstand vollständig zu beschreiben. Wäre dies so, würde man es wieder mit einem Fall von Effizienzsteigerung durch Quellcodelektüre zu tun haben, während die Aufgabe an sich auch durch Ausprobieren lösbar wäre. Der Simulation des mentalen Zustands auf die Spur zu kommen, ist allerdings durch Ausprobieren an der Oberfläche nicht mehr vollständig möglich, insofern dahinter ein mit Zahlenwerten operierender Algorithmus stehen muss, der auf der Laufzeitoberfläche gerade nicht in quantifizierbarer Form auftaucht.

Der Quellcode von *Depression Quest* ist ein Konglomerat aus HTML/CSS und JavaScript, das durch die Entwicklungsumgebung *Twine* erzeugt wurde. In ihm tauchen teilweise Befehle auf, die für *Twine* idiosynkratisch sind. So werden algorithmische Elemente, die eigentlich nur in JavaScript funktionieren, in einer HTML-ähnlichen Schreibweise dargestellt, um bessere Les- und Modifizierbarkeit zu gewährleisten. Für die Analyse der Simulationsebene stehen dabei besonders *if*-Bedingungen und das Vergleichen und Modifizieren von Variablen im Vordergrund. Variablennamen werden wie in PHP mit einem $-Zeichen zu Beginn geschrieben.

Eine Analyse des Codes gibt klare Einblicke darin, wie das Spiel Depression simuliert. Im Prinzip haben die SpielerInnen es mit einem Ressourcen-Management-Spiel zu tun, das vor allem mit der Variablen $motivation arbeitet. Diese Variable wird zu Beginn des Spiels auf den Wert 9 gesetzt. Durch bestimmte Handlungsoptionen der SpielerInnen kann er in ganzzahligen Schritten erhöht oder gesenkt werden, allerdings nie unter 1 fallen oder über 16 steigen. Abbildung 3 enthält die betreffenden Code-Teile in eigener Zusammenstellung. Der Befehl *set* schreibt Werte in Variablen. *lte* (*lower than or equal*) ist ein Vergleichsoperator, der wahr ist, wenn der Wert der Variablen auf der linken Seite niedriger als oder gleich des Wertes auf der rechten Seite ist. Umgekehrtes gilt für *gte* (*greater than or equal*). Alles, was zwischen <<if [Bedingung]>> und <<endif>> steht, wird ausgeführt, wenn die Bedingungen in der ersten doppelten spitzen Klammer wahr ist. Dank der Lexik und Syntax von *Twine* ist der Code mit diesem Hintergrundwissen sehr leicht lesbar:

```
<<set $motivation = 9>>
<<if $motivation lte 0>><<set $motivation = 1>><<endif>>
<<if $motivation gte 17>><<set $motivation = 16>><<endif>>
```

Abb. 3: Teile des Quellcodes von *Depression Quest* (eigene Zusammenstellung)

Der aktuelle Wert der Variablen $motivation hat umgekehrt Einfluss auf drei Bereiche. Erstens wird durch ihn festgelegt, wie ein ansonsten identisches Bild, das jedem Text vorangestellt wird, genau aussieht. Davon gibt es jeweils vier Abstufungen, die sich in ihrer Körnigkeit unterscheiden (Abb. 4).

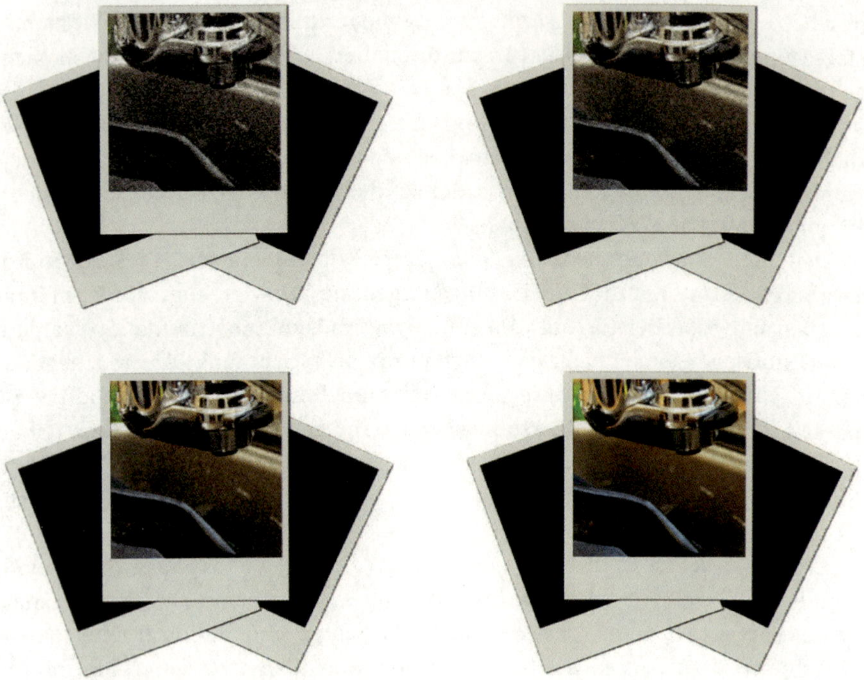

Abb. 4: Vier Varianten von textbegleitenden Illustrationen, die von $motivation abhängen

Zweitens wird der numerische Wert der $motivation-Variable für die SpielerInnen in die bereits erwähnten Depressionsstufen zurückübersetzt, die unterhalb des Textes sprachlich angegeben sind. Die Codelektüre gibt Aufschluss darüber, dass es trotz 16 möglicher Abstufungen im Code lediglich 8 mögliche Anzeigeoptionen an dieser Stelle gibt. Sie reichen von „You are severely depressed." (entspricht $motivation 1 und 2) bis „You are doing well." (entspricht $motivation 15 bis 16).

Drittens legt der Wert der Variablen fest, ob bestimmte Handlungsoptionen verfügbar sind oder nicht. Ein so deutliches Muster wie in den vorigen Beispielen lässt sich hier allerdings nicht finden, das heißt, es ist nicht immer so, dass sich die 16 möglichen Werte von $motivation gleichmäßig auf die Anzahl der Handlungsoptionen verteilen. An einer Stelle der Geschichte fühlt sich die Hauptfigur unwohl, weil sie nicht mit ihrer Freundin Alex ausgehen wollte und die beiden nun einen Abend vor dem Fernseher verbringen. Auf der Laufzeitoberfläche befinden sich folgende Handlungsoptionen:

What do you do?

~~1: You know despite the bad times, your girlfriend sincerely loves you. Relationships are a 2-way street, and you resolve to always be there for her like she has been for you.~~
~~2: Tell Alex how important she is to you and enjoy your evening.~~
3: Ask Alex if she's happy with your relationship.
4: Don't say anything; you're already worried about her being upset with you.

Abb. 5: Handlungsoptionen auf der Laufzeitoberfläche

Offensichtlich hat die oder der SpielerIn hier durch vorige Entscheidungen einen solchen Depressionszustand für die Hauptfigur erreicht, dass die eher optimistischen Reaktionen 1 und 2 nicht mehr im Handlungsspektrum liegen. Ein Blick in den Quellcode legt die genauen Strukturen dieser Mechanik offen:

```
1 What do you do?\n\n
2 <html><FONT COLOR="#D1D1D11"><del>1: You know despite the bad times, your girlfriend sincerely loves you. Relationships are a 2-way street, and you resolve to always be there for her like she has been for you.</FONT></del></html>\n
3     <<if $motivation gte 9>> [[2: Tell Alex how important she is to you and enjoy your evening.|ilikeYou]] <<else>> <html><FONT COLOR="#D1D1D11"><del>2: Tell Alex how important she is to you and enjoy your evening.</FONT></del></html> <<endif>>\n
4     <<if $motivation gte 7>> [[3: Ask Alex if she's happy with your relationship.|areyouHappy]] <<else>> <html><FONT COLOR="#D1D1D11"><del>3: Ask Alex if she's happy with your relationship.</FONT></del></html> <<endif>>\n
5 [[4: Don't say anything; you're already worried about her being upset with you.|sayNothing]]
```

Abb. 6: Handlungsoptionen im Quellcode (eigene Zeilennummerierung)

In den Zeilen 3 und 4 lässt sich zunächst einmal ablesen, dass Option 3 verfügbar ist, wenn $motivation gleich oder größer 7 ist, während Option 2 noch zusätzlich freigeschaltet wird, wenn die Variable auch 9 gleicht oder übersteigt. Aus Zeile 5 geht hervor, dass die Option 4 immer verfügbar ist, egal wie gering $motivation ist, weil sie keine *if*-Bedingung enthält. Als besonders aufschlussreich stellt sich allerdings Zeile 2 heraus. Auch sie enthält keine *if*-Bedingung, das heißt ihr Text ist von Anfang an ohne Alternative rot (<FONT COLOR="D1D1D11">) und durchgestrichen (<del>) und nicht nur unter bestimmten Bedingungen. Diese Option ist also in Wahrheit nie verfügbar, egal welche Handlungen die SpielerInnen vorher wählen.

Das bedeutet zunächst einmal, dass sich aus dem Fehlen bestimmter Optionen nicht genau ablesen lässt, wie depressiv die Hauptfigur wirklich ist. Bereits ab dem Basiswert von 9 – das wären gleichzeitig 56 % des Höchstwertes – sind drei von vier Optionen verfügbar – also 75 %. Gleichzeitig fällt auf, dass es keine Depressionsstufe gibt, die reale Handlungsunfähigkeit herbeiführt und das Spiel damit beendet, insofern Option 4 immer verfügbar ist. Auf der anderen Seite ist es unmöglich, einen bestimmten Grad an Depression positiv zu übersteigen, also ‚geheilt' zu werden, und das Spiel kommuniziert das subtil dadurch, dass gerade die sehr optimistisch-zuversichtlichen Optionen nie auswählbar sind, ohne diese Mechanik sichtbar werden zu lassen.

Schließlich bleibt zu fragen, welche Handlungsoptionen eigentlich zu welcher Veränderung von $motivation führen. Es lässt sich im Code zuerst einmal leicht ablesen, dass die Position einer Handlungsmöglichkeit keinen Aufschluss darüber gibt, ob die Modifikation positiv oder negativ und wie hoch sie ist. Insgesamt sind Werte zwischen 1 und 3 möglich, ihre Verteilung auf alle möglichen Optionen, die im Spiel vorkommen, lässt sich durch einen automatischen Suchlauf schnell ermitteln:

$motiviation	Anzahl Optionen
+ 1	28
– 1	42
+ 2	5
– 2	7
+ 3	0
– 3	1

Daraus ergibt sich, dass es insgesamt deutlich unwahrscheinlicher ist, $motivation zu erhöhen als zu verringern, weil die Anzahl der Optionen zu ihrer Verringerung höher ist. Das gleiche gilt für die durchschnittliche Stärke der Modifikation bei den negativen Optionen.

Aus diesen Beobachtungen lässt sich ableiten, dass *Depression Quest* folgende verdeckte Annahmen über das Krankheitsbild Depression voraussetzt. Es gibt nur eine Dimension von Depression, und das ist die Negation von Handlungsmotivation. Dass die zugehörige Variable $motivation dabei 16 Stufen annehmen kann, heißt nicht unbedingt, dass jede dieser 16 Stufen auch eine exakte Bedeutung hat. Die Illustrationen über dem Text kennen etwa nur 4 Abstufungen, die Beschreibungen unter dem Text hingegen 8 und letztlich lässt sich aus keinem der drei Stufenmodelle exakt ableiten, welche Handlungsoptionen zur Verfügung stehen und wie stark die Auswirkungen einer jeweiligen Option auf den jeweiligen Wert sind. Das Spiel behauptet demnach, dass nicht immer klar ist, was eine depressive Episode verbessert oder verschlechtert, gleichwohl eine Tendenz abzulesen ist, dass Handlungsoptionen, die auf Kommunikation und soziale Interaktion hinauslaufen, zur Verbesserung führen. Durch die Zusammenschau der Modifikatoren von $motivation ergibt sich außerdem die Ansicht, dass sich eine Depression der Tendenz nach eher verschlechtert als dass sie sich verbessert.

All das sind Vorentscheidungen voller kultureller und ideologischer Bedeutung, die ohne Codelektüre mindestens unklar und teilweise sogar unsichtbar bleiben würden. In der Simulationsebene steckt ein recht klar beschreibbares Modell von mentaler Gesundheit, das im Vergleich mit dem sensibel anmutenden und hoch polyvalenten Oberflächentext relativ rigide und ein wenig reduktionistisch wirkt. Die Bewertung dieses Modells muss allerdings Teil anderer Analysen sein, insofern es hier nur darum geht, aufzuzeigen, dass solche Annahmen notwendig in algorithmischen Medien verborgen sind. Zu berücksichtigen ist dabei aber auch, dass es sich möglicherweise um bewusste Modellierungen handelt, insofern es ja um eine fiktive Person geht und nicht um eine realistische Darstellung depressiven Verhaltens im allgemeinen Sinne eines *serious games.*[20]

Dieser Zweck von Codelektüre gilt jedenfalls auch für alle anderen Artefaktklassen, die auf Benutzereingaben reagieren, also auch für Computerspiele. Er ist offensichtlich von anderer Art als der erste Zweck: Während die Hoffnung auf analytische Beschleunigung und Absicherung eine eher handwerkliche Optimierungsstrategie ist, steckt hinter dem Aufdecken verdeckter Voranannahmen die Idee einer wissenschaftlichen Sorgfaltspflicht.

2.3 Kontrolle von und über Metaverdatung oder: Was wissen Maschinen?

Diese Sorgfaltspflicht betrifft auch eine zweite Art von Quellcode, die nicht unmittelbar algorithmisch ist wie im zweiten Fall, dafür aber beinahe jede Art digitaler Objekte betrifft. Typische, literaturwissenschaftlich relevante Fälle sind Blogs und E-Books, die als Kombination aus HTML, CSS oder bestimmten eigenen Auszeichnungssprachen, die in XML festgelegt wurden, abgefasst sind. Ihr Quelltext ist zwar größtenteils typografischer ‚Paratext', in ihnen verstecken sich

20 Vgl. Michael/Chen 2006, S. 21.

aber solche Codeteile, die in zweiter Instanz der algorithmischen Weiterverarbeitung dienen. Sie sind die Grundlage für das semantische Web 3.0.

Wenn man in HTML beispielsweise etwas als Absatz auszeichnet, indem man es zwischen zwei <p>-Tags einklammert, dann sagt das dem Browser zwar auch, dass er danach einen Zeilenumbruch machen soll, aber nicht nur. Vielmehr können textverarbeitende Maschinen jetzt auch ,wissen', dass Menschen der Meinung sind, dass alle textuellen Information zwischen zwei <p>-Tags enger untereinander zusammenhängen als mit den Informationen davor und danach. Das übergeordnete Ziel solcher semantischen Auszeichnungen ist es, dass möglichst viele Daten in einem Dokument nicht nur von Menschen, sondern auch von Maschinen als bedeutungsvolle Informationen verstanden werden. Das lässt sich besser anhand eines derzeit häufig umgesetzten Beispiels für solche strukturierteren Daten im Internet verstehen, nämlich Back- und Kochrezepte. Durch bestimmte Auszeichnungen im Quellcode wird Maschinen gesagt, was eine Zutatenbezeichnung, was eine Mengenangabe ist, wie lange man bei welcher Temperatur backen muss etc. Das führt dazu, dass schon im Suchmaschinenfenster vor dem Aufrufen der eigentlichen Website ausgelesen werden kann, wie viele Eier man benötigt, um eine vorher gesuchte Anzahl von Waffeln zu backen. Die Maschine kann jetzt aufgrund vorheriger Strukturierung mit einzelnen Elemente sinnvolle Berechnungen durchführen. Es ist auf dieser Grundlage sehr leicht vorstellbar, dass in einem Internet der Dinge der gesamte Backvorgang von Maschinen übernommen werden kann.

Obwohl also zunächst auf Dokumenten-Ebene gar keine Algorithmen beteiligt sind, ist auch ein Artefakt wie eine Website von verarbeitenden – und das heißt reduktiven – Algorithmen auf einer höheren Ebene nicht unberührt. Dass das ein Problem sein kann, zeigt sich, wenn man sich einzelne Schemata beispielhaft einmal ansieht. Angenommen, jemand erstellt ein Blog, auf dem eine wissenschaftliche Publikation dargestellt wird und möchte, dass eine passable Sichtbarkeit in den Suchergebnissen erreicht wird. Es ist in diesem Fall ratsam, die Daten über dieses Buch nach einem Vokabular auszuzeichnen, das von vielen Maschinen auch verstanden wird, das also von vielen EntwicklerInnen verarbeitender Algorithmen berücksichtigt wird. Ein sehr weit verbreitetes Vokabular ist Schema.org und in ihm wird tatsächlich ein Objekt „book" beschrieben, das eine Fülle von möglichen Eigenschaften aufweist, mit deren Hilfe man ein Buch auszeichnen kann.[21] Ein fertig nach Schema.org ausgezeichnetes Buch könnte etwa so aussehen:

21 Vgl. SCHEMA.ORG 2016.

```
1 <script type="application/ld+json">{
2     "@context": "http://schema.org",
3     "@type": "Book",
4     "name": "Literatur und Subversion. Politisches Schreiben in der
      Gegenwart",
5     "isbn": "978-3-8376-1484-8",
6     "numberOfPages": "570",
7     "author": "Thomas Ernst",
8     "datePublished": "01-01-2014",
9     "inLanguage": {
10        "@type": "Language",
11        "name": "de-DE"},
12    "publisher": "transcript",
13    "thumbnailUrl": "
      http://relaunch.thomasernst.net/wp-content/uploads/2008/07/subversion_
      cover-1.jpg",
14    "description": "Es ist bis heute eine höchst umstrittene Frage, ob
      und wie literarische Texte als eine Form politischen Schreibens
      betrachtet werden können..."
15    }
16 </script>
```

Abb. 7: Semantische Auszeichnung eines Buchs im JSON-LD-Format nach Schema.org

Auch wenn diese Systematisierung auf den ersten Blick vollständig scheint, gibt es nicht unwichtige Schwierigkeiten. Für wissenschaftliche Publikationen reicht es beispielsweise normalerweise aus, lediglich das Publikationsjahr anzugeben. Leider erfordert der Datentyp der Eigenschaft „datePublished“, den man in Zeile 8 sehen kann, eine Angabe mit Tag und Monat und gibt sonst einen Fehler zurück. Wenn diese Informationen aber schlicht nicht bekannt sind, sitzt man dennoch im Datenkorsett der Schema.org-Ontologie fest und muss wider besseren Wissens eine im Prinzip falsche Angabe machen oder sie weglassen. Umgekehrt kann es vorkommen, dass Eigenschaften beschrieben werden sollen, die im jeweiligen Unterschema schlicht nicht vorgesehen sind. Im obigen Beispiel ist etwa ein Verlag angegeben („publisher“ in Zeile 12), allerdings kein Ort. Im Schema für „Buch“ ist eine solche Eigenschaft nicht vorgesehen, dabei wäre ihre Angabe im Rahmen der meisten Fach- und Zitierkonventionen eine durchaus wichtige Information.

Praktisch gesehen handelt es sich dabei um eher kleinere Probleme, insofern auch andere, allgemeinere oder höher spezialisierte Vokabulare zur Verfügung stehen. *Dublin Core* etwa lässt auch Datumsangaben mit alleinstehender Jahreszahl zu.[22] Tatsächlich aber sind es vor allem die multinationalen Großkonzerne *Google, Microsoft* und *Amazon*, die WebentwicklerInnen durch die Macht von Suchmaschinen- oder Shopplatzierung schlicht oktroyieren können, wie sie ihre Texte auszeichnen sollen. Offiziell heißt es auf der Website von Schema.org zwar: „The vocabularies are developed by an open community process, using the

22 Vgl. Dublin Core Metadata Initiative 2006.

public-schemaorg@w3.org mailing list and through GitHub." Im Satz davor wird aber auch deutlich gemacht: „Schema.org is sponsored by Google, Microsoft, Yahoo and Yandex." Das hier angesammelte und strukturierte Wissen steht also unmittelbar in einem Verwertungskontext, der nicht zu unterschätzen ist. Sich ihm zu entziehen, kann am Ende ganz einfach dazu führen, dass die jeweilige Platzierung eines Buchs auf der Ergebnisseite anderen Dokumenten unterlegen ist, weil der jeweilige Suchmaschinenbetreiber natürlich ein Interesse daran hat, dass sein Vokabular verwendet wird.

Auf einem kritisch-theoretischen Niveau hat diese auf Weiterverarbeitung zielende Verdatung aller möglichen Texte insofern weitreichende Konsequenzen. Natürlich wird Wissen dadurch zugänglicher und übersichtlicher, weil Texte mit anderen Texten semantisch vernetzt sind. Aber gleichzeitig wird hier auch festgelegt, wie Wissen im Internet überhaupt strukturiert ist und diese Strukturen werden eben nicht emergent, neutral und demokratisch festgelegt. Es dürfte außerdem wahrscheinlich sein, dass die jeweilige digitale Organisation des Wissens letztlich auch unser Offline-Wissen zu wesentlichen Teilen beeinflusst. Für mit Metadaten ausgezeichnete Texte hat das also auf Betriebsebene der Literatur die gleichen problematischen wissens-politischen Implikationen wie es oben auf Objektebene für *Depression Quest* gezeigt wurde. Hier wird (notwendig) auf eine bestimmte Art vereindeutigt und diese Vereindeutigung gleichzeitig unsichtbar gemacht. Der Blick in den Quellcode kann die genauen Mechaniken dahinter allerdings sichtbar machen und damit ein Stück Kontrolle darüber zurückgeben, weshalb gerade dieser oder jener Text in der Öffentlichkeit mehr Aufmerksamkeit bekommt als ein anderer usw. Ob sich daraus auch Räume für die Subversion dieser Mechaniken ergeben, müsste an anderer Stelle geklärt werden.

Insgesamt lässt sich zusammenfassen, dass die Lektüre von Quellcode für LiteraturwissenschaftlerInnen, die sich mit digitaler Literatur beschäftigen, als eine kritisch-emanzipatorische Praxis aufgefasst werden kann, insofern entweder algorithmische Vorannahmen oder Weiterverarbeitungswege aufgedeckt und bei der Analyse in Betracht gezogen werden können oder sogar müssen.

3 Machbarkeitsgrenzen

Obwohl die Lektüre von Quellcode also nicht nur nützlich, sondern auch wichtig für die Analyse digitaler Literatur ist, sind ihrer Machbarkeit klare Grenzen gesetzt. Die oben gewählten Beispiele sind nämlich in Bezug auf die Zugänglichkeit ihres Quellcodes ungewöhnlich entgegenkommend. Obwohl zur Entwicklung von *Depression Quest* die Umgebung *Twine* genutzt wurde, ist das Ergebnis ein einziges, quelloffenes Dokument, das alle BenutzerInnen im

Browser einsehen können, als würde es sich um eine gewöhnliche Website handeln. Sogar die Datenbasis, das heißt in diesem Fall die *onscreen*-Texte, ist in dieses Dokument integriert und nicht in eigene, schwer zu übersehende Dateien oder eine Datenbank ausgelagert. Dass dies aber nicht unbedingt der Regelfall ist, wird mit Blick auf *Depression Quest* besonders augenfällig, weil das Spiel auch in einer alternativen Version auf der (kommerziell ausgerichteten) Vertriebsplattform *Steam* erschienen ist. Hier ist es nicht mehr möglich, an den Quellcode zu gelangen, weil er kompiliert wurde. Kompilierung bedeutet, dass eine ausführbare Datei erzeugt wird, die auch ohne Zusatzsoftware (wie etwa einen Browser) auf einem Computer funktioniert. Technisch wird bei diesem Vorgang Quellcode, der in einer für Menschen gebauten, wenn auch formalen Programmiersprache abgefasst ist, in Maschinensprache übersetzt, in der letztlich nur noch die Informationen darüber enthalten sind, ob in bestimmten Bereichen des Prozessors Ströme fließen oder nicht, um am Ende den gewünschten Effekt zu erzielen. Das Problem ist, dass dieser Prozess nicht umkehrbar ist, es gibt für ihn keine Umkehrfunktion. In Form kompilierter, also ausführbarer Dateien findet man allerdings die meisten digitalen Artefakte, insbesondere aber Computerspiele vor.

Doch selbst wenn man Zugriff auf den Code hätte, müsste man erst einmal die konkrete Sprache beherrschen, in der er abgefasst wurde. Selbst die fünf bis zehn am weitesten verbreiteten Sprachen zu lernen, wäre schon eine massive Herausforderung für EinsteigerInnen. Und selbst wenn dies möglich wäre, müsste man sich für jedes Stück Software sehr genau in die konkreten Programmiertechniken einlesen, die dort verwendet wurden, denn man kann ein und denselben Algorithmus auf ganz verschiedene Arten implementieren. Hinzu kommt der Umfang des Codes: Wer etwa wissen möchte, welche genauen Bedingungen BloggerInnen vorfinden, wenn sie ein Blog in WordPress einrichten, müsste Millionen Zeilen Code studieren. Computerspiele übertreffen diese Menge noch ohne weiteres. Es kommt schließlich hinzu, was Kathrin Passig und Johannes Jander über die Qualitäten faktischen Codes schreibt. Sie stellen fest, dass es schlicht sehr viele schlechte ProgrammiererInnen gibt, die sehr unübersichtlichen Code hinterlassen, den sie schließlich selbst kaum mehr lesen können.[23]

Besonders unangenehm ist dieses Problem in Hinblick auf das Konzept der *process intensity*, das vom Spieleentwickler Chris Crawford beschrieben wurde.[24] Programme, die ihre Daten nur abspielen, haben demzufolge eine niedrige *process intensity*. Solche, die ihre Daten manipulieren, mittlere und Programme, die alles, was sie ausgeben, selbst durch Algorithmen hervorbringen, schließlich eine hohe. Zudem beschreibt Crawford, dass der Code umso schwieriger zu-

23 Vgl. Passig/Jander 2013, S. 77ff.
24 Vgl. Crawford 1987.

gänglich ist, je höher die *process intensity* ist, und zwar einerseits rein technisch, andererseits semantisch für seine LeserInnen. Für die kritische Praxis im oben beschriebenen Sinne bedeutet das, dass Programme mit höherer *process intensity* grundsätzlich mehr Wissen voraussetzen und deshalb umso dringlicher nach einer Analyse des Quelltextes verlangen, sich dieser Analyse im gleichen Maße aber stärker entziehen. Dass es bereits in der Gegenwart immer mehr algorithmische Verfahren gibt, die gar nicht mehr auf klassischem Quellcode basieren, sondern auf künstlichen neuronalen Netzwerken, deren Lösungswege nur von wenigen ExpertenInnen wirklich verstanden werden, erschwert die Erfüllung des oben aufgestellten Anspruchs zuletzt noch mehr.

All diese Beobachtungen machen es aus pragmatischer Sicht eigentlich unmöglich, zu verlangen, dass die Analyse eines digitalen Gegenstands auch immer durch die Lektüre seines Codes begleitet werden muss.

4 *Procedural Literacy* statt Quellcode lesen

Ich will abschließend dafür plädieren, dieses Dilemma durch ein Konzept zu lösen, das ich den Arbeiten von Michael Mateas entlehne. Mateas bewegt sich im Forschungsfeld der *critical code studies*,[25] das im deutschsprachigen Raum bisher kaum Resonanz gefunden hat. Ihre Vertreter plädieren auf der einen Seite in einem noch radikaleren Sinne für die Berücksichtigung von Quellcode, indem sie ihn von der Laufzeitoberfläche entkoppelt betrachten. Für die *critical code studies* hat der Code nicht nur Bedeutung für die Aufdeckung verdeckter Vorannahmen, die am Ende die Analyse des Oberflächentextes korrigieren und verfeinern. Die Analyse richtet sich vielmehr auf bestimmte Arten des Programmierens selbst, auf bestimmte Implementierungsweisen, in denen sich schon auf Ebene des Codes selbst ideologische Vorannahmen und Wissensordnungen zeigen. Es geht ihnen sozusagen um die ‚nackte' Algorithmik als Ausdruck eines Weltbildes. Ganz unabhängig vom exakten Gegenstand der Analyse, ist der Anspruch dahinter aber derselbe wie im oben vorgestellten Ansatz: Verdeckte Vorannahmen aufdecken, indem das rein Technologische nicht als neutrale Struktur bagatellisiert, sondern als bedeutungserzeugendes Medium ernstgenommen wird. Auf der anderen Seite fordert Mateas dennoch nicht das Erlernen konkreter Programmiersprachen, sondern plädiert für eine *Procedural Literacy*, die sozusagen eine geerdete Version der Fähigkeit ist, realen, konkreten Quellcode lesen zu können:

---

25 Vgl. HASTAC Scholars program 2011.

> [...] the craft skill of programming is a fundamental component of procedural literacy, though it is not the details of any particular programming language that matters, but rather the more general tropes and structures that cut across all languages.[26]

Für die Analyse digitaler Literatur würde das bedeuten, auf der Grundlage allgemeinen Wissens über programmiererische Prinzipien Anzeichen für algorithmische Verarbeitung zu erkennen und Rückschlüsse auf die konkreten Hintergrundmechaniken aus ihnen zu ziehen, das heißt eine Art *reverse engineering* zu betreiben. LiteraturwissenschaftlerInnen, die die oben geschilderten Gründe für Codelektüre ernstnehmen, können den handfesten Problemen, die sich ihnen dabei praktisch stellen, dadurch begegnen, dass sie zumindest eine virtuelle technologische Zusatzschleife bei der Analyse ihrer Gegenstände einbeziehen. Nur so lässt sich vermeiden, was nicht nur Mateas als algorithmische Black Box[27] bezeichnet:

> Without an understanding of how code operates as an expressive medium, new media scholars are forced to treat the operation of the media artifacts they study as a black box, losing the crucial relationship between authorship, code, and audience reception.[28]

5 *How-To Procedural Literacy*

Die ganz praktische Frage, woher dieses Wissen um allgemeine algorithmische Prinzipien kommen kann, ist abschließend nicht pauschal zu beantworten. Einerseits ist es natürlich möglich, Einführungen in die Informatik oder ins Programmieren zu lesen und sich die Kenntnisse rein kognitiv-theoretisch anzueignen. Dafür steht nicht nur die einschlägige Fachliteratur zur Verfügung, sondern das gesamte WWW, in dem es eine Reihe hochwertiger, frei zugänglicher Textsammlungen über einzelne Programmiersprachen gibt. Allein in der Wikipedia befindet sich unter der Kategorie „Programmierung" eine Vielzahl enzyklopädisch sehr gut aufbereiteter Artikel zu zentralen Konzepten und Themen.[29]

Aus persönlicher Erfahrung als ausgebildeter Geisteswissenschaftler und digitaler Autodidakt empfehle ich allerdings den Weg des enaktiven, anwendenden Lernens. Es lohnt sich, mindestens eine moderne, höhere Programmiersprache in Grundzügen tatsächlich praktisch zu beherrschen, um nicht nur zu wissen, welche algorithmischen Prinzipien es gibt, sondern sie auch zu verstehen. Tatsächlich ist es dabei nicht so wichtig, welche konkrete Sprache man

26 Mateas 2007.
27 Heise 2016, S. 204.
28 Mateas 2007.
29 Vgl. Wikipedia 2014.

lernt, insofern sich die meisten von ihnen im logischen Kern, der die *Procedural Literacy* betrifft, sehr ähneln. Als erste Entscheidungshilfe kann ein mittlerweile sehr populäres Diagramm des Tech-Bloggers Carl Cheo dienen.[30]

Danach lohnt es sich auf Onlinekurse zurückzugreifen, die eine Oberfläche besitzen, in der das Programmieren direkt ausprobiert werden kann. Die folgenden Hinweise sind natürlich sehr subjektiv und es existieren zahlreiche Alternativen. Neben dem (teil-)kommerziellen Anbieter codecademy.com existieren kostenfreie Alternativen wie freecodecamp.com oder theodinproject.com. Motivational sehr sinnvoll sind mobile Apps wie diejenige von sololearn.com. In ihr werden für alle gängigen Sprachen Kurse für unterwegs angeboten und in regelmäßigen Abständen kleinere Aufgaben gestellt. Für EinsteigerInnen, die lieber erst einmal ohne das Schreiben von Code eine ganz grundlegende Heranführung wünschen, lohnt sich ein Blick in das eigentlich für Kinder und Jugendliche entwickelte Kursangebot auf scratch.mit.edu. Die dort angebotenen Grundkurse greifen auf ein visuelles Bausteinprinzip namens *Scratch* zurück, das locker an Java angelehnt ist. Dieses System wird ebenfalls vom MIT App Inventor (appinventor.mit.edu) benutzt. Hier ist es bereits möglich, komplexere mobile Anwendungen zu erstellen und direkt auf dem eigenen (Android-)Smartphone zu testen. Sehr hilfreich für das grundlegende Verständnis von JavaScript sind außerdem die YouTube-Kurse von Daniel Shiffmann von der NYU unter www.youtube.com/user/shiffman.

Bibliographie

Cheo, Carl: *Which Programming Language Should I Learn First? [Infographic]*, 2014, verfügbar unter: http://carlcheo.com/startcoding [14.02.2017].

Cologne Center for eHumanities: *Digitale Geisteswissenschaften*, 2011, verfügbar unter: http://www.cceh.uni-koeln.de/Dokumente/BroschuereWeb.pdf [14.02.2017].

Crawford, Chris: *Process Intensity*, 1987, verfügbar unter: http://www.erasmatazz.com/library/the-journal-of-computer/jcgd-volume-1/process-intensity.html [14.02.2017].

DARIAH-DE (Hg.): *Handbuch Digital Humanities. Anwendungen, Forschungsdaten und Projekte*, 2015, verfügbar unter: https://handbuch.tib.eu/w/DH-Handbuch [14.02.2017].

Dublin Core Metadata Initiative: *Dublin Core Metadata Element Set, Version 1.1*, 2006, verfügbar unter: http://dublincore.org/documents/2006/12/18/dces/ [14.02.2017].

Gillespie, Tarleton: „The Relevance of Algorithms", in: Gillespie, Tarleton/Boczkowski, Pablo /Foot, Kirsten (Hg.): *Media Technologies. Essays on Communication, Materiality, and Society*. Cambridge, MA: MIT Press, 2014, S. 167–194.

HASTAC Scholars program: *Critical Code Studies*, 2011, verfügbar unter: https://www.hastac.org/initiatives/hastac-scholars/scholars-forums/critical-code-studies [24.02.2017].

30 Vgl. Cheo 2014.

HEISE, Nele: „Algorithmen", in: Heesen, Jessica (Hg.): *Handbuch Medien- und Informationsethik.* Stuttgart u. a.: Metzler, 2016, S. 202–209.

HEROLD, Helmut/LURZ, Bruno/WOHLRAB, Jürgen: *Grundlagen der Informatik.* München u. a.: Pearson, 2012.

HOFFMANN, Dirk: *Theoretische Informatik.* München: Hanser, 2011.

LAUER, Gerhard: „Die zwei Schriften des Hypertexts. Über den Zusammenhang von Schrift, Bedeutung und neuen Medien", in: Jannidis, Fotis/Lauer, Gerhard/Martínez, Matías/Winko, Simone (Hg.): *Regeln der Bedeutung. Zur Theorie der Bedeutung literarischer Texte.* Berlin u. a.: De Gruyter, 2003, S. 527–555.

MATEAS, Michael: *Procedural Literacy. Educating the New Media Practitioner,* 2007, verfügbar unter: http://press.etc.cmu.edu/node/205 [14.02.2017].

MICHAEL, David/CHEN, Sande: *Serious Games. Games That Educate, Train, and Inform.* Boston: Thomson Course Technology, 2006.

PARKIN, Simon: *Zoe Quinn's Depression Quest,* 2014, verfügbar unter: http://www.newyorker.com/tech/elements/zoe-quinns-depression-quest [14.02.2017].

PASSIG, Kathrin/JANDER, Johannes: *Weniger schlecht programmieren.* Bejing u. a.: O'Reilly, 2013.

SCHEMA.ORG: *Book,* 2016, verfügbar unter: https://schema.org/Book [14.02.2017].

SIMANOWSKI, Roberto: *Digitale Literatur. Definition und Merkmale,* 1999, verfügbar unter: http://dichtung-digital.de/homepage/28-Mai-99-1/Was_ist_digitale_Literatur.htm [14.02.2017].

SNOW, Charles Percy: „Die zwei Kulturen. 1959", in: Kreuzer, Helmut (Hg.): *Die zwei Kulturen. Literarische und naturwissenschaftliche Intelligenz. C. P. Snows These in der Diskussion.* München: dtv, 1987, S. 19–96.

THE QUINNSPIRACY: *Depression Quest.* The Quinnspiracy, 2013.

WIKIPEDIA: *Kategorie: Programmierung,* 2014, verfügbar unter: https://de.wikipedia.org/w/index.php?title=Kategorie:Programmierung&oldid=133534817 [14.02.2017].

WINKLER, Hartmut: *Flogging a Dead Horse? Zum Begriff der Ideologie in der Apparatusdebatte, bei Bolz und bei Kittler,* 2003, verfügbar unter: www.uni-paderborn.de/~winkler/flogging.html [14.02.2017].

WINKLER, Hartmut: *Prozessieren. Die dritte, vernachlässigte Medienfunktion.* Paderborn: Fink, 2015.

WINKO, Simone: *Hyper-Text-Literatur. Digitale Literatur als Herausforderung an die Literaturwissenschaft,* 2005, verfügbar unter: http://www1.uni-hamburg.de/DigiLit/winko/hyper_text_literaturwissenschaft.html [14.02.2017].

Peter Scheinpflug

Augmented reading. Lesen als multimediale Praktik im Digitalzeitalter

Abstract
This essay discusses the practice of augmented reading which has recently been in use for television shows, movies, comic books, and other print media. The first chapter provides a definition of the term as well as an overview of the most used technologies. Focusing on Marvel's augmented reality app for comic books and second screen apps for films, these general remarks are followed by chapters on economic interests, media rivalry, the transformation of reading practices and its potentials for storytelling.

Im April 2012 startete der Verlag Marvel in den USA die Kampagne *Marvel R^{E}evolution*, um das Comic-Lesen im Digitalzeitalter zu ‚revolutionieren'. Im Zuge dessen bot der Verlag bis Mitte des Jahres 2015[1] eine App an, deren Funktion der Leserschaft der Comic-Hefte wie folgt angepriesen wurde: „Marvel Augmented Reality (AR) enhances and changes the way you experience comics!"[2] Bestimmte Stellen der Comic-Hefte waren mit einem kleinen „AR"-Symbol markiert und erlaubten der Leserschaft, diesen grafischen Marker mithilfe der Kamera ihres appfähigen Geräts zu scannen, um kurze Videoclips beispielsweise zur Figurenbiografie, zum Verlauf der bisherigen Geschichte oder auch mit Kommentaren der Comic-Macher/innen anzusehen.[3] Das Akronym „AR", das der Marvel-Verlag mit Blick auf die prominente und geläufige Bezeichnung *augmented reality* gewählt hat, ließe sich treffender als *augmented*

1 Der Verlag hat sich nicht dazu geäußert, warum die App eingestellt wurde. Es liegt aber der Schluss nahe, dass der erhoffte ökonomische Vorteil (s. u.) nicht eingetreten ist.
2 Aaron/Deodato 2015, letzte Seite (ohne Paginierung).
3 Außerdem startete der Verlag die Veröffentlichung von sogenannten *Marvel Infinite Comics*, die das konventionelle Seitenarrangement von Panels aufbrechen und diese stattdessen einzeln hintereinander präsentieren, damit die Comics vor allem auf den Bildschirmen von Smartphones besser gelesen werden können. Für einen Überblick zum digitalen Angebot von Marvel bis 2011 siehe Wershler 2011.

reading auflösen. Um diese spezifische multimediale Praktik[4] des digital um Informationen erweiterten Lesens wird es im Folgenden gehen.

Zum Auftakt wird der Begriff *augmented reading* geschärft und theoretisch umrissen.[5] Daran schließen Unterkapitel an, die sich vier Schwerpunkten widmen, um sich schrittweise dem Phänomenbereich zu nähern und den analytischen Blick darauf zu schärfen: Zunächst wird die Medienkonkurrenz innerhalb aktueller Konstellationen der *convergence culture*[6] am Beispiel von Marvels AR-App herausgearbeitet. Daran schließen am Beispiel von sogenannten *second screen*-Apps für Blu-ray-Disks Überlegungen dazu an, inwiefern die gepriesene ‚Erweiterung' auch mit gravierenden Einschränkungen der *agency*, d. h. der Handlungsmacht der Mediennutzenden einhergeht. Die darauffolgende Analyse eines Recap-Videoclips für Marvels AR-App wird beispielhaft zeigen, wie sehr etablierte Praktiken des Lesens durch *augmented reading* transformiert werden. Zum Abschluss wird eine Lektüre des Films *App* zeigen, wie *augmented reading* nicht nur als ästhetische und dramaturgische Erweiterung von Konventionen des filmischen Erzählens genutzt, sondern das Publikum durch die Nutzung des *augmented reading*-Angebots in eine medienkritische Haltung versetzt werden kann.

1 *Augmented reading*

Der Begriff *augmented reading*, der derzeit vorrangig für digitale Erweiterungen zum Lesen von Schrifttexten genutzt wird,[7] leitet sich offensichtlich von der Bezeichnung *augmented reality* ab. Darunter werden im engeren Sinne solche Praktiken gefasst, bei denen, wie Ronald T. Azuma schreibt, die Erfahrung einer dreidimensionalen Welt mit digitalen Informationen kombiniert wird, die sich

4 Als Praktik werden hier solche Aktivitäten gefasst, die insofern in einem Kollektiv ‚institutionalisiert' sind, als sie zu einem bestimmten Grad konventionalisiert wurden, ein entsprechendes Wissen darüber zirkuliert und sie daher von Individuen angeeignet und iteriert werden können, sofern sie nicht sogar institutionell vermittelt und eingeübt werden. Die Erforschung von Praktiken hebt damit vor allem darauf ab, dass Handlungsoptionen diskursiv und sozial vorstrukturiert sind. Da Praktiken ausgebildet, verbreitet und gegen Alternativen und Gegenentwürfe verteidigt werden müssen, geht ihre Erforschung auch immer mit einer Betrachtung von Macht- und Hegemonieverhältnissen einher. Für einen Überblick zu einschlägigen Positionen und Begriffsbestimmungen siehe Schatzkie u. a. 2001. In Abgrenzung zum verwandten Begriff der Kulturtechniken siehe Maye 2012.

5 In diesem Aufsatz wird ein durch den Poststrukturalismus und die Cultural Studies informierter weiter Text- und Lektüre- bzw. *reading*-Begriff genutzt, der nicht auf Schrift begrenzt ist.

6 Henry Jenkins hebt mit dem Begriff *convergence culture* darauf ab, dass Inhalte zunehmend über mehrere Medien Verbreitung finden und Medien sowie Medienmärkte stärker vernetzt werden. Für eine pointierte Definition vgl. Jenkins 2006, S. 322.

7 Siehe hierzu beispielsweise Xu u. a. 2015 sowie Bomberg u. a. 2012.

dynamisch zur Position und Perspektive der Nutzenden in der Welt verhalten.[8] Die *Google Glass*, die Informationen zu dem einblenden soll, was die Nutzenden gerade sehen, wäre ein Paradebeispiel für ein derartiges Verständnis von *augmented reality*. Nach Azumas Definition fallen Erweiterungen durch Filme oder auch Erweiterungen zu Medien, also mithin die multimediale Praktik, die hier als *augmented reading* bezeichnet wird, explizit nicht darunter.[9] Jedoch wird der Begriff *augmented reality* inzwischen so weit gebraucht, dass allerlei digitale Erweiterung eines Textes oder einer Erfahrung damit bezeichnet wird. Beispielsweise werden auch grafische Marker in Druckerzeugnissen, durch welche einer Leserschaft der Zugriff auf weitere Informationen oder Seiten in sozialen Netzwerken im Internet ermöglicht werden, oft den *augmented reality*-Anwendungen zugeschrieben.[10] In diesem Sinne benutzt auch Marvel das Modewort *augmented reality* für seine App, wie das Zitat zu Beginn zeigt. *Augmented reading* könnte daher als Sonderform der *augmented reality* verstanden werden, wenn man letzteren Begriff so weit fasst.[11]

Stattdessen wird hier dafür plädiert, *augmented reading* bewusst als eigenen Begriff aufzufassen, dessen historische Genese aus dem Begriff *augmented reality* zwar berücksichtigt werden muss, der jedoch andere Perspektivierungen eröffnet.[12] Zum einen erlaubt es der Begriff, die inzwischen überkommen erscheinende Unterscheidung von ‚Realität' und ‚Virtualität', die beispielsweise auch bei Azuma noch von essentieller Bedeutung ist, zu umgehen. Zum anderen hebt er stärker auf die Prozesse des Verstehens und der Aneignung ab. Damit ist er anschlussfähig an diverse literatur- und medienkulturwissenschaftliche Theorien und Debatten etwa zur Textualität sowie zur Inter- und Paratextualität, zur Intermedialität, zur *literacy*[13] und *agency* von Leserinnen und Lesern oder auch zur sogenannten *convergence culture* und zum *transmedia storytelling*.[14]

8 Vgl. Azuma 1997, S. 2.

9 Vgl. ebd., S. 2f.

10 Siehe hierzu beispielhaft die folgenden Berichte über *augmented reading*-Angebote für den *New Yorker* (Holland 2016), die *Süddeutsche Zeitung* (SZ 2010) und den Ikea-Katalog (Crossretail 2014).

11 Im Alltagssprachgebrauch wird der Begriff durchaus so weit gefasst. Dies belegen die oben genannten Beispiele dafür, dass *companion apps* zu Druckerzeugnissen von den Anbietern als *augmented reality* klassifiziert werden. Auch der Fernsehsender *Pro7* hat 2011 beispielsweise eine *companion app* für die Sendung *Galileo*, mit der man während der Sendung ein Rätsel spielen kann, als *augmented reality*-App bezeichnet. Vgl. Pro7 2011.

12 Das bedeutet auch, dass einige Phänomene wie etwa *Google Glass*, die derzeit unter *augmented reality* gefasst werden, als *augmented reading* re-perspektiviert werden können, womit auch andere Fragestellungen und theoretische Anknüpfungspotenziale einhergehen.

13 Der Begriff der *literacy* hebt darauf ab, dass die Fähigkeit zu Lesen – im weitesten Sinne des Wortes – auf der Kenntnis von Dispositiven, Praktiken und Codes basiert und erlernt werden muss. Siehe zur Einführung zum Begriff im Allgemeinen und seiner Transformation durch aktuelle Praktiken der Mediennutzung Apkon 2013, insbesondere S. 37–74.

Jedes Lesen, wie auch jede Realitätserfahrung, ist immer schon ‚erweitert' durch eine Vielzahl an Faktoren wie beispielsweise Paratexte, Intertexte, Kontexte, mithin Wissensbestände und Erinnerungen der Lesenden. Der Begriff *augmented reading* wird daher hier mit Blick auf die derzeit verbreiteten Technologien[15] definiert als eine multimediale Praktik des Lesens, bei der eine bereits etablierte Lesepraktik insofern digital und dynamisch erweitert wird, als dass erstens für die Erweiterung ein digitales Gerät genutzt wird und zweitens die dadurch gebotenen zusätzlichen Informationen sich im Prozess des Lesens wandeln können. Dies ist beispielsweise der Fall, wenn die Leserschaft während der Lektüre eines Magazins eine *companion app* an verschiedenen Stellen für verschiedene digitale Inhalte nutzt. Diese Schärfung erlaubt es, sowohl die Gemeinsamkeiten wie vor allem auch die Unterschiede dieser multimedialen Praktik des Lesens im Digitalzeitalter im Vergleich zu älteren Praktiken des Lesens zu erhellen.

Derzeit – und es handelt sich dabei dezidiert nicht um allgemeingültige, modellhafte Ausführungen – sind *augmented reading*-Angebote meist über sogenannte *companion apps*, also als spezielle Begleitsoftware zu einem ausgewählten Produkt verfügbar. Es gibt inzwischen *companion apps* unter anderem zu Fernsehserien,[16] digitalen Spielen, Druckerzeugnissen und Filmen. Die Funktion der *companion app* ist dabei stark durch das Bezugsmedium, dessen Nutzungspraktiken und die vorhandene Medienindustrie bestimmt. Bei Druckerzeugnissen werden etwa durch das *augmented reading* vorrangig solche Funktionen ermöglicht, die die medialen Möglichkeiten von Printpublikationen überschreiten. Sie sollen die Konkurrenzfähigkeit der Produkte steigern – beispielsweise durch die Bereitstellung von audiovisuellem Material, dynamischen Grafiken und interaktiven Inhalten.[17] Bei dem digitalen Spiel *Battlefield 4* hingegen konnten Spielende eine *companion app* namens *Commander App* nutzen, um sich auf einem zweiten Bildschirm eine Karte des aktuell von ihnen im Multiplayermodus gespielten Gefechtsgebietes anzeigen zu lassen.[18] Dabei ist die

14 Obwohl einige *companion apps* bereits als Teil von *transmedia storytelling*-Strategien diskutiert worden sind, sollte *augmented reading* nicht allgemein darunter subsumiert werden, weil nicht alle Formen des *augmented reading* darunter fallen. Da es beim *transmedia storytelling* in der Nachfolge von Henry Jenkins vorrangig um die Erweiterung einer fiktionalen Welt mit den je für ein Medium besonderen Mitteln und Möglichkeiten geht (vgl. Jenkins 2006, S. 95–134), könnte man beispielsweise die Verwendung einer App, die Wörter erkennt und in andere Sprachen übersetzt, nicht zum *transmedia storytelling*, wohl aber zum *augmented reading* rechnen.

15 Es gilt den historischen und kulturellen Index dieser Definition zu betonen. Veränderungen von Technologien oder Kulturtechniken können eine Reformulierung erforderlich machen.

16 Zur Einführung zu transmedialen Angeboten zu Fernsehserien siehe Evans 2011, S. 85–144.

17 Vgl. Weedon u. a. 2014, S. 117f.

18 Daneben gibt es auch *companion apps* zu digitalen Spielen, die nicht zeitgleich mit ihrem

Art der Kopplung der beiden Medien des *augmented reading* eine Frage der technischen Möglichkeiten und der Limitierungen des Bezugsmediums der App: Druckerzeugnisse wie auch Marvels AR-App erfordern derzeit üblicherweise, dass mit der Kamera eines internet- und appfähigen Geräts eine grafische Markierung gescannt wird; der Kinofilm *App* nutzt hingegen Tonsignale, während bei Blu-ray-Disks üblicherweise Film und *companion app* über ein Netzwerk synchronisiert werden müssen.

Alternativ zu einer *companion app* können auch andere bereits verfügbare Programme oder Apps verwendet werden, deren Nutzung weniger eingeschränkt ist. Darunter fallen derzeit insbesondere Apps für sogenannte QR-Codes, mit denen Internetseiten aufgerufen werden können. Zu dieser Kategorie gehören aber auch viele weitere Praktiken des *augmented reading* wie beispielsweise die Nutzung eines digitalen Wörterbuchs oder eines Übersetzungsprogramms auf einem digitalen Gerät während des Lesens eines Schrifttextes.[19]

Als dritte derzeit verbreitete Form des *augmented reading* wären solche digitalen Interfaces zu nennen, bei denen ein Text um Informationen erweitert und beides auf demselben Bildschirm angezeigt wird, die erweiternden Informationen jedoch nicht als integraler Teil des Referenztextes anzusehen sind. Beispielsweise können bei *Amazon Fire TV* während der Sichtung eines Films oder einer Serie Informationen zu den in der jeweiligen Szene agierenden Schauspielerinnen und Schauspielern angezeigt werden.[20] Selbst die Anzeige eines Timecodes oder einer Zeitleiste müsste als eine Variante dieser Praktik begriffen werden, da beides nicht als integraler Bestandteil eines Films oder Videoclips zu betrachten ist, aber deren Lektüre beeinflussen kann. So kann beispielsweise die Rezeption eines Spannungsbogens durch den Blick auf die Laufzeit verändert werden. Digitale Spiele, bei denen eine Karte, eine Lebensanzeige oder Ähnliches zur auf einem einzelnen Bildschirm angezeigten Einheit des Interfaces des betreffenden Spiels zu zählen sind, fielen hingegen nicht darunter.[21]

Referenzspiel genutzt werden müssen. Diese Apps können unter anderem dazu dienen, Bestenlisten mobil einzusehen oder das Spielerlebnis durch Mobile Games zu erweitern. Im Fall von *Battlefield 4* und *Battlefield 1* heißt die entsprechende App *Battlelog*. Die *Commander App* ist 2015 eingestellt worden, da die Spieler sie mehrheitlich aus Gewohnheit nicht nutzten. Vgl. Köhler 2015. Dies unterstreicht, wie sehr die Mediennutzung von Konventionalisierung und Habitualisierung bestimmt ist. Einmal mehr gilt es daher zu betonen, dass der Erforschung von Praktiken der Mediennutzung eine größere Aufmerksamkeit zukommen sollte.

19 Zu solchen Angeboten siehe beispielsweise N-TV 2014.

20 Vgl. Pryjd 2015.

21 Entsprechend werden hier auch *iBooks* und Buchapps, bei denen die Interaktivität und Multimedialität ein integraler Bestandteil der digitalen Buchversionen darstellen, nicht zu den Formen des *augmented reading* gezählt.

Der Begriff *augmented reading* könnte freilich auch enger gefasst werden, um lediglich solche digitalen Erweiterungen zu bezeichnen, die nicht allein den Akt des Lesens, sondern die Lektüre, das Verstehen eines Textes im engeren Sinne stark beeinflussen. Dann fielen beispielsweise diejenigen Videoclips von Marvels AR-App nicht darunter, die sich nicht unmittelbar auf die Diegese beziehen – wie beispielsweise Videoclips zur Fankultur, in denen Fans ihr Cosplay zeigen und selbst zu Wort kommen. Solche Videoclips befördern zwar die Bindung der Leserschaft an den Verlag und an seine Helden bzw. Marken, haben aber nur einen geringen Effekt auf die Lektüre der Comic-Stelle, an der die Videoclips aktiviert wurden. Ebenso würden dann Spiele für Disneys *second screen*-Apps nicht darunter gefasst, die unter anderem Bilderrätsel anbieten, die durch den Vergleich von *first* und *second screen* gelöst werden müssen. Auch solche Erweiterungen werden hier als *augmented reading* klassifiziert. Diese Setzung, und der Status als Setzung ist dezidiert zu betonen, erklärt sich zum einen daher, dass *augmented reading* oben nicht als Praktik des Verstehens von Zeichen, sondern als eine spezifische multimediale Praktik definiert wurde.[22] Dabei gilt es zum anderen zu verdeutlichen, dass jeder Akt der Mediennutzung auch Prozesse des habitualisierten[23] und nach institutionalisierten Codes erfolgenden Dekodierens beinhalten muss, damit eine Nutzung eines Mediums überhaupt möglich ist. Es ist prinzipiell davon auszugehen, dass jedes *augmented reading*-Angebot, unabhängig von seinem Inhalt, immer Effekte auf die Wahrnehmung und Deutung seines Referenztextes hat – und seien diese auch vermeintlich so ‚marginal' wie eine Fokussierung der Aufmerksamkeit und des Verstehens auf die Farbgebung einer Filmszene durch ein Spiel für die *second screen*-App für *Bambi* (US 1942), bei dem die unterschiedliche Farbgebung auf den zwei Bildschirmen verglichen werden muss.[24]

Da sich die *augmented reading*-Angebote nicht nur in ihren Inhalten und Funktionen, sondern auch in ihrer Art der Bezugnahme auf ihren Referenztext und ihrer technischen Kopplung an ihr Referenzmedium unterscheiden, gilt es die verschiedenen Effekte des *augmented reading* an konkreten Fällen zu diskutieren. Im Folgenden werden vier Detailanalysen vorgestellt, die diese Agenda beispielhaft illustrieren.

22 Für einführende Erörterungen zur Praktik des Lesens siehe Bickenbach 2015.

23 Mit dem Begriff der Habitualisierung wird darauf abgehoben, dass Praktiken durch ihre Wiederholung automatisiert und internalisiert werden, sodass dieselbe Aktivität weniger Aufmerksamkeit oder Reflexion erfordert als beispielsweise zu Beginn des Lernens einer neuen Praktik. Der Begriff wird hier aber nicht weiter gefasst, um beispielsweise im Sinne von Pierre Bourdieu den Habitus von verschiedenen Klassen oder auch Feldern zu diskutieren. Für einen prägnanten Überblick zum Habitus siehe Biti 2001, S. 318f.

24 Vgl. Disney 2011, 00:00:22–00:00:25 min.

2 Marvels AR-App: Medienkonkurrenz in der *convergence culture*

Axel Alonso, der Editor-In-Chief von Marvel, hat in einem Video-Interview zugestanden, dass hinter dem Angebot der AR-App ökonomische Beweggründe standen: Sie sollte vorrangig dazu dienen, den Verkauf von monatlich erscheinenden Comic-Heften zu fördern.[25] Die Leserschaft konnte daher mit der App nur für ca. drei Wochen nach Veröffentlichung eines Comic-Heftes auf die verlinkten Videos zugreifen. Diese Zeitspanne entspricht in etwa der Zeit bis zum Erscheinen des nächsten Comic-Heftes. Monatlich erscheinende Heftserien bedeuten für den Verlag einerseits einen stetigen Umsatz durch Verkäufe und andererseits Werbeeinnahmen. Im Gegensatz zu ihren deutschen Pendants beinhalten amerikanische Comic-Hefte nämlich eine Vielzahl an Werbeseiten.[26] Obwohl von Seiten des Verlages stets betont wurde, dass man Digital- und Printmedien als „complements", also Ergänzungen zu- und Komplettierung voneinander statt als Konkurrenzmedien auffasse,[27] ist den Videoclips, die mit Marvels AR-App angezeigt werden konnten, ein Medienkonkurrenz-Denken dramaturgisch und ästhetisch deutlich eingeschrieben. Die App zeigte nämlich nur kurze Videoclips. Es finden sich keine Erklärung von Seiten des Verlages, warum die App allein darauf beschränkt war, aber die Vermutung liegt nahe, dass dies vor allem vermeiden sollte, dass die Nutzer/innen dazu verführt werden, anderen Aktivitäten mit dem Gerät nachzugehen, das sie für die App nutzen. Denn bei den Videoclips ist erstens die Rezeptionszeit vorgegeben, zweitens die Aufmerksamkeit auf den Videoclip fokussiert und drittens kann und muss die Leserschaft nicht mit dem Gerät interagieren, nachdem der Videoclip begonnen hat.

Bei den meisten auf die Diegese bezogenen Videoclips gibt es einen heterodiegetischen *voice-over*-Kommentar[28] mit den, zumindest aus Sicht der Macher/innen, wichtigsten Informationen, während Auszüge aus Comics gezeigt werden.

---

25 Vgl. Geron 2012, 00:18–00:52 min.

26 Dies gilt allerdings nur für die gedruckten Ausgaben; die digitalen Ausgaben, die derzeit zumeist für ca. 40 Cent weniger verkauft werden, verzichten auf Werbung. Vgl. Marvel 2016. Allerdings werden sie auch vom Verlag selbst vertrieben, weshalb die Kosten für Druck und Distribution eingespart werden.

27 Entsprechend äußert sich auch Axel Alonso im Video-Interview. Vgl. Geron 2012, 00:38–00:42 min.

28 Also einen Kommentar, der von einer Erzählinstanz gesprochen wird, die nicht selbst Bestandteil der erzählten Welt oder Handlung ist. Ausnahmen bilden Videoclips, die intertextuelles Material – etwa romantische Momente in der Geschichte der Marvel-Comics – zusammentragen, das nicht erläutert oder kommentiert wird. In diesen Videoclips wird der *voice-over*-Kommentar zumeist durch Musik ersetzt, die freilich auch als Kommentar bzw. Rahmung der Rezeption sowie der Deutung des Bildmaterials verstanden werden muss.

Dass der *voice-over*-Kommentar die im Videoclip gezeigten Comic-Exzerpte als spektakulären und begeisterungswürdigen Lesestoff behandelt, der jedoch aktiv – in diesem Fall durch den Kommentar – gedeutet werden muss, kann für die Leserschaft als weitere Anregung dazu dienen, nach dem Videoclip selbst die Comic-Erzählung zu lesen und zu verstehen. Während der Rezeption des Videoclips werden die Nutzenden hingegen eher zu Passivität verleitet, da sie nur zusehen und dem Kommentar zuhören müssen, ohne sich die Bilderserie eigenständig erschließen zu müssen oder mit der App interagieren zu können.

Am Ende der Videoclips wird außerdem meistens die Stelle im Comic gezeigt, an der die App aktiviert worden ist, und es werden im Stil eines Teasers zukünftige Ereignisse angedeutet oder Fragen zum möglichen weiteren Verlauf der Erzählung gestellt. Es liegt die Vermutung nahe, dass durch diese Schlusskonfiguration nicht nur die Neugierde der Leserschaft geweckt werden soll; sie soll auch gleichsam am Ende des Videoclips zu derselben Stelle im Comic zurückgeführt werden, an der zuvor der Videoclip aktiviert und die Aufmerksamkeit der Lesenden zur App gelenkt worden war. Die Dramaturgie des Videoclips kann also als eine Reaktion auf die weiteren Nutzungsmöglichkeiten des appfähigen Geräts verstanden werden. Dies ist als Symptom dafür zu sehen, dass sich die Macher/innen der Videoclips der Medienkonkurrenz bewusst sind, die dieser multimedialen Praktik des Lesens von Comics immanent ist. Henry Jenkins hat auf diese Verwerfung mit Blick auf die Vernetzung verschiedener Medien und Medienmärkte hingewiesen: „[…] [C]onvergence represents a risk since most of these media fear a fragmentation or erosion of their markets. Each time they move a viewer from television to the Internet, say, there is a risk that the consumer may not return."[29] Dieses Spannungsverhältnis, das Jenkins für transmediale Zirkulationswege diskutiert, ist auch Marvels AR-App wie überhaupt den meisten Konfigurationen der Medienvernetzung eingeschrieben, da sich die Medien nicht nur gegenseitig bereichern, sondern auch in Konkurrenz zueinander treten und innerhalb der transmedialen oder multimedialen Arrangements der Mediennutzung um die Aufmerksamkeit des Publikums ringen müssen.

3 Disneys *second screen*-Apps, oder: die Erweiterung als Einschränkung der *agency* der Nutzenden

In den USA experimentierten in den vergangenen Jahren einige Studios wie Sony, Universal, Paramount und vor allem Disney mit *augmented reading*-Angeboten für Filme. Die derzeit gängigste Praktik wird *second screen* genannt, da

29 Jenkins 2006, S. 19.

sie wie folgt funktioniert: Das Publikum kann sich auf sein appfähiges Gerät eine *companion app* zu einem Film laden. Dieser *second screen* muss dann durch ein Netzwerk mit einem Blu-ray-Player synchronisiert werden, der auf einem *first screen* den Film wiedergibt. Durch die Synchronisation der beiden Bildschirme kann das Publikum auf seinem *second screen* Zusatzmaterialien wie Animationen, Grafiken, Videoclips oder auch Spiele nutzen, die sich auf die jeweilige Szene beziehen, die das Publikum zeitgleich auf dem *first screen* rezipieren kann.[30]

Man könnte mutmaßen, dass entsprechende *second screen*-Apps eine Reaktion auf die zunehmende Beliebtheit von Video-on-Demand-Angeboten, insbesondere von Streaming-Angeboten, sind, um Bonusmaterialien von materiellen Speichermedien wie DVD und Blu-ray-Disk loszulösen. Das Gegenteil ist jedoch der Fall: *Second screen*-Angebote sind derzeit nur bei Blu-ray-Sondereditionen verfügbar und sollen deren Absatz befördern. Auch diese Technologie des *augmented reading* ist, wie Marvels AR-App, vor allem eine Reaktion auf die Medienkonkurrenz in der *convergence culture*, die etablierte Geschäftsmodelle attraktiver gestalten soll. Es verwundert daher wenig, dass auch die Funktionsweise und Nutzbarkeit der meisten *second screen*-Apps deutlich von der Konkurrenz der miteinander vernetzten Medien gekennzeichnet ist.

Die Inhalte der *second screen*-Apps sind nämlich keinesfalls neu: DVDs und Blu-ray-Disks haben früher bereits neben Materialien zur Filmproduktion, Trailern etc. gelegentlich auch interaktive Bonusmaterialien wie beispielsweise Spiele und Rätsel enthalten. Jan Distelmeyer hat eindrücklich nachgezeichnet, dass VHS-, Video-CD-, DVD- und Blu-ray-Veröffentlichungen vorrangig mit Blick auf den höheren Grad der Interaktion und der *agency* beworben wurden. Dem Heimpublikum wurde eine größere Handlungsmacht versprochen, um im Vergleich zum Kinopublikum oder zu der jeweils früheren Home-Cinema-Technologie sich ermächtigen und die Filmrezeption (noch) individueller gestalten zu können.[31] Viele Blu-ray-Disks boten auch bereits zusätzliche Internetoptionen wie BD-Live und Pop-up-Fenster, die am Rande des Filmbildes angezeigt wurden und somit eine Interaktion mit Bonusmaterialien erlaubten, während der Film weiterlief.

Man könnte daher meinen, dass diese Funktionen und Bonusmaterialien durch die *second screen*-Apps lediglich auf einen zweiten Bildschirm ausgelagert worden wären. Die Transformation der Filmsichtung zum *augmented reading*

30 Wenn die *companion app* zum Disney-Zeichentrickfilm *Bambi* beispielsweise ein Spiel beinhaltet, bei dem die Nutzenden die Unterschiede zwischen der Farbgebung des Filmbildes auf den beiden Bildschirmen finden und auf dem appfähigen Gerät markieren sollen, dann legt die Aufmerksamkeitsverteilung und Interaktion mit beiden Medien eher nahe, das interaktive Spiel statt des Films auf dem *first* statt *second screen* zu verorten.

31 Vgl. Distelmeyer 2012, S. 232–236.

durch die Nutzung solcher *companion apps* ist jedoch gravierend: Konnten die Nutzenden bei handelsüblichen Video-CDs, DVDs und Blu-ray-Disks selbst entscheiden, welche Bonusmaterialien sie sich wann wie lange ansehen wollen, ist deren Abfolge und Rezeptionszeit auf dem *second screen* bei den meisten *companion apps* durch die Synchronisation mit dem Hauptfilm vorgegeben, der bei den meisten Apps während der Nutzung des *second screen* nicht pausiert.[32]

Die *agency* der Nutzenden ist in diesem Fall also deutlich eingeschränkt. Dies gilt nicht nur für die Interaktion mit den Zusatzmaterialien zum Film, sondern auch für die Interaktionsfähigkeit darüber hinaus. Die Filmrezeption daheim war stets davon bedroht, dass das Publikum abschweifen und sich alternativen Medien und Tätigkeiten widmen konnte. John Ellis unterschied 1982 daher zwischen dem *gaze* einerseits, also dem fokussierten Blick im Kino, und dem *glance* andererseits, dem gleitenden Blick beim Fernsehbildschirm.[33] Die Nutzung zweier miteinander synchronisierter Bildschirme durch eine *second screen*-App erfordert jedoch eine so große Konzentration der Aufmerksamkeit, dass weitere Tätigkeiten oder ein (Ab-)Gleiten des Blickes eigentlich undenkbar sind. Da viele *second screen*-Inhalte einen, wenn oft auch geringen, Grad der Interaktion erlauben, sind zudem die Hände der Nutzenden so stark eingebunden, dass sie nicht für andere Praktiken genutzt werden können. Nicht zuletzt sind mit Smartphone, Tablet und appfähigem Computer gerade diejenigen Geräte in die Filmrezeption eingebunden, die sonst zu den größten Konkurrenten bei der heimischen Film- oder Fernsehrezeption gezählt werden.[34] Weitere oder alternative Funktionen sind jedoch während der Verwendung einer *second screen*-App auf einem Gerät nicht nutzbar. Die *agency* und Selbstbestimmtheit des Publikums bei der Filmsichtung wird also durch die Mehrheit der derzeit angebotenen *second screen*-Apps für Filme stark eingeschränkt. Dieses Beispiel unterstreicht die Notwendigkeit, bei *augmented reading* nicht nur nach Erweiterungen im Sinne einer Bereicherung, sondern eben auch nach der Reduktion der *agency* und dem Wegfallen von Handlungsoptionen zu fragen.

32 Da der Film bei den meisten *second screen*-Apps nicht pausiert, ist die Technik offensichtlich für die Anwendung bei der wiederholten Sichtung ausgelegt. Bei einer erstmaligen Filmsichtung fiele es relativ schwer, beiden Bildschirmen aufmerksam zu folgen. Vgl. hierzu auch Grün 2013.

33 Vgl. Ellis 1982, passim. Ohne Frage gibt es auch im Kino allerlei Möglichkeiten für andere Aktivitäten als die Filmsichtung – aber vergleichsweise weniger als bei der Filmrezeption daheim.

34 Vgl. Mukherje u. a. 2014 sowie Buseman/Tippelt 2014 geben Auskunft darüber, welche Medien in den USA bzw. in Deutschland wozu bevorzugt als *second screen* während der Fernsehrezeption genutzt werden.

4 *Augmented reading* als Transformation habitualisierter Lesepraktiken am Beispiel des Recap-Videoclips der Marvel AR-App

Aufgrund der verschiedenen Typen von Videoclips, die mit Marvels AR-App abgerufen werden konnten,[35] lässt sich kaum ein allgemeiner Effekt der App auf das Lesen von Marvel-Comic-Heften ausmachen. Beispielsweise können Videoclips mit Kommentaren von Autorinnen und Autoren sowohl der Leserschaft Deutungsangebote machen als auch zugleich die Vorstellung bestärken, dass die Instanz des Autors bzw. der Autorin als Sinnstifter/in zu verstehen sei und die Lektüre auf die Interpretation der von ihnen im Text angelegten Bedeutung fokussiert werden sollte. Am Beispiel des Recap-Videoclips wird im Folgenden exemplarisch aufgezeigt, wie gravierend die App etablierte Praktiken des Lesens von regelmäßig erscheinenden Comic-Heften verändern kann. Dieser Videoclip-Typ wurde gewählt, da er unter den Clips für Marvels AR-App besonders häufig vorkam.

Recap-Videoclips rekapitulieren wortwörtlich das bisherige Geschehen in derselben Serie oder in anderen Serien, das für ein besseres Verständnis des Heftes relevant sein kann. Ein solcher Recap-Videoclip ließ sich beispielsweise beim ersten Panel des vierzigsten Heftes der Comic-Serie *All-New X-Men* (2015) aktivieren. Das Panel zeigt den Handlungsort, von dem eine Textbox erklärt, dass es sich um „Utopia Island. Former Home of the X-Men. San Francisco Bay" handelt.[36] Der Videoclip, den die AR-App anzeigt,[37] gibt durch grafische Zitate aus früheren Comics und durch den heterodiegetischen *voice-over*-Kommentar einen Überblick über die Geschichte des Schauplatzes, inklusive seiner Entstehung und früherer Bewohner, sowie auch eine Beurteilung seines aktuellen Stellenwerts in der Serie.[38] Dabei werden auch Bewertungen und Deutungen vorgenommen.

Dieser Typ von Videoclip hat gravierende Effekte auf die Lektüre von Marvels Comic-Heften: Früher mussten sich Leserinnen und Leser von regelmäßig er-

35 Die 1517 Videoclips, die derzeit immer noch auf den Seiten von Marvel archiviert sind (vgl. Marvel 2015), lassen sich grob danach unterscheiden, ob die Videoclips sich entweder auf Produktion und Rezeption der Comics oder aber auf ihre Diegese beziehen. Die Videoclips lassen sich dann in folgender Typologie systematisieren: (1) Videoclips zur Produktion/Rezeption: Making-Ofs, Kommentare der Comic-Macher/innen, Science-Videoclips/Experten-Kommentare, Videoclips zur Fan-Kultur und Fun-Videoclips; (2) Videoclips zur Diegese: Figuren-Biografien, Erläuterungen zu Situationen oder Gegenständen, Trailer, Recaps.

36 Bendis/Asrar 2015, S. 2, Panel 1.

37 Vgl. Marvel AR 2015.

38 Dieser Typ von Videoclip fungiert zugleich auch als Werbung für ältere Comic-Hefte, deren Bildmaterial gezeigt wird.

scheinenden Comic-Heften an den bisherigen Verlauf der Fortsetzungsgeschichten erinnern.[39] Da Marvels Comic-Serien auch vor Einführung der App bereits auf lange zurückliegende Ereignisse rekurrierten[40] und da *story arcs* sich über mehrere Hefte – und das heißt Monate – erstreckten, bildete die Leserschaft ein Spezialwissen aus, um die Referenzen im Comic zu verstehen. Da dieses Spezialwissen mit einem großen Zeitaufwand für die dauerhafte Comic-Lektüre einherging, war es auf eine kleinere Gruppe von Fans begrenzt. Der Recap-Videoclip von Marvels AR-App machte ein ausgeprägtes Gedächtnis oder ein solches Spezialwissen jedoch obsolet, da eventuelle Rückbezüge durch die App erläutert wurden. Dadurch sollten neue Leserinnen und Leser leichter in eine laufende Comicserie einsteigen können. Es hätten sogar Gelegenheitskäuferinnen und -käufer gewonnen werden können, denen der Anschluss an eine Seriengeschichte ohne die App schwerer gefallen wäre.[41]

Nicht nur die Art des Lesens und die damit einhergehende Gedächtnisleistung, sondern auch die Deutung wird durch diesen Typ von Videoclip stark beeinflusst. Denn der Recap-Videoclip ist, wie die Forschung bereits am analogen Beispiel der Was-bisher-geschah-, der *previously-on*-Sequenz bei Fernsehserien gezeigt hat,[42] hochgradig selektiv, stellt selbst bereits eine Lektüre des Rekapitulierten dar und stiftet einen spezifischen Kontext für die Lektüre der nachfolgenden Comic-Erzählung. Beispielsweise erfährt die Leserschaft aus dem Recap-Videoclip zu *Utopia Island*, dass angeblich der langjährige Anführer der X-Men, Cyclops, die Schuld am Untergang der Insel habe – die Leserschaft kann dadurch dazu angeregt werden, derselben Figur, Cyclops, auch für die darauf aufbauenden Ereignisse in diesem Comic-Heft bevorzugt eine Schuld zuzuweisen.[43] Der Videoclip eröffnet somit nicht nur eine retrospektive Re-Lektüre vorheriger Comic-Hefte, sondern lenkt auch maßgeblich die Deutung des aktuellen Heftes. Dieses Beispiel zeigt, wie grundlegend und weitreichend die Effekte von *augmented reading* auf etablierte und habitualisierte Praktiken des Lesens sein können.

39 Zwar gibt es in Comics zumeist die sogenannte Recap-Seite, die der Handlung des Comics vorangestellt ist und kurz die bisherigen Geschehnisse zusammenfasst. Diese kann aber aufgrund ihrer Kürze von wenigen Zeilen nur als Erinnerungsstütze dienen.

40 Vor Einführung der App war es bei Marvel-Comics üblich, dass bei wichtigen Rückbezügen auf frühere Hefte in einer Textbox kurz die Serie und Heftnummer angegeben wurde. Darauf musste die Leserschaft sich daran erinnern oder aber das betreffende Heft im ihnen zur Verfügung stehenden Comic-Archiv einsehen.

41 Das heißt jedoch nicht, dass sich im Umkehrschluss eine Komplexitätssteigerung der intertextuellen Bezüge in denjenigen Comics ausmachen ließe, für deren Lektüre die AR-App vorgesehen war. Ein Grund mag darin liegen, dass die Comic-Hefte auch für ein treues Stammpublikum weiterhin gut lesbar sein sollten, das die App womöglich aus Gewohnheit oder Selbstverständnis als Fan mit Spezialwissen nicht nutzt.

42 Vgl. Meteling u. a. 2010, S. 8.

43 Vgl. Marvel AR 2015, 01:15–01:24 min.

5 Selbstreflexivität und Medienkritik im Film *App*

Caetlin Benson-Allott hat am Beispiel des Touchscreens, der als taktiles Interface als vergleichsweise intimer ‚Kontakt' konnotiert ist, die bisher verfügbaren *companion apps* zu Filmen dahingehend kritisiert, dass sie die Besonderheiten der appfähigen Geräte und ihrer Nutzungspraktiken nicht berücksichtigten und fruchtbar machten.[44] Der niederländische Cyberthriller *App* wurde nicht nur als der erste Film vermarktet, der als *second screen*-Kinofilm konzipiert wurde, sondern setzt sich sowohl inhaltlich als auch in der Art und Weise, wie der *second screen* eingesetzt wird, forciert mit den Medien auseinander, die für die *companion app* zum Film genutzt werden. Wie die nachfolgende Lektüre zeigen wird, eröffnet der Film dadurch nicht nur ein kritisches Reflexionspotenzial zum Medium Film und zur Filmsichtung, sondern eben auch zu appfähigen Geräten und deren Nutzung.

App handelt von der Studentin Anna, die eines Tages auf ihrem Smartphone eine App namens *Iris* bemerkt, die ohne ihr Wissen installiert worden ist. *Iris* verspricht zunächst, Annas Leben zu erleichtern und zu bereichern. Jedoch entwickelt die App zunehmend ein Eigenleben, versucht das Leben der Protagonistin mithilfe ihrer Daten zu kontrollieren und führt sogar den Tod anderer Menschen herbei. *Iris* ist in vielerlei Hinsicht ein sprechender Name: Zum einen wird auf die Motive des Blickes, des Auges und der Kamera verwiesen. Entsprechend ähnelt auch das Interface-Design der App einem elektronischen Auge. Zum anderen verweist *Iris* auch auf *Siri,* Apples bekanntem Sprachinterface. Dass *Iris,* der Name der destruktiven App, die Buchstabenfolge von *Siri* umkehrt, deutet bereits auf die Agenda des Films hin, die positiven Zuschreibungen zu Apps und Smartphones gegen den Strich zu lesen. Im Folgenden wird an zwei Sequenzen beispielhaft gezeigt, wie der Film den *second screen* nicht nur in seine Dramaturgie einbindet, sondern auch das Publikum, sofern es die *companion app* zum Film nutzt, in eine medienkritische Haltung versetzt.

In der ersten hier analysierten Sequenz[45] erlaubt die App dem Publikum einen Wissensvorsprung gegenüber der Protagonistin, aus deren Perspektive der Film vorrangig erzählt wird. Sie hat gerade einem Arzt gedroht, da sie sein Verhalten verdächtig fand; ihre Beschuldigungen basierten aber nur auf Mutmaßungen. Während sie mit ihrem Motorrad von der Klinik wegfährt, erfährt das Publikum über seinen *second screen,* dass der Arzt tatsächlich in eine Intrige verwickelt ist – und dies zusammen mit einer anderen Figur, die von der Protagonistin noch nicht verdächtigt wird. Indem der *second screen* dem Publikum also ein Vorwissen im Vergleich zur Protagonistin verschafft, steigert er das genrekonsti-

44 Vgl. Benson-Allott 2011, S.10f.
45 Vgl. *App* 2014, 44:13–44:30 min.

tutive Gefühl von Suspense, da das Publikum darauf gespannt sein kann, wann die Protagonistin denselben Wissensstand erlangt. Freileich hätte man dies auch durch eine Parallelmontage lösen können, indem der Film zeitgleich zur Motorradfahrt der Protagonistin zeigt, wie die beiden Verschwörer kommunizieren.

Der Clou bei diesem Einsatz des *second screen* besteht darin, dass dem Publikum dieser Wissensvorsprung allein über das eigene Smartphone/Tablet geboten wird. Dadurch wird die Vorstellung aufgerufen, dass diese Technologien dank ihrer Internetfähigkeit und Multimedialität ein bevorzugter Zugang zu Wissen sind. Indem der Film dieses Zusatzwissen nur über den *second screen* verfügbar macht, lässt er sich aber freilich auch als Reflexion darüber lesen, wie sehr das Wissen, auf das wir auf demselben Bildschirm zugreifen, unsere Wahrnehmung und Deutung von einem Text, ja von Welt verändert. Durch solche Szenen kann das Publikum auch dazu verführt werden, die *companion app* zum Film zu nutzen, da sie Mehrwissen und dadurch eine Steigerung der Lust am Suspense bedeutet. Die *companion app* verspricht dem Publikum, wie *Iris* in der Filmhandlung, einen Mehrwert für die Rezeption eines Films, der zwar auch ohne App geschaut werden kann, dann aber als konventioneller Cyberthriller daherkommt. Die medienkritischen Potenziale von *App* eröffnen sich nämlich vorrangig durch die Nutzung der *companion app.*

In einer anderen Sequenz[46] bietet der *second screen* dem Publikum nicht nur zusätzliche Informationen, sondern auch delikate Bilder und Filmclips: Als die Protagonistin versucht, *Iris* loszuwerden, und ihr Smartphone austauschen möchte, vertreibt die App sie aus dem Elektronikgeschäft, indem sie per Netzwerk auf allen Bildschirmen im Geschäft Nacktaufnahmen der Protagonistin zeigt, die *Iris* zuvor heimlich angefertigt hat.[47] Diese Nacktaufnahmen sind auf dem *first screen* kaum zu sehen, da die betreffenden intradiegetischen Bildschirme nur im Hintergrund, am Bildrand oder kurz während Kamerafahrten gezeigt werden. Auf seinem *second screen* kann das Publikum das delikate Bildmaterial hingegen bildschirmfüllend betrachten. Im konventionellen Spielfilm soll dem Publikum sein eigener voyeuristischer Akt beim Betrachten eines Films möglichst nicht auffallen.[48] Indem das Publikum von *App* selbst

46 Vgl. ebd., 26:55–28:35 min.

47 Damit werden freilich auch Bezüge eröffnet zur illegalen Veröffentlichung von privatem und intimem Material beispielsweise im Fall von Stars – etwa dem so genannten Fappening, bei dem 2014 entsprechendes Bild- und Videomaterial zu einer Vielzahl von Stars wie Jennifer Lawrence oder Rihanna im Internet verfügbar gemacht wurde – oder auch im Fall von Revenge-Porn, bei dem das betreffende Material als Akt der Rache – zumeist von ehemaligen Sexpartner/inne/n – im Internet verbreitet wird.

48 Laura Mulvey hat im Zuge ihrer Kritik an dem patriarchalen Blickregime von Hollywoodfilmen beispielhaft beschrieben, wie diese Filme sowohl den Blick der Kamera als auch den damit verbundenen Blick des Publikums invisibilisieren, um die voyeuristische Lust zu

entscheiden muss, ob es die delikaten Aufnahmen auf dem *second screen* betrachtet oder nicht, wird es durch diese Verwendung des eigenen *second screen* mit seinem Voyeurismus und seiner Verantwortung als Filmpublikum konfrontiert.

Der Film, und dies unterscheidet ihn von thematisch vergleichbaren Filmen wie beispielsweise *Hellphone* (2007), *Open Windows* (2013) oder jüngst *Nerve* (2016), diskutiert solche selbst- und medienkritischen Fragen nicht nur im Verlauf seiner Handlung. Vielmehr versetzt er das Publikum durch den Einsatz von *augmented reading* in eine kritischere Haltung gegenüber den genutzten Medien. Dafür sind zwei Detailbeobachtungen zur Nutzung der *companion app* zum Film von zentraler Bedeutung: Erstens gibt die App, die das Publikum nutzt, keine Töne von sich, um dem Publikum zu signalisieren, dass Bilder oder Clips angezeigt werden. Zweitens kann das Publikum auch nicht mit der App auf seinem *second screen* interagieren. Man könnte beides eventuell als unausgereifte Technik abtun oder der technischen Limitierung einer App zuschreiben, die für ein Massenpublikum im Kino konzipiert ist. Doch diese Konfiguration, so die hier verfolgte Lesart des Films, birgt ein medienkritisches Potenzial: Da die Aufmerksamkeit des Publikums nicht durch Signal-/Töne auf den *second screen* gelenkt wird, muss es diesen stetig beobachten, ja, geradezu überwachen, wenn es keine *second screen*-Inhalte verpassen will. Gerade da der Film so forciert herausstellt, dass die Protagonistin die Aktivitäten von *Iris* lange nicht bemerkt, und zugleich das Publikum zur regelmäßigen Kontrolle des *second screen* zwingt, kann *App* zur Reflexion darüber anregen, wieviel Kontrolle die Nutzenden im Alltag über die Apps auf demselben Gerät ausüben, ohne dass dies dem Besitzer, der Besitzerin des *second screen* bewusst sein mag.

Analog lässt sich auch die fehlende Interaktivität der App deuten: Der Film handelt von einer App, die sich zunächst als Dienstleistung ausgibt, mittels der gesammelten Daten jedoch Macht über die Nutzerin erlangt und sich letztlich jeder Kontrolle entzieht. Auch die *companion app* zum Film, die das Publikum während des Films nutzt, wird durch die Zusatzinhalte als Bereicherung und zusätzliche Lustquelle für die Filmrezeption angepriesen, entzieht sich aber vollends der Kontrolle der Nutzenden. Diese müssen ihr Rezeptionsverhalten vielmehr der App angleichen, wenn sie diese und ihre ‚Vorteile' nutzen wollen. Der *second screen*-Film *App* sensibilisiert die Nutzenden so geradezu für einen kritischen Blick darauf, wie viel Macht ihre Apps über sie ausüben, wie stark ihre Wahrnehmung sowie Text-/Welt-Deutung gelenkt wird und wie sehr sie ihr Verhalten den genutzten Technologien anpassen. Der Film zeigt so beispielhaft, wie *augmented reading*-Technologien nicht nur als Bereicherung von Narration

vergrößern. Vgl. Mulvey 1976. Mulveys Ausführungen lassen sich auf das Gros konventioneller westlicher Spielfilme übertragen, die von den Standards Hollywoods bestimmt sind.

und von bereits konventionalisierten Rezeptionsangeboten genutzt werden können, sondern übt das Publikum in einer medienkritischen Haltung, indem der Film seine durch die Filmhandlung gepredigte Kritik selbst mithilfe des *augmented reading* praktiziert.[49]

6 Schlussbemerkung

Die Beispiele haben gezeigt, wie heterogen der Phänomenbereich ist, der hier unter dem Begriff *augmented reading* gefasst wird, und dass man sich vor einer zu starken Generalisierung und Abstraktion hüten sollte. Je nach Clip-Typ kann bereits Marvels AR-App verschiedene Effekte auf das Lesen von Comic-Heften haben, bei denen je nach Inhalt des Clips mal das Gedächtnis der Lesenden entlastet, mal die Deutungshoheit über den Comic von den Künstlerinnen und Künstlern für sich in Anspruch genommen wird, mal die Erwartungshaltung und das Suspense-Gefühl beeinflusst werden können. Die Beispielanalyse hat aber paradigmatisch vorgeführt, wie sehr *augmented reading* etablierte Praktiken des Lesens verändert.

Der Vergleich verschiedener Angebote macht weitere Unterschiede deutlich: Während bei Marvels AR-App das *augmented reading* lediglich eine Serie punktueller Momente im Rahmen einer konventionellen Comic-Lektüre darstellt, werden andere Angebote wie beispielsweise die *augmented reading*-Apps für Filme oder auch die *Commander App* für das digitale Spiel *Battlefield 4* fortlaufend genutzt. Je nach App und ihrer Verwendung sind also verschiedene zeitliche Strukturen des *augmented reading* zu diskutieren.

Obwohl die Praktik *augmented reading* prinzipiell multimedial ist, werden auch nicht in jedem Fall zwei Praktiken der Mediennutzung kombiniert, die zumeist nur einem Medium zugeschrieben werden. Dies ist etwa bei Marvels AR-App der Fall, bei der Comic-Lesen und Film-Rezeption im *augmented reading* zusammenkommen. Beim Film *App* hingegen wird die Praktik der Filmrezeption dupliziert und auf zwei Medien – Leinwand/*first screen* und *second screen* – verteilt, die beide Bewegtbilder zeigen. Der Film erreicht dennoch spezifische Effekte, indem er die Besonderheiten des Gerätes, das als *second screen* genutzt wird, berücksichtigt.

Diese Heterogenität des Phänomenbereichs ist nicht nur zu be/achten, sondern ihrerseits typisch für unsere gegenwärtige Digitalkultur, in der Hybridität,

49 Diese Formulierung rekurriert auf Paul de Mans Unterscheidung zwischen dem, was durch einen Text ‚gepredigt' wird, und dem, was darin oder damit ‚praktiziert' wird. Vgl. DE MAN 1979, S. 15.

Multi- und Intermedialität sowie Vernetzung vorherrschen[50] und Vorstellungen über Einzelmedien ebenso wie über medienspezifische Praktiken der Mediennutzung problematisiert werden.[51] Es mag mit Blick darauf manche Leserinnen und Leser umso mehr verwundern, dass hier ausgerechnet der Begriff des Lesens zentral gesetzt worden ist. Wie eingangs erläutert wurde, ist der Begriff nicht nur hilfreich, um Aporien des Begriffs *augmented reality* zu umgehen, mit dem die meisten der entsprechenden Angebote von ihren Anbietern belegt werden. Darüber hinaus erweist sich der Begriff des Lesens auch für Phänomene der Digitalkultur als überaus produktiv, erstens um die zentrale Stellung des Verstehens zu betonen, die zusammen mit Perzeption und Affizierung sowie den daraus resultierenden kognitiven, emotionalen und ggf. physischen (Re)Aktionen als integrale Prozesse jeder Mediennutzung verstanden werden müssen. Zweitens werden durch den Begriff auch Theorietraditionen beispielsweise zur Inter- und Paratextualität oder auch zur *agency* und *literacy* der Leserschaft aufgerufen, mit denen Praktiken der Digitalkultur wie *augmented reading* sowohl in ihrer medien- und kulturhistorischen Genese wie auch in ihren Besonderheiten besser zu fassen sind. Dies haben die oben behandelten Schwerpunkte erstens zum Konkurrenzdenken in der *convergence culture*, zweitens zur Reduktion der *agency* und *literacy* der Mediennutzerinnen und -nutzer, drittens zur Transformation etablierter Praktiken der Mediennutzung und schließlich viertens zum künstlerischen und aufklärerischen Potenzial von *augmented reading*-Angeboten verdeutlicht. Darüber hinaus erfordert die Praktik freilich weitere Studien beispielsweise zu Mediennutzungstypen, zur Subjektkonstitution durch Dispositive der Mediennutzung, zu den Funktionen von *augmented reading* wie auch zur weiteren systematischen Erfassung des Phänomenbereichs. Zugleich kann *augmented reading* auch eine Diskussion dazu befördern, wie Lesen im Digitalzeitalter als produktiver Begriff konzeptualisiert werden muss.[52] Mit den beispielhaften Ausführungen wurden hier einige erste Ansätze und Vorschläge für eine Diskussion von *augmented reading* als multimediale Praktik des Lesens im Digitalzeitalter unterbreitet.

---

50 Es ist erstens zu betonen, dass man eigentlich genauer von einer Computer- und Internetkultur sprechen sollte, und zweitens, dass es sich hier dezidiert nicht um eine essentialistische Definition von ‚Digitalkultur' handelt, sondern auf verbreitete Vorstellungen über ‚Digitalkultur' rekurriert wird. Siehe dazu beispielhaft AHRENS 2005.

51 Vgl. SCHRÖTER 2008.

52 Bernd Wingert hat bereits anlässlich von Hypertexten darauf hingewiesen, dass bis dahin gängige Vorstellungen über das Lesen problematisiert wurden und zugleich ein entsprechend modifizierter Begriff weiterhin überaus produktiv für Phänomene der Digitalkultur ist. Vgl. WINGERT 1996.

Bibliographie

AARON, Jason/DEODATO, Mike: *Original Sin Tradepaperback.* New York: Marvel, 2015.

AHRENS, Dominik: „Digitale Medien", in: Liebrand, Claudia u. a. (Hg.): *Einführung in die Medienkulturwissenschaft.* Münster: LIT, 2005, S. 223–236.

APKON, Stephen: *The Age of the Image. Redefining Literacy in a World of Screens.* New York: Farrar, Straus and Giroux, 2013.

AZUMA, Ronald T.: *A Survey of Augmented Reality,* 1997, verfügbar unter: http://www.cs.unc.edu/~azuma/ARpresence.pdf [31.01.2017].

BENDIS, Brian Michael/ASRAR, Mahmud: *All-New X-Men 40.* New York: Marvel, 2015.

BENSON-ALLOTT, Caetlin: „Cinema's New Appendages", in: *Film Quarterly* 2011/4, S. 10–11.

BICKENBACH, Matthias: „Lesen", in: Ders. u. a. (Hg.): *Historisches Wörterbuch des Mediengebrauchs.* Köln u. a.: Böhlau, 2015, S. 393–411.

BITI, Vladimir: *Literatur- und Kulturtheorie. Ein Handbuch gegenwärtiger Begriffe.* Reinbek bei Hamburg: Rowohlt, 2001.

BOERMANS, Bobby: *App,* DVD, 76 min., Hamburg: Studio Hamburg 2014 (Niederlande 2013).

BOMBERG, Lisbeth u. a.: *Between Play and Storytelling, an Augmented Reading Experience,* 2012, verfügbar unter: http://www.cse.chalmers.se/research/group/idc/ituniv/sider12/wp-content/uploads/van-es_et_al_paper.pdf [31.01.2017].

BUSEMAN, Katrin/TIPPELT, Florian: „Second Screen. Parallelnutzung von Fernsehen und Internet", in: *Media Perspektiven* 2014/7–8, S. 408–416.

CROSSRETAIL: *IKEA erweitert Katalog mit Augmented Reality,* 2014, verfügbar unter: http://crossretail.de/ikea-erweitert-katalog-mit-augmented-reality/ [31.01.2017].

DE MAN, Paul: *Allegories of Reading. Figural Language in Rousseau, Nietzsche, Rilke, and Proust.* New Haven: Yale University Press, 1979.

DISNEY: *Bambi: Diamand Edition. Disney Second Screen,* 2011, verfügbar unter: https://www.youtube.com/watch?v=VtxLmdhrwQg [31.01.2017].

DISTELMEYER, Jan: „Machtfragen. Home Entertainment und die Ästhetik der Verfügung", in: Segeberg, Harro (Hg.): *Film im Zeitalter Neuer Medien II. Digitalität und Kino.* München: Wilhelm Fink, 2012, S. 225–251.

ELLIS, John: *Visible Fictions. Cinema, Television, Video.* London/New York: Routledge, 1982.

EVANS, Elizabeth: *Transmedia Television. Audiences, New Media and Daily Life.* New York u. a.: Routledge, 2011.

GERON, Tomio: *Marvel AR Demo @ SXSW,* 2012, verfügbar unter: https://www.youtube.com/watch?v=rZJo19udwHU [31.01.2017].

GRÜN, Frank-Oliver: *Zweiter Bildschirm für Blu-ray-Filme,* 2013, verfügbar unter: http://www.digitalzimmer.de/artikel/news/zweiter-bildschirm-fuer-blu-ray-filme/2/ [31.01.2017].

HOLLAND, Martin: *Der New Yorker bringt Augmented-Reality-Cover,* 2016, verfügbar unter: https://www.heise.de/newsticker/meldung/Der-New-Yorker-bringt-Augmented-Reality-Cover-3198887.html [31.01.2017].

HUTH, James: *Hellphone,* DVD, 93 min., München: Sunfilm 2008 (Frankreich 2007).

JENKINS, Henry: *Convergence Culture. Where Old and New Media Collide.* New York u. a.: New York University Press, 2006.

JOOST, Henry/SCHULMAN, Ariel: *Nerve,* DVD, 93 min., Berlin: Studiocanal 2017 (USA 2016).

KÖHLER, Stefan: *Battlefield 4 – Commander-App wird eingestellt,* 2015, verfügbar unter: http://www.gamestar.de/spiele/battlefield-4/news/battlefield_4,47443,3085473.html [31.01.2017].

MARVEL: *Marvel AR,* 2015, verfügbar unter: http://marvel.com/videos/marvel_ar [31.01.2017].

MARVEL: *Shop,* 2016, verfügbar unter: https://marvel.com/comics [25.09.2016].

MARVEL AR: *Utopia Island,* 2015, verfügbar unter: http://marvel.com/videos/watch/5293 [31.01.2017].

MAYE, Harun: „Kulturtechnik", in: Bartz, Christina u. a. (Hg.): *Handbuch der Mediologie. Signaturen des Medialen.* München: Wilhelm Fink, 2012. S. 142–148.

METELING, Arno u. a.: „Previously on…", in: Dies. (Hg.): *„Previously on…". Zur Ästhetik der Zeitlichkeit neuerer TV-Serien.* München: Wilhelm Fink, 2010, S. 7–16.

MUKHERJE, Partha u. a.: *Patterns of Social Media Conversations Using Second Screen,* 2014, verfügbar unter: http://www.bernardjjansen.com/uploads/2/4/1/8/24188166/jansen_patterns_second_screens.pdf [31.01.2017].

MULVEY, Laura: „Visual Pleasure and Narrative Cinema", in: *Screen* 1976/3, S. 6–18.

N-TV: *Kamera übersetzt in Echtzeit,* 2014, verfügbar unter: http://www.n-tv.de/technik/Google-verschenkt-Word-Lens-article12855616.html [31.01.2017].

PRO7: *Galileo Zeitreise. Die Augmented Reality App,* 2011, verfügbar unter: http://www.prosieben.de/tv/galileo/videos/galileo-zeitreise-die-augmented-reality-app-clip [31.01.2017].

PRYJDA, Witold: *X-Ray für Fire TV. Auf Boxen und Sticks nun Zusatz-Infos zu Videos,* 2015, verfügbar unter: http://winfuture.de/news,86642.html [31.01.2017].

SCHATZKI, Theodore R. u. a. (Hg.): *The Practice Turn in Contemporary Theory.* London u. a.: Routledge, 2001.

SCHRÖTER, Jens: „Das ur-intermediale Netzwerk und die (Neu-)Erfindung des Mediums im (digitalen) Modernismus. Ein Versuch", in: Paech, Joachim/Ders. (Hg.): *Intermedialität. Analog/Digital. Theorien – Methoden – Analysen.* München: Wilhelm Fink, 2008, S. 579–601.

SHAW, Patrick: *6 Great Companion Apps for Your Favorite TV Shows,* verfügbar unter: http://nvisionapp.com/6-great-companion-apps-for-your-favorite-tv-shows/ [31.01.2017].

SZ: *Unser Heft lebt,* 2010, verfügbar unter: http://sz-magazin.sueddeutsche.de/texte/anzeigen/34537/Unser-Heft-lebt [31.01.2017].

VIGALONDO, Nacho: *Open Windows,* DVD, 97 min., Kiel: Maritim Pictures 2015 (USA, Spanien und Frankreich 2013).

WEEDON, Alexis u. a.: „Crossing Media Boundaries. Adaptations and New Media Forms of the Book", in: *Convergence. The International Journal of Research into New Media Technology* 2014/1, S. 108–124.

WERSHLER, Darren: „Digital Comics, Circulation, and the Importance of Being Eric Sluis", in: *Cinema Journal* 2011/3, S. 127–134.

Wingert, Bernd: „Die neue Lust am Lesen? Erfahrungen und Überlegungen zur Lesbarkeit von Hypertexten“, in: Bollmann, Stefan (Hg.): *Kursbuch Neue Medien. Trends in Wirtschaft und Politik, Wissenschaft und Kultur.* Mannheim: Bollmann, 1996, S. 112–129.

Xu, Ding u. a.: *MagPad. A Near Surface Augmented Reading System for Physical Paper and Smartphone Coupling,* 2015, verfügbar unter: http://alimomeni.net/wordpress/wp-content/uploads/2015/08/Xu-Momeni-UIST2015-MagPad.pdf [31.01.2017].

Ayoe Quist Henkel

Reading the Literary App and its Interface

Abstract
The fingertips touch, tap and move across a screen as part of the reading process on a mobile device. The literary app realized at the interface of a mobile device such as a smartphone or tablet computer presents a new way of dealing with literature. This article examines the inviting potentials of the multisensory interface for interaction and its implications for the reading act illustrated by two literary apps, *Tavs*[1] and *Pry*[2]. Drawing on theory on digital literature, interface and performative materiality,[3] the analysis will focus on different forms of interactivity and dialog with the reader.

1 Touching and being touched by literature

The sentences fall to the bottom of the screen where they lie, vibrating until the reader takes them one by one and turns them to read the words. This reading act underpins the emotional life of the protagonist at a time in the story when he is confused and in an existential emptiness bordering on desperation.

With two fingers, the reader opens and closes the eyes of the protagonist. When the eyes are opened, the reader sees and hears what the protagonist sees and hears, e. g. the ceiling above his bed and the sound of a door being opened. When the eyes are closed, the reader sees and hears fragments of pictures and text sequences from the protagonist's subconsciousness, accompanied by the sound of a throbbing heart. Accordingly, the inner and outer worlds of the protagonist melt together.

These are two examples taken from literary apps. The first example is from *Tavs* by Camilla Hübbe, Rasmus Meisler and Stefan Pasborg (2013), which is a

1 See Hübbe et al. 2013.
2 See Cannizzaro/Gorman 2014.
3 See Hayles 2002; 2008; Drucker 2013a; 2013b; 2014; Rustad 2012; and Engberg 2014.

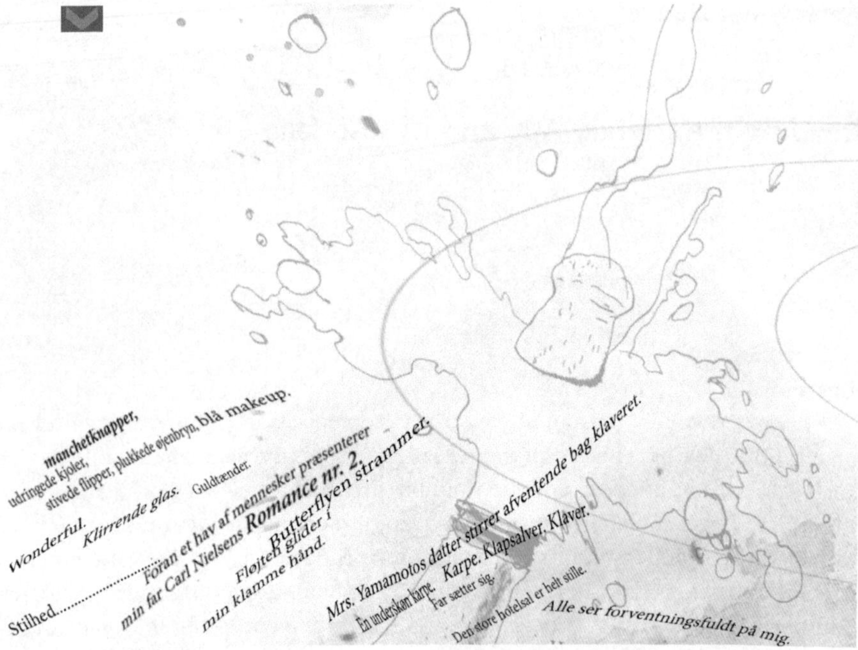

Fig. 1: Screenshot from Hübbe, Meisler, Pasborg *Tavs*

remediation[4] of a Danish graphic novel for children and young adults. The other example is taken from the English *Pry* by Danny Cannizzaro and Samantha Gorman (2014), a "novella" according to the authors, i. e. a literary prose text wavering between a short story and novel. However, it is immediately clear that both *Tavs* and *Pry* have an affinity with other text forms – especially digital literature – and they both incorporate an insistence upon probing the meaning formation potential of the app format for the possibilities of interacting with and performing the text in the reading act.

Generally, digital literature is characterized by an "interactional aesthetic",[5] because the literary app presents a number of inherent interactional dimensions expressed in the interplay between various forms of expression, such as text, pictures, music, film and animation, as well as because the reader is invited to interact with the text in various ways, thus becoming an active participant in the realization of the text. However, the interactional element is taken to a new level when literature is realized in the app format on a mobile device with multi-sensory screens. Both realizations of the invitation of the interface for interaction will be developed and analyzed in this article based on the hypothesis that the

4 See Bolter/Grusin 2000.
5 Rustad 2012, S. 99 (Translation AQH).

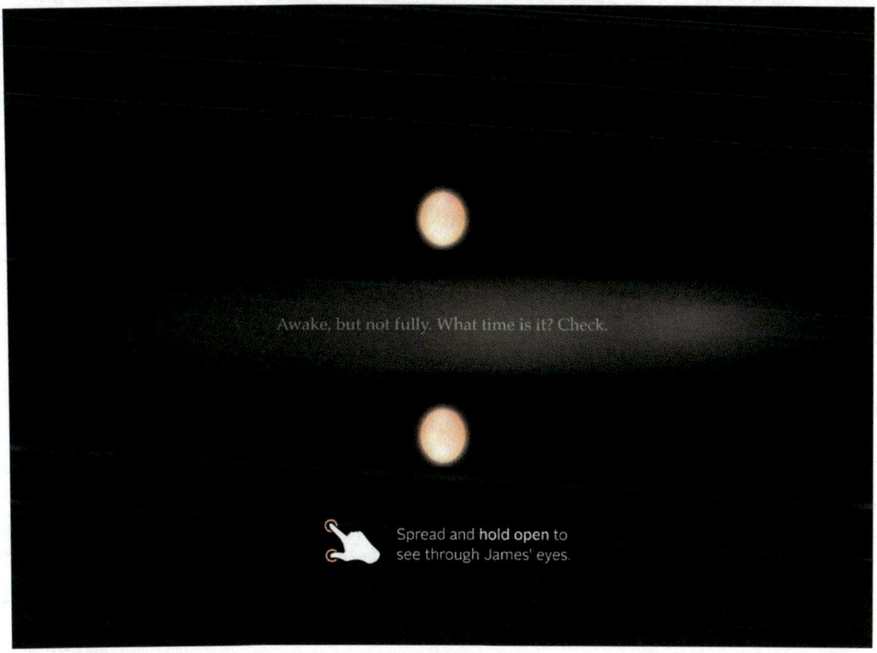

Fig. 2: Screenshot from Cannizzaro and Gorman *Pry*

reader's (physical) touch and manipulation of a literary artefact causes him to be touched by literature in a new way and that the literary and multisensory interface has implications for the reading process and act. Thus, the analysis of the invitation of the interface for interaction will focus on the various ways in which interaction patterns are initiated as well as the possible consequences for our understanding of what reading is and can be at the literary interface.

Tavs (meaning "silent") is a fantasy story about a boy who flees into a parallel universe in his grief after losing his twin brother. Concurrent with this journey, the forms of expression of the app become more powerful, whereby animations, music, sound, speech and the reader's interaction with the text begin to take on a decisive role in the signification. *Pry* is about James, whose life changed dramatically after his participation in the Gulf War 1990–91. He is losing his eyesight and is haunted by memory flashbacks from the war. The reader is made to understand that he has a complicated relationship with his brother and a woman, and that he may be an unreliable narrator. Every chapter in *Pry* builds on different aesthetic premises: one is mainly filmic, while another mostly comprises Braille. The appendix is an endlessly expanding text, although it is dependent on how many "diamond" points the reader has gained by reading the various chapters carefully and labyrinthically. Accordingly, a ludic structure becomes part of the process of reading.

2 The app format

When literature is realized at the interface of the literary app, a new and open form of literature appears in a fluid and unsettled field.[6] First, the app is a new electronic format that is still being developed and (re)defined even though it has quickly become a phenomenon that most people in the western world use on a daily basis. Second, literature is undergoing a radical transformation, moving between media and being realized in the app format with the possibility of combining various forms of expression, not least interactivity. Third, this literature is realized at a digital interface that has special implications for the reading process and the relation between the literary artefact, reader and context.

An app is a computer software program realized on a multisensory surface, i. e. at a special interface, meaning that there are distinctive conditions for the way in which this literature manifests itself. The term interface will be further elaborated in the following according to different theoretical approaches. Technically, an app is a piece of software designed for the user to carry out specific acts. An app is embedded in a technical device, tablet or smartphone, which decides the physical frames for its realization. Thus, the literary app does not share the materiality of the physical book, whose concrete physical aspects such as format, thickness, typography and paper quality are central for the reading experience, while its specific materiality has to be understood in the light of its existence as a digital artefact. Hence, the digital materiality of an app is to be understood as its manifestation as a text, its embedment in a medium and its manner of being and interacting with the world.[7] The literary app is yet another variety of electronic and digital literature with its own materiality, which has been described since the 1980s.[8]

As the brief introduction to *Tavs* and *Pry* indicates, a number of various forms of expression such as text, music, film and animation work together in the literary app and – characteristically – they often operate in non-hierarchical relations. At the same time, the new format experiments with interaction in various ways: *Tavs* has "hot-spots" that the reader has to touch at a narrative climax to continue the story, while in *Pry* the reader cooperates by opening or closing the protagonist's eyes or expanding a sequence of text and touching words that produce sequences of film and animation.

6 Matviyenko 2014 and Miller 2014.
7 E. g. see Henkel 2016.
8 E. g. by Hayles 2002; 2008; Simanowski et al. 2010; Rustad 2012; and Bell et al. 2014.

3 The literary interface

The realization of the literary app on a multisensory surface lends special weight to the interface of the tablet computer or smartphone in the process of signification. The English word interface means a boundary surface. The origin of interface is the Latin 'inter', meaning 'between', and 'facies', which means 'surface', 'appearance' and 'face'. Therefore, an interface constitutes the boundary and interconnection between – for example – a machine and a person. It is a very open and interdisciplinary term used in widely different sciences and studies and in principle it is applicable to all boundary surfaces. It is especially interesting in the description of the relation between technology and man. For Florian Cramer and Matthew Fuller, the role of the interface is crucial. Concerning the complex meanings and relations, they write:

> Similar to both its meaning in chemistry and to the meaning of 'language', 'interfaces' are the point of juncture between different bodies, hardware, software, users, and what they connect to or are part of. Interfaces describe, hide, and condition the asymmetry between the elements conjoined.[9]

Upon first glance, it is important to stress the primary, semantic meaning of the word as a boundary surface indicating a threshold, a border, a beginning and/or an entrance. Next, it is essential to maintain that this boundary surface is neither arbitrary nor neutral: it wedges itself in, influencing the relation between man and machine and between data and culture. The interface is not only technology but also a part of human culture, whereby special implications arise concerning the haptic interface of the tablet computer and its multisensory, smooth and seamless contact surface. Both meanings of interface are central in the realization and reading of literature: the interface creates a special threshold between the literary artefact and the reader, assuming an increasing significance in placing the reading of literature in a cultural context. The interface positions its reader in a new reading situation: the reader's expectations using a tablet do not necessarily match with reading printed literature and the reader is expected to apply his visual, auditive, tactile and perhaps kinaesthetic senses in the reading process.

In other words, the interface is not only a neutral place for exchange through which information passes quickly and smoothly; moreover, the interface is a mediating interspace and thus the distinction between looking through and looking at the interface is crucial. According to Johanna Drucker, the interface is "a constitutive boundary space",[10] which mediates the reader's interaction with the abstractions of the computer. Drucker points out that while the interface

9 Cramer/Fuller 2008, S. 150.
10 Drucker 2013a, S. 216.

prompts behavior and tasks, it also disciplines, limits and determines this behavior and these tasks.[11] The same criticism could be raised about the interface of the paper book. Nonetheless, man's exchange with the digital interface raises a series of questions and its increasing cultural significance has become the object of the interface criticism in recent years.[12] Interface criticism emerges from the digital humanities, drawing attention to the aesthetic interface and how the interface is "a cultural form with which we understand, act, sense and create our world".[13] In the light of this, Christian Ulrik Andersen and Søren Pold point out a number of characteristics of the interface: it combines functionality with representation and it has its own traditions and genres and a special depth due to layers of codes, all objects of essential analysis and critical address.[14] Thus, Andersen and Pold emphasize the need for investigations in the aestehetic, cultural and sociological dimensions of interfaces.

Considering the interface as a constituting boundary surface becomes important for the reading of literature. Literature mediated by, with and at the interface of a mobile device places special attention upon transparency and "smoothness". At the same time, the interface is dependent on touch. Thus, its position is ambivalent: on the one hand, it intuitively appeals to the reader; while on the other hand, it demands the interaction of the reader. Exceptional conditions become evident when literature is realized through the interface, and reading takes on an exceptional sensuousness when it happens through haptic and cognitive processes. This is supplemented by the closeness between the reader and the tablet computer or smartphone, a relationship that is much more intimate and personal than if the literature had been realized through a stationary computer with a keyboard and mouse, but also more ambivalent because it demands concentration *and* distraction, thus differentiating the experience of reading a literary app from that of a paper book. When the reader interacts with literature through an interface, the literature is set in a particular context: the immediate context and the wider aesthetic and cultural embedding.

4 Interaction

As mentioned above, the literary app is interactive at several levels. Hans Kristian Rustad points out that digital literature generally possesses an interactional aesthetic,[15] and he isolates three meanings of interaction: first, the tendency of

11 See Drucker 2014, S. 135.
12 See Pold/Hansen 2007; Andersen/Pold 2011.
13 Andersen/Pold 2014, S. 1.
14 See ibid.
15 Rustad 2012, S. 99.

digital literature to explore heterogeneity in mediality, style and genre;[16] second, the reader's interaction with the text when clicking on elements or even co-writing the text;[17] and third, interactivity in the sense of performance, happening and production,[18] which means that the text is no longer seen as a stable object for interpretation but more as a text event.[19] These three levels of interactional aesthetics also apply to the literary app. In addition, the interaction between text and reader is distinct in its mediation through the multisensory interface of the tablet computer or smartphone.

When we read a paper book, we naturally interact by leafing through the pages, although this kind of interaction is naturalized. In e-books, this turning of the pages is often mimicked with an accompanying sound, but in the literary app this is thematized. *Tavs* has been constructed according to a principle of pages and leafing, incorporating a presence and acknowledgment distinct from the book medium. For instance, it starts with a long passage with traditional black letters on a white background simulating paper. However, one constant at the interface is a "home function" which destabilizes the "book" reference, just as the "paper" is thematized through an animation; for example, of a skeleton crumbling a "paper" page (see Fig. 3). Thus, *Tavs* mirrors the book medium, incorporating the possibilities of the interface and drawing attention to and exploring its own bookish references.

Pry is not read by turning pages from the top right corner, but rather by interacting with the text in various ways: turning leaves in this app mostly means opening and closing the protagonist's eyes via the interface, prompting film or text sequences or words varying with the duration of the opening or closing of the eyes. In the chapter "Dhahran, Saudi Arabia" (see Fig. 4), the reader has to imitate the same movement, although here the movement activates a visual and aural imitation of paper being ripped. This simulates the texture of the paper-based page, which is then immediately retracted when the fingers touch the screen.

The reader's interaction with the interface holds crucial importance for progress in *Pry*, making the realization of the narrative somewhat arbitrary. The reader has to explore and experiment with the interactive elements to avoid missing anything, and through his score of red diamonds he can monitor the thoroughness of his reading. The English word 'pry' is mostly used as a verb, meaning snooping, nosing, spying, wrenching, nudging or prizing open. The app plays on all of these meanings, not least the eye as a recurrent leitmotif in

16 Ibid.
17 Ibid., S. 100.
18 Ibid.
19 See ibid.

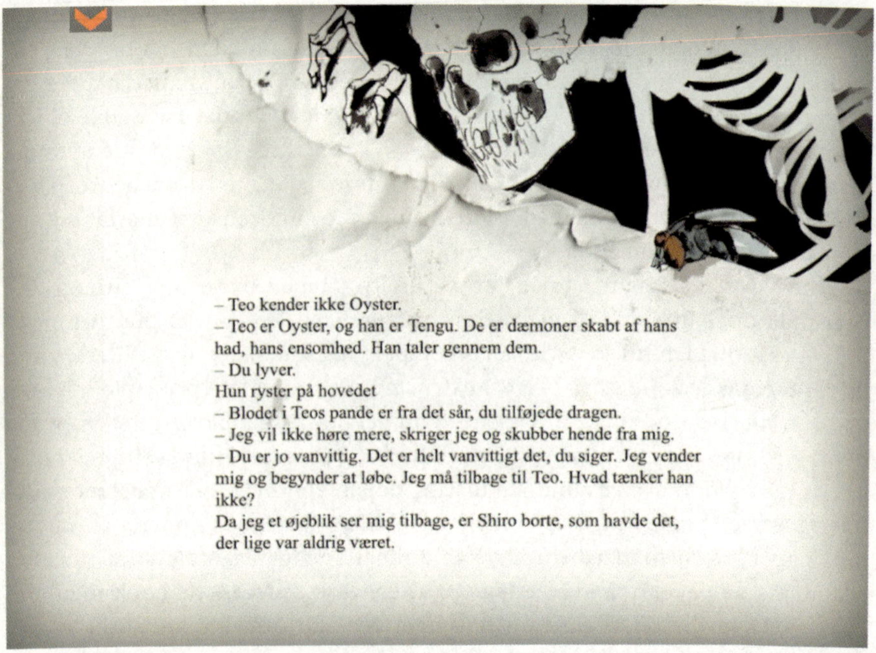

Fig. 3: Screenshot from Hübbe, Meisler, Pasborg *Tavs*

many variations. Therefore, the title is ambiguous: you follow the sometimes spying eyes of the protagonist, you get a glimpse of his subconscious and his life, and you get an idea of what reading is and can be. By letting the reader do the work of prying open elements of the story, *Pry* explores the nature of reading.

The literary app initiates interaction in various ways, offering a glimpse of how reading can be realized at a multisensory interface. It plays with and challenges our prevalent and socioculturally embedded ideas of what reading is and can be. For instance, both analogous and digital literature in the app format may demand extended cooperation from the reader, i. e. doing more than simply moving his eyes across the pages and turning leaves. This involves the reader in the decision-making process about what or when things happen in the text. For example, in *Tavs*, at a certain point the reader has to grab some sentences that have fallen to the bottom of the screen, flip and turn them to read them, as previously mentioned. In *Pry*, an example would be the reader navigating through an endless passage of text with no beginning or end. The interactive and multisensory aspect gains significance in the expression of the literary app, which in *Pry* is about the not always objective account of the subconscious and memory of events and the past.

The reader's expectations of literature and the app format are challenged and thematized in the reading of *Tavs* and *Pry*. The literary app destabilizes written

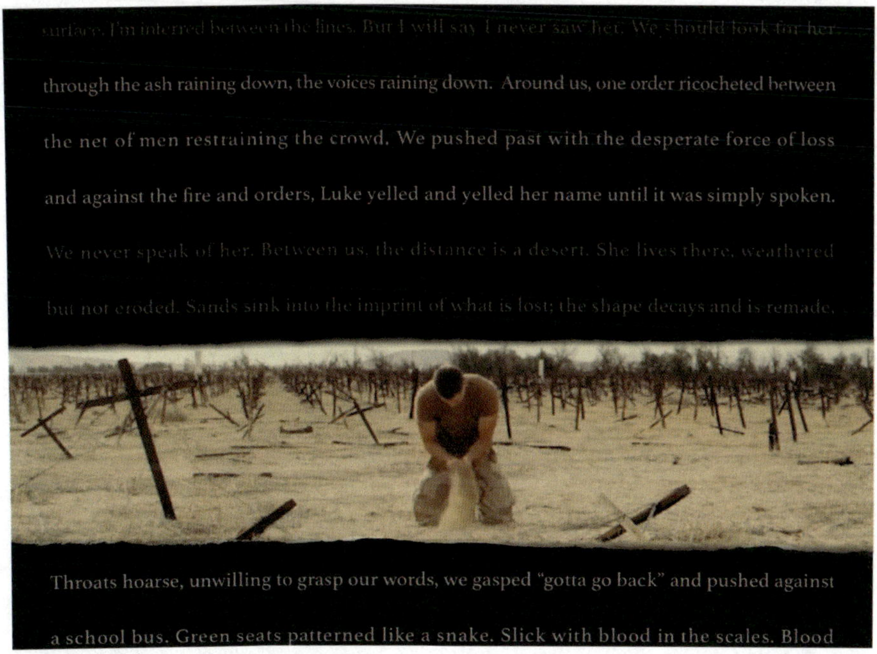

Fig. 4: Screenshot from Cannizzaro and Gorman *Pry*

and unwritten conventions of literature. These conventions of literature may be the expectations with which the reader approaches the text, although his expectations could also be based on conventions of play and interaction. The interactivity of the literary app is seen text internally in the interaction between different forms of expression and genres as well as at the boundary surface of the interface between man and machine, a distinctive characteristic of the literary app.

5 Multisensory interaction – do touch this!

As mentioned above, *Tavs* contains "hot-spots" at narrative climaxes that make intermissions in the process and rhythm of the story, depending on the reader's interaction. Thus, the reader becomes an active participant in the (story) reading, e. g. by pushing a letter under a door, activating a lethal nail in the eye of a dragon, or making *Tavs* jump into the abyss (see Fig. 5). Here, the reader's interaction with the interface makes an intermission in the otherwise fixed sequentiality, and the reader assumes an instrumental role in the story as these narrative climaxes are given attention. These "hot-spots" require a stop in the reading process and assign thoughtfulness to the interpretation process at this point in the story. The reader is held captive and set free at the same time.

Fig. 5: Screenshot from Hübbe, Meisler, Pasborg *Tavs*

The storyline in *Pry* is determined by the reader's finger movements and touch of the screen, whereby it is somewhat arbitrary and slightly changes from one reading to another. This entails an openness and lack of determination in the literary app, which is countered by the point system of earning diamonds for careful reading of the chapters. In *Pry*, repetition structures produce a peculiar rhythm. In Fig. 6, a burning book rotates accompanied by a crackling sound until the reader touches the screen. When he touches the screen, the fire increases until he lets go of the screen, allowing the endless text to appear. This repetition structure has a suggestive effect, and the importance in sequences like these does not lie in temporal succession or causality but rather in atmosphere and sensation. Reading the interface of the literary app is a relational and touch-dependent experience, unlike the more controlled experience of reading a graphic novel or watching a film.

In *Tavs*, the reader is an actor from outside who interacts with the interface to traverse the story. The relation between the text and the reader is articulated through the interaction when the reader actuates the text and is given the next passage of the text in return. The same applies to *Pry*, which is also dependent on

Fig. 6: Screenshot from Cannizzaro and Gorman *Pry*

the reader's touch of the interface to maintain the flow of the story. However, here the touch often brings about a change of perspective to inner focalization as the reader borrows the eyes of the protagonist. The reader's immersion grows deeper through the haptic interaction with the text. In addition, the literary app becomes a shortcut to the reader's feelings by combining various forms of expression such as text, music, sound, stills, films and speech.

The invitation of the literary app for interaction takes on a new angle when it comes to literature realized on mobile devices with multisensory "wearable" screens creating an intimate space between the reader and the computer.[20] A traditional assumption is that interaction with mobile devices is conducive to distraction. In contrast to this assumption, the game scholar Brendan Keogh has urged that mobile games create a kind of "co-attentiveness, where the player is paying full attention to two worlds at one time".[21] Going along with this idea, reading literature in the form of literary apps opens up opportunities to overcome traditional dichotomies like attention vs distraction and immersion vs distance. The multisensory interface of the literary app promotes a dynamic relation between the reader and the fictional world, a "co-attentiveness", i. e. a

20 For the history of the concept of "Intimate computing", see Kaerlein 2016.
21 Keogh 2014, S. 271.

simultaneity, where the reader's attention is kept in an immediate and tactile identification, at the same time being anchored in the real technological and digital world by means of the mobile device and the actual reading situation.

6 Interaction means metafiction

At the interface of these two literary apps, several relations create good conditions for metafiction and media reflection. As seen from the examples from *Tavs* and *Pry*, the reader's interaction with the interface is sometimes intuitive and sometimes thematized in the form of directive elements like the "hot-spot" markers in *Tavs* or direct instruction and the iconic picture of a hand with opening index finger and thumb, ready to be moved, as in *Pry*. These two elements – one integrated and intuitive, the other thematized – add an extra layer of metaconsciousness to the reading process, drawing attention to the embedding of the app in the multisensory interface. Minor breaks of fiction appear when fiction meets friction, thematizing itself by drawing attention to the medium in which it is embedded. An example from *Tavs* is blood being squirted onto the "camera lens" at a narrative climax where Tavs is fighting a dragon (see Fig. 7). This metafictional effect with reference to film and computer games draws the reader's attention to the interface by emphasizing the screen of the medium and hence creates hypermediacy with a term from Bolter and Grusin.[22] At this point, hypermediacy prompts metaconsciousness and distance by the reader.[23] Another example is the endless text in the appendix of *Pry*, where the story draws attention to the almost endless scope for text realization in this digital medium.

In addition, the interface of the tablet computer often simulates the physical presence of objects, which are then immediately retracted. These objects can be buttons, icons, panels or objects embedded in the story, objects that at the touch of the reader prove not to be physical and manifest but rather simply representations. Thus, the literary app pretends to be what it is not. This tendency towards ostensibility seems to predispose the literary app to metafiction, owing to both the nature of its "inner" text qualities and the physicality of the app in the sense that it is a program embedded in a tablet computer and its interface. The nature of the computer is frequently recognized or reflected at the interface. With N. Katherine Hayles, we could say that the literary app "interrogates the inscription technology that produces it".[24] Hayles writes about the way in which the interface addresses the reader materially: "Even when the interface is ren-

22 See Bolter/Grusin 2000, S. 31, 53f.
23 See Henkel 2015.
24 Hayles 2002, S. 25.

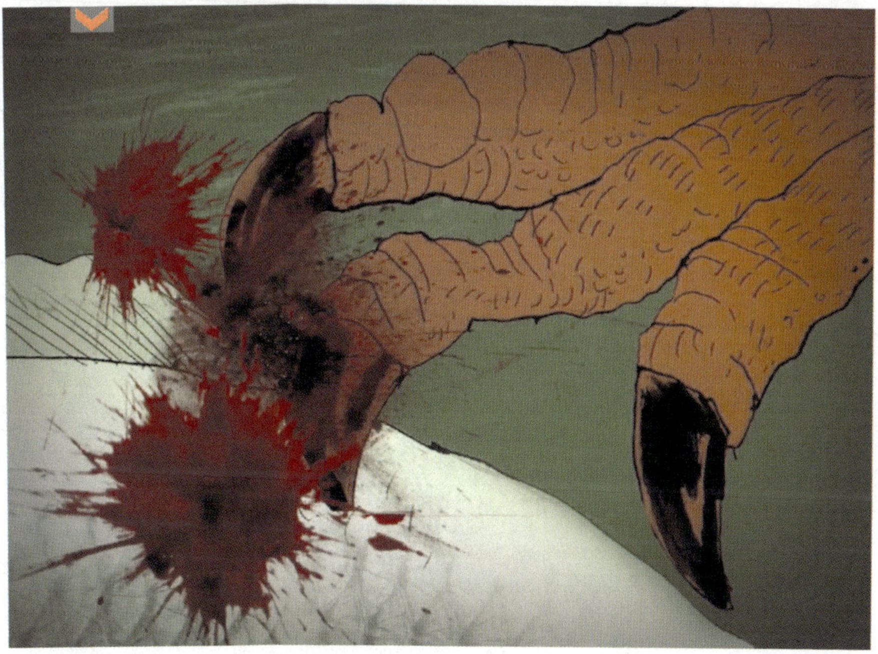

Fig. 7: Screenshot from Hübbe, Meisler, Pasborg *Tavs*

dered as transparent as possible, this very immediacy is itself an act of meaning-making that positions the reader in a specific material relationship with the imaginative world evoked by the text."[25]

As mentioned above, one of the chapters in *Pry* is written in Braille. Naturally, the reader cannot decode this with his fingertips due to the smooth surface of the interface; however, when the fingertips touch the writing, the words are read out and filmic sequences appear behind the Braille (see Fig. 8). A double thematization of the writing and the sensory conditions for the reading is generated: normally, reading depends on the faculty of seeing, although the visually impaired can read Braille via the tactile sense. When this cannot be stimulated on the interface of the tablet computer, the words are read out loud as the reader touches the screen. The reading is the biblical passage about Jacob and Esau (Genesis 25:19–34) and during the reading film sequences from the childhood of James and Luke and from the war flicker behind the Braille, underpinning the brother motif. The pictures vary according to the speed of the reader's fingers across the screen, resulting in a certain arbitrariness in the realization.

The literary app challenges and thematizes the reading of literature and reflects on its own making and status as literature. It seems to be predisposed to

25 Ibid., S. 107.

Fig. 8: Screenshot from Cannizzaro and Gorman *Pry*

media reflection and the metaconsciousness of the media and reading and it frequently addresses the contract between the text and the reader, e. g. by inviting a special form of interaction with the text and explicitly highlighting this. The metafictional elements turn into a kind of textual hooks, thematizing the process of reading literature and the status of the literary app as fiction.

7 Reading as performing the literary interface

Drucker sees the interface as a constitutive boundary space, whereby the interactive interface becomes constituting for the reading experience and the reading act. Being somewhat unstable and dynamic, the interface causes a thematization of the reading act. Reading becomes something different from and more than simply decoding black letters on white paper. At the literary interface, reading is mainly constituted through processional, sensuous and interactive aspects rather than fixed linguistic systems and structures. The meeting between the text and reader happens and continuously manifests itself in performative acts. Based on her performative approach to the interface, Johanna Drucker emphasizes: “that what something *is* has to be understood in terms of what it *does,* how it works within machinic, systemic, and cultural domains".[26] The invitation of the literary interface for interaction gains significance for the culturally ingrained understanding of what reading is. With a shift of accent from what a text is to what it does – i. e. how it works and acts – it becomes possible to capture its sensate and situational dimensions.

The performative approach to reading the literary interface makes the literary "artefact" not an entity but rather an event, i. e. an "object" that acts in the world and interacts with the reader through dynamic relations between its characteristics and physical interaction with and interpretation of this "object". The creation of meaning happens through the reader's sensuous and physical involvement in the text, as well as by performing rather than receiving the literature. The reading act where the reader's fingers touch, tap, flick and move across a glass screen becomes constitutive for reading the literary interface. Maria Engberg has endeavored to outline the contours of an aesthetic for gesture and touch apps from a performative approach.[27] She offers the term "polyaesthetics" to capture the touch-based app as a performative event and emphasizes: "The touch-interfaces set up complex and multiple sensual relationships that are of course visual but also tangible and proprioceptive".[28] Literature is performed in the exchange and sometimes multisensory interaction between the reader and interface, whereby this performance may take various forms: in *Tavs*, the reader has to do something with the text, and in *Pry* the reader sometimes has to act in the text. A literary app positions itself along a continuum between constancy and inconstancy, with a focus on interaction and relations rather than entities and stability.

Reading the literary app, the reader performs the text and joins in the creation of the literary expression and content in various sensory exchanges. This performance and reader participation could easily be seen as an unequivocally enriching and positive aspect of reading young adult literature in a digitalized and medialized text landscape. However, the tendency of the performative approach towards distinctions such as active vs passive and stable vs unstable leads to the danger of being reductive. The literary app can be engaged in diverse ways and can express diverse degrees of interaction and arbitrariness in a literary app, although this in itself does not necessarily qualify the app or the reader's engagement in the reading process.

The literary interface examines and explores what reading is and can be. A literary app is a phenomenon somewhere between a conventional book structure and a game with aesthetic and interactive elements. It takes on a hybrid character

26 Drucker 2013b, S. 2.
27 See Engberg 2013.
28 Ibid., S. 27.

by attributing crucial significance to forms of expression such as picture, animation and music, a significance often equal to the written word. This intermedial literature often subsists on the fluctuation between narrative elements and sensuous digressions created by the spatiality of pictures, the playfulness of the game and – not least – the closeness and involvement of the interaction. The literary app explores new ways of reading and thematizes the reading process, especially through the appeal of the interface for multisensory interaction.

In the literary app, the interface is a constituent boundary surface, i. e. a threshold generating a particular reading act carrying a particular cultural significance. The literary app is not only a piece of software; rather, it contributes to the creation of its context and its reader. For example, a piece of software in a tablet computer incorporates expectations of interaction, game aesthetics and non-linearity, whereby the literary app mediates and facilitates a particular tactile and social act. The mediation of the tablet computer and the interface is not neutral, just as the reader's socialization changes with the different mutual expectations between literary artefact and reader. Therefore, on the one hand we are creating new literature in new formats, while on the other hand this new literature in new formats is creating specific expectations of its readers.

Bibliographie

Andersen, Christian Ulrik/Pold, Søren: *Interface Criticism. Aesthetics Beyond Buttons.* Aarhus: Aarhus University Press, 2011.

Andersen, Christian Ulrik/Pold, Søren: *Manifesto for a Post-Digital Interface Criticism*, 2014, verfügbar unter: http://mediacommons.futureofthebook.org/tne/pieces/manifesto-post-digital-interface-criticism [28.10.2016].

Bell, Alice/Ensslin, Astrid/Rustad, Hans Kristian (Hg.): *Analyzing Digital Fiction.* New York: Routledge, 2014.

Bolter, Jay David/Grusin, Richard: *Remediation. Understanding New media.* Cambridge, MA et al.: The MIT Press, 2000.

Cannizzaro, Danny/Gorman, Samantha: *Pry.* Tender Claws, 2014.

Cramer, Florian/Fuller, Matthew "Interface", in: Fuller, Matthew (Hg.): *Software Studies. A Lexicon.* Cambridge, MA et al.: The MIT Press, 2008, S. 149–152.

Drucker, Johanna: "Reading Interface", in: *PMLA* 2013a/128 (1), S. 213–220.

Drucker, Johanna: "Performative Materiality and Theoretical Approaches to Interface", in: *DHQ. Digital Humanities Quarterly* 2013b/7 (1), verfügbar unter: http://www.digitalhumanities.org/dhq/vol/7/1/000143/000143.html [28.10.2016].

Drucker, Johanna: *Graphesis. Visual Forms of Knowledge Production.* Cambridge, MA: Harvard University Press, 2014.

Engberg, Maria: "Performing Apps. Touch and Gesture as Aesthetic Experience", in: *Performance Research* 2013/18 (5), S. 20–27.

Hayles, N. Katherine: *Writing Machines.* Cambridge, MA et al.: The MIT Press, 2002.

Hayles, N. Katherine: *Electronic Literature. New Horizons for the Literary.* Notre Dame, IN: University of Notre Dame Press, 2008.

Henkel, Ayoe Quist: "Børnelitteratur mellem medier. Appen *Tavs* i et intermedialitetsperspektiv", in: *Nordic Journal of ChildLit Aesthetics* 2015/6, verfügbar unter: http://www.tandfonline.com/doi/full/10.3402/blft.v6.25318 [30.04.2017].

Henkel, Ayoe Quist: "Exploring the Materiality of Literary Apps for Children", in: *Children's Literature in Education* 2016, S. 1–18.

Hübbe, Camilla/Meisler, Rasmus/Pasborg, Stefan: *Tavs.* Ipad edition. København: Høst & Søn, 2013.

Kaerlein, Timo: "Intimate Computing. Zum diskursiven Wandel eines Konzepts der Mensch-Computer-Interaktion", in: *Zeitschrift für Medienwissenschaft* 2016/2, S. 30–41.

Keogh, Brendan: "Paying Attention to Angry Birds. Rearticulating Hybrid Worlds and Embodied Play through Casual iPhone Games", in: Goggin, Gerard/Hjorth, Larissa (Hg.): *The Routledge Companion to Mobile Media.* New York, NY: Routledge, 2014, S. 267–275.

Matviyenko, Svitlana: "Introduction", in: Miller, Paul D./Matviyenko, Svitlana (Hg.): *The Imaginary App.* Cambridge, MA et al.: The MIT Press, 2014, S. xxvii–xxxvi.

Miller, Paul D.: "Preface", in: Miller, Paul D./Matviyenko, Svitlana (Hg.): *The Imaginary App.* Cambridge, MA et al.: The MIT Press, 2014, S. ix–xiii.

Pold, Søren/Hansen, Lone Koefoed (Hg.): *Interface. Digital kunst og kultur.* Aarhus: Aarhus Universitetsforlag, 2007.

Rustad, Hans Kristian: *Digital Litteratur. En innføring.* Oslo: Cappelen Damm Akademisk, 2012.

Simanowski, Roberto/Schäfer, Jörgen/Gendolla, Peter (Hg.): *Reading Moving Letters. Digital Literature in Research and Teaching.* Bielefeld: Transcript, 2010.

Akteur*innen des Lesens

Renate Giacomuzzi

Der ,soziale' Autor. Zur Autorrolle im Kontext digitaler Kommunikationsmodelle

Abstract
Sociality and authorship seem to be competing concepts, as the boundaries of the areas of art and economy described by Bourdieu as competitors seem to be blurred to the extent that authors increasingly assume the task of marketing themselves. This includes the use of new communication channels such as blogs, homepages and social media. This article will show how authors react to these offers and will reflect on the consequences regarding the concept of authorship.

,Sozial' + ,Autor' scheinen miteinander konkurrierende Begriffe zu sein, denn nicht Empathie, Anpassung und Kommunikationsfähigkeit bestimmen den Habitus des Autors im Feld der ,reinen' Literatur, sondern Genie, Autonomie und das „große schöne NEIN [...] des kleinen dicken Manns ADORNO".[1] Doch die Grenzen der von Bourdieu als Konkurrenten beschriebenen Bereiche der Kunst und der Ökonomie scheinen in dem Maße zu verschwimmen, als Autoren zunehmend die Aufgabe der Vermarktung selbst übernehmen. Dazu gehört die Nutzung von neuen Kommunikationswegen wie Blogs, Homepages, Facebook, Twitter, YouTube. Dieser Beitrag möchte anhand exemplarischer Beispiele zeigen, wie Autorinnen und Autoren auf diese Angebote reagieren und welche Konsequenzen sich daraus in Bezug auf die Autorrolle und das Verhältnis zwischen Autor und Leser ableiten lassen.

Über das Thema der Selbstinszenierung von Autoren ist in den letzten Jahren einiges an wissenschaftlichen Publikationen erschienen – zu nennen sind hier vor allem die umfangreiche Monografie von Carolin John-Wenndorf[2] sowie eine Reihe von Sammelbänden[3]. Das Interesse am Thema ist fraglos auch auf die unübersehbare Präsenz der Autorinnen und Autoren im Internet zurückzu-

1 Goetz 2008, S. 273.
2 John-Wenndorf 2014.
3 Grimm/Schärf 2008, Künzel/Schönert 2007, Joch/Mix/Wolf 2009, Jürgensen/Kaiser 2012, Gisi/Meyer/Sorg 2013, Kaufmann/Schmid/Thomä 2014, Klein 2014, Kyora 2014, Schaffrick/Willand 2014.

führen, doch in der Hauptsache geht es hier um die mittlerweile nicht mehr in Frage gestellte, sondern nur noch zu konstatierende Rolle des zeitgenössischen Autors als Manager seines Werks[4] und die daraus resultierenden Strategien der Selbstvermarktung. In den meisten Forschungsbeiträgen zum Thema wird die Selbstinszenierung von Autoren jedoch nicht als neue, aus dem Kontext des modernen Literaturbetriebs hervorgegangene Praktik gesehen, sondern als eine dem Kommunikationsmodell der Literatur inhärente Erscheinungsform, die sich bereits im Mittelalter nachweisen lasse[5] und mit der ‚Autonomisierung' des literarischen Feldes im 18. Jahrhundert zu einem zusehends ‚bunter' werdenden Kaleidoskop von Autorbildern entwickelt habe, welche dank medialer Unterstützung immer wieder neue Wirkungsformen zu erzielen wussten.

Neben den bislang bekannten Formen der Selbstpräsentation von Autoren wie Briefe, Fotos, Visitenkarten und Tagebücher haben die als Web 2.0 bekannten interaktiven Publikationsformen eine Fülle von neuem Material hervorgebracht, woraus der Eindruck entstehen mag, dass Autoren heute in verstärktem Ausmaß den Distributions- und Rezeptionsprozess ihrer Werke lenken, indem sie sich auf Homepages, in Blogs und sozialen Netzwerken darstellen. In den bisher erschienen Studien zu Selbstinszenierungsformen von Autoren wird auf das Internet nicht[6] oder nur marginal eingegangen.[7] John-Wenndorf beschreibt in einem kurzen Kapitel über „Website, Twitter, Blogs & Co."[8] lediglich einige Autorenhomepages und erklärt dort abschließend kurz das Verhalten der Schriftstellerin Sibylle Berg auf Twitter als eine Art Verschleierungstaktik, welche die Neugierde der Rezipienten auf die Figur des Autors nicht befriedigen, sondern wach halten würde.[9] Der ebenfalls 2014 erschienene Sammelband zu „Theorien und Praktiken der Autorschaft"[10] widmet dem Internet nur ein

4 Vgl. Ingold 1993.
5 Vgl. Herchert 2008; siehe auch John-Wenndorf 2014, S. 69–76.
6 Grimm/Schärf 2008 u. Joch/Mix/Wolf/Birkner 2009.
7 Kerstin Paulsen gibt in dem Band *Autorinszenierungen* (Künzel/Schönert 2007) einen allgemeinen Überblick über die verschiedenen von Autoren genutzten Publikationsmöglichkeiten im Internet. Angesichts des in Relation zum Material relativ frühen Publikationsdatums des Beitrags ist es verständlich, dass die Autorin auf soziale Netzwerke gar nicht eingeht und das Fazit zieht: „Es scheint, als hätten die populären Autoren, abgesehen von einigen wenigen Ausnahmen, das WWW als Medium noch nicht wirklich für sich entdeckt […]." Paulsen 2007, S. 260. Im selben Band konzentriert sich Frank Fischer auf einige Beispiele, bei denen es zu einer Vernetzung der herkömmlichen Medien des Literaturbetriebs mit dem Internet kam. Vgl. Fischer 2007, S. 271–280.
8 John-Wenndorf 2014, S. 298–318.
9 „Auch ihre Twitter-Eintragungen lüften keinesfalls ihr Geheimnis, sondern schreiben es kontinuierlich fort. Denn die Informationen des Neuen, Interessanten und Ungewöhnlichen befriedigen zwar die Neugierde des Rezipienten, tun dies jedoch nur kurzfristig und reproduzieren ständig einen neuen Informationsmangel." Ebd., S. 530.
10 Schaffrick/Willand 2014.

„kleines Kapitel",[11] in dem auf die veränderten Produktionsbedingungen und unterschiedlichen Formen der paratextuellen Selbstinszenierung im Internet hingewiesen und abschließend betont wird, dass die „Autorfigur" eine Frage des Diskurses bleibe, also davon abhänge, „wie die im Internet dargebotenen Informationen präsentiert und vertrieben werden".[12]

Wie eingangs angedeutet gehe ich hier von der Hypothese aus, dass die Spielregeln, wie sie ausgehend von Bourdieu für das autonome literarische Feld beschrieben wurden, auch gegenwärtig noch eine dominante Rolle bei der Konstituierung des Autorenbildes auf Seiten der Autoren wie der Rezipienten haben, weil es sich aufgrund der langen Tradierung um immer noch präsente Denkmuster handelt, die vielleicht von der Praxis schon lange unterlaufen wurden, sich aber im Alltagsdiskurs hartnäckig halten. So wird es in der Praxis nicht nur akzeptiert, sondern auch gefordert, dass ein Autor werbewirksame Strategien nutzt, um den Verkauf seines Werks zu fördern, doch muss er sich – sofern er sich im Feld der Hochliteratur positionieren will – an derlei ‚weltlichen' Dingen ‚uninteressiert' zeigen.[13]

Sucht man heute nach Autoren, die den klassischen Habitus des autonomen Künstlers verkörpern, findet man sie bei einer ganz bestimmten Generation, nämlich bei der im kulturellen Klima der Adorno'schen Autonomie-Ästhetik sozialisierten Gruppe von Autoren, die sich mit der verinnerlichten Ablehnung der Kulturindustrie Distinktion und Anerkennung verschafften: Peter Handke und Elfriede Jelinek können hier als Beispiel genannt werden. Beide pflegen ihr Image als Außenseiter im Literaturbetrieb, indem sie die Medien weitgehend meiden oder, wenn sie denn in den Medien auftreten, sich dort betont ‚unwirksam' oder nicht medientauglich inszenieren. John-Wenndorf nennt als Beispiel für diese „Akzentuierung der eigenen wunderlichen oder ironisch gebrochenen, öffentlich sichtbaren Persönlichkeit [...] auf dem literarischen Feld"[14] ein Interview von Elfriede Jelinek in dem Schweizer Wochenmagazin *Die Weltwoche*, wo sie sich als „dumm wie Brot" bezeichnet.[15] Peter Handke gibt sich in einem seiner seltenen Medienauftritte in einem Interview im österreichischen Fernsehsender *ORF* am 3. März 2016 sehr ‚wortungewandt' – er spricht in kurzen Sätzen, erklärt seiner Interviewpartnerin Katja Gasser in Form eines Witzes, dass er auf ein baldiges Ende des Gesprächs hoffe und erklärt: „Ich bin ein Schreiber und nicht Sprecher."[16] Peter Handke hat keine eigene Homepage, El-

11 Ebd., S. 94.
12 Ebd., S. 95.
13 Vgl. Bourdieu 1999, S. 342.
14 John-Wenndorf, S. 27.
15 Jelinek 2004, S. 26.
16 Gasser 2016. Ähnlich formuliert es Handke in dem von Sven Michaelsen publizierten Interviewband: „Wenn ich öffentlich war, habe ich fast nie meine Identität gefunden. Ich war

friede Jelinek hat eine, verweigert sich dort aber entgegen der allgemeinen Praxis jeglicher Kontaktaufnahme und bedient sich auch sonst verschiedenster Strategien, um deutlich zu zeigen, dass es ihr hier um die Präsentation ihres Werks, aber nicht ihrer privaten Person geht.[17] Sowohl Handke wie auch Jelinek bewegen sich somit privat in einem Kreis von Auserwählten, der den außerhalb dieses Kreises der ‚Privilegierten' befindlichen Bewunderern ihres Werks unzugänglich bleibt. Würde man sich noch weiter im Bereich des Kernkanons zeitgenössischer Autoren umsehen, könnte man die Liste dieses Typus mit einer Reihe von anderen Namen erweitern – weder Martin Walser noch Günter Grass machen oder machten sich die Mühe, eine Homepage oder einen eigenen Facebook-Account zu pflegen. Auch die zu der jüngeren Generation zählenden *Büchner-Preis*-Träger Felicitas Hoppe, Rainald Götz und Marcel Beyer tun dies nicht. Was Hoppe, Götz und Beyer mit den ‚älteren' Vertretern dieses Typus von Autoren, die nicht öffentlich über das Internet kommunizieren, gemeinsam haben, ist ihre Zugehörigkeit zur arrivierten Schicht der kanonisierten Autoren, welche sich auf die herkömmlichen Mittel der Selbstpräsentation und Kommunikation wie Lesungen und Interviews beschränken oder – wie im Falle von Handke und Jelinek, Inszenierung mittels Ablehnung der medialen Öffentlichkeit betreiben.[18] In dem Augenblick, in dem ein Autor mit seinem Werk in den ökonomischen Kreislauf der Warendistribution eintritt, unterliegt er dem Zwang der Inszenierung, der – wie es Gernot Böhme in seiner kürzlich erschienenen Analyse des „fortgeschrittenen Kapitalismus"[19] schreibt – jede Ware in diesem Stadium des Kapitalismus unterliegt. In dieser Phase, in der die grundlegenden Bedürfnisse der Menschen bereits befriedigt wären, könne der Wert einer Ware nicht mehr an ihrem Gebrauchswert abgelesen werden, sondern an ihrem Tauschwert, den die Ware nur mehr über die Art ihrer Inszenierung erhält.[20] Böhmes Modell des „ästhetischen Kapitalismus" hilft bei der Beantwortung der hier diskutierten Frage nach den Veränderungen der Autorrolle im Kontext der digitalen Medien

immer in Gefahr, vor das von mir Gemachte zu treten und es zu verzerren. Deshalb habe ich mich später für die totale Zurückgezogenheit entschieden – auch wenn ich die nicht immer durchhalte. Meine Sache ist es, gelesen zu werden." In: Michaelsen 2006, S. 94. Vgl. dazu auch Kaufmann/Schmid/Thomä 2014, S. 457.

17 Vgl. Giacomuzzi 2016, S. 5–61.

18 Vgl. Tacke 2007, Degner 2009 u. John-Wenndorf 2014.

19 „Der Ausdruck ‚fortgeschrittener Kapitalismus' bezeichnet die Durchkapitalisierung des Lebens, also jene Phase der Entwicklung, in der die Ausweitung der Versorgung der Bevölkerung durch Wirtschaft und Handel im Großen und Ganzen abgeschlossen ist." Diese Phase ist nach Böhme durch die „Ökonomisierung des privaten Bereichs" charakterisiert, weshalb er dafür den Begriff des „ästhetischen Kapitalismus" wählt, da „in dieser Phase ein weiteres Wirtschaftswachstum nur durch die Steigerung des Lebens möglich ist, durch Ausstattung und Produktion von Mitteln der Inszenierung, also durch die Herstellung ästhetischer Werte." Böhme 2016, S. 15f.

20 Ebd.

insofern, als er feststellt, dass die Anschlussmöglichkeiten, die das Internet bietet, „nichts grundsätzlich Neues" darstellen, da „jede Gesellschaft [...] sich über Bedingungen der Zugehörigkeit und Modi der Ausgrenzung [konstituiere]".[21] „[W]irklich neu" sei

> der Zwang zur Selbstpräsentation auf Homepages und die über Suchmaschinen auffindbaren *personal files*. Was zunächst wie ein Spiel aussieht und von den Jugendlichen auch als Spiel vorangetrieben wird, erweist sich langfristig [...] als Zwang: Man muss eine Homepage haben. Die Homepage wird zum individuellen Firmenschild, zum Werbespot für die eigene Person. Bild und Sprüche, Links und Daten und vor allem das Layout entscheiden über die gesellschaftliche Präsenz im Medienzeitalter. Käuflich oder nicht, man geriert sich zur Ware. Gewiss, es gehört zum gesellschaftlichen Leben, dass man auftreten und sich ein Ansehen geben muss. Doch die Homepage: Das ist Werbung, und die Warenästhetik erfasst die eigene Person.[22]

Mit dem Eintritt in die öffentliche Welt des Internet wird also die Person des Autors selbst zur Ware, die er verkauft. Als Gegenwert erhält er Aufmerksamkeit und eventuell ökonomische Erträge, sofern die Aufmerksamkeit an seiner Person auch das Interesse am Kauf seiner Werke steigert. Nun könnte man einwenden, dass auch Autorenlesungen, vor allem in der deutlich kommerziell konnotierten Form der Lesung in Buchhandlungen und auf Messen, eine ähnliche Form der ‚Selbstprostitution' darstellen, wie sie auch häufig von Autoren selbst wahrgenommen und beschrieben wird.[23] Nicht von ungefähr haben sich deshalb auch ganz unterschiedliche Formen von Strategien entwickelt, mit denen Autoren der bei Lesungen unvermeidbar eintretenden Koppelung von Autor und Werk entgegen zu steuern versuchen. Ähnliches lässt sich auch bei der Gestaltung von Homepages nachweisen: Während viele Autoren dort bereitwillig über Fotos und biografische Details Informationen über die eigene Person zur Verfügung stellen, lassen andere die eigene Person völlig in den Hintergrund treten und beschränken sich auf die ‚Bewerbung' des Werks.[24] Wer jedoch in ein soziales Netzwerk eintritt, ist gezwungen, eine Kommunikation mit den Lesern aufrecht zu erhalten, d. h. er muss sich erstens an der Nähe mit den Lesern interessiert zeigen und zweitens muss es ihm gelingen, die Aufmerksamkeit nicht nur punktuell, sondern kontinuierlich an sich zu binden. Böhme differenziert nicht genauer zwischen einer Homepage und einem Auftritt in einem sozialen Netzwerk, aber ich sehe hier noch einmal einen graduellen Unterschied, da die Homepage grundsätzlich nicht mehr als eine Visitenkarte ist, die die Option freihält, sich entweder für die Selbstpräsentation der eigenen Person oder auch

21 Ebd., S. 110.

22 Ebd., S. 110f.

23 Johannsen zitiert u. a. Hermann Bahr, der sich bei Lesungen wie ein „zur Schau" gestelltes „gefährliches, fremdes Tier" fühlte. JOHANNSEN 2013, S. 74.

24 Vgl. GIACOMUZZI 2016.

nur des Werks zu entscheiden. Ich habe in einem anderen Beitrag über Autorenhomepages versucht zu zeigen, dass gerade Netzautoren, für die das Internet Produktions- und Distributionsort ist, auf die Selbstpräsentation ihrer Person verzichten.[25] Facebook und Twitter hingegen sind Kommunikationsmedien und basieren auf Interaktion.

Autoren, die in ein soziales Netzwerk eintreten, machen also – vordergründig ablesbar oder auch nicht – über ihre eigene Person Werbung für ihr Werk. Die Trennung zwischen der realen und der fiktiven Autorperson ist zwar auch dort möglich – ich verweise hier nur auf die äußerst erfolgreiche fiktionale Figur *Renate Bergmann*, die mit Twitter-Einträgen berühmt wurde und auch auf Facebook eine Fanseite betreibt[26] – doch gerade auf Facebook treten Autoren in der Regel mit ihrem realen biografischen Profil auf. Unabhängig von den Inhalten, die dort kommuniziert werden, also politische Statements, Informationen aus dem Privatleben oder Kommentare jeglicher Art, kommen Leser einem Autor dort ‚näher' als es ihnen vermutlich im nicht-virtuellen Leben möglich gewesen wäre. Wer einem Autor wie Thomas Glavinic auf Facebook folgt, egal ob auf seinem persönlichen Account[27] oder auf seiner Fanseite,[28] erfährt regelmäßig, wo der Autor sich gerade aufhält, wie er im Moment aussieht und in welcher Umgebung sein Werk entsteht. Die Postings bestehen dort zum Großteil aus Fotos, die, kaum oder nur kurz kommentiert, den Autor, seine Schreibumgebung und seinen jeweiligen Aufenthaltsort zeigen. Regelmäßig erscheinen auch Hinweise auf den Fortgang seines Werks, auf Lesungen und Rezensionen im Feuilleton. Die ‚Fans' loben, feuern an, geben sorgenvolle Ratschläge – der Autor ist das Objekt ihrer Kommunikation. Wie geht nun aber das Subjekt Autor mit den selbst erweckten ‚Geistern' um, die seine Person umkreisen und damit unwiderruflich Teil seines öffentlichen Selbstbildes werden? Gibt er seinen ‚Widerstand' auf und überlässt sich voll und ganz den Spielregeln des ökonomischen Feldes, in dem unweigerlich Person und Werk zu einer Einheit verschmelzen, die als Ware definiert ist und deren Mehrwert immer auch über die Inszenierung der Person generiert werden muss oder verteidigt er in irgendeiner Form seine Position im autonomen Feld der Literatur, was letztlich bedeuten würde, dass er

25 Ich habe in meinem Beitrag zur Typologie von Autorenhomepages diese Form als „Werk-Homepages" beschrieben, die „nicht als Schreiboberfläche" fungieren, „die genutzt wird, um auf das analoge Werk zu verweisen bzw. dieses zu bewerben", sondern wo die Homepage „Produktionsort und Sammelstelle für das Werk" ist. Giacomuzzi 2016, S. 60f.

26 Renate Bergmann ist eine Kunstfigur des Autors Torsten Rohde, der in der Figur einer ‚Oma' unter dem Hashtag @RenateBergmann auf Twitter auftritt und als solche auch auf Facebook mit seinen Fans kommuniziert. Siehe Bergmann.

27 Siehe Glavinic: *Facebook-Profil (persönlich).*

28 Siehe Glavinic: *Facebook-Profil (Fanseite).*

versucht, gleichzeitig in zwei sich konkurrierenden Feldern erfolgreich zu spielen?

Bei Glavinic fällt auf, dass er auf seiner Facebook-Fanseite immer wieder Bild- oder Texteinträge einstreut, mit denen er seine eigene Person zu verrätseln versucht und die Leser im Unklaren lässt, ob die Fotos nun ‚gestellt' oder authentisch/ehrlich sind und ob es sich bei den Postings letztlich um „ein Spiel mit Fiktion und Wirklichkeit" handelt, das – wie es in einem Artikel auf *taz.de* nachzulesen ist – „sowohl Glavinic als auch seine Leser unheimlich zu reizen" scheint.[29] Zur Unterstützung dieser Lesart postet Glavinic am 21. März 2016 einen Auszug aus diesem Artikel der *taz*, in dem anlässlich einer Lesung eben auf diese für den Autor typische Inszenierungsform hingewiesen wird.[30] Der reale Autor gibt also seinen Lesern und Facebook-Freunden die Gewissheit, dass es der reale Autor ist, der ihnen persönlich die Nachricht gibt: ‚Das bin nicht ich'. Damit lenkt er zwar direkt auf sein Werk, verstärkt aber letztendlich noch mehr die Koppelung zwischen dem realen Autor und dem Werk, da er eine Symmetrie zwischen dem realen und dem fiktionalen Autor herstellt: *Das bin doch ich* (2007) ist ein Roman, der sich in ironischer Form mit der Autorrolle im gegenwärtigen Literaturbetrieb auseinandersetzt.[31] Umgekehrt fiktionalisiert Glavinic in seinem jüngsten Roman *Der Jonas Komplex* (2016) seine Facebook-Existenz, indem sich u. a.[32] im Roman eine der drei Erzählerfiguren, ein Wiener Schriftsteller, über die Facebook-Anhängerschaft mokiert. („Die Hälfte meiner Facebook-Kontakte sind absolute Idioten. Lauter Betroffenheitsprofis, Empörungsmaschinen und Auschwitzbesitzer."[33]) Am 18. März 2016 postet Glavinic auf seiner Facebook-Seite diese Stelle, allerdings deutlich als Zitat markiert.[34] Diese direkt im Wahlkampf um die österreichische Präsidentenwahl veröffentlichte ‚Nachricht' erweckte entsprechendes mediales Interesse und wurde später gelöscht. Während es im Roman *Der Jonas-Komplex* gleich zu Beginn heißt, „Wer wir sind, wissen wir nicht"[35] und die zum Kennzeichen der Moderne mutierte

29 Aydemir 2013.

30 Vgl. Glavinic: *Facebook-Profil (Fanseite)*, 21.03.2016, https://www.facebook.com/glavinic.thomas/posts/10153280301566567 [22.12.2016].

31 Stefan Neuhaus zeigt am Beispiel der Werke von Bret Easton Ellis, Thomas Glavinic, Wolf Haas, Walter Moers und Felicitas Hoppe, dass die Brüchigkeit moderner und postmoderner Identitätskonstruktionen „Grundlage und Thema avancierter Literatur geworden" sei. Neuhaus 2014, S. 310.

32 Gegen Ende des Romans löscht dieselbe Figur den Facebook-Account mit folgendem Kommentar: „Das fühlt sich gut an. Und war höchste Zeit. Geschwätz, Selbstdarstellung, Katzenfotos. Wieso war ich je dabei? Ich will schon in der Realität nicht mit den Leuten reden, warum habe ich mich so lange mit ihnen virtuell geplagt?" Glavinic 2016, S. 645.

33 Ebd., S. 280.

34 Das Posting erschien als Screenshot und der Text stand unter Anführungszeichen.

35 „Beim letzten Durchzählen kam ich auf mindestens drei Personen, die jeder von uns ist. Erstens die, die er ist, zweitens die, die er zu sein glaubt, und drittens die, für die ihn die

Multiplizierung des Ichs anhand von drei Figuren ausgeführt wird (Ich-Erzähler, Jonas und 13-jähriger Junge), weiß oder wusste der reale Autor im ‚realen' Leben seiner Facebook-Existenz offensichtlich doch, wer er ist; denn hier findet er die Einigkeit mit sich selbst in der altbewährten Form der Einheit von Leben und Kunst: Am 10. Januar 2015 postet er einen Screenshot eines auf *buchkolumne.de*[36] erschienenen Eintrags:

> Es gibt nichts Schöneres und Fordernderes für mich als das Schreiben. Ich werde nie wissen, ob ich es kann, ich werde mit mir und meinen Büchern hadern, ich werde die Selbstzweifel nie loswerden, aber ich werde trotzdem nie etwas anderes machen wollen, egal, was andere dazu sagen. Um eine Stelle aus dem Buch „Das größere Wunder" zu zitieren, nur am Schreibtisch bin ich wirklich nah an dem, was mich ausmacht.[37]

Glavinic bedient hier das Klischee eines Autorbildes, das dem Habitus des im autonomen Feld agierenden Autors entspricht, der seine ganze Existenz dem Werk widmet und nicht dem Erzielen weltlicher (ökonomischer) Werte. Die Kommentare zeigen, wie gut dieses Inszenierungsmodell funktioniert, um die Anbindung an die Leser aufrecht zu erhalten. So fragt beispielsweise ein Nutzer anlässlich eines Fotos, das den Schreibtisch des Autors mit aufgeklapptem Laptop zeigt, ob der Autor hier an der Jonas-Trilogie arbeite und eine weitere Nutzerin stellt sich sogleich schützend vor den Autor mit der Mahnung „(stresst ihn nicht!)".[38]

Das Spiel mit Fiktion und Wirklichkeit bzw. der Vernetzung zwischen den Auftritten im Internet und dem Werk benutzen auch andere Autoren. So führte Juli Zeh eine Figur aus ihrem Roman *Unterleuten* ebenfalls aus den Grenzen des Buchformats hinaus in die virtuellen Weiten des Internets, wo sie für die Romanfigur Manfred Gortz eine Homepage[39] inklusive Kontaktadresse und Link zum Twitter-Account[40] erstellte und unter diesem Namen auch den Ratgeber *Dein Erfolg*[41] realiter schrieb und veröffentlichte. Darüber hinaus wird das fiktive

anderen halten sollen. Als ich aufwache, geht es mir so elend, dass ich mit keinem der drei etwas zu tun haben will." GLAVINIC 2016, S. 7.

36 Vgl. BUCHKOLUMNE.DE 2015.

37 GLAVINIC: *Facebok-Profil (Fanseite)*, 10.01.2015, https://www.facebook.com/glavinic.thomas/posts/10152495187161567 [22.12.2016].

38 Kommentar von Bernhard Mairitsch am 27. November 2015 und von Brice Germain am 28. November 2015 auf GLAVINIC: *Facebook-Profil (Fanseite)*, https://www.facebook.com/glavinic.thomas/photos/a.344497681566.161742.101906086566/10153074790556567/ [22.12.2016].

39 Siehe GORTZ: *Startseite.*

40 Siehe GORTZ: *Twitter-Account.*

41 „Dein Erfolg" erschien 2015 zuerst bei einem Verlag namens Portobello, dann bei Goldmann Taschenbuch. Der Literaturkritiker Tobias Lehmkuhl deckte den Hintergrund dieses Werks als erster in einem Artikel in der Süddeutschen Zeitung öffentlich auf, der am 14. April 2016 in der Online-Ausgabe unter dem Titel erschien: „Wer in Juli Zehs ‚Unterleuten' wen bewegt". Am darauffolgenden Tag erschien der Artikel in der Printausgabe. Vgl. LEHMKUHL 2016.

Marketing der fiktiven Figur am 23. April 2016 mit einem Werbevideo ergänzt, wo ein älterer Herr als Manfred Gortz auftritt.[42]

Auch Alban Nikolai Herbst gehört bekanntlich zu den Autoren, die das Internet nutzen, um einerseits auf die Konstruiertheit und mediale Inszenierung des Subjekts zu verweisen, die aber andererseits gerade dadurch Authentizität evozieren und beanspruchen.[43] Die Artikulation des Authentizitäts- und damit auch Realitätsverlusts in unserer heutigen medialen Welt bleibt als nicht mehr hinterfragtes, authentisches Statement übrig: ‚Ich weiß, dass ich weiß, dass das nicht ich bin' – mit der Perpetuierung der kybernetischen Formel der Beobachtung zweiter Ordnung wird die Glaubwürdigkeit der in Unglaubwürdigkeit versunkenen Welt letztlich wiederhergestellt. Oder anders gesagt: Der scheinbar in Brüche gegangene Fiktionalitätspakt zwischen Autor und Leser[44] wird ersetzt durch das Agreement der Beobachtung zweiter Ordnung. Während in den fiktionalen Werken der Autor den Leser auf der Suche nach dem realen Autor offensichtlich nicht mehr abzuschütteln vermag, scheint er sich mit diesem in den medialen Auftritten auf der Basis dieses Agreements ‚alles ist konstruiert und künstlich' zu versöhnen. Wie Autoren dieses über die sozialen Interaktionsformen des Internets produzierte Nahverhältnis mit den Lesern nutzen, unterscheidet sich jedoch deutlich über die Inhalte und Formen der Kommunikation. So wird Alban Nikolai Herbsts Werk, das fortlaufend im Internet auf seinem Blog *Die Dschungel. Anderswelt* entsteht, ergänzt durch einen ausufernden Epitext in Form eines Gesprächs mit seinen Kommentatoren, in dem einzelne Passagen im Detail diskutiert werden. Anders als Herbst diskutiert Thomas Glavinic auf Facebook mit seinen Nutzern nicht über sein Werk, sondern lässt sich dort vornehmlich bewundern, loben und anspornen, bedankt sich dann jedoch bei seinem Fan-Club für dessen nicht näher erläuterte Hilfe beim Verfassen des Werks:

> Der Ziegelstein ist da. Danke an alle, die mir dabei geholfen haben – es sind zu viele, um sie aufzuzählen, und sie haben auf so unterschiedliche Arten zu diesem Buch beigetragen. Tausend Dank!
> Aber ebensoviele Dank an euch, meine Leser! Ohne euch gäbe es dieses Buch nicht, ohne euch gäbe es mich so nicht, ohne euch wäre mein Lebenstraum nicht in Erfüllung gegangen. Bleibt mir gewogen!
> Danke![45]

42 Vgl. Gortz 2016.

43 Vgl. Giacomuzzi 2008 sowie Bobzin 2015.

44 „Was also ist mit der Geheimabsprache zwischen Autor und Leser passiert, mit jenem Agreement über das fiktionale Als-ob, das doch der Mörtel im vielschichtigen Gebäude jeder literarischen Arbeit ist?" Zeh 2006.

45 Glavinic: *Facebook-Profil (Fanseite)*, 26.02.2016, https://www.facebook.com/glavinic.thomas/photos/a.344497681566.161742.101906086566/10153227050846567/ [23.09.2016].

Noch direkter bedient sich der österreichische Krimiautor Bernhard Aichner der Gunst seiner Leser, bei denen er sich nicht nur ganz ähnlich wie Glavinic ausdrücklich bedankt,[46] sondern diese auch direkt zur Mitwirkung auffordert:

> ICH BRAUCHE EURE HILFE !!!
> Ich bin auf der Suche nach einer effizienten, kreativen, spektakulären FOLTERMETHODE. (Blum und Reza foltern einen Bösen) Habt ihr was auf Lager? Die beste Idee kommt ins Buch. Verewigt Euch und zeigt mir Eure dunkle Seite, Schnuggis.[47]

Wenn auch der Autor sich alsbald scheinbar entsetzt von seinen „Schnuggis", wie er seine ‚Follower' auf Facebook nennt, abwendet („IHR SEID SOOOOOOOOOOOO KRANK IN DER BIRNE, SCHNUGGIS !!!! […] ihr habt mich das Fürchten gelehrt."),[48] so war das vom Autor inszenierte interaktive Spiel mit den Lesern durchaus erfolgreich. Das vorhandene Interesse von Lesern, sich produktiv mit einem Werk zu beschäftigen, lässt sich im Bereich der Unterhaltungskultur anhand von Fanseiten deutlich nachweisen.[49]

Eine andere, weniger direkte Form, dem erfolgreichen Trend der Partizipationskultur zu folgen, ist das ebenfalls von Autoren genutzte Angebot, den Lesern direkten Einblick in ihre Werkstatt zu gewähren. Als Vorreiter können hier Alban Nikolai Herbst, Elfriede Jelinek und Rainald Goetz genannt werden. Mittlerweile hat sich diese ursprünglich experimentell und von den genannten Autoren ästhetisch reflektierte Form der Interaktion[50] zum erfolgreichen Marketinginstrument hin verwandelt. Tilmann Rammstedt bzw. der Hanser Verlag bot das Mitlesen am Roman *Morgen mehr* (2016) nicht mehr kostenlos an, sondern verlangte ein ‚Eintrittsgeld' von 8 Euro.[51] Ein Leser namens „Honey Writer" bedankt sich dafür mit den Worten: „Mit der Möglichkeit, Ihnen beim Schreiben über die Schulter gucken zu dürfen, haben Sie mein Leben – so oder so – bereichert."[52] Ein anderer namens „Holzbuch" notiert:

46 Anlässlich der Verleihung des Preises „Krimi-Blitz" der Online-Plattform *Krimi-Couch* schreibt er: „ICH DANKE EUCH VON GANZEM HERZEN für eure Stimmen und dafür, dass ihr meine Bücher lest. Ich schreibe weiter, meine Lieben. Nachschub kommt!" Aichner, 02.05.2016, https://www.facebook.com/AICHNERBernhard/posts/793657277402941 [22.12.2016].

47 Aichner, 04.04.2016, https://www.facebook.com/AICHNERBernhard/posts/778364798932189 [22.12.2016].

48 Ebd., 06.04.2016, https://www.facebook.com/photo.php?fbid=779292962172706&set=a.208786609223347.35041.100002760284777 [22.12.2016].

49 Der amerikanische Medienwissenschaftler Henry Jenkins spricht deshalb von einer „Participatory Culture", in der die Grenzen zwischen Produzent und Rezipient verschwimmen würden. Vgl. Jenkins 2006.

50 Vgl. Giacomuzzi 2009.

51 Vgl. Hanser Literaturverlage.

52 Ebd., http://www.morgen-mehr.de/tag-64-9-april-2016/#comment-3390 [22.12.2016].

> Ich freue mich sehr auf die Buchfassung, wünsche allen Beteiligten ebenfalls, dass es ein Bestseller wird und bin gespannt auf die Änderungen, durch die der Roman in Buchform sicher noch einmal an Kohärenz gewinnen wird, ohne am Wundersamen zu verlieren.[53]

Der amerikanische Autor Yoshua Cohen wiederum ließ sich 2015 per Video eine Woche lang beim Schreiben seines Romans *pckwck* zusehen.[54]

Egal jedoch, ob Autoren ihre Leser zum Zusehen, Interagieren, Mitreden oder Mitschreiben einladen, konstruieren sie eine Gemeinschaft und befriedigen damit verschiedene Bedürfnisse, sei es das Bedürfnis nach Inklusion und nach ,Celebrity' oder sei es jenes nach Authentizität, das durch die öffentlichen Inszenierungspraktiken immer weniger gestillt und dadurch immer mehr genährt wird. Tatsächlich erfüllt der Autor hiermit eine soziale Rolle. Dem Verdacht, dass er diese Bedürfnisse zum Zwecke der Eigenwerbung instrumentalisiert, kann er jedoch nicht entkommen, da er selbst seine Person freiwillig und offenkundig als Werbemittel eingesetzt hat. Kann man sich außerhalb des sozialen Netzwerks darauf hinausreden, dass der Autor ein Opfer der Werbemaschinerie des Literaturbetriebs ist, dem er nolens volens ausgeliefert ist, tritt er hier als selbsttätiges Subjekt auf. Damit bleibt die Klage der Autorin Juli Zeh über den Vorwurf des „Marketing" ebenso obsolet wie jene des Lesers, der angesichts der Facebook-Kommentare zur Verleihung des Büchner-Preises an Rainald Götz den Verlust seines geliebten Bildes vom einsamen, sich an sein Werk verausgabenden Autors bedauert.

> Oder rührt diese „Marketing-Frage" daher, dass niemand mehr auf die Idee kommt, jemand könne heutzutage noch Dinge einfach der Kunst zuliebe tun oder der Satire zuliebe oder dem Spaß zuliebe oder sogar auch einer ernsthaften thematischen Auseinandersetzung zuliebe? Kann das nicht sein? Muss es „Marketing" sein, weil man sich sonst nicht erklären kann, dass sich Menschen – in diesem Fall ich – so viel Arbeit machen?[55]

> Das Werk von Goetz, von dem Roman „Irre" an, verdankt sich einem Antinetzwerk der Asozialität. Es ist einer selbstzerstörerischen Einsamkeit abgetrotzt, die den Schriftsteller wie ein elektromagnetisches Feld umgibt, auch da, wo er unter Menschen ist oder sogar unter Freunden. Denn mit dem Konsens beginnt die Lüge.
> Das öffentliche Jubeln, das immer auch bedeutet, sich mit dem kulturellen Kapital anderer zu schmücken, löscht diese Distanz aus. Die aber ist das ganze Geheimnis. Der sekundenschnelle Like auf Facebook steht im brutalen Kontrast zur Quälerei, die

53 Ebd., http://www.morgen-mehr.de/tag-64-9-april-2016/#comment-3398 [22.12.2016].

54 Die ,Live'-Produktion fand vom 12. bis 16. Dezember 2015 statt. Die Videos wurden mittlerweile gelöscht. Vgl. Cohen 2016.

55 Zeh, 11.05.2016, https://www.facebook.com/julizeh.autorin/posts/1047834615309537 [22.12.2016].

Rainald Goetz jeder Satz kostet. Man hätte sich gewünscht, seine Fans und Freunde hätten in den letzten Tagen mehr Takt, Abstand, Feingefühl gezeigt. Jetzt ist es zu spät.[56]

Ich komme nun noch einmal zurück zur eingangs formulierten Frage, welche Konsequenzen sich aus der Nutzung sozialer Medien im Internet in Bezug auf die Autorrolle und das Verhältnis zwischen Autor und Leser ableiten lassen. Die Wahrnehmung von Möglichkeiten der öffentlichen Selbstinszenierung ist nichts Neues. Schon Klopstock wusste über die Wirkung von persönlichen Auftritten des Autors Bescheid und wie man Leser als potentielle Käuferschicht nutzen kann – immerhin ist seine „Gelehrtenrepublik" vermutlich das früheste erfolgreiche Crowdfunding-Projekt.[57] Wie sehr aber die über das Internet angebotenen Interaktionsmöglichkeiten mit den Lesern in die Inszenierungsform der Autorrolle und auch in die Werkproduktion direkt eingreifen, zeigen die verschiedenen Spielformen, mit denen Autoren die Nähe und Distanz zu ihren Lesern zu kontrollieren versuchen. „Spiel Dein eigenes, kommerziell und ästhetisch verwickeltes Spiel!"[58] – dieses von Michael Hutter am Beispiel der bildenden Kunst für die Gegenwart des „ästhetischen Kapitalismus" gezogene Fazit gilt auch für den Bereich der literarischen Produktion.[59] Der Grad der Verwicklung korrespondiert direkt mit der jeweiligen Position im literarischen Feld. Je näher der Autor dem Bereich der ‚Massenproduktion' steht bzw. je entfernter er vom ‚autonomen' Feld agiert, desto weniger kümmert er sich darum, den kommerziellen Charakter seiner Spielregeln mit ästhetischen ‚Verwicklungen' zu kaschieren. Wenn jemand jedoch innerhalb des „medialen Spektakels" ernsthaft fordert: „Wir wollen doch nicht nur spielen"[60], so Thomas von Steinaecker in seinem als Auftakt geschriebenen „Brief" in dem vom S. Fischer-Verlag finanzierten Online-Projekt *Zwei Mädchen im Krieg*[61], so tritt auf diesen ‚frommen Wunsch' nach Verwirklichung des ‚ernsten Spiels' autonomer, authentischer Kunst alsbald Ernüchterung ein. Nicht nur Kathrin Röggla beklagt ihr „Unbehagen" über die „Verstrickung" in „die Frage des Voyeurismus, Be-

56 ROSENFELDER 2015.

57 *Die deutsche Gelehrtenrepublik* (1774) wurde von Klopstock 1773 mithilfe von Kollekteuren als Subskriptionsmodell angeboten. Vgl. WITTMANN 1999, S. 151ff.

58 HUTTER 2015, S. 233.

59 Hutter entwickelt aus der Theorie der Spiele von Erving Goffmann, der Bourdieu'schen Feldtheorie und Luhmanns Systemtheorie den Begriff der „ernsten Spiele", die ebenfalls wie bei Bourdieu und Luhmann für autonome Felder/Systeme stehen.

60 STEINAECKER.

61 *Zwei Mädchen im Krieg* war ein vom 16.02. bis 08.03.2015 durchgeführtes Projekt des Online-Magazins *Hundertvierzehn* vom S. Fischer-Verlag. An dem von Thomas von Steinaecker initiierten „Erzählexperiment" waren insgesamt elf Autorinnen und Autoren beteiligt, die Texte für das Romanprojekt verfassten oder die Texte der anderen Autoren kommentierend begleiteten. Siehe HUNDERTVIERZEHN: *Zwei Mädchen im Krieg. Die erste Woche.*

teiligung am medialen Spektakel",[62] auch die anderen an dem kollektiven Schreibprojekt beteiligten Autorinnen und Autoren haben Schwierigkeiten, sich mit der ambivalenten Rolle abzufinden: „Jetzt komme ich mir so vor, als wäre ich Teil einer ARD-Themenwoche", kommentiert Jan Brandt, und auch Jörg Albrecht sieht die Verstrickung des Projekts mit dem ökonomischen Feld:

> Da die Produktionsbedingungen eben bestimmen, wie ein Thema aussieht –. [SORRY TO SAY!] Die Frage danach, wie wir über diese Gegebenheit sprechen, die hier mit „Zwei Mädchen im Krieg" übertitelt wird, beginnt für mich schon im Titel: Zwei MÄDCHEN im Krieg. Schon hier habe ich das Gefühl, daß die Sprache des Projekts der Sprache der Medien [zu sehr] folgt.[63]

Guido Graf erklärt in seinen *30 Thesen zur Zukunft der Literaturvermittlung*, jeder Autor habe die Möglichkeit, mit seinen Lesern auf ‚Augenhöhe zu kommunizieren'.[64] Diese von Graf gemeinte ‚Augenhöhe' kann aber wohl nur erreicht werden, wenn der Autor als Künstler und nicht als Unternehmer auftreten kann und der Leser als freier Interpret und nicht als Teil einer Fangemeinde, die als Werbemittel instrumentalisiert wird. Dies bleibt angesichts der Durchökonomisierung der gesamten medialen Öffentlichkeit eine unerfüllbare Herausforderung, außer man würde, wie Graf auch betont, die Produktionsbedingungen verändern.[65] Die Spielräume dafür sind jedenfalls unter den gegebenen Bedingungen begrenzt, und der erhöhte Zwang zur Selbstvermarktung hat diese mit Sicherheit noch enger gemacht. Wer sich jedenfalls für die Interaktion mit den Lesern innerhalb sozialer Netzwerke entscheidet, tut gut daran, die dort geltende Spielregel zu beachten, und diese lautet, unabhängig von den dort möglichen Formen des ‚ästhetischen Spiels': posten, je mehr, desto besser. Sybille Berg tut dies regelmäßig und immerhin 20.731 Personen scheinen dies zu mögen (Stand der Likes am 23. September 2016), bei Juli Zeh sind es aktuell 11.467 Personen, die Fanseite von Glavinic gefällt 8.114 Personen, Herbst betreibt keine Fanseite und nutzt Facebook primär zur Verbreitung seiner Blogeinträge, doch diese erzielen eine (für Literaturblogs) beachtliche Reichweite – kaum einer der mindestens einmal täglich veröffentlichten Postings zeigt weniger als hundert Zugriffe an, durchschnittlich sind es über 300 pro Eintrag.[66] „It is all about authorship"[67] schreibt der Blogger Erik Hauth und meint damit nichts anderes als den von Google entwickelten Algorithmus, der es erlaubt, sämtliche von

62 Kommentar Kathrin Röggla, ebd.

63 Hundertvierzehn: Zwei Mädchen im Krieg. Die zweite Woche.

64 Vgl. Graf 2015.

65 „Wenn wir die Prozesse der literarischen Kommunikation nicht verändern, verraten wir sie und verraten uns selbst." Ebd.

66 Die Zählung der Zugriffe vom 3. bis 27. September 2016 ergab den Durchschnittswert von 354,5 pro Eintrag.

67 Hauth 2012.

einem Autor verfassten Online-Einträge zu erfassen und deren Zugriffszahlen statistisch auszuwerten.

Ich komme zum Abschluss noch einmal auf die Analyse und Kritik unseres Gesellschaftssystems von Böhme zurück, der ja nichts anderes sagt, als dass der Tauschwert jeglicher Form der Ware nur mehr Schein ist. Nun sind aber die Begriffe Schein, Inszenierung, Fiktion und Fiktionalität Wesensmerkmale oder systemeigene Merkmale der Literatur. Literatur ist Inszenierung des Seins, es ist ein So-tun-also-ob, ein Schein des Seins. Wenn aber der Tauschwert von Schein nur mehr Schein ist, gibt es ein Problem, denn dann bleibt das ‚Sein' auf der Strecke. Und meine Hypothese lautet daher, dass Autoren als Reaktion darauf versuchen aus zwei Minus ein Plus zu machen: Schein plus Schein gibt Sein.

Bibliographie

Aichner, Bernhard: *Facebook-Profil*, verfügbar unter: https://www.facebook.com/AICHNERBernhard [22.12.2016].

Aydemir, Fatma: „Wege aus dem moralischem Eifer", in: *taz.de*, 20.03.2016, verfügbar unter: https://web.archive.org/web/20160321042809/http://www.taz.de/!5284901/ [Archivfassung, 22.03.2016].

Bergmann, Renate: *Facebook-Profil*, verfügbar unter: https://www.facebook.com/Renate-Bergmann-345713168872326/ [22.12.2016].

Bobzin, Henning: *Von Bremen in die Anderswelt. Über Identität und Realität in Prosahauptwerk, Poetik und Weblog von Alban Nikolai Herbst.* Göttingen: Dissertation Georg-August-Universität, 2015.

Bourdieu, Pierre: *Die Regeln der Kunst. Genese und Struktur des literarischen Feldes.* Frankfurt a. M.: Suhrkamp, 1999.

Böhme, Gernot: *Ästhetischer Kapitalismus.* Frankfurt a. M.: Suhrkamp, 2016.

Buchkolumne.de: *Autor Thomas Glavinic über sein Schreiben*, 2015, verfügbar unter: https://web.archive.org/web/20160327094021/http://www.buchkolumne.de/autor-thomas-glavinic-ueber-sein-schreiben/ [Archivfassung, 27.03.2016].

Cohen, Joshua: *News*, 2016 verfügbar unter: https://web.archive.org/web/20161029212643/http://www.joshuacohen.org/ [Archivfassung 29.10.2016].

Degner, Uta: „Die Kinder der Quoten. Zum Verhältnis von Medienkritik und Selbstmedialisierung bei Elfriede Jelinek", in: Joch, Markus/Mix, York-Gothart/Wolf, Norbert Christian (Hg.): *Mediale Erregungen? Autonomie und Aufmerksamkeit im Literatur und Kulturbetrieb der Gegenwart.* Tübingen: Max Niemeyer, 2009, S. 153–188.

Fischer, Frank: „Der Autor als Medienjongleur. Die Inszenierung literarischer Modernität im Internet", in: Künzel, Kristine/Schönert, Jörg (Hg.): *Autorinszenierungen. Autorschaft und literarisches Werk im Kontext der Medien.* Würzburg: Königshausen & Neumann, 2007, S. 271–280.

Gasser, Katja: *Peter Handke im Gespräch mit Katja Gasser.* ORF, 03.03.2016, 23.30 Uhr.

GIACOMUZZI, Renate: „Die ‚Dschungel. Anderswelt' und A. N. Herbsts ‚Poetologie des literarischen Bloggens'", in: Schnell, Ralf (Hg.): *Panoramen der Anderswelt. Expeditionen ins Werk von Alban Nikolai Herbst. Die Horen* 2008/231, S. 137–150.

GIACOMUZZI, Renate: „Zur Veränderung der Autorrolle im Zeichen des Internet", in: *Zeitschrift für Literaturwissenschaft und Linguistik (LILI)* 2009/154, S. 7–30.

GIACOMUZZI, Renate: „Werk oder Beiwerk? Überlegungen zur Typologie von Autorenhomepages", in: BENDT, Jutta (Hg.): *Netzliteratur im Archiv. Erfahrungen und Perspektiven*, Göttingen: Wallstein 2016, S. 47–61.

GISI, Lucas Maria/MEYER, Urs/SORG, Reto (Hg.): *Medien der Autorschaft. Formen literarischer (Selbst-)Inszenierung von Brief und Tagebuch bis Fotografie und Interview.* Paderborn: Fink, 2013.

GLAVINIC, Thomas: *Der Jonas-KOMPLEX.* Frankfurt a. M.: S. Fischer, 2016.

GLAVINIC, Thomas: *Facebook-Profil* (Fanseite), verfügbar unter: https://www.facebook.com/glavinic.thomas [22.12.2016].

GLAVINIC, Thomas: *Facebook-Profil* (persönlich), verfügbar unter: https://www.facebook.com/thomas.glavinic [23.09.2016].

GOETZ, Rainald: *Klage.* Frankfurt a. M.: Suhrkamp, 2008.

GORTZ, Manfred: *Startseite,* verfügbar unter: https://web.archive.org/web/20160403083148/http://manfred-gortz.de/index.htm [Archivfassung, 03.04.2016].

GORTZ, Manfred: *Twitter-Account*, verfügbar unter: https://twitter.com/manfredgortz [22.12.2016].

GORTZ, Manfred: *Gortz Statement*, 23.04.2016, verfügbar unter: https://www.youtube.com/watch?v=6Wkecy6EHsk [22.12.2016].

GRAF, Guido: *Access to awesome. 30 Thesen zur Zukunft der Literaturvermittlung*, 2015, verfügbar unter: http://grafguido.de/access-to-awesome-30-thesen-zur-zukunft-der-literaturvermittlung/ [22.12.2016].

GRIMM, Gunter E./SCHÄRF, Christian (Hg.): *Schriftsteller-Inszenierungen.* Bielefeld: Aisthesis, 2008.

HANSER LITERATURVERLAGE: *Morgen mehr Rammstedt. Ein Roman-Abo,* verfügbar unter: http://www.morgen-mehr.de/jetzt-lesen/ [22.12.2016].

HAUTH, Erik: „Googles Author Rank: Autoren nach Vorne", in: *Ringfahndung*, 13.08.2012, verfügbar unter: https://web.archive.org/web/20150728075436/http://www.ringfahndung.de/archives/autoren-nach-vorne-serps-it-is-all-about-authorship/ [Archivfassung, 28.07.2015].

HERCHERT, Gaby: „‚niht anders kann ich iu verjehen…'. Zur Topik der Selbstpräsentation mittelalterlicher Autoren", in: Grimm, Gunter E./Schärf, Christian (Hg.): *Schriftsteller-Inszenierungen.* Bielefeld: Aisthesis, 2008, S. 13–23.

HUNDERTVIERZEHN: *Zwei Mädchen im Krieg. Die erste Woche*, verfügbar unter: http://www.hundertvierzehn.de/artikel/zwei-mädchen-im-krieg-die-erste-woche_798.html [22.12.2016].

HUNDERTVIERZEHN: *Zwei Mädchen im Krieg. Die zweite Woche*, verfügbar unter: http://www.hundertvierzehn.de/artikel/zwei-mädchen-im-krieg-die-zweite-woche_708.html [22.12.2016].

HUTTER, Michael: *Ernste Spiele. Geschichten vom Aufstieg des ästhetischen Kapitalismus.* München: Wilhelm Fink, 2015.

INGOLD, Felix Philipp: *Autorschaft und Management. Eine poetologische Skizze.* Graz: Droschl, 1993.

JELINEK, Elfriede: „Ich bin die Liebesmüllabfuhr", in: *DIE WELTWOCHE* 2004/48, S. 78–83.

JENKINS, Henry: *Fans, Bloggers, and Gamers. Exploring Participatory Culture.* New York: New York University Press, 2006.

JOCH, Markus/MIX, York-Gothart/WOLF, Norbert Christian (Hg.): *Mediale Erregungen? Autonomie und Aufmerksamkeit im Literatur und Kulturbetrieb der Gegenwart.* Tübingen: Max Niemeyer, 2009.

JOHANNSON, Anja: „Stroh zu Gold oder Gold zu Stroh? Zur Ambivalenz öffentlicher Autorenlesungen", in: Theisohn, Philipp/Weder, Christine (Hg.): *Literaturbetrieb. Zur Poetik einer Produktionsgemeinschaft.* München: Wilhelm Fink, 2013, S. 63–75.

JOHN-WENNDORF, Carolin: *Der öffentliche Autor. Über die Selbstinszenierung von Schriftstellern.* Bielefeld: Transcript, 2014.

JÜRGENSEN, Christoph/KAISER, Gerhard (Hg.): *Schriftstellerische Inszenierungspraktiken. Typologie und Geschichte.* Heidelberg: Winter Verlag, 2012.

KAUFMANN, Vincent/SCHMID, Ulrich/THOMÄ, Dieter (Hg.): *Das öffentliche Ich. Selbstdarstellungen im literarischen und medialen Kontext.* Bielefeld: Transcript, 2014.

KLEIN, Christian: *Kultbücher.* Göttingen: Wallstein, 2014.

KÜNZEL, Kristine/SCHÖNERT, Jörg (Hg.): *Autorinszenierungen. Autorschaft und literarisches Werk im Kontext der Medien.* Würzburg: Königshausen & Neumann, 2007.

KYORA, Sabine (Hg.): *Subjektform Autor. Autorschaftsinszenierungen als Praktiken der Subjektivierung.* Bielefeld: Transcript, 2014.

LEHMKUHL, Tobias: „Der Fischeintopf ist wieder erhältlich! Hat Juli Zeh für ihren aktuellen Roman abgeschrieben? Und wenn ja, von wem? Eine Recherche", in: *Süddeutsche Zeitung* 2016/87, S. 14.

MICHAELSEN, Sven: *Starschnitte. Interessante Menschen erklären sich und die Welt.* Köln: DuMont, 2006.

NEUHAUS, Stefan: „Das bin doch ich – nicht. Autorfiguren in der Gegenwartsliteratur", in: Kyora, Sabine (Hg.): *Subjektform Autor. Autorschaftsinszenierungen als Praktiken der Subjektivierung.* Bielefeld: Transcript, 2014, S. 307–325.

PAULSEN, Kerstin: „Inszenierungen von Autoren und Autorschaft im Internet", in: Künzel, Kristine/Schönert, Jörg (Hg.): *Autorinszenierungen. Autorschaft und literarisches Werk im Kontext der Medien.* Würzburg: Königshausen & Neumann, 2007, S. 257–269.

ROSENFELDER, Andreas: „Alle sind Rainald. Ich leider nicht", in: *Die Welt,* 12.07.2015, verfügbar unter: https://web.archive.org/web/20150714233733/http://www.welt.de/kultur/literarischewelt/article143858100/Alle-sind-Rainald-ich-leider-nicht.html [Archivfassung, 14.07.2015].

SCHAFFRICK, Matthias/WILLAND, Marcus (Hg.): *Theorien und Praktiken der Autorschaft.* Berlin: De Gruyter, 2014.

STEINAECKER, Thomas von: „Zwei Mädchen im Krieg. Ein Mosaik-Roman", in: *HUNDERTVIERZEHN,* verfügbar unter: http://www.hundertvierzehn.de/artikel/zwei-maedchen-im-krieg-ein-mosaik-roman_796.html [22.12.2016].

TACKE, Alexandra: „‚Sie nicht als Sie'. Die Nobelpreisträgerin Elfriede Jelinek spricht ‚Im Abseits'", in: Künzel, Kristine/Schönert, Jörg (Hg.): *Autorinszenierungen. Autorschaft und literarisches Werk im Kontext der Medien.* Würzburg: Königshausen & Neumann, 2007, S. 191–207.

WITTMANN, Reinhard: *Geschichte des deutschen Buchhandels.* 2. Aufl. München: C. H. Beck, 1999.

ZEH, Juli: „Zur Hölle mit der Authentizität! Der Echtheitswahn der Unterhaltungsindustrie verführt dazu, auch in der Literatur nach wirklichen Personen und Vorgängen zu fahnden. Dabei geht verloren, was Literatur ist", in: *DIE ZEIT* 2006/39, S. 59–60.

ZEH, Juli: *Facebook-Profil,* verfügbar unter: https://www.facebook.com/julizeh.autorin [22.12.2016].

Kristina Busse

Fan Fiction Tropes as Literary and Cultural Practices

Abstract
Fan fiction negotiates source text limitations and creativity as it uses metatextual markers to indicate fannish comprehension and community membership. Connecting specific stories and their attached tags with their larger interpretive communities allows researchers a way to acknowledge the literary aspects of individual narratives without ignoring the larger communities that are the primary audiences and help shape a fan fiction's given engagement with the source text.

1 Introduction

In 2016, *Pride and Prejudice and Zombies* came to the big screen, joining the ever-growing number of Austen derivations that include dozens of audiovisual adaptations, such as *Clueless*, *Lost in Austen*, *The Lizzie Bennet Diaries*, *Bridget Jones's Diary*, and *Death Comes to Pemberley.*[1] The last two are based on popular novels that themselves are among hundreds of published literary adaptations and tens of thousands of fan stories. Of course Jane Austen is but one author that audiences rewrite, satirize, expand, and continue. Recent years have brought us a wide range of adaptations, translations, and transformations – at times they use the source as a mere inspiration, at others they critically talk back to the text. Jane Smiley's *A Thousand Acres*, Jasper Fforde's *The Eyre Affair*, and Michael Cunningham's *The Hours* showcase the former whereas Jean Rhys's *Wide Sargasso Sea*, Gregory Maguire's *Wicked. The Life and Times of the Wicked Witch of the West*, and Alice Randall's *The Wind Done Gone* exemplify the latter.[2]

1 *Pride and Prejudice and Zombies* 2016; *Clueless* 1995; *Lost in Austen* 2008; *The Lizzie Bennet Diaries* 2012–2013; *Bridget Jones's Diary* 2001; and *Death Comes to Pemberley* 2013.
2 Smiley 1991; Fforde 2001; Cunningham 1998; Rhys 1966; Maguire 1995; and Randall 2001.

Unlike these examples, Seth Grahame-Smith's *Pride and Prejudice and Zombies* uses most of the original text but alters its context and meaning by adding zombies into this most famous Regency novel of manners.[3] If he had used the 1936 novel *Gone With the Wind* as his source, he would have likely faced a law suit from the Margaret Mitchell estate for copyright infringement (as indeed Alice Randall did for *The Wind Done Gone* in 2001).[4] With Jane Austen's novel in the Public Domain, however, Grahame-Smith's novel became a bestseller – even though 85 % of his are actually Austen's words.[5] Ironically it is Austen's contemporaries who lay most of the foundation for copyright and its inherent connection of legal, commercial, and artistic ideas of ownership: the late 18th century reconceptualized intellectual property, established legal rights for authors, and revolutionized aesthetic theories.

This essay explores the tenuous connection between fan creations and their legal, cultural, economic, and aesthetic status. In order to talk about fan fiction in the now, I begin with a brief overview of the fundamental changes in the late 18th century, which created ideas that affect us today. It is at this moment of early Romanticism that law, culture, economics and aesthetics conspire to create what we now often consider the myth of the author. From this mindset, we have inherited the popular belief that continues to value originality even as we have long entered an age of mechanical reproduction where creativity often takes quite different guises.[6] Not only has this myth affected the legal, economic, and cultural position of fan fiction today, it also affects our own aesthetic value system and, with it, the way many writers conceive of their creations. Laying out the history of an aesthetics of originality is meant to force us to reconsider these negative connotations and make us see the usefulness and function of tropes and repetition.

Fan fiction, at its base, is about processes of reading, and yet as readers become writers, they begin competing for authorial possession if not of the words, then of the ideas, characters, and tropes.[7] Ownership and original creativity only make sense within a cultural context that understands author as original creator rather than transcriber or transformer (like the medieval *auctor*).[8] Moreover, the very concept of fan fiction (as opposed to specific retellings and transformations of shared narratives and collective myths) only makes fully sense within an aesthetic literary system where ideas, tropes, narratives, char-

3 Austen/Grahame-Smith 2009.
4 Mitchell 1936. See Murphy 2002; and Grossett 2002.
5 See MacGregor 2009.
6 See Benjamin 1988.
7 I use trope here not so much in its meaning as a rhetorical figure of speech but rather as a recurrent theme and conceptual narrative shorthand.
8 See Minnis 2009.

acter names can be owned.[9] Fan fiction thus harks back to older models of creativity as it resists the idea that beloved characters or places could (or should) be owned. As such, it stands in direct opposition to the aesthetic ideas that gave rise to the copyright system whose much more widespread influence we now experience.

I look briefly at the debates of authorship historically, in order to establish how legal, commercial, and aesthetic discourses simultaneously began to construct originality and authorship as central and valuable. Challenging this supremacy of originality, I propose a focus on intertextuality, tropes, and repetition as an aesthetic mode that is worthy in its own right and important for its associated affective reception. Drawing on the deep interdependence of such texts on other works of art, I suggest that deemphasizing originality and the singular role of the author allows us to focus on the cultural aspect of the text and its collective creations. As a result, I use fan fiction and its shared tagging practices to discuss its use and transformation of tropes. Shared tags not only organize and categorize vast story collections but also facilitate collective fan creations. In so doing, fan fiction communities and discourses offer a challenge to traditional aesthetics and showcase new (or possibly resurrect older) forms of reader/writer engagements.

2 Authority and Originality

One of the more commonplace truths held in contemporary literary studies is that the 18th century invented the Author.[10] Certainly not all writing before was collective or anonymous, but the particular relationship between an author and his work underwent substantial changes during that time. Much of this is directly correlated to the shifting economic situation of artists and a need to legally protect one's creations. In a world of patronage, artists were supported by their patron and, in turn, could create and share their creations. In literature especially, the origins of the words were not directly correlated to patronage. Support was more general – not an essay by essay, word by word reimbursement. By the early 16th century, governments also regulated dissemination of printed works by granting printing privileges, which could provide another form of support to writers, but those were neither automatically given nor did they necessarily lie with the authors.[11]

9 See Willis 2016.
10 See Woodmansee 1994; Pease 1990; and Bennett 2004. Opposing arguments have been made for earlier dates: Fleck 2010; Dutton 2000; and Dobranski 2005.
11 See Borghi 2007, S. 4–6.

However, with changing market economies and a rapidly rising middle class readership, the 18th century writers increasingly started living off their works and thus demanded legal protection and economic reimbursement. The 1710 'Statute of Anne' was the first authorial copyright law in the Anglo-American context, and with its 14-year exclusive authorial copyright, it shifted legal and economic power to the creators. Authorial copyright offered writers a way to establish ownership over their words and the possibility for a livelihood. It is not surprising then that copyright embraced and in a way needed an aesthetic theory that emphasized the individual creation. Nor is it surprising that in an era that foregrounds the individual and his rights and abilities, these two ideas – original genius and intellectual copyright – came to the fore. In order to theoretically justify the ownership of his literary creations, this new concept of the author made him the sole creator and owner of the words in his book and established the law of author's rights as a natural law.

In the early 1800s British Member of Parliament Thomas Noon Talfour, an early proponent of copyright extension, found an unlikely ally in his attempt to change copyright protection from twenty-eight to sixty years after the author's death: William Wordsworth, British Romantic and Poet Laureate. Not only was William Wordsworth one of Talfour's prime examples of "true original genius", Wordsworth also supported his endeavor to provide lasting copyright protection, in particular to authors who create works of "enduring merit".[12] Wordsworth created a Romantic aesthetic theory that focused on imagination and originality. Even where he acknowledges external stimuli and inspiration, the poetic genius remains central in creating and shaping the artistic work. In the 1815 Supplement to his seminal Preface to the *Lyrical Ballads*, Wordsworth defines the genius as "the introduction of a new element into the intellectual universe".[13] As such, he defines as most valuable a thinking and writing that is radically new and different, that is original rather than transformative of older ideas. And he clearly needs such a definition in order to establish authors as owners of ideas – ideas as commodities that can be owned and sold. Talfour and Wordsworth's collaboration on the political stage indicates connections between the legal notion of copyright, the economic notion of ownership of ideas, and the artistic notion of original genius.

On the continent, German Romantics likewise debated the question of perpetual authorial ownership. In his 1793 *Beweis der Unrechtmäßigkeit des Büchernachdrucks* Johann Gottlieb Fichte argues for a distinction between material and intellectual aspects of the book: "Wir können an einem Buche zweierlei unterscheiden: das *Körperliche* desselben, das bedruckte Papier; und sein

12 Swartz 1992, S. 482.
13 Wordsworth 1911, S. 104.

Geistiges".[14] Whereas the physical copy of a book may be sold and purchased, Fichte tries to single out the inalienable right of the author. In a second step, he thus distinguishes between ideas and form, i. e., whereas the ideas of a publication might eventually be attained by a careful reader through work and effort, the form of presentation remains specific to its author: "die Form dieser Gedanken, die Ideenverbindung in der, und die Zeichen, mit denen sie vorgetragen werden".[15] As a result, Fichte separates shared ideas from their specific articulations that are particular to a given author and should remain his continued property. Fichte's distinction between ideas and their expressions entered "the seminal German copyright legislation of the nineteenth century", and it remains influential in contemporary copyright law.[16]

Throughout, the idea of originality became central in order to "conceptualize a new kind of property authors could claim in their texts".[17] More specifically, Frankfurt School philosopher Theodor W. Adorno articulates the moment of the genius as concurrent with the rise of modernity and related to concepts of originality and newness: "Because of its element of something that had not existed before, the genial was bound up with the concept of originality: thus the *Originalgenie*".[18] Yet the complex aesthetic and philosophical arguments were not the only thing at stake here as they were deployed to undergird a clearly economic interest. Juxtaposing Romantic ideology and Enlightenment philosophy with earlier artistic practices where material was easily repurposed, Adorno emphasizes the historical element of the concept of originality and its socio-economic connections insofar as originality is "enmeshed in historical injustice, in the predominance of bourgeois commodities that must touch up the ever-same as the ever-new in order to win customers".[19] Here the concept of the new is intricately bound up with economic concerns in the same way copyright laws establish aesthetic criteria for the purposes of settling economically relevant issues. In fact, there are clear parallels between the public commons that were moved into private ownership with the enclosure movements of the 18th century and an intellectual commons that suddenly ascribed ownership to ideas previously commonly shared.[20]

To complicate matters even further, this increasing valorization of creativity and originality is heavily gendered. It is a truth universally acknowledged that the English novel was not invented by Samuel Richardson and Henry Fielding

14 FICHTE 1846, S. 225.
15 Ibid., S. 227.
16 KAWOHL/KRETSCHMER 2009, S. 214.
17 BIAGOLI 2011, S. 1847.
18 ADORNO 1984, S. 172.
19 Ibid.
20 See BOYLE 2008.

but that there was a much longer history of women writing.[21] William Warner indeed suggests that Richardson and Fielding recovered a genre that previously had been defined through its "aura of sexual scandal and consequent negative discourse: When Richardson and Fielding convinced many [...] that they had given modern fiction a more valuable range of purposes, the way was cleared for novels to become the object of literary criticism and literary history".[22] It was not until men began to write novels that the domestic hobby became a public profession. Martha Woodmansee describes the aspects of female authorship that made it antithetical to the newly created author as original genius: "In its amateur origins and rather narrowly defined utilitarian purpose the novel would seem to lack the earmarks of literary 'art'. The product of idle hours, it is intended not for sale to a reading public but strictly for domestic use".[23] In other words, the way women created art was wrong on several counts: they did not do it for money or to share in the public space and the emphasis was on craft and amateur status rather than any sense of original genius. Their work effectively had to be ignored because the ideological context in which it was created spoke directly against the aesthetic models men needed to create, in order to justify owning and selling their words.

3 Repetition and Transformation

All of this history serves as a background to fully understand the arbitrariness and constructedness of the aesthetic theories that we still are employing – theories that have shaped us for at least the past two centuries. But this myth of the original genius is neither universal nor disinterested: different periods of literary and philosophical thought place emphasis more strongly on either continuity or originality, though most use elements of both. Aesthetic theory is in constant flux between these two extreme positions – neither of which by itself is ultimately useful. And yet the Romantic aesthetics of privileging originality and artistic genius created a value system that still affects the landscape of contemporary culture. In fact, modernity has tended to favor aesthetics that heavily relies on originality and difference; in turn, as a fan scholar and as a fan, I have a vested interest in foregrounding the inherent aesthetic values of repetition. Rather than replacing an aesthetics of originality with one of repetition, however, I merely want to draw attention to the interplay between these two seemingly opposing forces that both are central to any creative process.

21 See Gallagher 1995.
22 Warner 1998, S. 4.
23 Woodmansee 1994, S. 106.

Repetition, after all, can serve a variety of functions that may indeed be necessary for creative works and their reception. Language can only ever be meaningful if it is recognizable, i. e., if it is repeated.[24] That is true on the level of the letter, the word, and the sentence but it is true even on the level of narrative itself. Just like pure difference on the linguistic level would resemble speaking in tongues, a story that does not engage any recognizable generic narrative (whether by following or defying specific expectations and tropes) would create a story difficult to parse for the reader. Complete originality, with all familiar and recognizable narrative conventions removed, may engender a narrative so incomprehensible that the reader cannot understand, let alone aesthetically appreciate it; in contrast, stories that employ familiar themes and narratives establish a groundwork of comprehension within which they then can challenge or subvert these shared paradigms. As such, recognizing familiar themes is an important step when approaching and categorizing texts, especially within so-called genre literature.[25]

Where paratextual material offers the reader a host of information before even beginning a story, generic tropes create clear expectations throughout the text that the reader will expect to be fulfilled to a certain degree at least. Janice Radway's audience study of romance readers, for example, describes how "repetition is the rule, not the exception".[26] Reading in that sense becomes a form of re-reading, and readers "exhibit fairly rigid expectations about what is permissible [...] and express disappointment and outrage when those conventions are violated".[27] Paratexts and genre categories come together in commercial genre classifications: urban paranormal young adult romance, a popular genre category for teen girls in particular, promises a specific set of characterizations, settings, and plot developments. And publishing houses (and film studios) rely on such patterns, selling readers books similar to the ones they enjoyed, offering variations on familiar generic tropes and characterizations.

This appeal of repetition with a difference applies even more so to fans, whose entire experience is about repetition. Fans re-watch favorite shows to get to all the nuances, but they also re-watch simply because they enjoy reviewing certain scenes and spending time with favorite characters. On a more crucial level, fan fiction celebrates repetition on all levels: its raison d'être is a repeat engagement with the worlds and characters. In their interpretive and analytic encounters, fans will return to a particular moment in the source again and again, telling the story over and over again, playing out every possible minor variation, feeling,

24 See Derrida 1982.
25 Studies that trace, organize, and debate genre elements include Todorov 1975; Cawelti 1976; and Altman 1999.
26 Radway 1986, S. 196.
27 Ibid., S. 63.

and response.[28] For Francesca Coppa, the repeated retelling of the same story, ever so slightly different, situates fan fiction closer to drama than fiction: "in literary terms, fan fiction's repetition is strange; in theatre, stories are retold all the time".[29] Finally, of course, fans reread and revisit their favorite fannish transformations. Just like fans will rewatch the same episode, the same crucial scene dozens and hundreds of times, they will read (and reread) stories that revisit and analyze and interpret and expand upon certain scenes or episodes or story lines.

In their celebration of media texts, cultural contexts, and other fan creations, fan works are deeply intertextual. They appropriate, sample, mashup, and remix freely, embracing repetition and generic categories as features rather than bugs. Indeed, as fans rework and reshape popular texts, emphasizing and foregrounding their intertextuality, fan texts offer a cultural counterbalance to ideologies of originality. Fan fiction by definition is not only intertextual with but also bound by the source text and, in most cases, by community expectations. Rather than limiting fans, however, these restrictions produce ingenuity and playful engagement: "Fannish creativity thrives not only because of the sense of pleasure of play within limits but also because of a sense of productive freedom borne of transformation".[30]

Creative constraints are a fundamental aspect of art, from various poetic forms and stage design requirements to the limits of particular instruments and the materiality of sculptures. In *Exercises in Style*, proto-postmodernist and later Oulipo founder Raymond Queneau takes a brief story of an accidental meeting on a bus and retells it in 99 different ways, altering styles, typography, and narrative presentation.[31] In so doing, it celebrates repetition and showcases the possibilities of fine-tuned alteration. Fan fiction writers similarly celebrate repetition as they tell the same story again and again, while setting themselves limitations of style, length, or narrative device. At times, these limitations are explicitly articulated and formalized, such as the 100 word requirement of the drabble, time-limited writing exercises, or prompts that feature certain plot ideas. The central idea all these examples share is that strong limits (whether structural, thematic, or technological) challenge artists with the possibility of play – both in the sense of ludic pastime (Spiel) and in the sense of latitude (Spielraum).

28 See Jenkins 1992.
29 Coppa 2006, S. 236.
30 Stein/Busse 2009, S. 195.
31 Queneau 1981.

4 Tropes as Fan Fiction Building Blocks

In fan fiction even the building blocks of source materials tend to value generic repetition and tropes: fannish source texts tend to be genre shows: science fiction, fantasy, horror, and crime procedurals. Knowing the source text as well as other texts and conversations circulating in fandom allows readers to understand and situate new stories. This creates an actual implementation of Fish's interpretive community that values shared readings of characters and events.[32] I have argued elsewhere: "Unlike Fish, for whom interpretive communities denote a collection of interpretive strategies rather than actual readers, fan fiction readers and writers create *actual* communities".[33] Members of interpretive communities anticipate events and characterizations and enjoy both the familiarity of these events coming to pass or the surprise of expectations being subverted. In fact, the whole of a fandom (or a given interpretive community within) tends to be much larger than the sum of all its stories and discussions. Even a cursory glance at some of the more popular fandoms will show a preponderance of generic tropes, with some of the most beloved stories seem to be highly generic and quite predictable. I would argue that their appeal is not in spite but because of that predictability.

Stories that are too original, too different, may actually fail in a most central sense – not as stories but as fan stories for their audiences. To function as *fan* fiction, certain expectations must be met, be they characters, setting, or, in fact, narrative tropes and story lines. Fan fiction thus is a field which epitomizes genre conventions and expectations. Tropes are important for our conversation not only because they are used in fannish shows and because fans employ them in their fan works, but also because the very structure of fan creation mirrors the cultural logic of genre tropes. In other words, if genre tropes shape cultural productions, fandom and its fan creations are an almost exemplary case study where production, dissemination, and reception is shared and negotiated via tropes and reshapes our approaches to genres in turn.

Giandujakiss's multifandom fanvid *Hourglass* showcases the constructive use of repetition within, among, and beyond genre source texts by exploring the use of one particular trope.[34] The time loop trope, also called *Groundhog Day* trope after the 1993 film, exemplifies repetition with a difference: every morning the character wakes up to exactly the same scenario, time having reset with only

32 See Fish 1980.

33 Busse 2013, S. 58.

34 Giandujakiss 2008. Fanvids are a form of video production, in which media use short clips from one or several media sources and arrange them to celebrate television shows, analyze ideas or characters, or create specific narratives or arguments.

them remembering the previous repetitions.[35] And yet the narrative progresses through the subtle changes and shifts, both in the protagonist's perception and understanding and in their changing actions. The vid uses more than a dozen genre shows, each of which has featured its own time loop episode. Like the characters progress through the iterations of their loop day, so do the viewers, reifying the repetition not just within a TV show but between the different series. The trope is popular in fan fiction as well, with nearly a thousand stories tagged as time loop stories on the Archive of Our Own (AO3), a multifannish fan works archive.

Hourglass is a reminder that repetition is not actually a full reset – after all, the memories of every previous instantiation remain, most often to help the protagonist reach an insight or epiphany. Fan fiction likewise foregrounds how repetition changes perception and interpretation: in the way the same crucial moment in the text can be revisited again and again; every new story is pleasurable both in the way it repeats what is already known and in the way the stories alters that; and in the way fans revisit and reread stories just like they rewatch shows. I do not want to suggest that we substitute the value placed on difference with one that emphasizes sameness but rather acknowledge and admit (in theory and possibly practice) that difference and sameness cannot exist without one another. Thus, it might behoove us to occasionally shift from studying and analyzing one to looking at the values of the other. In the end, then, it is never clear where repetition ends and difference begins, and in fan works, which play with and thrive on generic tropes and their meaningful repetition, we should remain aware of how important a role tropes and repetition play.

5 Tagging as Shared Semantic Practice

Fans not only use a variety of shared narrative tropes, but also formalize that use via headers, recommendation lists, and bookmarks to create a contextual web of genre information. The use of content labels showcases how communities define their own taxonomies to advertise stories as well as warn for certain contents. One way to illustrate fannish comprehension and community membership is the use of shared metatextual markers. Headers are the most obvious – and perhaps the most contested – site of such category negotiations: title, author, show, rating, pairing, genre, warnings, summary tend to be used in many fandoms with greater or lesser consistency.[36] Originally created on early 1990s Usenet newsgroups, headers quickly became all but indispensable for fans and are used on most fan fiction

35 *Groundhog Day* 1993.
36 See RILEY 2015, S. 44–63.

archives.[37] Using a well-organized archive or rec (recommendation) list, a reader can thus easily find all the *Les Misérables* contemporary college alternate universe stories, the Harry Potter stories where Sirius did not die and instead lived happily ever after with Remus, or the stories where Darcy Lewis from *Thor* shares a soul bond with Bucky Barnes from the *Captain America: The Winter Soldier* films.[38] On the AO3, for example, each of those categories yields hundreds of stories that then can further be searched by other modifiers.

These additional modifiers tend to appear in user-generated metadata, so-called tags, which authors can freely assign to their story.[39] Where fixed taxonomies limit users to pre-established categories, folksonomies suffer from a lack of consensus, which makes it difficult to easily organize. In order to maintain a shared fixed base vocabulary yet permit user creativity in tags, AO3 uses a "curated folksonomy" that mixes user-defined and controlled vocabulary, and "volunteer classification workers sort and connect user-created tags to alleviate the worst shortfalls of a pure folksonomy."[40] We can see how popular genre-based reading patterns are by looking at the vast collection of thematic rec lists and the popularity of certain tags. This is true whether the theme is general, such as alternate universes, animal transformation, and amnesia or whether the trope is fandom specific, such as aliens made them do it, souled vampire, or fawnlock (where Sherlock is indeed a young deer). AO3 connects similar tags, so that a search returns a variety of stories whose themes are internally connected. The tag "disability", for example, includes among its dozens of synonyms, including "adjusting to a disability", "Canon Disabilities", "Handicap", and "Permanent Injury of Main Character". It will also return all stories tagged with any of its sub categories of specific disabilities. Tracing thematic tags, such as soul bonds, male pregnancy, time travel, or slave universe, can illustrate not only the popularity of certain tropes, but also the way tropes travel across fandoms.

Thus, observing this ever changing yet all but mandatory taxonomy offers a way to study how fandom as a community appropriates, applies, and alters specific tropes over time. Moreover, looking at tags and categories shows how popular many generic story lines are: generic stories are often collected and requested on search communities, and when we look at bookmarking sites, recs, and comments, some of the most beloved stories seem to be highly generic and quite predictable. Fannish tags become additions to the larger fan text just as creative pieces and commentaries add to a larger interpretive and creative fan text. In particular, the more playful and imaginative Tumblr tags generate a

37 See DeKosnik 2016.

38 *Les Misérables* 2012; Rowling 2003; *Thor* 2011; and *Captain America: The Winter Soldier* 2014.

39 See Trant 2008; Johnson 2014; and Fiesler et al. 2016.

40 Bullard 2015, S. 6.

folksonomy that illustrates quite specific interpretations that organize but at the same time also generate creative interpretations. Connecting specific stories and their attached tags with larger fan interpretations and the interpretive communities they create allows researchers to connect literary readings of individual narratives with the larger communities in which they are embedded and that help shape them. The preponderance and repetitive use of specific labels shows the mutual influence of writer and community as it illustrate how fannish genre tropes not only categorize stories and affect readings but also actively generate creative responses.

6 Fan Fiction as Collectively Created Texts

The interplay between readers and writers is one of the most important aspects of fan fiction. Often readers engage with writers at every stage of the creative process: from prompting the writer and talking through ideas for a specific story to beta reading and commenting on chapters to recommending and feedbacking the final product. Moreover, a story may generate feedback in form of creative responses as well: cover art for a story, audio recordings in which fans read the stories aloud, or other stories drawing from and transforming the original fan work.[41] Popular stories with welcoming authors can generate dozens of added fan works. Fan writer Speranza for example, maintains a site for all the fan works created within the fan universe of her *Stargate Atlantis* story "Written By the Victors": a fictional Amazon site that features all the fictional academic works in the story; songs composed in the fictional language of the series by one fan and sung and recorded by another; a fan vid; a recording of the story featuring dozens of different fan voices; as well as fan creations of the multiple fictional documents referenced in the text.[42] In her close reading of the fanvid inspired by the story, Anne Kustritz describes how "[e]ach of these expansions and re-interpretations adds to the audience's understanding of the whole".[43] A specific fannish universe thus replicates in small general fandom behavior: a myriad of complementary and even contradictory transmedia texts that together create a large interpretive complex narrative. At times, the fan-created universe can become more popular than the one initially spawned by the source text: Mog's "A Birthday in the Present" is a contemporary alternate universe story for the 1990s Western TV show *The Magnificent Seven*, where the protagonists are

41 See Busse/Farley 2013.
42 *Stargate Atlantis* 2004–2009; and Speranza 2007.
43 See Kustritz 2014.

Alcohol, Tobacco, and Firearms (ATF) agents.[44] Fans liked this setting enough to write stories within Mog's universe, making the ATF universe as popular, if not more so, than the original Old West one and warranting its own archives.

Fan-created universes are often based on particularly popular stories or enticing tropes, but other times they are a clear indication for what fans are missing in the source text. I want to end with a particularly interesting community creation that was spawned in response to a great fan frustration and anger. *The 100* is a popular teen science fiction: the show follows a group who survived the nuclear fallout on a spaceship but had to return to a post-apocalyptic Earth and face various contentious factions who had been left aground.[45] The show created a strong dynamic between main character Clarke and her sometimes ally, sometimes nemesis Lexa, the leader of the humans who had been left on Earth. Fans began shipping the two, and the third season looked like it would feature this strong lesbian pairing. In March 2016, the two characters finally had sex but only a couple of minutes later, Lexa is killed by a stray bullet. Clarke/Lexa fans were outraged by the fact that yet another gay character had been killed, thus repeating the problematic trope of "Bury Your Gays", the near-requisite killing of queer characters in much of TV and film history.[46] This was exacerbated by the fact that the show's production team had repeatedly assured everyone that the character would not be killed off even though Lexa's actress, Alycia Debnam-Carey, had a main role in *Fear the Walking Dead.*[47]

Fans of a character or pairing sometimes abandon a show after their favorite has been killed or written off, either in protest or simply because their reason for watching the show has disappeared. Clarke/Lexa fans stands out, however, because they did not just abandon *The 100* but instead shifted allegiance to *Fear the Walking Dead* to follow Debnam-Carey in a "mass queer migration from one series to another".[48] Moreover, in a collective move, fans created a brand new fan character to join the *Fear the Walking Dead* cast in fan stories. This character, who would obviously be played by *The 100*'s Eliza Taylor, was named Elyza Lex (a play on the names of both actresses and their characters). Bridges describes how "social media users brainstormed to agree on what Elyza would be like [...] and Elyza Lex emerged fully formed after a weekend of discussion and online brainstorming, mostly taking place on Tumblr".[49] Bringing Elyza Lex into Alicia Clark's universe of the zombie apocalypse allowed fans to revive the Clarke/Lexa love story by reuniting the two actresses in the fan imaginary.

44 *The Magnificent Seven* 1998–2000; and Mog 1999.
45 *The 100* 2014ff.
46 See Yohannes 2016.
47 *Fear the Walking Dead* 2015ff.
48 Bridges 2016.
49 Ibid.

Given the initial impetus of rejecting the killing of a queer character Lexa and destroying the queer Clarke/Lexa relationship, fans began to call their particular version of the show *Queer the Walking Dead* (QTWD). Tags on Tumblr and archives soon featured QTWD, Elyza Lex and the portmanteau Lexark (for Elyza Lex/Alicia Clark). All three tags denote the creative merging of the two shows and their actresses to create their happy (and alive!) pairing. Using these tags, fans created around a hundred stories on AO3 in the first three months alone, collectively expressing their anger at the show and their love for the characters.[50] In particular, these tags showcase how tags not only signpost narrative tropes but also generate material through their very existence. After all, the tags helped gather and disseminate fannish discussions and creative works featuring Elyza Lex.

Fannish affect here turned the anger and frustration of Lexa's death into the shared creation of a fan universe, allowing disappointed fans to come together and explore their love for this pairing in new and creative ways. Lesbian zombie hunters Elyza Lex and Alicia Clark are a far cry from the women of *Pride and Prejudice and Zombie*, less because they are not populating a Regency novel and more because they truly illustrate the power of fan creativity. Grahame-Smith took a literary classic, transformed it by adding zombies, and then gained popular and economic success. With Elyza Lex, fans took their disappointment in queer mainstream media representation and created a collaborative shared alternate universe. Theirs is a testament to fan imagination and shared creativity. Readers have always talked about books they loved, shared stories with others, and imagined further adventures for favorite heroes and heroines. In fan fiction, we see this active reading practice flourish: readers express their loves and frustrations as they interpret and analyze, extrapolate and alter the source texts. Often the discussions, if not the actual writing, are collaborative; they create new worlds, often a little more feminist and socially just, a little queerer, and a lot sexier for the many women who defy an ideology of authorial ownership and collectively rewrite their worlds.

Bibliographie

Adorno, Theodor W.: *Aesthetic Theory.* London: Routledge, 1984.

Altman, Rick: *Film/Genre.* London: British Film Institute, 1999.

Austen, Jane/Grahame-Smith, Seth: *Pride and Prejudice and Zombies.* Philadelphia: Quirk Books, 2009.

Bennett, Andrew: *The Author.* New York: Routledge, 2005.

50 The longest story is over 260 000 words, which amounts to the length of the first three Harry Potter novels combined.

Benjamin, Walter: "The Work of Art in the Age of Mechanical Reproduction", in: *Illuminations.* New York: Schocken Books, 1988, S. 217–251.

Biagioli, Mario: "Genius against Copyright. Revisiting Fichte's Proof of the Illegality of Reprinting", in: *Notre Dame Law Review* 2011/86 (5), S. 1847–1868, verfügbar unter: http://scholarship.law.nd.edu/ndlr/vol86/iss5/3 [31.01.2017].

Borghi, Maurizio: "Owning Form, Sharing Content. Natural-Right Copyright and Digital Environment", in: MacMillan, Fiona (Hg.): *New Directions in Copyright Law,* Vol. 5, Cheltenham: Edward Elgar, 2007, verfügbar unter: https://ssrn.com/abstract=1031855 [31.01.2017].

Boyle, James: *The Public Domain. Enclosing the Commons of the Mind.* Ithaca: Yale University Press, 2008.

Brannagh, Kenneth: *Thor,* DVD, 115 min., New York: Marvel 2011.

Bridges, Elizabeth: "Elyza Lex™, Riot Grrrl, and Creativity in the Face of Grief. A Fandom Love Letter", in: *The Uncanny Valley* 2016/15 March, verfügbar unter: http://uncannyvalley.us/2016/03/elyza-lex-riot-grrrl-and-creativity-in-the-face-of-grief-a-fandom-love-letter/ [31.01.2017].

Bullard, Julia: "The Work Behind Classification's Consequences", Dissertation Proposal, 2015, verfügbar unter: https://www.ischool.utexas.edu/~julia/Bullard-DissProposal-ClassificationWork.pdf [31.01.2017].

Busse, Kristina: "The Return of the Author. Ethos and Identity Politics", in: Gray, Jonathan/Johnson, Derek (Hg.): *Companion to Media Authorship.* Oxford: Blackwell, 2013, S. 48–68.

Busse, Kristina/Farley, Shannon: "Remixing the Remix. Ownership and Appropriation within Fan Communities", in: *M/C Journal* 2013/16 (4), verfügbar unter: http://journal.mediaculture.org.au/index.php/mcjournal/article/viewArticle/659 [31.01.2017].

Cawelti, John: *Adventure, Mystery and Romance. Formula Stories as Art and Popular Culture.* Chicago: University of Chicago Press, 1976.

Coppa, Francesca: "Writing Bodies in Space. Media Fan Fiction as Theatrical Performance", in: Hellekson, Karen/Busse, Kristina (Hg.): *Fan Fiction and Fan Communities in the Age of the Internet.* Jefferson: McFarland, 2006, S. 225–244.

Cunningham, Michael: *The Hours.* New York: Farrar, Straus and Giroux, 1998.

De Kosnik, Abigail: *Rogue Archives. Digital Cultural Memory and Media Fandom.* Cambridge: The MIT Press, 2016.

Denshaw, Pen/Watson, John: *The Magnificent Seven,* CBS, 1998–2000.

Derrida, Jacques: "Signature, Event, Context", in: *Margins of Philosophy.* Chicago: University of Chicago Press, 1982, S. 309–330.

Dobranski, Stephen B.: *Readers and Authorship in Early Modern England.* Atlanta: Georgia State University, 2005.

Dutton, Richard: *Licensing, Censorship, and Authorship in Early Modern England.* New York: St. Martin's Press, 2000.

Fforde, Jasper: *The Eyre Affair.* London: Hodder and Stoughton, 2001.

Fichte, Johann Gottlieb: "Beweis der Unrechtmäßigkeit des Büchernachdrucks", in: *Johann Gottlieb Fichte's Sämmtliche Werke.* 8. Bd. Berlin: Verlag von Veit, 1846, S. 223–244.

Fiesler, Casey/Morrison, Shannon/Bruckman, Amy: "An Archive of Their Own. A Case Study of Feminist HCI and Values in Design", in: *CHI '16. Proceedings of the ACM*

Conference on Human Factors in Computing Systems, New York: ACM, 2016, S. 2574–2587, verfügbar unter: http://dl.acm.org/citation.cfm?id=2858036 [31.01.2017].

Fish, Stanley: "Interpreting the *Variorum*", in: Ders.: *Is There a Text in this Class?* Cambridge: Harvard University Press, 1980, S. 147–173.

Fleck, Andrew: "The Father's Living Monument. Textual Progeny and the Birth of the Author in Sidney's Arcadias", in: *Studies in Philology*, 2010/107 (4), S. 520–547.

Gallagher, Catherine: *Nobody's Story. The Vanishing Acts of Women Writers in the Marketplace, 1670–1820*. Berkeley: University of California Press, 1995.

Giandujakiss: "Hourglass", 2008, verfügbar unter: https://www.youtube.com/watch?v=t4j6kX1QYg8 [31.01.2017].

Green, Hank/Su, Bernie: *The Lizzie Bennet Diaries*, YouTube 2012–2013, verfügbar unter: http://www.pemberleydigital.com/the-lizzie-bennet-diaries/ [31.01.2017].

Grossett, Jeffrey D.: "The Wind Done Gone. Transforming Tara into a Plantation Parody", in: *Case Western Reserve Law Review* 2002/52 (4), S. 1113–1130, verfügbar unter: http://scholarlycommons.law.case.edu/caselrev/vol52/iss4/16 [31.01.2017].

Heckerling, Amy: *Clueless*, DVD, 97 min., Burbank: Warner Bros., 2005 (USA 1995).

Hooper, Tom: *Les Misérables*, DVD, 158 min., Universal City: Universal Pictures 2012.

Jenkins, Henry: *Textual Poachers. Television Fans and Participatory Culture*. New York: Routledge, 1992.

Johnson, Shannon Fay: "Fan Fiction Metadata Creation and Utilization within Fan Fiction Archives. Three Primary Models", in: *Transformative Works and Cultures* 2014/17, verfügbar unter: http://dx.doi.org/10.3983/twc.2014.0578 [31.01.2017].

Kawohl, Friedemann/ Kretschmer, Martin: "Johann Gottlieb Fichte, and the Trap of *Inhalt* (Content) and *Form*. An Information Perspective on Music Copyright", in: *Information, Communication & Society*, 2009/12 (2), S. 205–228.

Kirkman, Robert/Erickson, Dave: *Fear the Walking Dead*, AMC, 2015ff.

Kustritz, Anne: "Seriality and Transmediality in the Fan Multiverse. Flexible and Multiple Narrative Structures in Fan Fiction, Art, and Vids", in: *TV Series* 2014/6, verfügbar unter https://tvseries.revues.org/331 [31.01.2017].

MacGregor, Paige: "Exclusive. Seth Grahame-Smith Talks 'Pride and Prejudice and Zombies'", in: *Film School Rejects* 2009/1 April, verfügbar unter: https://filmschoolrejects.com/exclusive-seth-grahame-smith-talks-pride-and-prejudice-and-zombies-cff96eaa8194#.8a8xbukxu [31.01.2017].

Maguire, Gregory: *Wicked. The Life and Times of the Wicked Witch of the West*. New York: Harper Collins, 1995.

Maguire, Sharon: *Bridget Jones's Diary*, DVD, 97 min., Santa Monica: Miramax 2001.

Minnis, Alastair: *Medieval Theory of Authorship. Scholastic Literary Attitudes in the Later Middle Ages*. 2nd ed. Philadelphia: University of Pennsylvania Press, 2009.

Mitchell, Margaret. *Gone With the Wind*. New York: MacMillan, 1936.

Mog: "A Birthday in the Present", 1999, verfügbar unter: http://www.angelfire.com/ms/atfau/bdaypres.html [31.01.2017].

Murphy, Barbara S.: "The Wind Done Gone: Parody or Piracy? A Comment on Suntrust Bank v. Houghton Mifflin Company", in: *Georgia State University Review*, 2002/19, S. 567–602.

Pease, Donald E.: "Author", in: Lentricchia, Frank/McLaughlin, T.: *Critical Terms for Literary Studies*. Chicago: University of Chicago Press, 1990, S. 105–117.

Percival, Daniel: *Death Comes to Pemberley*, BBC One 2013.

Queneau, Raymond: *Exercises in Style*. 2nd ed. New York: New Directions, 1981.

Radway, Janet: *Reading the Romance. Women, Patriarchy, and Popular Literature*. Chapel Hill: University of North Carolina Press, 1984.

Ramis, Harold: *Groundhog Day*, DVD, 101 min., Culver City: Columbia Pictures 2002 (USA 1993).

Randall, Alice: *The Wind Done Gone*. Boston: Houghton Mifflin Harcourt, 2001.

Riley, Olivia: "Archive of Our Own and the Gift Culture of Fanfiction", M. A. Thesis, University of Minnesota, 2015, verfügbar unter http://hdl.handle.net/11299/175558 [31.01.2017].

Rhys, Jean: *Wide Sargasso Sea*. New York: Norton, 1966.

Rothenberg, Jason: *The 100*, CW, 2014ff.

Rowling, J. K.: *Harry Potter and the Order of the Phoenix*. London: Bloomsbury, 2003.

Russo, Anthony/Russo, Joe: *Captain America. The Winter Soldier*, DVD, 136 min., New York: Marvel 2014.

Smiley, Jane: *A Thousand Acres*. New York: Knopf, 1991.

Speranza: "Victorsverse Art and Artifacts", in: *Speranza's Fiction*, 2007, verfügbar unter: http://trickster.org/speranza/cesper/victorsverse.html [31.01.2017].

Steers, Burr: *Pride and Prejudice and Zombies*, DVD, 107 min., Culver City: Sony Pictures 2016.

Stein, Louisa Ellen/Busse Kristina: "Limit Play. Fan Authorship between Source Text, Intertext, and Context", in: *Popular Communication* 2009/7 (4), S. 192–207.

Swartz, Richard: "Wordsworth, Copyright, and the Commodities of Genius", in: *Modern Philology* 1992/89 (4), S. 482–509.

Trant, J.: "Studying Social Tagging and Folksonomy. A Review and Framework", in: *Journal of Digital Information*, 2009/10 (1), verfügbar unter: https://journals.tdl.org/jodi/index.php/jodi/article/view/269 [31.01.2017].

Todorov, Tzvetan: *The Fantastic. A Structural Approach to a Literary Genre*. Ithaca: Cornell University Press, 1975.

Warner, William B.: *Licensing Entertainment. The Elevation of Novel Reading in Britain, 1684–1750*. Berkeley: University of California Press, 1998.

Willis, Ika (Hg.): "The Classical Canon and/as Transformative Work", in: *Transformative Works and Cultures* 2016/21, verfügbar unter: http://dx.doi.org/10.3983/twc.2016.0807 [31.01.2017].

Wordsworth, William: "Essay, Supplementary to the Preface", in: *The Complete Poetical Works of William Wordsworth in Ten Volumes*, Vol. 10. Boston: Houghton Mifflin, 1911, S. 69–108.

Woodmansee, Martha: *The Author, Art, and the Market. Rereading the History of Aesthetics*. New York: Columbia University Press, 1994.

Wright, Brad/Cooper, Robert C.: *Stargate Atlantis*, Sci-Fi, 2004–2009.

Yohannes, Alamin: "'Bury Your Gays'. Why Are So Many Lesbian TV Characters Dying Off?", in: *NBC News* 2016/4 November, verfügbar unter: http://www.nbcnews.com/feature/nbc-out/bury-your-gays-why-are-so-many-queer-women-dying-n677386/ [31.01.2017].

Zeff, Dan: *Lost in Austen*, ITV 2008.

Thomas Ernst

Wem gehören Autor-Leser-Texte? Das geistige Eigentum, netzliterarische Standards, die Twitteratur von @tiny_tales und das Online-Schreibprojekt *morgen-mehr.de* von Tilman Rammstedt

Abstract
In the 'Gutenberg-Galaxy', a strong divide between the author as a creator and the reader as a subordinated figure helped to construct and protect authors' intellectual property rights. Net literature fundamentally suspends this strong divide, and the protection of author's works here restricts literary productivity. The analysis of author-reader-texts as produced in the twitterature by @tiny_tales and in the online-writing-project *morgen-mehr.de* by Tilman Rammstedt proves the necessity to develop standards of digital literary communication and open data.

1 Literatur als soziales Medium und das geistige Eigentum

Der digitale Medienwandel stellt die Geschäftsmodelle des Literaturbetriebs und insbesondere die seit dem 18. Jahrhundert gewachsene Balance zwischen Autoren, Lesern, Verlagen und Buchhandel in Frage. Digitale und soziale Medien, das Selfpublishing und die Potenziale der digitalen Kopie ermöglichen ganz neue Produktions- und Distributionsformen literarischer Texte, die auf den Widerstand von bereits etablierten Autoren, Verlagen und kulturellen Institutionen treffen. Seit 2001 wurde das deutsche Urheberrecht in mehreren Novellen für die digitalisierte Informationsgesellschaft modifiziert; zugleich entwickelten sich jedoch Kopier- und Plagiatspraxen, die dem Geist des Urheberrechts entgegenstehen – es sei hier exemplarisch auf den intensiv genutzten Webdienst *Google Books* oder den Plagiatsskandal um Helene Hegemanns Debüt *Axolotl Roadkill* (2010) verwiesen, der eher als Generationen- denn als Rechtskonflikt gelesen werden kann.[1] Daher erklären u. a. zahlreiche namhafte Autoren 2012 in der Initiative *Wir sind die Urheber! Gegen den Diebstahl geistigen Eigentums*,

1 Vgl. Hehl 2011.

dass das Urheberrecht nicht liberalisiert, sondern gestärkt werden müsse, da es „die materielle Basis für individuelles geistiges Schaffen“ garantiere.[2]

Doch der Konsens, dass sich alle Autoren für eine Bewahrung der bestehenden Balancen einsetzten, besteht nur vordergründig, wie ein folgenreiches Ereignis exemplarisch belegt. Die Verwertungsgesellschaft Wort schüttet sowohl an Autoren als auch an Verleger Tantiemen aus, die sich aus Abgaben für die Kopien urheberrechtlich geschützter Werke speisen. Diese Ausschüttungen an Verlage hat jedoch der Bundesgerichtshof im Frühjahr 2016 für nichtig erklärt, da die Tantiemen prinzipiell nur den Autoren als Schöpfern zustünden.[3] Der Börsenverein des Deutschen Buchhandels sieht durch das Urteil insbesondere kleine und mittlere Verlage in ihrer Existenz bedroht,[4] weshalb auf einer außerordentlichen Mitgliederversammlung der VG Wort mit einer Zwei-Drittel-Mehrheit in allen Statusgruppen die alte Praxis rekonstituiert werden sollte. Hierüber war allerdings bei den Journalisten kein Konsens mehr herstellbar,[5] weshalb die Stimmung zwischen Buchautoren und Journalisten konfrontativ wurde, wie die *Süddeutsche Zeitung* berichtet: „Mittelfinger wurden gereckt.“[6] Als vorläufige Lösung dieses Problems wenden sich viele Verlage mit der Bitte an ihre Autoren, auf ihre VG Wort-Vergütungen zugunsten der Verlage zu verzichten.[7]

Als diskursive Ereignisse verdeutlichen diese Gesetzesänderungen, Manifeste und Konflikte, wie weitreichend die Digitalisierung bereits die Geschäftsmodelle des Literaturbetriebs in Frage stellt. Während sich viele Literaturwissenschaftler mit Meinungsstücken oder dem Unterzeichnen von Manifesten politisch für die Verteidigung oder gar Stärkung des bestehenden Urheberrechts engagieren,[8] wäre es die vornehme Aufgabe der Literaturwissenschaft, aus einer differenzierten und kritischen Analyse von literarischen Entwicklungen, die den digitalen Medienwandel als Fundament nutzen, streitbare Vorschläge für eine Modifikation rechtlicher Dispositive und neue Standards einer offenen Publikationsweise zu entwickeln.

Darum wird sich dieser Beitrag bemühen, indem er sich vor allem jenen Bereichen der digitalen Literaturproduktion und -distribution zuwendet, welche die klare Unterscheidung von Schöpfer-Autor und Nach-Leser aufheben, die in der ‚Gutenberg-Galaxis‘ die Konstruktion des geistigen Eigentums legitimiert

2 Wir sind die Urheber 2012.
3 Vgl. Bundesgerichtshof 2016.
4 Vgl. Anonymus 2016.
5 Vgl. Oppong 2016.
6 Esslinger 2016.
7 Die VG Wort stellt für Verlage sogar einen Standardbrief bereit, vgl. VG Wort 2017.
8 Dieses Engagement betrifft gerade auch den Bereich des wissenschaftlichen Publizierens, vgl. u. a. Ulmer 2017.

hat. Denn seit etwa zwei Dekaden können „virtuelle Schreibräume einer Netzwerkkultur“[9] beschrieben werden, die sich durch eine enge kommunikative Verbindung von Autoren und Lesern auszeichnen und in deren Zusammenhang unterschiedliche Formen von Autor-Leser-Texten entstehen. Diese Autor-Leser-Interaktionen, die konstitutiv für die Netzliteratur sind, können durch die Schutzrechte des geistigen Eigentums jedoch behindert oder gar verunmöglicht werden. Es wird daher zu zeigen sein, dass es einerseits für die Netzliteratur obligatorisch ist, neue Standards der literarischen Kommunikation zu formulieren und den offenen Zugriff auf Daten – jenseits des geistigen Eigentums – zu ermöglichen, dass diese Standards jedoch andererseits in besonders prominenten Onlineprojekten derzeit nur bedingt umgesetzt werden.

Diese Ausgangshypothesen sollen in zwei Schritten belegt werden: Zunächst wird der Beitrag die Autor-Leser-Interaktion in der vernetzten Gesellschaft theoretisch und begrifflich reflektieren (2), um schließlich auf Basis dieser Theorien und Begriffe zwei öffentlich besonders wahrgenommene Beispiele der Netzliteratur – die Twitteratur von @tiny_tales und das Online-Schreibprojekt *morgen-mehr.de* von Tilman Rammstedt – näher zu untersuchen (3). Dabei wird der Beitrag aus einer diskursanalytischen Sicht und unter interdisziplinärem Bezug auf philosophisches und soziologisches Wissen sowie auf literatur-, rechts-, medien-, buch- und arbeitswissenschaftliche Spezialdiskurse argumentieren.[10]

2 Die Autor-Leser-Interaktion in der vernetzten Gesellschaft. Theorien, Begriffe und Probleme

Zur Klärung der Frage, wem die Literatur in Sozialen Medien gehört und wie der rechtliche Status von Autor-Leser-Texten ist, müssen rechts-, medien-, buch- und literaturwissenschaftliche Kategorien geklärt und historisiert werden. Dazu soll hier in einem ersten Schritt die Entstehung des geistigen Eigentums und des Urheberrechts in der Gutenberg-Galaxis sowie insbesondere die starke Differenzierung von schöpferischen Autoren einerseits sowie rezipierenden Lesern andererseits dargestellt werden (2.1). In einem zweiten Schritt wird gezeigt, wie sich in der Netzliteratur als einem spezifischen Bereich der digitalen Medien dieser starke Unterschied zwischen Autor und Leser auflöst, insbesondere im Bereich der Autor-Leser-Texte (2.2). Schließlich wird in einem dritten Schritt

9 Idensen 1996.

10 Ich danke zudem den Teilnehmern der Göttinger Konferenz *#Lesen. Transformationen traditioneller Rezeptionskonzepte im digitalen Zeitalter* für ihre Diskussionsbeiträge sowie Julian Ingelmann und Kai Matuszkiewicz für ihre hilfreichen Hinweise zu diesem Beitrag.

danach gefragt, inwiefern die Autor-Leser-Interaktion sowie die Verdatung der Texte und der Leseprozesse neue Standards der literarischen Kommunikation und offener Daten erforderlich machen (2.3).

2.1 Das geistige Eigentum und die Differenzierung von Autoren und Lesern. Das Urheberrecht im Medienwandel

Die Etablierung und Professionalisierung des Berufsstandes freier Schriftsteller ist an deren Konstruktion als juridische Subjekte gebunden, die in der deutschen Tradition vor allem über das „‚charakteristische Urheberpersönlichkeitsrecht'"[11] legitimiert wird, wie Rolf Parr in seiner Sozialgeschichte der Autorschaft hervorhebt. Diese Rechtstradition wurde im 19. Jahrhundert institutionalisiert, gedanklich jedoch bereits in den 1780er und 1790er Jahren durch Philosophen wie Johann Gottlieb Fichte und Immanuel Kant begründet, die in unterschiedlicher Weise aus einem aufklärerischen Subjektbegriff ein spezifisches Modell der (literarischen) Wissensproduktion, -distribution und -rezeption entwickeln. Dieses Modell unterscheidet einen *schöpferischen* Autor von einem nachgeordneten *eigensinnigen* Leser. Beide sind durch ein *eigentümliches* literarisches Werk verbunden, werden jedoch zugleich voneinander getrennt und in eine hierarchische Ordnung gesetzt, in welcher der Leser dem Autor nachgeordnet ist.

Bei Fichte wird diese Autor-Leser-Differenz innerhalb des Mediums „*bedruckte[s] Papier*" bzw. ‚Buch'[12] am klarsten formuliert, denn es sei unmöglich, dass die Gedankenform des Autors bei der Textproduktion einerseits und die Gedankenform des Lesers bei der Rezeption andererseits identisch sein könnten. Diese Differenz erwächst aus der aufklärerischen Zuschreibung an die Leser, Texte im Lektüreakt in eine eigene Gedankenform integrieren zu können. Dieser Emanzipationsakt des Lesers ermöglicht jedoch gerade das geistige Eigentum, das beim Autor verbleibt, denn „niemand kann seine [also des Autors, T. E.] Gedanken sich zueignen, ohne dadurch, dass er ihre Form verändere. Die letztere also [die ursprüngliche Gedankenform, T. E.] bleibt auf immer sein [des Autors, T. E.] *ausschliessendes* Eigenthum."[13] Das geistige Eigentum, so ließe sich leicht abgewandelt formulieren, kann beim Autor verortet werden, weil der Leser immer seine eigene gedankliche Verbindung des Textes produziert. Fichte leitet aus diesem geistigen Eigentumsrecht der Schriftsteller ihr Schutzrecht ab, „zu verhindern, [...] daß Niemand in sein ausschließendes Eigenthum dieser Form

11 Parr 2008, S. 17.
12 Fichte 1964 [1793], S. 412.
13 Ebd.

Eingriffe thue, und sich des Besitzes derselben bemächtige."[14] In dieser Konstruktion entspringen das geistige Eigentum und die daraus abgeleiteten Urheberrechte aus einem spezifischen Produktions- und Rezeptionsverhältnis von Autor und Leser.

Während in anderen Nationalkulturen die Geschäftsmodelle der Autorschaft eher über die Nutzungsrechte an geistigen Gegenständen definiert werden und Nachnutzungen durchaus vorgesehen sind (z. B. in der Fair-Use-Doktrin des US-amerikanischen Copyrights, die einen offeneren Umgang mit den Potenzialen der digitalen Medien ermöglicht),[15] legt das deutsche Urheberrecht weiterhin seinen Schwerpunkt auf den Schutz des Urhebers und die Integrität seines Werkes. Entsprechend stehen im ersten Paragraphen des deutschen Urheberrechts der Urheber und sein Schutz im Zentrum: „Die Urheber von Werken der Literatur, Wissenschaft und Kunst genießen für ihre Werke Schutz nach Maßgabe dieses Gesetzes." Im zweiten Paragraphen (Abs. 2) werden Werke in Bezug auf die Urheberschaft bestimmt, denn Werke können „nur persönliche geistige Schöpfungen"[16] sein. Natürlich können Autoren ihre Werke auch zur Weiternutzung freigeben; grundsätzlich gilt allerdings zunächst einmal der Schutz eines jeden originären Werks, das eine bestimmte ‚Schöpfungshöhe' erreicht. Literarische Sprachwerke werden hier durch ihre ästhetisch-gestalterische Qualität von Gebrauchstexten abgegrenzt, wobei die Bestimmung im Einzelfall problematisch sein kann. Insbesondere in Sozialen Medien mit ihren interaktiven Kommunikationsformen wird die Klärung des Werkcharakters einer Äußerung grundsätzlich schwierig. Ansgar Ohly konstatiert, dass die aus der Produktion großer Werke abgeleitete Konstruktion des geistigen Eigentums „zu einem deutlich überdehnten Schutz für Werke geringer Schöpfungshöhe geführt" habe, weshalb er schon 2008 für die „Beschränkung des Urheberrechts auf seinen persönlichkeitsrechtlich begründeten Kern" und die alternative Einführung einer gesetzlichen Lizenz „zur Durchsetzung der Sozialpflichtigkeit des Eigentums" plädiert.[17]

In einer digitalisierten Gesellschaft, in der es medial wesentlich einfacher ist als in der Gutenberg-Galaxis, identische Kopien von Werken zu verbreiten, ist es jedoch nur eingeschränkt möglich, die unautorisierte Verbreitung wie auch die kreative Nachnutzung künstlerischer Werke zu regulieren. Das sog. Digital Rights Management (DRM), das z. B. durch einen Kopierschutz eine solche Verbreitung und Nachnutzung verhindern soll, steht erstens mit dem Recht auf Privatkopie in Konflikt und wird zweitens immer wieder ausgehebelt, weshalb

14 Ebd., S. 413.

15 Vgl. Völtz 2011, S. 250.

16 Bundesministerium der Justiz und für Verbraucherschutz 2017.

17 Ohly 2008, S. 151, 161.

sich im E-Book-Handel zunehmend ein ‚weiches DRM' durchsetzt: Dateien sind kopier- und verbreitbar, werden allerdings mit einem digitalen Wasserzeichen versehen. Auch der Rechtsdiskurs widmet sich bereits intensiv der Frage, wie mit der fundamentalen „Kollision von Urheberrecht und Nutzerverhalten"[18] umzugehen ist und inwiefern die veränderten Medienpraktiken eine stärkere Modifikation der rechtlichen Regulierung notwendig machen.

Neben den kaum einzuschränkenden digitalen Verbreitungsmöglichkeiten von Werken rücken auch die kreativen Nachnutzungs- und -bearbeitungsmöglichkeiten in den Fokus, denn viele Nutzer haben ein großes Interesse daran, die Dateien von literarischen, filmischen oder musikalischen Werken zu bearbeiten und ihre modifizierten Versionen wieder zu veröffentlichen – eine Praxis, die durch das Urheberrecht eingeschränkt wird. Daher argumentiert Felix Stalder dafür, das autorfixierte Denken über den künstlerischen Produktionsprozess, das auch das Urheberrecht bestimmt, zu verändern, und den Begriff des Remix zentral zu setzen:

> Der Autor steht nun nicht mehr am Anfang des kreativen Prozesses, sondern in der Mitte. Es war etwas vor ihm – Material mit dem er zu arbeiten beginnt – und es wird etwas nach ihm sein – andere, die sein Werk wiederum zum Material ihrer Arbeit machen. Insofern ist das Werk nie gänzlich einem einzelnen Autor zu zu schreiben [sic!]. Folglich wird auch der umfassende Eigentumsanspruch problematisch.[19]

Während Stalder beklagt, dass die medialen und kulturellen Veränderungen noch keine Entsprechungen in den Gesetzeslagen fänden,[20] sieht der Jurist Gregor Völtz sehr wohl, dass die neuen Öffentlichkeiten des Web 2.0 eine Reform des Urheberrechts notwendig machen. Er fordert, „den verhaltensbestimmenden Anspruch des Urheberrechts wieder auf ein akzeptables Maß zu senken", u. a. durch die Einführung gesetzlicher Lizenzen, die „einen offenen Umgang mit Kulturgütern im nichterwerbswirtschaftlichen Bereich ermöglichen".[21] Ein solcher Kompromiss werde es den Kulturschaffenden noch immer ermöglichen, lukrative Geschäftsmodelle zu bewahren.

2.2 Autor-Leser-Texte in digitalen Netzwerken. Die literarische Form des Social Prosuming

Bereits in seiner frühen Reflexion über Computer-Schreibräume prophezeite Jay David Bolter 1991 die Autorwerdung der Leser: „As readers we become our own

18 Vgl. Grünberger/Leible 2014.
19 Stalder 2014, S. 104.
20 Vgl. ebd., S. 107.
21 Völtz 2011, S. 251.

authors, determining the structure of the text for the next reader, or perhaps for ourselves in our next reading."[22] Diese aktivere Rolle der Leser, sogar ihre Autorwerdung, wurde später von der Literaturwissenschaft über andere Begriffe und Konzepte gefasst. Digitale Literatur, so Roberto Simanowski knapp zehn Jahre später, zeichne sich aus durch die Eigenschaften ‚interactivity, intermediality, and performance', wichtige Genres der digitalen Literatur seien interaktive Literatur, Netzliteratur und Hypertext.[23] Die Begriffe des Hypertextes (den sich ein Leser durch eigene Auswahl aus Linkoptionen erschließt), der interaktiven Literatur (in der Leser mit dem Text, dem Autor oder anderen Lesern interagieren) oder der Netzliteratur (in der Texte und/oder Leser miteinander vernetzt sind), wurden auf vielfältige Weisen in der Literaturwissenschaft fruchtbar gemacht und standen zugleich für einen Bruch mit den medialen Voraussetzungen und Kommunikationsverhältnissen der Gutenberg-Galaxis, die um das gedruckte Buch als Textkörper organisiert sind (wobei es natürlich bereits in der Gutenberg-Galaxis andere Formen der Autor-Rezipienten-Kommunikation gab).[24]

Norbert Bachleitner unterscheidet wiederum sieben Formen digitaler Literatur, wobei er den Akt des digitalen Lesens immer als eine aktive Tätigkeit definiert:[25]

1. Visuelle und kinetische Poesie: Lesen als/und Schauen;
2. Audiopoesie: Lesen als/und Hören;
3. Literarische Computerspiele: Lesen als/und Spielen;
4. Hypertexte: Lesen als/und Suchen;
5. Permutative Dichtungsgeneratoren: Lesen als/und Meditieren;
6. Komplexe Dichtungsgeneratoren: Lesen als/und Vergleichen;
7. Program Code Poetry: Lesen als/und Umcodieren.

Bei den ersten beiden Tätigkeiten steht der intermediale Aspekt im Vordergrund, bei den folgenden beiden die Interaktivität (mit dem jeweiligen Werk), bei den letzten drei Kategorien die Programmierung. Insgesamt fokussiert diese Differenzierung von Bachleitner stärker auf die ästhetische und mediale Seite der jeweiligen digitalen Literatur als auf die Kommunikationsverhältnisse rund um den Text.

Hier hilft uns Simone Winko, die drei Bereiche der digitalen Literatur unterscheidet: Erstens die digitalisierte Literatur, also literarische Texte, die ursprünglich gedruckte waren; zweitens die digitale Literatur, also Literatur, die

22 Bolter 1991, S. 30f.
23 Vgl. Simanowski 2011, S. 31f.
24 Vgl. den Beitrag von Tobias Christ in diesem Band, Christ 2017.
25 Vgl. Bachleitner 2010.

vor allem für die digitale Form gestaltet worden ist, wie z. B. Code Poetry; sowie drittens die Netz-Literatur, die „neue Formen der Interaktion zwischen Text und Leser, aber auch der Kommunikation von Lesern miteinander"[26] nutzt. Während sich die ersten beiden Kategorien vor allem auf die mediale (Ausgangs-)Form eines literarischen Textes konzentrieren, bezieht sich die dritte Kategorie auf die mediale und die kommunikative Qualität einer spezifischen digitalen Literatur. Im Sinne Winkos soll im Folgenden die Netz-Literatur zum Gegenstand werden, also eine Form der digitalen Literatur, die auf das World Wide Web und die Vernetzung von Texten miteinander, von Lesern untereinander sowie, so kann man inzwischen ergänzen, von Autoren und Lesern über Texte angewiesen ist. Im Zentrum sollen repräsentative Beispiele stehen, die Autor-Leser-Interaktion in unterschiedlichen Formen und Intensitäten organisieren und dabei mit der klaren Differenz von Autor und Leser brechen.

Dabei muss beachtet werden, dass sich die medialen Ausgangsbedingungen für die literarische Produktion, Distribution und Rezeption transformieren und dass Autoren literarästhetisch produktiv mit den veränderten Medienverhältnissen umgehen. Zusätzlich ändert sich auch die Wertschöpfungskette der Buchkultur fundamental, die in der Gutenberg-Galaxis Autoren und Leser ganz weit auseinandergerückt hat. Zwischen diesen beiden Polen der literarischen Produktion standen noch Institutionen wie der Verlag, die Druckerei, die Verlagsauslieferung und das Barsortiment sowie der Bucheinzelhandel bzw. die Bibliothek.[27]

Christoph Bläsi konstatiert aus buchwissenschaftlicher Sicht, dass in der Kommunikationswelt der Sozialen Medien – z. B. in der Wikipedia – diese Wertschöpfungskette durch einen Kommunikationskreis ersetzt würde, in dem ‚Reader/Author'-Figuren jenseits eines einseitigen Sender-Empfänger-Modells direkt miteinander kommunizieren, ohne durch die Zwischeninstitutionen des literarischen Marktes voneinander getrennt zu werden.[28] Während für die Intermediäre des Buch-Literaturmarkts in einem solchen Modell kein Platz mehr wäre, differenzieren sich verschiedene Formen der Autor-Leser-Interaktion aus, die sich auch in einem Genre niederschlagen, das als ‚Autor-Leser-Texte' bezeichnet werden kann: In einem breiten Sinne bezeichnet dieser Begriff sowohl die kommunikative Vernetzung von Autor und Leser im Schreibprozess (z. B. in der Literaturproduktion in Sozialen Medien oder bei Online-Schreibprojekten) als auch die öffentliche Anschlusskommunikation durch Leser, wenn sie beispielsweise einen gegebenen Text fortschreiben und diese Anschlussproduktion wieder öffentlich verfügbar machen und diskutieren (wie z. B. in der Fan-Fic-

26 Winko 2009, S. 294.
27 Vgl. Schaubild „Klassisches Wertschöpfungssystem der Buchbranche", Bläsi 2012, S. 323.
28 Vgl. Schaubild „Book communication circuit", ebd., S. 325.

tion). Der ‚Leser-Autor' wäre dann ein Leser, der im Produktionsprozess an der Seite des Autors steht bzw. dessen Text mit- bzw. fortschreibt. Der Autor wäre dann nicht mehr der alleinige Schöpfer eines abgeschlossenen Werks, sondern (auch) der Initiator bzw. Kurator eines offenen Schreib- und Kommunikationsprozesses, an dem Leser partizipieren.

Diese hybriden ‚Reader/Author'- bzw. ‚Leser-Autor-Figuren' sind auch Teil der allgemeineren gesellschaftlichen Entwicklung, dass die Digitalisierung bestehende (Arbeits-)Hierarchien und (Kompetenz-)Grenzen auflöst. In der Netzwerkgesellschaft, so die politik- und arbeitswissenschaftlichen Spezialdiskurse, werden kollaborative Arbeitsformen, Konzepte des ‚Do It Yourself' sowie Partizipation und Teilhabe zu positiv besetzten Tätigkeitsformen. Im Bereich der kulturellen Produktion finden diese Tendenzen ihren Ausdruck im ‚User Generated Content', der wiederum vom ‚Prosumer' produziert wird, der kategorisch die Differenz zwischen dem ‚Producer' (z. B. einem Autor) und dem ‚Consumer' (z. B. einem Leser) aufhebt;[29] die Autor-Leser-Interaktion ist somit auch als Teil des Social Prosuming zu kategorisieren.

Während dieses Modell schon seit einigen Dekaden von Autoren wie Marshall McLuhan und Alvin Toffler als eine eher optimistische Utopie der immateriellen Produktion dargestellt wird, die zugleich die bestehenden Marktverhältnisse und Arbeitshierarchien subvertieren helfe, nehmen Markus Metz und Georg Seeßlen eine pessimistische Gegenposition ein. In ihrem kulturkritischen Band *Blödmaschinen. Die Fabrikation der Stupidität* halten sie fest: „Die elektronische Kollektivierung hat offensichtlich eine Blödmaschine unvorstellbaren Ausmaßes erzeugt, und zwar eine, für die man beim besten Willen keine Verschwörung, sondern allenfalls den Markt als solchen verantwortlich machen kann".[30] Prosuming und, im literarischen Diskurs, die Verbindung von Autor und Leser wird also sowohl mit utopischen Potenzialen aufgeladen wie auch als eine besondere Form der Dummheitsproduktion bewertet. Aber jenseits ihrer Bewertung: Auf welche rechtlichen und technischen Voraussetzungen ist eine solche Form der kulturellen Produktion angewiesen?

2.3 Texte als Commons, Transparenz der Lesedaten und Langzeitarchivierung. Voraussetzungen für eine offene Autor-Leser-Interaktion in Netzwerk-Schreibräumen

Als das Rechtsstatut des geistigen Eigentums Ende des 18. Jahrhunderts intensiv diskutiert und schließlich im 19. Jahrhundert etabliert wurde, ging es vor allem

29 Vgl. u. a. Toffler 1980, S. 282–305.
30 Metz/Seeßlen 2011, S. 596.

um die Frage, auf welcher rechtlichen und ökonomischen Basis die Berufsausübung freier Schriftsteller garantiert werden könnte. Aus seinem geistigen Eigentum wird sowohl das Recht des Schriftstellers abgeleitet, über die Monetarisierung eines Textes zu entscheiden (im Regelfall wird dazu das Verlagsrecht an einen Verlag übertragen), als auch das Schutzrecht, dass sein Werk nicht unerlaubt geändert und unautorisiert veröffentlicht werden darf – dieser automatische Schutz eines Werks ist historisch als Abgrenzung gegen die fremden (und oft modifizierenden) Nachdrucke Ende des 18. Jahrhunderts entstanden. Eine solche Konstruktion des freien Schriftstellers erlaubt – zumindest theoretisch[31] – individuelle Kreativität in einem rechtlich und ökonomisch geschützten Rahmen, deren Ergebnisse – im Regelfall in einem gedruckten Buch veröffentlicht – über einen komplexen literarischen Markt an die Leser vermittelt werden.

Diese Geschäfts- und Rechtsstruktur erweist sich in der digitalisierten Gesellschaft eher als hinderlich denn als produktiv für die vernetzte Produktion, Distribution und Modifikation von kulturellen Werken. Yochai Benkler hat in *The Wealth of Networks* schon 2006 das fundamentale Spannungsverhältnis zwischen den (urheber-)rechtlichen Regelungen einerseits und den Erfordernissen einer digitalen Kultur andererseits beschrieben: „In law we see a continual tightening of the control that the owners of exclusive rights are given. Copyrights […] are interpreted as reaching into every corner of valuable use." Zugleich sei jedoch deutlich: „To flourish, a networked information economy rich in social production practices requires [forms of] a[n] exchange that are open for all to use."[32] Wie kann nun die Netzliteratur mit dieser Spannung zwischen rechtlichen Regulierungen und kommunikativer Offenheit produktiv umgehen? Und auf welchen Ebenen sind welche Regulierungen notwendig bzw. hinderlich?

Zwar ist der Normalfall weiterhin, dass Werke urheberrechtlich geschützt sind, aber es ist Autoren möglich, ihre *Werke im Sinne des Open Access frei verfügbar, nachnutzbar und modifizierbar zu machen.* Solche Texte werden zu Commons, also Gemeingütern, indem sie beispielsweise unter einer entsprechenden Creative Commons-Lizenz veröffentlicht werden (z. B. erlaubt die Lizenz CC BY-NC die freie nicht-kommerzielle Verbreitung und Modifikation von Werken unter Nennung des Autornamens).[33] Hierzu müssen Autoren jedoch explizit ihr Werk als eine Ausnahme von den sonst automatisch gültigen Schutzrechten des Urheberrechts definieren.

Neben dieser rechtlichen Öffnung eines Textes müssen weitere netzliterari-

---

31 In der Realität verdienen Schriftsteller – wenn man ihren Selbstangaben bei der Künstlersozialkasse vertrauen darf – nur etwa 1.500 € brutto monatlich, weshalb davon auszugehen ist, dass für die meisten Autoren ihre schriftstellerische Tätigkeit nicht die einzige Erwerbsquelle ist. Vgl. Künstlersozialkasse 2017.

32 Benkler 2006, S. 469f.

33 Vgl. Creative Commons 2017.

sche Standards etabliert werden, die eine offene und nachhaltige Kommunikation rund um einen Text gewährleisten. In seinen Überlegungen über das Lesen im Zeitalter der Digitalisierung weist Martin Doll der Verdatung des Leseprozesses einen besonderen Stellenwert zu, da E-Book-Reader und die meisten Online-Leseplattformen heute einen „herstellerseitig bedingten Rückkanal" besitzen,[34] der Daten über das Leseverhalten der Nutzer an den Verlag und/oder Autor sendet, die wiederum zur Verbesserung des Textes oder bei der Produktion neuer Texte genutzt werden können. Doll verweist auf *The Wall Street Journal*, das schon 2012 die griffige Formel formuliert: „Your E-Book Is Reading You."[35] Auf dieser Basis stellt er fest, dass das digitale Lesen schon durch die im Leseprozess produzierten und automatisch weitergeleiteten Daten „zumindest indirekt zu einer Form des Mitschreibens" werde.[36] Im Sinne einer literarischen Kommunikation, die dem offenen Verhältnis von Autoren und Lesern angemessen wäre und dem Ideal eines souveränen Datenmanagements entspräche, wäre eine weitgehende *Offenlegung der erhobenen Lesedaten und ihrer Nutzung* geboten.

Dabei kann es auch wichtig sein, dass die Leser ihre Daten (teilweise) schützen können und dass ihnen die jeweiligen Anbieter diese Optionen bereitstellen. Da Konzerne wie Amazon (mit seinem E-Book-Reader ‚Kindle'), Google (mit seiner ‚Book Search'), Facebook und Twitter momentan in einer monopolistischen Stellung sind und ihre Geschäftsmodelle zu großen Teilen auf der Vermarktung von User Generated Content basieren, wird *die institutionelle Partizipation von Nutzern sowie die Transparenz von Software und Algorithmen für die Öffentlichkeit* im Rechtsdiskurs bereits intensiv diskutiert. Maayan Perel und Niva Elkin-Koren beschäftigen sich beispielsweise mit dem Problem, dass „algorithms that enforce online activity are mostly implemented by private, profit-maximizing entities, operating under minimal transparency obligations."[37] Die beiden Juristinnen befassen sich mit den intransparenten Algorithmen der größten ‚Online-Intermediaries', die zugleich massiv das weltweite Online-Verhalten und die Distribution von Inhalten beeinflussen (sowie mit dem Spezialfall, dass die sich selbst optimierenden Algorithmen zur Löschung urheberrechtlich geschützter Inhalte teilweise von den Intermediären selbst nicht mehr verstanden werden).

Perel und Elkin-Koren fordern an erster Stelle das Engagement der Nutzer, sich um einen Zugang zu diesen Informationen zu bemühen, und dafür die

34 Doll 2017, S. 6. Der Beitrag *Lesen im Zeitalter der Digitalisierung* wird im neuen Handbuch *Lesen* erscheinen.
35 Alter 2012.
36 Doll 2017, S. 6.
37 Perel/Elkin-Koren 2016a, S. 1.

„proactive methodology of black box tinkering“[38] zu verwenden, für die allerdings erst juridisch ein Schutzraum geschaffen werden müsse. Auch hier geht es also darum, den Lesern eine experimentelle Nachnutzung von digitalem Wissen (das in diesem Fall aus teilweise maschinell produzierten Algorithmen besteht) zu ermöglichen. Neben einem solchen Engagement der individuellen Nutzer fordern sie die Stärkung unabhängiger Gruppen, sog. „Watchdogs“, institutionelle Veränderungen der Online-Intermediäre selbst sowie eine intensivere regulatorische Aktivität des Staates.[39] Sollte eine solche transparente Kontrolle durch die Öffentlichkeit nicht umgesetzt werden, könne dies „worrying impacts on freedom of speech and the rule of law“[40] haben.

Schließlich ist die *Langzeitarchivierung der Netzliteratur nach bibliothekarischen Standards* bislang nur bedingt gewährleistet, aber fundamental wichtig. Da einzelne repräsentative Projekte der deutschsprachigen Netzliteratur bereits nicht mehr verfügbar waren, hat sich die Bibliothek des Deutschen Literaturarchivs Marbach in einem DFG-Projekt von 2013 bis 2015 um den Aufbau eines Quellencorpus für die Netzliteratur bemüht. Dabei konnte sie zwar einige grundlegende Fragen der Textauswahl und der notwendigen Metadaten und technisch-archivarischen Voraussetzungen klären; Jutta Bendt konstatiert jedoch zum Projektabschluss: „Die langfristige, authentische Erhaltung der Benutzbarkeit und der sachgerechte und sichere Zugang stellen große Aufgaben für die digitale Bestandserhaltung dar.“[41] Dies gilt bereits für die im Projektkontext archivierte Netzliteratur von Autoren, die auf einem eigenen Webspace gearbeitet haben; im Fall von spezifischen Netzliteraturen auf den Servern kommerzieller Plattformen – wie z. B. der ‚Twitteratur‘ – besteht dieses Problem in noch größerem Maße.

Wenn man diese Voraussetzungen einer nachhaltigen netzliterarischen Kommunikation mit dem Geschäftsmodell des wichtigsten Online-Buchhändlers *Amazon* vergleicht, der selbst eine eingeschränkte Leser-Leser-Kommunikation anbietet (über die Abbildung von fremden Leser-Annotationen auf dem E-Book-Lesegerät *Kindle* sowie durch die Bereitstellung bewertbarer Leserrezensionen auf seiner Webseite), werden direkt einige fundamentale Probleme sichtbar. In den Allgemeinen Geschäftsbedingungen von Amazon wird klar und in Abgrenzung vom (Print-)Buchmarkt definiert: Die insbesondere auf dem von Amazon vorgesehenen Lesegerät Kindle zu nutzenden Inhalte „werden durch den Anbieter von Inhalten lizensiert, nicht aber verkauft.“ Bei der Nutzung des Lesegeräts wird eine Software verwendet, die „Amazon Informationen über die

38 Ebd., S. 53.
39 Perel/Elkin-Koren 2016b, S. 525–531.
40 Ebd., S. 531.
41 Bendt 2017, S. 9.

Nutzung Ihres Kindle-Gerätes [liefert] [...] (z. B. verfügbarer Speicherplatz, Aktivzeit, Protokolldateien, Signalstärke, Netzwerkdiagnose, Nutzung von Inhalten, Suchanfragen und Standorte).“ Diese Informationen wiederum „werden möglicherweise auf Servern außerhalb Ihres Wohnsitzlandes aufbewahrt“.[42] Auf diese Weise erfüllt Amazon einige zentrale Voraussetzungen einer offenen Autor-Leser-Interaktion nicht – z. B. die Definition von Texten als Commons und die ggf. eingeschränkte und generell transparente Nutzung der Lesedaten. Dass die öffentliche Kritik an Amazon sich jedoch vor allem an der monopolistischen Position des Konzerns, seinem Geschäftsmodell und seinen Arbeitsbedingungen abarbeitet,[43] zeigt noch einmal die Notwendigkeit, auch die hier genannten Standards stärker in die öffentliche Debatte einzubringen.

Es kann hier nicht untersucht werden, inwiefern andere Social Reading-Anbieter wie *Sobooks* oder *log.os*, die mit offeneren Konzepten werben,[44] tatsächlich eine gelungene Autor-Leser-Interaktion gewährleisten. Wie aber werden diese notwendigen Voraussetzungen einer offenen und transparenten Autor-Leser-Interaktion in konkreten netzliterarischen Projekten umgesetzt?

3 Offene Verfügbarkeit und Nachnutzbarkeit? Exemplarische Analysen von Autor-Leser-Texten in der deutschsprachigen Netzliteratur

Die rechtliche Situation von Autor-Leser-Texten soll in repräsentativen Bereichen der Netzliteratur untersucht werden, die Winko insbesondere durch ihren interaktiven Charakter bestimmt:[45] die ‚Interaktion von Text und Leser‘ sowie die ‚Kommunikation von Lesern miteinander‘ (diese können auch gut am Beispiel der Fan-Fiction untersucht werden, vgl. dazu den Beitrag von Kristina Busse zu diesem Band).[46] Hier soll wiederum die Kommunikation von Autor und Lesern an zwei repräsentativen Projekten der Netzliteratur genauer analysiert werden: Ins Zentrum rücken die Twitteratur von @tiny_tales als Beispiel einer Literatur in Sozialen Medien und das Online-Schreibprojekt *morgen-mehr.de* von Tilman Rammstedt.[47]

42 AMAZON 2017.
43 *Die Zeit* hat 2014 neunzehn berühmte Autorinnen und Autoren gebeten, sich zu Amazon zu positionieren; niemand nutzt jedoch auch eine der oben genannten Kategorien für die – mitunter harsche – Kritik des Unternehmens. Vgl. RADISCH 2014.
44 Vgl. SOBOOKS.DE 2017 sowie LOG.OS SOCIAL 2017.
45 Vgl. WINKO 2009, S. 294.
46 Vgl. BUSSE 2017. Vgl. zur Frage der Legalität von ‚Fan Art‘ auch SUMMERER 2015.
47 Die Webseite *morgen-mehr.de* kann inzwischen nicht mehr aufgerufen werden (vgl. HANSER

Dabei geht es mir nicht darum, diese Bereiche und repräsentativen Beispiele tiefgreifend ästhetisch zu analysieren. Stattdessen möchte ich sehr fokussiert die jeweiligen Kommunikations- und Rechtsmodelle beschreiben, um einen Einblick zu erhalten, inwiefern eine offene Autor-Leser-Interaktion in sozialen Medienräumen tatsächlich stattfinden kann. Ich werde zuerst kurz die jeweilige Form der Netzliteratur und die in ihr vorgesehene Autor-Leser-Interaktion dargestellen, um anschließend an dem repräsentativen Beispiel zu untersuchen, inwiefern hier die Grundvoraussetzungen einer offenen Autor-Leser-Interaktion erfüllt sind, wobei ich mich auf die Kategorien der offenen Verfügbarkeit und der Nachnutzbarkeit konzentriere.

3.1 Auf die Plattform kommt es an. Verfügbarkeit und Nachnutzbarkeit der Twitteratur von @tiny_tales

Die Literatur in Sozialen Medien soll im Folgenden am Beispiel der Twitteratur exemplarisch beschrieben werden.[48] Twitteratur entsteht im Sozialen Netzwerk Twitter, einem Mikrobloggingdienst, auf dem die Nutzer seit 2006 Kurznachrichten mit einer maximalen Länge von 140 Zeichen veröffentlichen können. Diese ‚Tweets' können unter ‚Hashtags' wie #hashtaglesen thematisch gebündelt, von anderen Nutzern durch Weiterleitungen (‚Retweets') und ‚Likes' empfohlen oder aber kommentiert werden. Das Unternehmen Twitter ist seit 2013 börsennotiert und hat über 300 Millionen aktive Nutzer.

Autoren können Kürzestnarrationen als Tweets veröffentlichen, die durch das enge kommunikative Netz von Twitter unmittelbar auf kritische Kommentare, Um- oder Weiterdichtungen angelegt sind. Der bekannteste deutsche Twitteratur-Autor ist Florian Meimberg, der unter seinem Twitternamen @tiny_tales bis 2012 226 Tweets für etwa 18.000 Follower verfasste. Wenn man seine Tweets und die dazugehörigen Antworten aufruft, sieht man nicht nur Meimbergs Mikronarrationen, sondern auch ein Textnetzwerk von direkten Kürzestrezensionen, Nach- und Umdichtungen und Werbung für Lesungsveranstaltungen – also eine spezifische Form von Autor-Leser-Texten in einem Sozialen Medium.[49]

In diesem Fall wird jedoch deutlich, dass Twitter die Tweets nicht nachhaltig archiviert, da es nach einigen Jahren alte Tweets löscht. Die Flüchtigkeit dieses Sozialen Netzwerks beschreibt auch Kathrin Passig als eines seiner wichtigsten Merkmale. Sie prophezeit zudem (nach einem Hinweis auf die 2003 gegründete

Literaturverlage 2015), es erfolgt eine automatische Weiterleitung auf Hanser Literaturverlage 2017.

48 Einen pointierten Überblick über die Literatur in Sozialen Medien gibt Kreuzmair 2016.

49 Vgl. @tiny_tales und andere 2011–2012.

Plattform Myspace): „Auch Twitter wird es eines Tages nicht mehr geben.“[50] Es gibt jedoch die Möglichkeit für alle Nutzer, ihr eigenes Twitter-Archiv downzuloaden, wodurch die nachhaltige Sicherung der Inhalte nicht institutionell gewährleistet, sondern zu einer Privatangelegenheit der Nutzer wird.

Rechtlich lässt die kommerzielle Plattform Twitter ihren Nutzern alle Rechte an ihren Tweets; Twitter behält sich jedoch „eine weltweite, nicht exklusive, unentgeltliche Lizenz“[51] zur Verbreitung der Inhalte vor. Während es ein wichtiges Element der Kommunikation in Sozialen Medien ist, dass die einzelnen Tweets in einer Zitatform mit markierter Autorschaft verbreitet werden, ist unklar, ob Tweets auch ohne Namensnennung von anderen Nutzern republiziert werden dürfen. Der Rechtsanwalt Carsten Ulbricht stellt in diesem Zusammenhang die grundsätzliche Frage, ob ein Tweet von einer maximalen Länge von 140 Zeichen überhaupt in der Lage sei, die für die Zuweisung des Urheberrechtsschutzes obligatorische Schöpfungshöhe zu einem eigenständigen Werk zu erreichen. Im Gegensatz dazu müsste man jedoch eigentlich fragen, ob die Begriffe des ‚Werks‘ und der ‚Schöpfungshöhe‘ zur Kategorisierung von Tweets mit narrativen Qualitäten überhaupt noch angemessen sind, denn Äußerungen im Sozialen Medium Twitter sind grundsätzlich in eine kommunikative Netzwerkstruktur eingebunden und daher schwerlich als eigenständige (ästhetische) Werke zu klassifizieren und zu schützen. Grundsätzlich plädiert jedenfalls auch Ulbricht für „ein neues, europäisches Urheberrecht, welches […] weit verbreitete Handlungen von Internetnutzern nicht mehr kriminalisiert.“[52]

Florian Meimberg hat diese Werkfrage pragmatisch gelöst, indem er seine Tweets 2011 zu einer Buchveröffentlichung gebündelt und unter dem Titel *Auf die Länge kommt es an* publiziert hat. Diese spezifische Kompilation weist der S. Fischer Verlag GmbH das ausschließliche Nutzungsrecht zu, denn die spezifische Auswahl und ihre Gestaltung begründet hier den Werkcharakter der zuvor noch vernetzten Textelemente.[53] Zwangsläufig spart der Buchkontext jedoch die Autor-Leser-Interaktion aus – medial wird hier eine netzliterarische Produktionsweise genutzt, um ein gedrucktes Buch zu ermöglichen, das als Digitalisat wie ein Produkt der Gutenberg-Galaxis wirken würde.

---

50 Passig 2012, S. 61. Passig weist zudem auf die problematische Suchfunktion hin, denn man habe „kaum eine Chance, [ältere Beiträge] wiederzufinden.“ Ebd., S. 83.

51 Twitter 2017.

52 Ulbricht 2014.

53 Vgl. Meimberg 2011, S. 4.

3.2 *morgen-mehr.de* gibt es heute schon nicht mehr. Verfügbarkeit und Nachnutzbarkeit des Online-Schreibprojekts von Tilman Rammstedt

Mit dem Crowdfunding hat sich eine digitale Anschubfinanzierungsform für (kulturelle) Projekte etabliert, die an die im Bereich der Literatur bekannte Subskription anschließt, jedoch den resultierenden Produktionsprozess im Regelfall anders gestaltet: Während sich die Subskription auf den Vorabkauf eines von einem Verlag bereits geplanten Buchprojekts bezieht, das durch die Subskriptionserlöse überhaupt erst oder aber in einer hochwertigeren Form umgesetzt werden kann, wird mit dem Crowdfunding oft auch die Einbindung der Unterstützer in den Produktionsprozess verbunden. In diesem Kontext entstehen unterschiedliche Formen von Autor-Leser-Texten. Neben der größten deutschen Crowdfunding-Plattform *Startnext* (seit 2010) sind mit *100 Fans. Crowdfunding für Bücher* oder *CrowdFans. Crowdfunding für Literatur und Hörbücher* (beide seit 2013) spezifische Plattformen für literarische Projekte entstanden.[54]

Mit den Sachbüchern *Eine neue Version ist verfügbar* von Dirk von Gehlen (2012, 350 Unterstützer finanzierten 14.182 €) und *Drachenväter. Die Geschichte des Rollenspiels und die Geburt der virtuellen Welt* von Konrad Lischka und Tom Hillenbrand (2013, 428 Unterstützer finanzierten 20.511 €) sowie dem Facebook-Roman *Zwirbler* des ‚Zwirbler-Teams' (2014, 144 Unterstützer finanzierten 15.380 €) übertrafen seit 2012 mehrere *Startnext*-Buchprojekte ihr Fundingziel und konnten realisiert werden. Diese drei Projekte wurden später auch in Kleinst-, Self- oder Crowdpublishing-Verlagen als gedruckte Buchversionen veröffentlicht (Metrolit, Monsenstein und Vannderdat, Kladde Buchverlag). Diese entdigitalisierten Versionen sind wiederum urheberrechtlich geschützt (vom Verlag bzw. im Fall von *Drachenväter* von den Autoren), wobei *Eine neue Version ist verfügbar* zugleich unter eine CC BY-NC-SA 3.0 DE-Lizenz gestellt wurde, die den Lesern ermöglicht, eigene neue Versionen des Ausgangstextes zu produzieren und diese zu veröffentlichen.

Besonders große Aufmerksamkeit erhielt das Projekt *morgen-mehr.de* von Tilman Rammstedt,[55] das zunächst über einen (relativ geringen) Fundingbetrag gestartet wurde. In einem zweiten Schritt sollte der Autor innerhalb von 64 Tagen den Roman schreiben. Dabei konnten seine Erstleser auf der geschlossenen

54 Vgl. Startnext 2017; 100 Fans 2017 sowie CrowdFans 2017.

55 Diesem Projekt wurde auch im Kontext der Tagung *#Lesen*, die diesem Sammelband zugrunde liegt, eine besondere Bedeutung zugemessen, da Tilman Rammstedt am ersten Abend der Konferenz zu einer Veranstaltung in das Literarische Zentrum Göttingen eingeladen war. Die Lesung konnte auf einer Twitterwall, die hinter dem Autor platziert war, von den Zuhörern live kommentiert werden; dies erwies sich als sehr spezifische Form der Autor-Leser-Interaktion. Siehe dazu LovelyBooks.de 2016.

Plattform *morgen-mehr.de* die täglichen Textstücke kommentieren. An der Anschubfinanzierung beteiligten sich 226 Unterstützer;[56] es wurden schließlich insgesamt knapp zweitausend ‚Roman-Abonnements' für *morgen-mehr.de* erworben; 674 Leser folgten dem Projekt via WhatsApp. In diesem Schreib- und Kommentarprozess, der vom 11.01. bis zum 08.04.2016 dauerte, entwickelte sich eine intensive Leser-Leser- und teilweise auch eine Autor-Leser-Interaktivität. Unter dem letzten Kapitel des Romans finden sich etwa zweihundert Kommentare, die noch bis Juli 2016 verfasst wurden und an denen sich auch der Autor selbst und sein Lektor, der Hanser-Verlagsleiter Jo Lendle, beteiligten. Die Leser nutzten die Kommentiermöglichkeit sowohl zur Darstellung ihrer Leseeindrücke als auch für Vorschläge zur Textgestaltung. Einige Leser verfassten gar eigene Gedichte und kurze literarische Stücke, schrieben also den Ausgangstext weiter oder ließen sich durch ihn inspirieren.

Im Juli 2016 wurde der Roman *Morgen mehr* dann in einer bearbeiteten Version als Hardcover und E-Book veröffentlicht.[57] Inzwischen ist die Lesecommunity auch für Abonnenten nicht mehr verfügbar; die Seite *morgen-mehr.de* leitet nun direkt auf die Verlagsseite zum Buch weiter, die eine Kurzbeschreibung des Projekts, ein zusammenfassendes Video und Links auf Texte von Jo Lendle und Tilman Rammstedt enthält.[58] Durch die Abschaltung dieses Kommunikationsraums wird die Autor-Leser-Interaktvität ausgelöscht, die den Autor laut eigenen Angaben allerdings in seinem Schreibprozess durchaus beeinflusst habe: Wenn er den Text „ohne Publikums-, ohne Leserkommentare geschrieben hätte, wäre es auch ein anderes Buch geworden".[59] Indem der Verlag den weiteren Zugriff auf die Online-Plattform verhindert, setzt er erstens den Fokus auf das traditionelle Endprodukt, in diesem Fall also den Roman in Buchform; zweitens reduziert er den Fokus auf den Autor und subtrahiert er die Beiträge der Leser; drittens wertet er den besonderen Produktionsprozess des Romans zu einer Werbephase für das eigentliche Buch um.

Dies entspricht auch einer Beschreibung des Crowdfundingprozesses durch den Autor selbst: „Weder dem Verlag noch mir ging es darum, beim Vorverkauf der Abonnements auf Startnext eine bestimmte Summe einzuspielen. Wir hätten das Projekt ja auch gemacht, wenn das angegebene Ziel nicht erreicht worden wäre."[60] Das führt allerdings den Grundgedanken des Crowdfundings ad absurdum, das in diesem Fall von einem alternativen Finanzierungsmodell für Kulturprojekte zu einer Werbeplattform für Buchprojekte umgewertet wird. Ein solches Online-Schreibprojekt rekonstituiert letztlich eine scharfe Unterschei-

56 Vgl. Startnext 2015.
57 Vgl. Rammstedt 2016.
58 Vgl. Hanser Literaturverlage 2017.
59 LovelyBooks.de 2016, 87:15–87:21 Min.
60 Tilman Rammstedt, zit. n. Geißler 2016.

dung zwischen einer erinnerungslosen Digitalkultur, die auf Aufmerksamkeit und Gegenwärtigkeit angelegt ist, sowie einer nachhaltigen Buchkultur, die Schreibprozesse im statischen Objekt Buch kondensiert – und stellt zwischen diesen beiden medialen Formaten eine klare Hierarchie her: Der digitale Leseraum sei nur ein Element der Öffentlichkeitsarbeit und kein erinnerungswürdiges Element des Schreibprozesses oder gar des Werkes.

4 Interaktive Netzliteratur: Urheberrechtlich geschützt oder offen verfügbar und nachnutzbar? Fazit und Ausblick

Dieser Beitrag hat gezeigt, dass das deutsche Urheberrecht historisch vor allem von einer klaren Trennung zwischen dem schöpferischen Autor und dem rezipierenden Leser ausging; dass es das künstlerische Werk als schützenswert erachtet, wenn es eine bestimmte Schöpfungshöhe erreicht; und dass es vor allem zur Wahrung der Werkintegrität beitragen und vor unautorisierter Verbreitung und Modifikation schützen soll. Zugleich haben wir gesehen, dass diese rechtliche Konstruktion, die eigentlich die künstlerische Produktivität garantieren und ihre Geschäftsmodelle stützen soll, in den veränderten künstlerischen Produktionsprozessen der digitalen Gegenwart eher hinderlich wirkt. In jenem Bereich der Literatur, der als Netzliteratur gerade auf die Interaktion zwischen Lesern und Texten, Lesern und Lesern sowie zwischen Lesern und Autoren angelegt ist, partizipieren Leser intensiv an der Produktion, Distribution und Modifikation von Werken. Die hier im Fokus stehenden Formen eines solchen Social Prosuming im Bereich der Literatur sind eine intensive Autor-Leser-Interaktivität oder daraus entstehende Autor-Leser-Texte.

Damit die Potenziale der Netzliteratur umfassend genutzt werden können und eine möglichst offene Autor-Leser-Interaktion in den sozialen Medienräumen stattfinden kann, müssen mehrere Voraussetzungen erfüllt sein: Die literarischen Ausgangstexte sollten möglichst frei verfügbar sein, indem sie beispielsweise unter einer CC-Lizenz nachnutzbar gemacht werden; die Daten, die bei der Autor-Leser-Interaktion, der elektronischen Lektüre und ggf. der Bearbeitung von Texten durch Leser entstehen, sollten transparent gemacht werden und von den Lesern kontrollierbar sein; schließlich sollten die entstehenden Texte nachhaltig präsentiert und möglichst nach bibliothekarischen Standards langzeitarchiviert werden.

Vor diesem Hintergrund hat der Beitrag zwei repräsentative Gegenstände analysiert, um die Frage zu klären, inwiefern aktuelle netzliterarische Projekte diese Voraussetzungen erfüllen und ob sich problematische Autor-Leser-Konstellationen ergeben. Bei der Twitteratur von @tiny_tales bzw. Florian Meimberg ist eine freie Verfügbarkeit der Tweets gegeben, während die Nachnutzbarkeit noch umstritten ist. Zudem gewährleistet die kommerzielle Social-Media-Plattform Twitter keine Langzeitarchivierung, und auch der Umgang mit den Leserdaten ist hier nicht transparent.

Daneben wurde das Online-Schreibprojekt *morgen-mehr.de* von Tilman Rammstedt analysiert. Zwar war die Autor-Leser-Interaktion im geschützten Bereich auf *morgen-mehr.de* sehr intensiv und der Autor konstatiert selbst, dass der interaktiv gestaltete Schreibprozess auch den Roman beeinflusst habe. Dieser Schreibprozess vollzog sich jedoch auf einer geschlossenen Plattform, die zudem nach dem Projekt unzugänglich wurde, wodurch der Crowdfunding-Prozess und die produktive Leser-Leser- und Autor-Leser-Interaktivität nachträglich zu einer Werbeaktion für den später überarbeiteten Roman umgewertet wurde. Auffällig ist zudem, dass sowohl die Tweets von Florian Meimberg als auch der Roman von Tilman Rammstedt wieder in traditioneller Buchform unter Subtraktion der Autor-Leser-Interaktion bei renommierten Buchverlagen veröffentlicht wurden.

Noch im Jahre 2015 hat die Kulturstaatsministerin Monika Grütters vehement die gesellschaftliche Relevanz des bestehenden Urheberrechts unterstrichen, das auch im Zeitalter des Internets die Wertschöpfung der Kreativen gewährleiste: „Das Urheberrecht muss daher weiterhin vom Urheber ausgehen. Es darf nicht in ein Verbraucherschutzrecht umgedeutet werden, sondern muss auch eine kulturpolitische Handschrift tragen.“[61] Grütters trennt somit weiterhin strikt zwischen Urhebern, also Autoren, und Verbrauchern, also Lesern. Dieser Beitrag sollte gezeigt haben, dass die kulturelle Produktion im Bereich der Netzliteratur ein anderes Verhältnis von Autor und Leser erfordert und dieses Verhältnis klarer und offenerer Regulierungen bedarf. Zugleich wurde deutlich, dass wir uns in einer Transformationsperiode befinden, in der wichtige netzliterarische Projekte nur teilweise die zentralen Voraussetzungen einer offenen Autor-Leser-Interaktivität erfüllen (können) und sich letztlich noch immer am Ideal der urheberrechtlich geschützten Buchveröffentlichung orientieren.

Dieser Beitrag hat sich allerdings auf einige der größten und kommerziellsten Plattformen (Twitter, Startnext) sowie auf literarische Projekte konzentriert, die als spätere Printveröffentlichung bei etablierten Verlagen wie S. Fischer oder Hanser publiziert wurden. Andere Ergebnisse würde wahrscheinlich eine Analyse genuiner Webprojekte einer jüngeren Generation von E-Book-Verlagen ergeben, wie beispielsweise von CulturBooks (seit 2013, in Berlin und Hamburg, geleitet von Zoë Beck und Jan Karsten), des Frohmann Verlags (seit 2012, Berlin, Christiane Frohmann) oder von mikrotext (seit 2013, Berlin, Nikola Richter).[62]

61 Grütters 2015.
62 Vgl. CulturBooks 2017; Frohmann Verlag 2017 sowie mikrotext 2017.

Dabei wäre es auch wichtig zu überprüfen, inwiefern diese veränderten literarischen Produktionsprozesse tatsächlich eine ästhetisch komplexe oder zumindest gesellschaftlich relevante Netzliteratur hervorbringen – hier könnten auch die von Norbert Bachleitner entwickelten Kategorien intermedialer, interaktiver und in spezifischer Weise programmierter Netzliteratur hilfreich werden. Letztlich ist somit die Frage, wem die Literatur in Sozialen Medien gehört, Teil eines viel umfassenderen gesellschaftlichen Findungsprozesses: Es bleibt zu klären, wie in der digitalen Gesellschaft das Wissen verteilt, Standards eines offenen und transparenten Umgangs mit kultureller Produktion und Nutzerdaten formuliert und umgesetzt sowie Partizipationsmöglichkeiten an kreativen Prozessen ermöglicht werden sollen, die in dieser Form in der Gutenberg-Galaxis nicht hätten bestehen können.

Bibliographie

100 Fans. Crowdfunding für Bücher, 2017, verfügbar unter http://www.100fans.de [19.04.2017].

Alter, Alexandra: „Your E-Book Is Reading You", in: *The Wall Street Journal*, 19.07.2012, verfügbar unter: https://www.wsj.com/articles/SB1000142405270230487030457749095 0051438304 [19.04.2017].

Amazon: *Allgemeine Geschäftsbedingungen*, verfügbar unter: https://www.amazon.de/gp/help/customer/display.html?nodeId=505048 [19.04.2017].

Anonymus: „‚Schwerer Schlag für Verlagskultur in Deutschland'. Börsenverein kritisiert Verbot von VG-Wort-Ausschüttungen an Verlage", in: *boersenblatt.net. Das Portal der Branche*, 21.04.2016, verfügbar unter: https://www.boersenblatt.net/artikel-boersenverein_kritisiert_verbot_von_vg-wort-ausschuettungen_an_verlage.1133213.html [26.04.2017].

Bachleitner, Norbert: „Das Lesen digitaler Literatur. Revision einer Kulturtechnik", in: Beutner, Eduard/Tanzer, Ulrike (Hg.): *lesen. heute. perspektiven.* Innsbruck u. a.: StudienVerlag, 2010, S. 184–201.

Bendt, Jutta: „Im Netz! Digitale Quellen im Archiv", in: Dies. (Hg.): *Netzliteratur im Archiv. Erfahrungen und Perspektiven.* Göttingen: Wallstein, S. 7–11.

Benkler, Yochai: *The Wealth of Networks. How Social Production Transforms Markets and Freedom.* New Haven u. a.: Yale University Press, 2006.

Bläsi, Christoph: „The book as a medium. Interesting phenomena to be researched with the help of digital humanities approaches", in: Ciotti, Fabio/Crupi, Gianfranco (Hg.): *Dall'Informatica umanistica alle culture digitali. Atti del Convegno di studi in memoria di Giuseppe Gigliozzi (Roma, 27–28 ottobre 2011).* Rom: Spienza. Universitá di Roma 2012, S. 319–338, verfügbar unter: http://digilab-epub.uniroma1.it/index.php/Quaderni_DigiLab/article/download/29/27 [19.04.2017].

Bolter, Jay David: *Writing Space. The Computer, Hypertext, and the History of Writing.* Hillsdale: Lawrence Erlbaum, 1991.

Bundesgerichtshof: *Urteil in dem Rechtsstreit Verlegeranteil UrhWG § 7 Satz 1*, verkündet am 21. April 2016, verfügbar unter: http://juris.bundesgerichtshof.de/cgi-bin/rechtsprechung/document.py?Gericht=bgh&Art=en&az=I%20ZR%20198/13&nr=74554 [26.04.2017].

Bundesministerium der Justiz und für Verbraucherschutz: *Gesetz über Urheberrecht und verwandte Schutzrechte*, 2017, verfügbar unter: http://www.gesetze-im-internet.de/urhg/ [19.04.2017].

Busse, Kristina: „Fan Fiction Tropes as Literary and Cultural Practices", in: Böck, Sebastian u. a. (Hg.): *Lesen X.0. Rezeptionsprozesse in der digitalen Gegenwart.* Göttingen: V&R unipress, 2017, S. 127–143.

Christ, Tobias: „Formen literaturbezogener Autor-Rezipient-Kommunikation vor der ‚digitalen Revolution'. Ein sozialgeschichtlicher Überblick", in: Böck, Sebastian u. a. (Hg.): *Lesen X.0. Rezeptionsprozesse in der digitalen Gegenwart.* Göttingen: V&R unipress, 2017, S. 253–280.

Creative Commons: *Mehr über die Lizenzen. Was unsere Lizenzen bewirken*, 2017, verfügbar unter: https://creativecommons.org/licenses/ [19.04.2017].

CrowdFans. Crowdfunding für Literatur & Hörbücher, 2017, verfügbar unter: http://www.crowdfans.de [19.04.2017].

CulturBooks, 2017, verfügbar unter: http://www.culturbooks.de/ [19.04.2017].

Doll, Martin: „Lesen im Zeitalter der Digitalisierung" (unveröff. Manuskript), wird veröffentlicht in: Parr, Rolf/Honold, Alexander (Hg.): *Grundthemen der Literaturwissenschaft. Lesen.* Berlin: De Gruyter, 2018 (in Arbeit).

Esslinger, Detlef: „Freie Journalisten blockieren mit radikaler Forderung die VG Wort", in: *Süddeutsche Zeitung*, 11.09.2016, verfügbar unter: http://www.sueddeutsche.de/kultur/verwertungsgesellschaft-wort-genug-ist-nicht-genug-1.3156668 [19.04.2017].

Fichte, Johann Gottlieb: „Beweis der Unrechtmässigkeit des Büchernachdrucks. Ein Räsonnement und eine Parabel", in: Ders.: *Gesamtausgabe der Bayerischen Akademie der Wissenschaften*, Bd. I.1: *Werke 1791–1794*, hg. von Lauth, Reinhard/Jacob, Hans. Stuttgart: Frommann, 1964, S. 409–426.

Frohmann Verlag, 2017, verfügbar unter: http://frohmann.orbanism.com/ [19.04.2017].

Geißler, Cornelia: „Ist das die Zukunft? Tilman Rammstedt schreibt sein nächstes Buch als Fortsetzungsroman zum täglichen Mitlesen", in: *Berliner Zeitung*, 04.01.2016, S. 21.

Grünberger, Michael/Leible, Stefan (Hg.): *Die Kollision von Urheberrecht und Nutzerverhalten.* Tübingen: Mohr Siebeck, 2014.

Grütters, Monika: *Kulturpolitische Forderungen für das Urheberrecht im digitalen Umfeld*, 10.03.2015, verfügbar unter: http://www.bundesregierung.de/Content/DE/_Anlagen/BKM/2015/2015-03-10-positionspapie-urheberrecht.pdf?__blob=publicationFile&v=1 [19.04.2017].

Hanser Literaturverlage: *morgen-mehr.de*, 2015, http://www.morgen-mehr/ [inzwischen nicht mehr verfügbar].

Hanser Literaturverlage: *Morgen mehr Rammstedt. Ein Roman-Abo*, 2017, verfügbar unter: https://www.hanser-literaturverlage.de/aktuelles/tilman-rammstedt-morgen-mehr [19.04.2017].

Hehl, Michael Peter: „Digitale Bohème vs. Bildungsbürgertum? Kultursoziologische Perspektiven auf Helene Hegemanns *Axolotl Roadkill*“, in: Schöll, Julia/Bohley, Johanna (Hg.): *Das erste Jahrzehnt. Narrative und Poetiken des 21. Jahrhunderts.* Würzburg: Königshausen & Neumann, 2011, S. 259–278.

Idensen, Heiko: „Die Poesie soll von allen gemacht werden! Von literarischen Hypertexten zu virtuellen Schreibräumen der Netzwerkkultur“, in: Majetovski, Dirk/Kittler, Friedrich (Hg.): *Literatur im Informationszeitalter.* Frankfurt a. M. u. a.: Campus, 1996, S. 143–184, verfügbar unter: https://www.netzliteratur.net/idensen/poesie.htm.

Kreuzmair, Elias: „Was war Twitteratur?“, in: *MERKUR. Deutsche Zeitschrift für europäisches Denken*, 04.02.2016, verfügbar unter: https://www.merkur-zeitschrift.de/2016/02/04/was-war-twitteratur/ [19.04.2017].

Künstlersozialkasse: *Künstlersozialkasse. Zahlen und Fakten rund um die Künstlersozialkasse*, 2017, verfügbar unter: http://künstlersozialkasse.org/Zahlen-und-Fakten-rund-um-die-Künstlersozialkasse.html [19.04.2017].

log.os social, verfügbar unter: https://logos.social/ [19.04.2017].

LovelyBooks.de: *Das Social-Reading-Experiment mit Tilman Rammstedt*, Video, 90:58 Min., verfügbar unter: https://www.youtube.com/watch?v=7HnTSa8_XLk [19.04.2017].

Meimberg, Florian: *Auf die Länge kommt es an. TINY TALES. Sehr kurze Geschichten.* Frankfurt a. M.: Fischer, 2011.

Metz, Markus/Seeßlen, Georg: *Blödmaschinen. Die Fabrikation der Stupidität.* Berlin: Suhrkamp, 2011.

mikrotext, 2017, verfügbar unter: http://www.mikrotext.de/ [19.04.2017].

Ohly, Ansgar: „Urheberrecht als Wirtschaftsrecht“, in: Depenheuer, Otto/Peifer, Karl-Nikolaus (Hg.): *Geistiges Eigentum: Schutzrecht oder Ausbeutungstitel? Zustand und Entwicklungen im Zeitalter von Digitalisierung und Globalisierung.* Berlin u. a.: Springer, 2008, S. 141–161.

Oppong, Marvin: „VG Wort. Neuverteilung der Millionenausschüttung wird zur Hängepartie“, in: *Meedia*, 12.09.2016, verfügbar unter: http://meedia.de/2016/09/12/vg-wort-neuverteilung-der-millionenausschuettung-wird-zur-haengepartie/ [19.04.2017].

Parr, Rolf: *Autorschaft. Eine kurze Sozialgeschichte der literarischen Intelligenz in Deutschland zwischen 1860 und 1930.* Heidelberg: Synchron, 2008.

Passig, Kathrin: „Die Zwitschermaschine. Was von Twitter übrig bleibt. Ein Vortragstext in 227 Tweets“, in: Brunner, Helwig/Dies./Schuh, Franz: *Die Kunst des Zwitscherns.* St. Pölten u. a.: Residenz, 2012, S. 53–84.

Perel, Maayan/Elkin-Koren, Niva: „Black Box Tinkering. Beyond Transparency in Algorithmic Enforcement“, in: *Florida Law Review* (forthcoming), 03.03.2016a, verfügbar unter: http://dx.doi.org/10.2139/ssrn.2741513 [19.04.2017].

Perel, Maayan/Elkin-Koren, Niva: „Accountability on Algorithmic Copyright Enforcement“, in: *Stanford Technology Law Review*, Vol. 19 (2016b), H. 3, verfügbar unter: https://journals.law.stanford.edu/sites/default/files/stanford-technology-law-review/print/2016/10/19-3-3-perel-elkin-koren-final_0.pdf [19.04.2017].

Radisch, Iris: „Brauchen wir Amazon?“, in: *Die Zeit*, 17.07.2014, verfügbar unter: http://www.zeit.de/2014/30/buchhandel-amazon-autoren/komplettansicht [26.04.2017].

Rammstedt, Tilman: *Morgen mehr. Roman.* München: Hanser, 2016.

SIMANOWSKI, Roberto: *Digital Art and Meaning. Reading Kinetic Poetry, Text Machines, Mapping Art and Interactive Installations.* Minneapolis u. a.: University of Minneapolis Press, 2011.

SOBOOKS.DE | SOCIAL READING, verfügbar unter: https://sobooks.de [19. 04. 2017].

STALDER, Felix: *Der Autor am Ende der Gutenberg-Galaxis.* Zürich: buch & netz, 2014.

STARTNEXT: *Tilman Rammstedt schreibt seinen neuen Roman – und wir sind Tag für Tag dabei*, 2015, verfügbar unter: https://www.startnext.com/morgen-mehr [19. 04. 2017].

STARTNEXT. CROWDFUNDING PLATTFORM FÜR PROJEKTE UND STARTUPS, 2017, verfügbar unter: http://www.startnext.com [19. 04. 2017].

SUMMERER, Claudia: *„Illegale Fans". Die urheberrechtliche Zulässigkeit von Fan Art.* Berlin u. a.: De Gruyter, 2015.

@TINY_TALES UND ANDERE: Tweets zu @tiny_tales, 2011–2012, verfügbar unter: https://twitter.com/tiny_tales/with_replies?lang=de [19. 04. 2017].

TOFFLER, Alvin: *The Third Wave.* London: Collins, 1980.

TWITTER: *Allgemeine Geschäftsbedingungen (wenn Sie außerhalb der Vereinigten Staaten von Amerika leben)*, 2017, verfügbar unter: https://twitter.com/tos?lang=de [19. 04. 2017].

ULBRICHT, Carsten: „Twitter & Urheberrecht. Ist die Übernahme fremder Tweets rechtlich zulässig?", in: *Recht 2.0. Internet, Social Media und Recht*, 17. 12. 2014, verfügbar unter: http://www.rechtzweinull.de/archives/1675-twitter-urheberrecht-ist-die-uebernahme-fremder-tweets-rechtlich-zulaessig.html [19. 04. 2017].

ULMER, Matthias: *Publikationsfreiheit für eine starke Bildungsrepublik*, Januar 2017, verfügbar unter: https://www.publikationsfreiheit.de/ [26. 04. 2017].

VG WORT: *Verzicht auf Rückabwicklung zu Gunsten von Verlagen*, 2016, verfügbar unter: https://tom.vgwort.de/Documents/pdfs/paperforms/verzichtserklaerung.pdf [26. 04. 2017].

VÖLTZ, Gregor: *Die Werkwiedergabe im Web 2.0. Reformbedarf des urheberrechtlichen Öffentlichkeitsbegriffs.* Wiesbaden: Gabler/Springer, 2011.

WINKO, Simone: „Am Rande des Literaturbetriebs. Digitale Literatur im Internet", in: Arnold, Heinz-Ludwig/Beilein, Matthias (Hg.): *Literaturbetrieb in Deutschland.* München: Edition Text und Kritik, 2009, S. 292–303.

WIR SIND DIE URHEBER: *Wir sind die Urheber!*, 2012, verfügbar unter: http://www.wir-sind-die-urheber.de/ [19. 04. 2017].

Orte des Lesens

Raphaela Knipp

Gemeinsam lesen. Zur Kollektivität des Lesens in analogen und digitalen Kontexten (*LovelyBooks*)

Abstract
In recent debates on digital reading cultures the figure of the solitary reader seems to be increasingly replaced by the notion of reading as a social and collective practice. Within academia there has been little critical investigation of this discussion so far. Therefore this article aims at revealing digital forms of collective reading (specified in the example of *LovelyBooks*) in relation to analog predecessors such as face-to-face reading groups.

1 Einleitung

Lesen ist einsam: Wer liest, konzentriert sich auf einen Text und zieht sich von seiner Umwelt zurück – so eine idealistische, aber zugleich diskussionswürdige[1] Auffassung dessen, was Lesen als Rezeptionspraktik auszeichnet. Verfolgt man demgegenüber die Debatten um digitale Medien und ihren Einfluss auf das Leseverhalten, begegnet vermehrt ein anderes Bild: „We all grew up with the sense that reading and writing are solitary behaviors [...]. The shift to networked digital cultures enables a move toward increased collaboration“,[2] bemerkt etwa Bob Stein, Gründer und Co-Direktor des *Institute for the Future of the Book*. Sehr ähnlich argumentiert auch der Buchwissenschaftler Dominique Pleimling: „Im Zeitalter der Digitalisierung wird Lesen wieder sozialer, [...] Texte [werden] wieder gemeinschaftlich rezipiert [...].“[3] Lesen also als soziale, gemeinschaftliche Tätigkeit – als ‚Social Reading‘, so eine Bezeichnung,[4] die im Umfeld di-

---

1 Um diese Auffassung zu revidieren, genügt schon ein Blick in die Geschichte des Lesens (siehe dazu ausführlicher Abschnitt 2 sowie die einschlägige Forschung, die sich um eine differenziertere Sichtweise bemüht, z. B. Rehberg Sedo 2011; Long 2003; Chartier 1990).

2 Stein 2011, o. S.

3 Pleimling 2012, o. S.

4 „Social Reading. Die Zukunft des Lesens“ heißt z. B. die Überschrift eines Beitrags, der im Rahmen der *Zukunftswerkstatt-Kolumne* erschienen ist (Kleist/Nötzelmann 2014) – dies

gitaler Lesekultur(en) derzeit häufig verwendet wird. Aufgerufen ist damit ein literarisches Kommunikationsmodell, das als integrales Moment einen aktiven, interagierenden Leser voraussetzt und den Lektüreprozess nicht primär als intimen Akt zwischen Text und einzelnem Leser begreift, sondern als kollektive Praktik. Dies lässt sich gegenwärtig etwa auf Literaturplattformen wie *Goodreads*, *Readme.cc* oder, im deutschsprachigen Raum, *LovelyBooks* beobachten.

Von wissenschaftlicher, insbes. literaturwissenschaftlicher Seite sind das Lesen als soziale, gemeinschaftliche Praktik und seine Dynamiken und Transformationen im digitalen Zeitalter bislang allerdings kaum untersucht worden.[5] Kulturgeschichtlich betrachtet hat gemeinsames Lesen, wie es derzeit mit Blick auf digitale Lesekulturen verstärkt in den Fokus rückt, analoge[6] Vorläufer und Verwandte, die mit den Möglichkeiten neuer Medien nicht einfach verschwinden. Anstelle der Rede von neuartigen Formen des Lesens erscheint es daher aus wissenschaftlicher Sicht geboten, die Kontinuitäten und Veränderungen gemeinschaftlicher Lesepraktiken in ihrer digitalen und analogen Ausprägung differenzierter in den Blick zu nehmen. Die folgenden Ausführungen verstehen sich als ein Beitrag[7] zu dieser Frage: In einem ersten Teil (Abschnitt 2) werden zunächst eine theoretisch-definitorische Annäherung an den kollektiven Aspekt des Lesens unternommen und analoge Vorläufer betrachtet. Darauf aufbauend wird im zweiten Teil auf Aspekte ihrer Transformation im digitalen Bereich eingegangen, wobei ein konkretes Beispiel genauer analysiert wird: die Literaturplattform *LovelyBooks* (Abschnitt 3). Der Beitrag schließt mit einem kurzen Fazit und Ausblick auf weiterführende Forschungsperspektiven (Abschnitt 4).

---

nur ein Beispiel für die ubiquitäre Verwendung der Begrifflichkeit mit Blick auf digitale Entwicklungen im Bereich Lesen. Der Begriff bleibt jedoch insofern diffus und kritisch zu betrachten, als er einerseits – in einem engen Sinne – als Spezifikum und populär wie auch ökonomisch wirksames Etikett digitaler Lesekulturen sowie andererseits als begrifflicher Allgemeinplatz für ein auf sozialen Austausch angelegtes Rezeptionsverhalten (nicht nur im digitalen Raum) fungiert.

5 Traditionellerweise konzentriert sich die Leser- und Leseforschung meist auf einzelne Leseobjekte (z. B. Roman, Zeitung, Comic etc.) und weniger auf Lesersubjekte und deren Rezeptionspraktiken. Eine an Leserpraktiken orientierte praxeologische Perspektive, wie sie dieser Artikel verfolgt, vermag demgegenüber Aufschluss über konkrete ‚Gebrauchsweisen' von Texten zu geben. Ich beziehe mich hier auf (jüngere) Ansätze der Soziologie und der Ethnographie, die anstelle von Texten oder Diskursen konkrete Akteure und deren Praktiken in den Fokus rücken (vgl. dazu u. a. Dang-Anh u. a. 2017; Reckwitz 2003; Schatzki u. a. 2001). Für eine literaturwissenschaftliche Anwendung praxeologischer Ansätze vgl. ausführlich Knipp 2017.

6 Die Bezeichnung ‚analog' wird in Abgrenzung zu digitalen Medien verwendet und meint jegliche Formen, die nicht auf digitalen Codes basieren.

7 Der Artikel basiert auf vorläufigen (Teil-)Ergebnissen eines laufenden Forschungsprojektes der Verfasserin, das sich mit Formen ‚literarischer Geselligkeit' in der Gegenwartskultur sowie deren Rolle und Bedeutung im Literaturbetrieb (Verlage, Autoren etc.) befasst.

2 Gemeinsam lesen. Eine ‚vordigitale' Annäherung

Will man sich mit Formen sozialen, gemeinsamen Lesens beschäftigen, ist es zunächst notwendig, eine für die literaturwissenschaftliche Rezeptionsforschung ungewöhnliche Perspektive einzunehmen, die DeNel Rehberg Sedo in einem Beitrag über „Literary Communities" wie folgt fasst: „[...] we may set the text aside as an object of analysis and instead emphasize the social structures that revolve around readers and their reading choices."[8] Wie einleitend bemerkt, ist es im Unterschied zu anderen Medienangeboten und Kunstformen – z. B. Theater, Oper, Kino oder heimischer Fernseher[9] – im Hinblick auf die Rezeption von Literatur eher untypisch, diese als soziale bzw. kollektive Praktik zu fokussieren. Betrachtet man die kanonischen Ansätze der Rezeptions- und Lesertheorie von Roman Ingarden über Wolfgang Iser bis hin zu Umberto Eco, so eint diese, dass sie den Leser losgelöst von sozialen Bezügen und das Lesen als einen monokausalen Prozess zwischen Text und einzelnem Rezipienten denken.[10]

Folgt man der Soziologin Elizabeth Long, so sind die mit dem Lesen häufig assoziierten Vorstellungen von Einsamkeit und Zurückgezogenheit, wie sie etwa auch durch das literaturtheoretisch dominante Leserindividuum protegiert werden, aber nur ein Teil dessen, was Lesen als Kulturtechnik auszeichnet: „A [...] powerful and [...] partial picture of the solitary reader governs our understanding of reading",[11] so Long in ihrer 2003 erschienenen Studie *Book Clubs. Women and the Uses of Reading in Everyday Life.* Longs Plädoyer lautet daher für ein Verständnis von Lesen, das dessen ‚sozialen Charakter' stärker berücksichtigt: „[...] I do not mean to deny the immensely private qualities of reading – only the idea that they are the whole story. Understanding reading as a purely solitary activity neglects [...] its social nature."[12] Neben den von ihr untersuchten „Book Clubs" führt Long dazu als Beispiele Vorlesesituationen im Kindesalter an, Orte der literarischen Sozialisation, wie Schule, Bibliotheken

---

8 Rehberg Sedo 2011, S. 1154.

9 Zur gemeinschaftlichen Fernsehrezeption vgl. Morley 1980; zum Theater (aus linguistischer Perspektive) Habscheid 2014; zur Oper Benzecry 2011.

10 Vgl. Ingarden 1968; Iser 1972 und Eco [1979] 1987. Eine Ausnahme bildet jedoch das rezeptionssoziologische Konzept der „interpretive community" nach Stanley Fish 1980, der von der Zugehörigkeit einzelner Leser zu übergreifenden Interpretationsgemeinschaften (z. B. im akademischen Bereich bestimmte theoretische Schulen) ausgeht.

11 Long 2003, S. 2. Als prägend für das Stereotyp des „solitary reader" weist Long, neben der Literaturtheorie, die Ikonografie, d. h. die visuell vermittelte Geschichte des Lesens aus, in der klassischerweise Motive einzelner Leser in intimen Lesesituationen überwiegen, durch die das Lesen, so Long, als einsame, individuell-kontemplative Praxis idealisiert werde (vgl. ebd., S. 2–16).

12 Ebd., S. 8.

oder Vereine, sowie informelle Gespräche über gelesene Bücher im Freundeskreis. Doch, so lässt sich kritisch fragen, rechtfertigt dies, von sozialem oder gemeinsamem *Lesen* zu sprechen? Geht es nicht vielmehr um die sozialen und kulturellen Rahmungen, die den individuellen Leseprozess umgeben?

2.1 Erweiterter Lesen-Begriff

Ein enges Begriffsverständnis vorausgesetzt, würde man ab dem Moment, wo ein Leser seine Aufmerksamkeit vom Text abwendet und den Lesevorgang unterbricht bzw. beendet, z. B. um über die Lektüre mit Freunden zu sprechen oder das Gelesene auf einer Literaturplattform zu kommentieren, nicht mehr von *Lesen* sprechen.[13] Unbestritten ist auch, dass in den überwiegenden Fällen, wo von ‚gemeinsamem Lesen' oder ‚Social Reading' die Rede ist, der eigentliche Leseakt weiterhin individuell – und in der Regel auch zeitlich und räumlich entfernt von der Gemeinschaftssituation – stattfindet (dies gilt z. B. für die meisten Literaturplattformen; siehe dazu Punkt 3).[14] Will man aber die sozialen und kollektiven Aspekte und Dynamiken des Lesens verstehen, so erscheinen beide Perspektivierungen wenig hilfreich.[15] Vielmehr ist es erforderlich, ein erweitertes Begriffsverständnis von Lesen zugrunde zu legen. In theoretischer Hinsicht bietet sich dazu Heinz Schlaffers pointierte Typologie unterschiedlicher Stadien des Lesens an.[16] Nach Schlaffer umfasst Lesen als kulturelle Praxis nicht

13 In einem engen Verständnis wird Lesen als kognitive Tätigkeit gefasst, als das Wahrnehmen schriftsprachlicher Zeichen. Vgl. dazu auch die Eingangsdefinition des Artikels „Lesen" im *Metzler Lexikon Literatur:* „verstehendes Wahrnehmen von Geschriebenem mittels Augen- und Tastsinn" (vgl. [Art.] „Lesen", S. 431).

14 Überdies existieren jedoch auch Formen, in denen tatsächlich in der Gruppe ‚gelesen' wird: z. B. in Vorleserunden in der Schule oder im Rahmen mündlicher Inszenierungen von Literatur (Lesungen oder Lyrikaufführungen). Der in Letzterem angesprochene Zusammenhang von Medialität und Gemeinschaftlichkeit ist gerade auch mit Blick auf die Geschichte des Lesens interessant: Wie Studien u. a. von Chartier 1990 und Schön [1987] 1993 zeigen, etabliert sich die Idee des isolierten Lesers und damit einhergehend die der intimen Lesesituation erst mit dem Aufkommen des gedruckten Buches und der Ablösung der Oralkultur. Davor bildete das laute, gemeinschaftliche Rezipieren von Literatur die dominante Rezeptionssituation, z. B. im mündlichen Vortrag literarischer Stoffe vor Publikum.

15 Dies lässt sich anhand von zwei einfachen Beispielen demonstrieren: Wird z. B. ein Bestseller wie *50 Shades of Grey* gelesen, weil es ein gutes Buch ist, oder weil *viele Menschen darüber reden?* Liest man z. B. Thomas Manns Roman *Buddenbrooks*, weil man sich für das Buch interessiert oder weil *es zum Kanon der Weltliteratur zählt?* In beiden Fällen, so möchte ich behaupten, haben die sozialen Rahmungen unmittelbaren Einfluss auf den individuellen Leseprozess.

16 Schlaffer 1999.

nur den Lesevorgang als solchen, sondern auch sämtliche Para-Praktiken,[17] die ihn ermöglichen oder verhindern, vor- oder nachbereiten, begleiten, ergänzen, anreichern etc. Lesen wird somit als ein Prozess verstanden und verstehbar, der nicht nur den Leseakt im engeren Sinne einschließt, sondern etwa auch die Auswahl des Lektürestoffes oder die Verarbeitung des Gelesenen, z. B. in Diskussionen mit anderen Lesern. Begreift man zudem, wie Julia Novak in ihrer Studie zu österreichischen Buchgruppen betont, „Lesen […] als Sinn gebenden Akt, als Konstruktion von Bedeutungen aus einem Text", so lassen sich Prozesse der Verarbeitung oder Kommunikation über literarische Texte – etwa in den von Novak untersuchten Buchgruppen und Literaturkreisen – als Teil dieses Verstehens- und Interpretationsprozesses von Literatur auffassen.[18]

2.2 Lesegemeinschaften und Literaturkreise als analoge (Vor-)Formen gemeinsamen Lesens

Im Sinne von Benedict Andersons Konzept der „Imagined Community" kann der individuelle Leseprozess ohnehin nie losgelöst von sozialen Aspekten gedacht werden. Am Beispiel des Lesens einer Tageszeitung macht Anderson deutlich, dass sich Medienrezipienten gewissermaßen immer in einer ‚Lesegemeinschaft' bewegen: Eine Zeitung liest man „in zurückgezogener Privatheit […], in der ‚Löwenhöhle des Kopfes', aber jedem Leser ist bewusst, dass seine Zeremonie gleichzeitig von Tausenden (oder Millionen) anderer vollzogen wird […]."[19] Übertragen auf die literarische Lektüre bedeutet dies: Wer etwa den neuesten *Harry Potter*-Band erwirbt und liest, weiß darum, dass dieses Buch (zur gleichen Zeit) auch von anderen Personen gelesen wird – und, was viele lesen, wird bekanntlich rasch zum Gespräch und damit zum Fokus eines geteilten Interesses, das wieder neue Leser erreicht, und so fort.

Ein geteiltes Interesse an Literatur und Lesestoffen bildet schließlich auch den Ausgangspunkt dafür, dass sich Leser über die von Anderson so bezeichnete anonyme „Imagined Community" hinaus in spezifischeren, räumlich und personell definierten Lesegemeinschaften organisieren.[20] Kulturgeschichtlich be-

17 Schlaffer (ebd., S. 5) spricht u. a. auch von „Paralektüre". Für den Austausch über Gelesenes verwendet er im Übrigen den Terminus „Mitgeteilte Lektüre" (S. 19f.).

18 Vgl. Novak 2007, S. 15f.

19 Vgl. Anderson [1983] 1996, S. 41.

20 Man könnte diesbezüglich auch von implizit bzw. explizit sozialem Lesen sprechen. Dem ersten Fall, wozu die „imagined community" zählt, liegt ein weiter Begriff von Kollektivität zugrunde, bei dem die Beteiligten einander nicht persönlich kennen müssen bzw. ggf. nicht einmal von ihrer gegenseitigen Existenz wissen. Im zweiten Fall kennen und treffen die Beteiligten sich in der Regel persönlich.

trachtet lassen sich solche Zusammenschlüsse in institutioneller Form bis ins 18. Jahrhundert zurückverfolgen: Lesegesellschaften, Lesekabinette und später literarische Salons stellen frühe Beispiele für ‚analoge' Formen gemeinschaftlicher Lektüre dar und können somit als historische Vorläufer von ‚Social Reading' in der Gegenwart gelten.[21] Bei solchen organisierten, Face-to-Face stattfindenden Ausprägungen gemeinsamen Lesens handelt es sich jedoch keineswegs um ein veraltetes Phänomen – ganz im Gegenteil lässt sich diese Praxis gegenwärtig in Form von so genannten „Reading Groups" oder „Book Clubs" bzw., im deutschsprachigen Raum, „Literaturkreisen", „Lesekreisen" oder „Buchgruppen" weiterhin beobachten. Dabei handelt es sich um private, zum Teil auch öffentliche Gruppen meist von Laienlesern, die sich darauf einigen, ein oder mehrere Bücher über einen festgelegten Zeitraum zu lesen und sich anschließend regelmäßig an einem *physischen* Ort zu treffen, um gemeinsam über die Lektüre zu diskutieren.[22] Wie man durch empirische Studien weiß, sind Face-to-Face-Literaturkreise vor allem in Großbritannien und in den USA ein weit verbreitetes Phänomen, für Deutschland liegen bislang hingegen kaum Vergleichsstudien vor.[23] Dass der Literaturkreis aber auch im deutschsprachigen Raum ein beliebtes Rezeptionsformat ist, zeigt sich unter anderem an Ratgeberbüchern[24] sowie Buchhandlungen und Verlagen, die ihr Angebot auf diese Zielgruppe hin spezifizieren. Um nur ein Beispiel zu nennen, hat der DTV-Verlag 2016 ein eigenes Portal für Lesekreise online geschaltet, in dem Begleitmaterial für die gemeinschaftliche Diskussion von ausgewählten Buchtiteln zur Verfügung gestellt wird.[25]

---

21 An dieser Stelle kann nicht ausführlich auf diese historischen (Vor-)Formen gemeinsamen Lesens eingegangen werden. Der Zweck der Lesegesellschaften war zunächst pragmatischer Natur: Durch den Beitritt konnten sich Leser möglichst kostengünstig und effizient Lesestoffe beschaffen. Die späteren Lesekabinette und literarischen Salons weiteten sich dann verstärkt zu Räumen der geselligen Kommunikation über Literatur aus (vgl. dazu ausführlich u. a. Prüsener 1972; Seibert 1993; Adam/Fauser 2005; Schmid 2013).

22 Es gibt bislang weder eine standardisierte Bezeichnung noch eine exakte Definition des Phänomens. Ich beziehe mich hier auf Novak 2007, die von „Buchgruppen" spricht und diese definiert „als eine Gruppe von LeserInnen […], die in mehr oder weniger regelmäßigen Abständen zusammen treffen, um sich über ein zuvor ausgewähltes Buch zu unterhalten" (ebd., S. 15).

23 Die quantitative Untersuchung in Hartley 2001 weist für die USA 500.000, für Großbritannien 50.000 solcher Gruppen nach. Vgl. ferner Long 2003; Taylor 2012 und Peplow u. a. 2016. Verlässliche quantitative Aussagen über die Anzahl von Lesegruppen zu treffen, fällt jedoch aufgrund der nicht öffentlichen Sichtbarkeit schwer.

24 Böhm 2011 hat z. B. „eine Anleitung" für Literaturkreise verfasst.

25 DTV-Lesekreise 2016. Für weitere Beispiele, wie Buchbranche und Literaturbetrieb das Phänomen aufgreifen, vgl. Novak 2007. Für korrespondierende Entwicklungen im digitalen Bereich siehe Abschnitt 3.1.

2.3 Motivationen für gemeinsames Lesen[26]

Aus den bisherigen Forschungen lassen sich drei zentrale Motive für gemeinschaftliches Lesen in Face-to-Face-Literaturkreisen herauspräparieren: Ein erster Aspekt kann als ‚intersubjektives Vergewissern' bezeichnet werden und hat mit der zuvor bereits thematisierten individuellen Natur des Lesevorgangs zu tun. Das Literaturgespräch ermöglicht es Lesern, die ‚einsame' Lesesituation zu kompensieren und die Lektüreeindrücke mit Gleichgesinnten zu teilen. Dabei spielt jedoch nicht nur der Wunsch eine Rolle, sich mit anderen über das Gelesene auszutauschen, sondern auch, den individuellen Horizont erweitern und die eigene Leseerfahrung mit den Interpretationen anderer Leser abgleichen zu können. Diesen Zusammenhang beschreibt Keith Oatley wie folgt: „[...] when we discuss books of fiction, [...] we exchange our impressions of fragments we have read with the impressions of fragments in the inner libraries of other people [...]."[27] Dieser Abgleich von individuellen Leseeindrücken erfolgt im Literaturkreis durch das koordinierte Gespräch, in dessen Rahmen Textbedeutung gemeinsam hergestellt wird. Wie eine Untersuchung von Peplow u. a. zeigt, kann durch die Diskursivierung von Leseerfahrungen in der Gruppe Einfluss auf die individuell wahrgenommene Textbedeutung genommen oder diese gar verändert werden.[28]

Zweitens dient die Vergemeinschaftung mit anderen Lesern häufig als ein Anlass, sich mit Büchern und Autoren auseinanderzusetzen, die den teilnehmenden Lesern vorher unbekannt waren bzw. mit denen sie sich außerhalb des Literaturkreises nicht beschäftigt hätten. Die soziale Interaktion kann somit also nicht nur Einfluss auf die Lesewirkung nehmen, sondern auch auf die Lesemotivation sowie die Auswahl von Lesestoffen. Hinsichtlich der Lektüreauswahl und -präferenz von Literaturkreisen weisen die Studien vermehrt nach, dass in vielen Fällen Gegenwartsliteratur dominiert, darüber hinaus aber auch häufig ein bestimmter Kanon an ‚Klassikern' behandelt wird. Insgesamt fällt auf, dass Face-to-Face-Literaturkreise aber weniger nach einem bestimmten Genre oder Autor ausgerichtet sind, sondern ein vielfältiges Spektrum an literarischen Themen bearbeiten.[29] Bei der Lektüreauswahl werden oftmals ‚klassische' Medien und

26 Die folgenden Ausführungen basieren auf empirischen Ergebnissen der in Anm. 23 genannten Studien zu Literaturkreisen von Laienlesern (d. h. ohne akademischen oder sonstigen institutionellen Hintergrund) sowie einer empirischen Untersuchung der Verfasserin in einem ebensolchen Literaturkreis im Bonner Raum. Die empirische Studie ist Teil des in Anm. 7 genannten Projektes und lief über einen Zeitraum von einem Jahr (2015).

27 Oately 2011, S. 178.

28 Vgl. Peplow u. a. 2016.

29 Auffallend ist jedoch, dass bevorzugt ‚realistische' Literatur rezipiert wird bzw. solche literarischen Texte, die sich im weitesten Sinne auf die Alltagswirklichkeit der Leser beziehen lassen.

Instanzen der Literaturkritik herangezogen, wie z. B. Besprechungen im Feuilleton oder in literaturthematischen Fernsehtalkshows, Bestsellerlisten,[30] Literaturpreise etc.

Drittens schließlich suchen Literaturkreismitglieder soziale Kontakte zu Gleichgesinnten. Dabei spielen auch Distinktionsabsichten eine nicht unerhebliche Rolle: Literaturkreise verorten sich häufig in einem elitär-intellektuellen bzw. bildungsbürgerlichen Milieu, und wie Beobachtungen und Befragungen zeigen, verbinden Teilnehmer mit der Partizipation an einem Lesekreis auch oftmals ein höheres kulturelles Kapital als mit anderen Freizeitangeboten oder Vereinen.[31] Demgegenüber grenzen sich Literaturkreise aber nicht selten auch bewusst von akademischen Zugängen zur Literatur ab. Long etwa argumentiert auf der Basis ihrer Beobachtungen, dass die Literaturgespräche in einem Laienliteraturkreis weniger an ästhetischen Kriterien als vielmehr an den persönlichen Erfahrungen der Teilnehmer orientiert sind.[32]

3 Gemeinsam lesen unter digitalen Bedingungen

Im digitalen Raum existiert inzwischen eine Vielzahl an Webseiten, Online-Foren oder sozialen Netzwerken, die – mitunter sehr verschiedene – Angebote zum gemeinsamen Lesen und Austausch über Literatur machen. Eine Systematisierung dessen, was man als ‚literarische Geselligkeit unter digitalen Bedingungen' fassen könnte, wie auch empirische Untersuchungen dazu, sind von wissenschaftlicher Seite bislang allerdings kaum unternommen worden.[33] Ohne ersteres an dieser Stelle zu leisten, erscheinen jedoch folgende Differenzierungen im Hinblick auf digitale Medien und ihren Einfluss auf kollektive Lesepraktiken relevant: Zunächst ist es wichtig, zu registrieren, dass offline stattfindende Praktiken wie die oben beschriebenen Literatur- und Lesekreise mit der Weiterentwicklung digitaler Technologien keineswegs an Bedeutung verlieren, sondern beide Bereiche sich vielmehr überschneiden und durchdringen. Beispiele, die dies zeigen, sind etwa Literaturplattformen wie *Readme.cc* oder *Pi-*

30 Wobei Bestsellerlisten insbes. auch zur Abgrenzung von einem ‚Massengeschmack' dienen können. Für diesen Hinweis danke ich Doris und Gerda E. Moser (Klagenfurt), die ebenfalls empirisch zum Thema arbeiten (siehe das FWF-geförderte Projekt „Bedeutungen literarischer Texte aushandeln. Kommunikation in Lesegemeinschaften" an der Universität Klagenfurt (Lesegruppen 2016).

31 Vgl. Long 2003; Hartley 2001. Die Studien weisen zudem nach, dass Teilnehmer von Literaturkreisen in der Regel über einen höheren Bildungsgrad verfügen und einer gut situierten Mittelschicht angehören.

32 Vgl. Long 2003.

33 Eine erste systematische Annäherung unternimmt aber Kuhn 2015; siehe ferner das unter Anm. 30 genannte Projekt.

rondella-Literaturkreis-Datenbank, die es ermöglichen, via Internet ‚realräumliche' Treffen mit gleichgesinnten Lesern zu arrangieren oder Literaturkreise in der eigenen Umgebung zu finden.[34] In beiden Fällen dienen die Möglichkeiten digitaler Vernetzung dazu, Face-to-Face-Praktiken der gemeinschaftlichen Literaturrezeption zu initiieren und zu organisieren. Demgegenüber finden sich Formate, die analoge Praktiken gemeinsamen Lesens in den digitalen Raum verlagern bzw. diese mit den Möglichkeiten digitaler Technologien weiter entwickeln. Eine Differenzierung, die sich in diesem Zusammenhang als nützlich erweist, ist die, welche Axel Kuhn in seinem Beitrag „Lesen in digitalen Netzwerken" zwischen „primärer" und „sekundärer Thematisierung" von Texten in digitalen Medien trifft.[35] Bei der primären Thematisierung können Texte *bereits während des Leseaktes* mit anderen Lesern geteilt und diskutiert werden. Diese Form findet sich häufig dort, wo Texte in digitaler Form vorliegen bzw. als solche angeboten werden, wie z. B. im Rahmen der Plattform *Sobooks.*[36] Dort können Nutzer E-Books erwerben, die mit ‚sozialen' Zusatzfunktionen ausgestattet sind: Anmerkungen anderer Leser können während der Lektüre angezeigt und ihrerseits wiederum kommentiert werden. Auf diese Weise entsteht, was Bob Stein als „conversation in the margin"[37] bezeichnet hat: Die soziale Interaktion findet in unmittelbarer Nähe zum bzw. direkt am Text statt; individueller Leseprozess und sozialer Austausch fallen somit zusammen. Sekundäre Thematisierung meint nach Kuhn demgegenüber Formen der gemeinschaftlichen Kommunikation über Texte, z. B. in sozialen Netzwerken oder themenbasierten Fan-Foren, wobei Leseakt und Diskussion – ganz ähnlich wie im Rahmen von Face-to-Face-Literaturkreisen – weiterhin getrennt voneinander stattfinden.

3.1 Beispiel *LovelyBooks*

Das im Folgenden näher zu betrachtende Beispiel *LovelyBooks* fällt unter die von Kuhn so benannte Kategorie der sekundären Thematisierung von Texten in digitalen Medien. *LovelyBooks* wurde ausgewählt, weil die Seite einerseits zu den größten deutschsprachigen sozialen Netzwerken zählt, die sich dem Thema ‚Literatur' widmen, und sich andererseits daran sehr gut Kontinuitäten und Veränderungen des gemeinsamen Lesens im digitalen Zeitalter gegenüber ana-

34 Readme 2016, seit 2008 online (kostenlos); Pirondella 2016, ebenfalls seit 2008 online (Registrierung gegen eine Gebühr). Die Aufmachung der Seite *Pirondella* rekurriert bezeichnenderweise auf die Tradition der historischen Lesegesellschaften und Salonkultur.

35 Kuhn 2015, insbes. S. 430f.

36 Sobooks 2016, seit 2014 online.

37 Stein 2010, o. S.

logen Literaturkreisen aufzeigen lassen.[38] Die Seite ging 2006 online und wird von der aboutbooks GmbH, einer Tochter der Verlagsgruppe Georg von Holtzbrinck, betrieben. Damit steht hinter *LovelyBooks* ein Verlag und somit ein kommerziell orientierter Akteur. Wie oben bereits am Beispiel des DTV-Verlages aufgezeigt, schaffen Verlage, aber auch Buchhandlungen immer häufiger spezielle Angebote für Lesegruppen und entdecken diese als wichtige Kundengruppe und Indikatoren für literarische ‚Trends'.[39] Im Falle von *LovelyBooks*, wo eine Verlagsgruppe eines der größten sozialen Netzwerke zum Austausch über Literatur strukturiert und steuert, potenziert sich dieser Gedanke, obgleich sich die beteiligten Verlage[40] bemerkenswerterweise an keiner Stelle offenkundig als ökonomisch agierende Akteure in Szene setzen.[41]

Unter der Rubrik „Über uns" findet man folgende Selbstbeschreibung der Betreiber, die den Zweck der Seite näher charakterisiert:

> Über Bücher redet man gerne, empfiehlt sie seinen Freunden und Bekannten oder kritisiert sie, wenn sie einem nicht gefallen haben. LovelyBooks ist der Ort im Internet, an dem all das möglich ist – die Heimat für Buchliebhaber und Lesebegeisterte.[42]

LovelyBooks wird hier also explizit als ein „Ort" literaturbezogener Gemeinschaft ausgewiesen, wobei gleichzeitig ein spezifisches Publikum – „Buchliebhaber" und „Lesebegeisterte" – adressiert ist. Zudem verweist der Text darauf, dass sich die Seite in die Tradition des Face-to-Face-Literaturgesprächs stellt („über Bücher redet man gerne"), das nun „im Internet" seine zeitgemäße Fortsetzung findet. Der Beschreibung folgend handelt es sich bei *LovelyBooks* also scheinbar zunächst um nichts anderes als eine Form der Übersetzung des analogen Literaturgesprächs in den digitalen Raum mit all seinen ‚neuen' bzw. erweiterten Möglichkeiten wie z. B. eine erhöhte Reichweite, die Möglichkeit der Kommunikation über räumliche und zeitliche Distanzen hinweg sowie einen Zugang, der Kriterien wie soziale Herkunft oder Bildungsgrad (siehe Punkt 2.2) durch eine rasch zu realisierende, anonyme und kostenlose Registrierung ersetzt.[43]

---

38 Die folgenden Beobachtungen basieren auf einer Analyse von *LovelyBooks* im Dezember 2016 (LovelyBooks 2016). Es sei explizit betont, dass es sich hierbei um erste und vorläufige Ergebnisse einer laufenden Studie handelt (siehe Anm. 7).

39 Vgl. dazu auch Grau 2006, S. 298f.

40 An *LovelyBooks* sind inzwischen über 200 Verlage als Partner beteiligt, u. a. der Hanser-Verlag und der Insel-Verlag (vgl. LovelyBooks 2016, „Verlage").

41 Auf der Seite kann man z. B. keine Bücher käuflich erwerben (wohl aber über Links, etwa auf die Seite von *Amazon*). Vgl. dazu auch Trilcke 2013, S. 40, der konstatiert, dass *LovelyBooks* „nahezu nie offensiv seine ökonomischen Interessen zeigt, sondern vielmehr als Förderer und Stimulator der sekundären literarischen Kommunikation auftritt […]."

42 LovelyBooks 2016, „Über uns".

43 Jegliche Bereiche der Webseite können ohne Registrierung eingesehen werden. Um aber an Aktionen auf *LovelyBooks* zu partizipieren, ist eine Registrierung mit E-Mail und Passwort

Grundsätzlich verbindet *LovelyBooks* Aspekte analoger Literaturkreise und Lesegemeinschaften mit dem Prinzip themenbasierter Online-Communities. Zudem bietet die Seite verschiedene Formen literarischer Kommunikation an: u. a. Empfehlungen und Rezensionen registrierter Nutzer oder der Betreiber, Live-Lesungen von Autoren, Hinweise auf Literaturveranstaltungen, Leserpreise und „Lesechallenges“[44] sowie die auf sozialen Austausch angelegten „Leserunden“. Letztere stellen ein zentrales und dem Konzept des Literaturkreises am nächsten kommendes Element von *LovelyBooks* dar. Bei den Leserunden handelt es sich um eine online-basierte Möglichkeit der koordinierten gemeinsamen Lektüre und der (wechselseitigen) Kommunikation darüber: Die Teilnehmer[45] verständigen sich darauf, einen ausgewählten Buchtitel über einen festgelegten Zeitraum *offline* zu lesen und ihn anschließend *online* zu besprechen. Von Seiten der Betreiber werden die Leserunden auch als „Social Reading“ rubriziert und mit dem an die Tradition des Literaturgesprächs anschließenden Slogan „Wir *reden* gerade über [Buchtitel oder Genrebezeichnung] [Hervorh. R. K.]“ angekündigt. Entsprechend der medialen Situation handelt es sich aber vielmehr um ein gemeinsames und zeitversetztes Schreiben über Literatur, was nicht ohne Einfluss auf den Charakter und die Struktur der Diskussionen bleibt. Exemplarisch sei dies anhand eines eröffnenden Beitrags des Nutzers „aba“ zu einer Leserunde zu Paul Coelhos Roman *Die Spionin* (2016) aufgezeigt: „Bitte denkt daran“, erinnert „aba“,

> dass bei dem Austausch in einer Leserunde wichtig ist, dass ihr eure Meinung und Kommentare in jedem Leseabschnitt schreibt, und nicht eine Wiedergabe oder Zusammenfassung, denn alle lesen denselben Text! Ganz wichtig: Geht bitte auch auf andere Leser ein. Nur so kann eine rege Unterhaltung entstehen.[46]

---

sowie die Anlage eines Nutzerprofils erforderlich (vgl. LovelyBooks 2016, „Mach mit bei LovelyBooks“).

44 Siehe dazu auch Abschnitt 3.2.

45 Ein wichtiger Aspekt, der hier leider nicht ausführlicher behandelt werden kann, ist, dass an den Leserunden auf *LovelyBooks*, neben den Betreibern und Nutzern der Seite, auch Autoren teilnehmen bzw. Autoren Leserunden zu ihren Büchern selbst initiieren können (vgl. LovelyBooks 2016, „Mitmachen als Autor“). Durch die Erweiterung des Akteursspektrums (Autoren und Verlage) im digitalen Raum ergeben sich interessante Rückkoppelungseffekte zwischen Rezeptionspraktiken einerseits sowie Produktions- und Distributionspraktiken andererseits, die einer weiterführenden Untersuchung bedürfen. Gerade für Indie- oder Kleinverlagsautoren, die *LovelyBooks* vornehmlich nutzen, bietet die Plattform ein Instrument zur Selbstvermarktung sowie zur Kontaktpflege und Kommunikation mit dem Lesepublikum. Texte können somit gezielt zur Diskussion gestellt werden, um bestimmte Präferenzen, Wünsche und Einstellungen der Leser abzufragen. Um ein Beispiel zu nennen, fragt die Autorin Elin Winter in einer Leserunde zu ihrem Buch *Die Hatz* bei ihren Lesern u. a. folgende Aspekte ab: „Was wünscht ihr Euch für das nächste Buch?“, „Eure Meinung zu den Protagonisten“ oder „Eure Lieblingsstelle im Buch“ (LovelyBooks Dezember 2016).

46 Vgl. LovelyBooks 2016, Eintrag von „aba“ im Dezember 2016 zur Leserunde *Die Spionin* von Paul Coelho, Rubrik: „Prolog – Teil 1“.

„aba“ erläutert hier die ‚Regeln‘ einer Leserunde und verweist explizit darauf, dass die Beiträge nicht den Charakter z. B. einer Rezension haben sollten, sondern eine *wechselseitige* Kommunikation über den Text erwünscht ist. Anders als in einem Face-to-Face-Literaturkreis, in dem das physische räumliche Setting – man sitzt gemeinsam an einem Tisch, jeder ist adressiert – die unmittelbare Interaktion zwischen den Teilnehmern und die gegenseitige Bezugnahme der Redebeiträge sicherstellt, muss diese Form der Verbindlichkeit und Wechselseitigkeit im digitalen Raum erst hergestellt werden. In den Diskussionsbeiträgen der Leserunden auf *LovelyBooks* lässt sich z. B. des Öfteren beobachten, dass einzelne Textstellen zitiert und kommentiert und dann mit einer Frage an die anderen Teilnehmer versehen werden, etwa „Wie empfindet ihr das?“, „Habt ihr das auch so gelesen“ etc. Häufig bauen die Beiträge einer Leserunde aber nicht unmittelbar aufeinander auf, sodass die Diskussionen mitunter ‚unkoordinierter‘ verlaufen als es beispielsweise in einem Literaturkreis der Fall ist.[47] Zudem ist auch eine passive Beteiligung an Leserunden möglich: Man liest das Buch und die Kommentare mit, schreibt aber keine eigenen Beiträge.

Eine Option allerdings, die Diskussion thematisch zu strukturieren, die häufig genutzt wird, ist die Unterteilung der Leserunden in verschiedene Intervalle bzw. Rubriken. Wie die Startseite der Leserunde zu Coelhos *Die Spionin* zeigt (siehe Abb. 1), ermöglicht es die Software, die Beiträge z. B. nach textstrukturellen Einheiten wie Kapiteln („Prolog – Teil 1“, „Teil 2“ etc.), nach inhaltlichen („Eure Lieblingsstellen/-zitate/-figuren“, „Habt ihr schon von Mata Hari gehört?“), das Buchprodukt als solches betreffenden („Wie findet ihr das Cover“) oder über die Lektüre hinausweisenden Aspekten („Welche Bücher von Paulo Coelho habt ihr gelesen?“) zu koordinieren. Diese Vorgabe einer Struktur ist insofern interessant, als sie einerseits eine Lektürepraktik fördert, bei der individuelles Lesen und gemeinsames Kommentieren nicht nacheinander, sondern im stetigen Wechsel erfolgen (man liest einen Abschnitt, tauscht sich über diesen aus und liest den nächsten Abschnitt etc.). Andererseits wird dadurch möglicherweise ein im Hinblick auf den Online-Austausch selektives Lesen protegiert, das den im Vorfeld bestimmten Diskussionspunkten besondere Aufmerksamkeit beimisst.

---

47 In vielen Face-to-Face-Literaturkreisen gibt es z. B. auch Moderatoren, die das Gespräch koordinieren; auf *LovelyBooks* gibt es zwar Initiatoren von Leserunden, die aber nicht unbedingt die Rolle eines Moderators übernehmen. Diese Beobachtung sagt aber nichts über die Qualität der Diskussionsbeiträge auf *LovelyBooks* aus, die mitunter sehr verschieden ist und von kurz notierten Leseeindrücken bis hin zu tiefergehenden Auseinandersetzungen mit einzelnen Aspekten des Textes reichen kann (vgl. LovelyBooks 2016, „Leserunden und Buchverlosungen“).

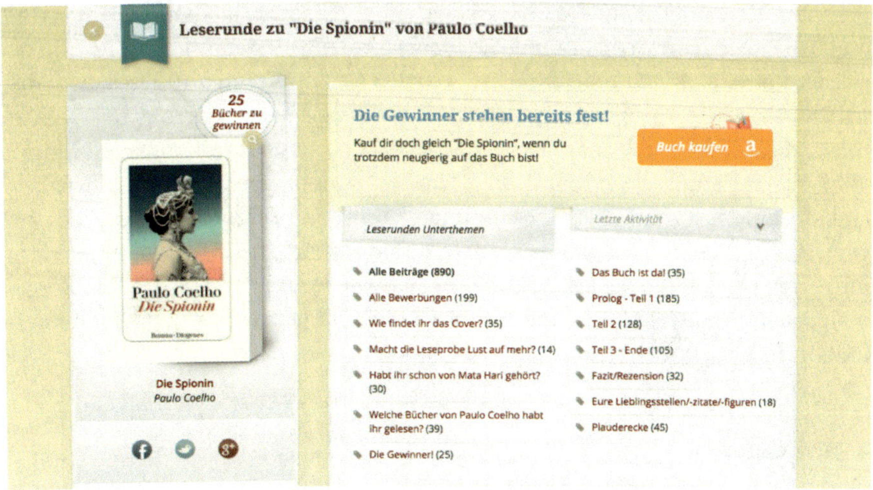

Abb. 1: Startseite der Leserunde zu Paul Coelhos Roman „Die Spionin" (2016), Screenshot vom 17.12.2016

3.1.1 Vergemeinschaftung nach Genres

Mit Blick auf die Auswahl der Lesestoffe und die thematische Organisation der Leserunden auf *LovelyBooks* lässt sich ein besonderer Aspekt beobachten: Während Face-to-Face-Literaturkreise, wie oben beschrieben, meist auf kein bestimmtes literarisches Thema oder Genre festgelegt sind und die Lektüreauswahl häufig an persönlichen Empfehlungen oder ‚klassischen' Medien der Literaturkritik wie Feuilleton oder Literaturpreisen ausgerichtet ist, gestaltet sich dies auf *LovelyBooks* signifikant anders. Es fällt auf, dass die Leserunden dort gerade nicht von kanonisierten Titeln oder den Leseempfehlungen der Feuilletons beherrscht werden. Für *LovelyBooks* gilt vielmehr erstens die Dominanz von Gegenwartsliteratur sowie deren Selektion und werbewirksame Aufbereitung durch die verlagsgebundenen Seitenbetreiber. Zweitens erfolgt die Vergemeinschaftung von Lesern auf *LovelyBooks* vornehmlich über die Kategorie ‚Genre'. Dieser Aspekt wird gleich auf der Startseite deutlich: Öffnet man diese, werden einem zunächst verschiedene aktuelle Buchtitel präsentiert. Neben der Präsentation des Covers befinden sich eine fotografische Abbildung, eine Kurzbewertung eines Lesers sowie eine aufmerksamkeitsfokussierende Überschrift, die den jeweils dargebotenen Titel einem spezifischen Genre zuweist. So begegnen etwa Überschriften wie „Zeit für einen Krimi", „Fesselnde Jugendbücher" oder „Die neuen Romane", die mit Reitern am rechten Rand der Startseite verknüpft sind, hinter denen sich ebenfalls bestimmte Genrezuordnungen verbergen. Die Reiter umfassen dabei besonders publikumswirksame und populäre, und damit ökonomisch effektiv verwertbare Genres wie „Krimi und Thriller", „Fantasy", „Roman", „Liebesroman", „Jugendbuch" und „historischer Roman". Klickt man dann z. B. auf den Reiter „Krimi und Thriller", wird man zu einer Unterseite weitergeleitet, die mehrere Titel des Genres im Wechsel präsentiert und, scrollt man auf der Seite nach unten, Nutzer mit dem Slogan „Wir reden gerade über Krimi und Thriller" zu entsprechenden Leserunden einlädt. Im Falle von *LovelyBooks* – und es wäre zu prüfen, inwiefern dies auf gemeinsames Lesen in digitalen Netzwerken vermehrt zutrifft – hat man es also mit einer Lesegemeinschaft zu tun, die sich wiederum in viele kleine Lesegemeinschaften unterteilt, die zu einem großen Teil genrespezifisch interessiert und orientiert sind.[48]

3.2 Öffentlich-inszeniertes und kompetitives Lesen

Im Unterschied zu den meisten analogen Formen ist gemeinsames Lesen auf *LovelyBooks* in besonderer Weise immer auch ein öffentliches Lesen: Jeder Besucher der Seite kann Diskussionsbeiträge einsehen und zum Teil, nach der eigenen Registrierung, auch die Profile anderer Mitglieder. Wie sich am Beispiel *LovelyBooks* ebenfalls zeigen lässt, verknüpft sich die öffentliche Sichtbarkeit von Leseaktivitäten im digitalen Raum dabei in spezifischer Weise mit Praktiken der (Selbst-)Inszenierung von Lesern und Lesen. Im Unterschied zu analogen Literaturkreisen bietet *LovelyBooks* Nutzern weitere ‚soziale Funktionen' an, die diesen Aspekt illustrieren: Eine Funktion, die in diesem Zusammenhang besonders hervorzuheben ist, ist das so bezeichnete „virtuelle Bücherregal", das jeder Nutzer nach Anmeldung unter seinem Profil anlegen kann. Das virtuelle Bücherregal lässt sich mit Buchtiteln bestücken, die man – angeblich – gelesen hat oder noch zu lesen beabsichtigt, und dient somit der Herstellung bzw. der Inszenierung einer Leseidentität. In Abbildung 2 findet sich exemplarisch das öffentlich zugängliche virtuelle Bücherregal des Nutzers „Masland" abgebildet, wobei es sich nach Auswertung von *LovelyBooks* um eines der „meistbelesenen" Mitglieder des Netzwerkes handelt. Anhand der Cover der sich im Bücherregal

---

48 Diese These bedarf allerdings weiterer empirischer Forschung; für die Mechanismen der Leservergemeinschaftung auf *LovelyBooks* erscheint sie jedoch als ein zentraler und vornehmlich von den Verlagsbetreibern gesteuerter Aspekt weitgehend evident – dies schon allein durch die Aufmachung und strukturelle Logik der Seite. In diesem Zusammenhang wäre es interessant, im Rahmen einer umfassenderen empirischen Untersuchung von *LovelyBooks* der Frage nachzugehen, inwiefern innerhalb der Diskussionen ein spezifisches Genrewissen hergestellt wird oder sich je nach Genre bestimmte Interpretations- und Bewertungspraktiken herausbilden. Vgl. zu diesem Aspekt auch Trilcke 2013, insbes. S. 33–36, der meines Wissens zuerst die These aufgestellt hat, dass Laienkommunikation über Literatur im Internet in hohem Maße nach Genres spezifiziert ist.

von „Masland“ befindlichen Titel werden wiederum deutliche Genrepräferenzen des Lesers erkennbar. Zudem lässt sich innerhalb der Profilansicht das eigene Leseverhalten dokumentieren. Am rechten Rand sieht man beispielsweise, welches Buch „Masland“ derzeit liest und wie weit fortgeschritten die Lektüre ist.

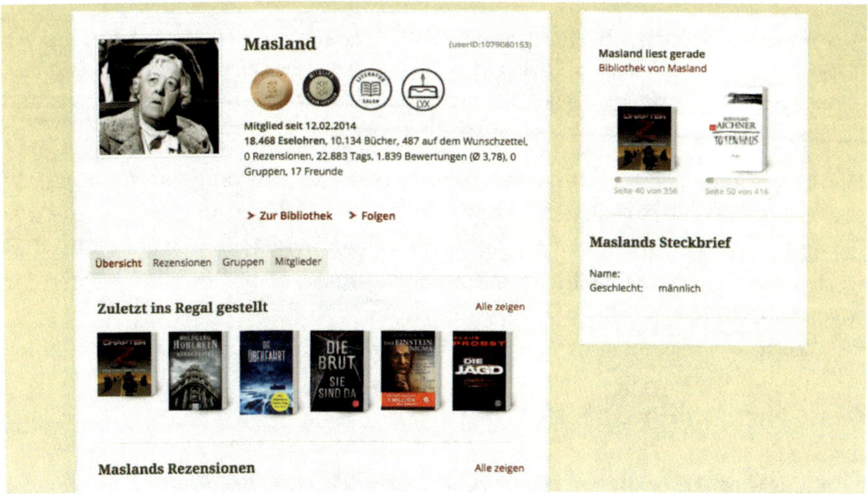

Abb. 2: Profilseite des Nutzers „Masland“, virtuelles Bücherregal, Screenshot vom 17.12.2016

Die softwaregestützte Selbstinszenierung einzelner Leser steht dabei aber immer auch in einem Verhältnis zur Lesergemeinschaft auf *LovelyBooks* – und zwar in zweifacher Hinsicht: Zum einen werden die eigenen Lektürepräferenzen und Leseaktivitäten für andere Nutzer sichtbar und bieten somit die Möglichkeit, sich interessengeleitet mit Lesern zu vergemeinschaften, die ähnliche Merkmale und Vorlieben teilen. Die Vernetzung einzelner Leser mit der Gemeinschaft wird über das Profil ebenfalls sichtbar, indem z. B. Zugehörigkeiten zu bestimmten Gruppen angezeigt werden. Zum anderen wird durch die öffentliche Sichtbarkeit der Leseaktivitäten Einzelner im Verhältnis zur Gruppe aber auch eine kompetitive Dimension markiert, die gemeinsames Lesen im digitalen Raum annehmen kann: Welches Bücherregal ist am vollsten? Wer schreibt die meisten Beiträge? Wer liest am schnellsten? Wer hat an den meisten Leserunden teilgenommen? Dieser kompetitive Aspekt wird durch *LovelyBooks* insofern unterstützt, als alle Aktivitäten der Nutzer dokumentiert und in Form von sogenannten „Eselsohren“ quantifiziert und in ein Ranking von z. B. „meistbelesenen“ oder „aktivsten“ Mitgliedern des Netzwerkes überführt werden.[49] Dar-

49 Der kompetitive Aspekt zeigt sich ferner auch im Rahmen der sogenannten „Lese-Challenges“, die *LovelyBooks* regelmäßig veranstaltet und in denen Leser ihr literaturbezogenes Wissen unter Beweis stellen können (vgl. LOVELYBOOKS 2016).

über hinaus verlost *LovelyBooks* fast zu jeder Leserunde kostenlose Buchexemplare, wobei sich Gewinner verpflichten, im Gegenzug regelmäßig an der jeweiligen Leserunde zu partizipieren und das gewonnene Buch zu rezensieren. In diesem Zusammenhang erläutert ein Nutzer seine Motivation der aktiven Mitgliedschaft auf *LovelyBooks* auch wie folgt:

> Für mich selbst sehe ich natürlich sowieso die Vorteile woanders: „Ich bekomme ein Buch [...] umsonst und möglicherweise vor Erscheinungstermin oder sogar signiert vom Autor! [...] Und als Gegenleistung gebe ich einfach meine Meinung wieder und bewerte das Buch später.“[50]

Wie dieses Zitat zeigt, können das Punkte- und Anreizsystem von *LovelyBooks* sowie die damit verbundenen Gratifikationen für sich schon einen Grund zur Partizipation darstellen, der möglicherweise von manchen Nutzern höher bewertet wird als das eigentliche thematische Interesse an Literatur sowie der Austausch darüber.

4 Fazit und Ausblick

Gemeinsames Lesen ist ein historisches wie auch aktuelles Phänomen, das im Kontext digitaler Lesekulturen sowie mit der Erweiterung digitaler Technologien zweifelsohne neuerliche Aufmerksamkeit erfährt. Bislang ist der Gegenstand jedoch noch viel zu wenig erforscht, um generalisierbare Aussagen darüber zu treffen, wie sich kollektives Lesen im digitalen Raum von analogen Vorläufern unterscheidet und ob und inwiefern ‚das Netz‘ tradierte Lesepraktiken verändert. Während Face-to-Face-Literaturkreise, vor allem mit Blick auf den angloamerikanischen Raum, inzwischen sehr gut erforscht sind (siehe Abschnitt 2), liegen für den digitalen Bereich kaum vergleichbare Studien vor, die nach den Dynamiken und Veränderungen gemeinsamen Lesens im Zusammenhang mit digitalen Medien fragen. Im Rahmen dieses Beitrages wurden hierzu am Beispiel von Face-to-Face-Literaturkreisen im analogen und der Literaturplattform *LovelyBooks* im digitalen Bereich exemplarisch einige Aspekte herausgearbeitet: Als soziales Netzwerk zum Austausch über Literatur greift *LovelyBooks* einerseits wesentliche Elemente analoger Literaturkreise auf. Interessante Spezifika des digitalen Formats liegen andererseits aber in der Fokussierung auf und Vergemeinschaftung nach speziellen Genres, in der verstärkten ökonomischen Dimension durch das Auftreten von Verlagen und Autoren in sozialen Netzwerken, sowie in der sozialen Performanz digitalen gemeinsamen Lesens, die vor

---

50 Tauschothek 2016.

allem Aspekte der öffentlich inszenierten Leseidentität im Verhältnis bzw. ‚im Wettbewerb' zu anderen Lesern einschließt.

Um diese Ergebnisse und Thesen zu sichern, bedarf es allerdings weiterführender Untersuchungen, die eine breitere empirische Datenbasis zugrunde legen, als es in diesem Artikel möglich war. Wie das Beispiel *LovelyBooks* ebenfalls zeigt, müssten zukünftige Forschungen dabei insbes. auch der jeweiligen medialen und institutionellen Verankerung des (kollektiven) Lesens stärkere Aufmerksamkeit schenken. Dass Praktiken des gemeinsamen Lesens unter digitalen Bedingungen bisher kaum erforscht sind, hängt aber u. a. auch mit verschiedenen Problematiken zusammen, die dieser Gegenstand forschungspragmatisch mit sich bringt: Wie oben bereits angedeutet, existiert inzwischen eine nahezu unüberschaubare Fülle an unterschiedlichen Angeboten und Formaten zum ‚Social Reading', die eine Kategorisierung bzw. Standardisierung der Phänomene nur begrenzt möglich machen. Erschwerend kommt hinzu, dass insbes. die digital basierten Angebote und Konzepte mitunter von einer forschungsseitig kaum einholbaren Schnelllebigkeit gekennzeichnet sind.[51] Schließlich besteht eine weitere Herausforderung der Untersuchung darin, ein angemessenes Forschungsdesign sowie einen methodischen Zugang und Umgang mit den empirischen Quellen zu entwickeln: Wie bzw. anhand welchen Materials lassen sich digitalbasierte und kollektive Praktiken des Lesens überhaupt untersuchen?[52] Quantitative und qualitative empirische Zugänge müssen hier ebenso Berücksichtigung finden wie der Rückgriff auf z. B. medienwissenschaftliche und/oder soziologische Ansätze und Erkenntnisse. Trotz dieser Herausforderungen, und damit schließt der Artikel, eröffnet gemeinsames Lesen an der Schnittstelle von analogen und digitalen Praktiken der Literaturwissenschaft ein Gegenstandsfeld, das vielfältige Anknüpfungspunkte für eine rezeptionsästhetisch wie rezeptionssoziologisch interessierte Leser- und Leseforschung besitzt. Gerade der ‚digitale Datendschungel', der auf den ersten Blick vielleicht unbezwingbar erscheinen mag, bietet dabei eine noch viel zu wenig genutzte Möglichkeit, ‚alltägliche' Leseprozesse und soziale Interaktionen von Lesern und Lesergruppen im Umgang mit Literatur zu beobachten und zu erfassen.

Danksagung: Für hilfreiche Hinweise in den Abschnitten 2 (insbes. Anm. 20) und 4 (insbes. Anm. 52) danke ich Friederike Schruhl (Göttingen).

51 Ein signifikantes Beispiel hierfür ist die ‚Social-Reading'-App *Readmill*, die kurze Zeit nach ihrer Entwicklung 2014 schon wieder eingestellt wurde (vgl. Readmill 2016).

52 Zu der Frage, welche Dokumente sich zur Erschließung von (historischen) Lesepraktiken eignen, hat insbes. auch die historische Leser-und Leseforschung intensiv gearbeitet, an deren Erkenntnisse hier angeschlossen werden könnte (siehe z. B. Schön [1987] 1993 oder jünger Tschopp 2014).

Bibliographie

Adam, Wolfgang/Fauser, Markus (Hg.): *Geselligkeit und Bibliothek. Lesekultur im 18. Jahrhundert.* Göttingen: Wallstein, 2005.

Anderson, Benedict: *Die Erfindung der Nation. Zur Karriere eines folgenreichen Konzepts* [*Imagined Communities. Reflections on the Origin and Spread of Nationalism*, 1983]. Erweiterte Neuausgabe. Übersetzt von Christoph Münz und Benedikt Burkhard. Frankfurt a. M. u. a.: Campus, 1996.

[Art.] „Lesen", in: Burdorf, Dieter u. a. (Hg.): *Metzler Lexikon Literatur.* 3. Aufl. Stuttgart u. a.: Metzler, 2007, S. 431 f.

Benzecry, Claudio E.: *The Opera Fanatic. Ethnography of an Obsession.* Chicago u. a.: University of Chicago Press, 2011.

Böhm, Thomas: *Das Lesekreisbuch. Eine Anleitung.* Berlin: Berlin-Verlag, 2011.

Chartier, Roger: „Muße und Geselligkeit. Lautes Lesen im Europa der Neuzeit", in: Ders.: *Lesewelten. Buch und Lektüre in der frühen Neuzeit.* Aus dem Französischen von Brita Schleinitz u. Ruthard Stäblein. Frankfurt a. M. u. a.: Campus, 1990, S. 146–168.

Dang-Anh, Mark/Pfeifer, Simone/Reisner, Clemens/Villioth, Lisa (Hg.): *Medienpraktiken. Situieren, erforschen, reflektieren. Navigationen. Zeitschrift für Medien- und Kulturwissenschaften* 2017/1.

DTV-Lesekreise: *dtv-Portal für Lesekreise,* 2016, verfügbar unter: https://www.dtv.de/service/lesekreise/c-104 [21.12.2016].

Eco, Umberto: *Lector in Fabula. Die Mitarbeit der Interpretation in erzählenden Texten* [1979]. Aus dem Italienischen von Heinz-Georg Held. München u. a.: dtv, 1987.

Fish, Stanley: *Is There A Text in This Class? The Authority of Interpretive Communities.* Cambridge u. a.: Harvard University Press, 1980.

Grau, Renate: *Ästhetisches Engineering. Zur Verbreitung von Belletristik im Literaturbetrieb.* Bielefeld: Transcript, 2006.

Habscheid, Stephan: „Haben sich Sprach- und Literaturwissenschaft heute noch etwas zu sagen? Eine Antwort aus sprachwissenschaftlicher Perspektive – am Beispiel eines gesprächslinguistischen Forschungsprojekts über Pausengespräche im Theater", in: Fluck, Hans-R./Zhu, Jianhua (Hg.): *Vielfalt und Interkulturalität der internationalen Germanistik. Festgabe für Siegfried Grosse zum 90. Geburtstag.* Tübingen: Stauffenburg, 2014, S. 73–85.

Hartley, Jenny: *The Reading Groups Book. With a Survey Conducted in Association with Sarah Turvey.* Oxford: Oxford University Press, 2001.

Ingarden, Roman: *Vom Erkennen des literarischen Kunstwerkes.* Tübingen: Niemeyer, 1968.

Iser, Wolfgang: *Der implizite Leser. Kommunikationsformen des Romans von Bunyan bis Beckett.* München: Fink, 1972.

Kleist, Melanie/Nötzelmann, Cordula: „Social Reading. Die Zukunft des Lesens", in: *Bibliotheksdienst* 2014/3–4, verfügbar unter: https://zukunftswerkstatt.wordpress.com/2014/04/01/social-reading-die-zukunft-des-lesens/ [21.12.2016].

Knipp, Raphaela: „Literaturbezogene Praktiken. Überlegungen zu einer praxeologischen Rezeptionsforschung", in: Dang-Anh, Mark/Pfeifer, Simone/Reisner, Clemens/Villioth, Lisa (Hg.): *Medienpraktiken. Situieren, erforschen, reflektieren. Navigationen. Zeitschrift für Medien- und Kulturwissenschaften* 2017/1, S. 95–116.

Kuhn, Axel: „Lesen in digitalen Medien“, in: Rautenberg, Ursula/Schneider, Ute (Hg.): *Lesen. Ein interdisziplinäres Handbuch.* Berlin u. a.: De Gruyter, 2015, S. 427–444.

Lesegruppen: *Homepage des Projekts „Über Bücher reden“*, 2016, verfügbar unter: http://lesegruppen.aau.at/wordpress/?page_id=82 [21.12.2016].

Long, Elizabeth: *Book Clubs. Women and the Uses of Reading in Everyday Life.* Chicago u. a.: University of Chicago Press, 2003.

LovelyBooks: *Literaturcommunity*, 2016, verfügbar unter: https://www.lovelybooks.de/ [21.12.2016].

Morley, David: *The Nationwide Audience.* London: British Film Institute, 1980.

Novak, Julia: *Gemeinsam Lesen. Die Buchgruppe als soziales Phänomen und ökonomische Triebkraft.* Münster: LIT-Verlag, 2007.

Oatley, Keith: *Such Stuff as Dreams. The Psychology of Fiction.* Malden, MA u. a.: Wiley-Blackwell, 2011.

Peplow, David u. a.: *The Discourse of Reading Groups. Integrating Cognitive and Sociocultural Perspectives.* New York: Routledge, 2016.

Pirondella: *Der etwas andere Literatursalon*, 2016, verfügbar unter: http://www.pirondella.de [21.12.2016].

Pleimling, Dominique: „Social Reading. Lesen im digitalen Zeitalter“, in: *Aus Politik und Zeitgeschichte* 2012/41–42, verfügbar unter: http://www.bpb.de/apuz/145378/social-reading-lesen-im-digitalen-zeitalter?p=all [21.12.2016].

Prüsener, Marlies: *Lesegesellschaften im achtzehnten Jahrhundert. Ein Beitrag zur Lesergeschichte.* Frankfurt a. M.: Buchhändler-Vereinigung, 1972.

Readme: *European Platform for Literature*, 2016, verfügbar unter: http://www.readme.cc/ [21.12.2016].

Readmill: *Homepage der eingestellten ‚Social-Reading‘-App*, 2016, verfügbar unter: http://readmill.com/ [21.12.2016].

Reckwitz, Andreas: „Grundelemente einer Theorie sozialer Praktiken. Eine sozialtheoretische Perspektive“, in: *Zeitschrift für Soziologie* 2003/4, 32, S. 282–301.

Rehberg Sedo, DeNel: „Twentieth- and Twenty-First-Century Literary Communities“, in: Cassuto, Leonard (Hg.): *The Cambridge History of the American Novel.* Cambridge u. a.: Cambridge University Press, 2011, S. 1154–1167.

Schatzki, Theodore R./Knorr Cetina, Karin/Savigny, Eike von (Hg.): *The Practice Turn in Contemporary Theory.* London u. a.: Taylor and Francis, 2001.

Schlaffer, Heinz: „Der Umgang mit Literatur. Diesseits und jenseits der Lektüre“, in: *Poetica* 1999/31, S. 1–25.

Schmid, Susanne: *British Literary Salons of the Late Eighteenth and Early Nineteenth Centuries.* New York, NY: Palgrave, 2013.

Schön, Erich: *Der Verlust der Sinnlichkeit oder Die Verwandlungen des Lesers. Mentalitätswandel um 1800* [1987]. 2. Aufl. Stuttgart: Klett-Cotta, 1993.

Seibert, Peter: *Der literarische Salon. Literatur und Geselligkeit zwischen Aufklärung und Vormärz.* Stuttgart u. a.: Metzler, 1993.

Sobooks: *Social ebooks*, 2016, verfügbar unter: https://sobooks.de/ [21.12.2016].

Stein, Bob: „Becoming Book-Like. Bob Stein and the Future of the Book“ (Interview mit Matthew K. Gold), in: *Kairos. A Journal of Rhetoric, Technology, and Pedagogy*, 2011/15, 2, verfügbar unter: http://kairos.technorhetoric.net/15.2/interviews/ [21.12.2016].

STEIN, Bob: „A Taxonomy of Social Reading. A Proposal", in: *Institute for the Future of the Book* 2010, verfügbar unter: http://futureofthebook.org/social-reading/ [21.12.2016].

TAUSCHOTHEK: *Online-Tauschbörse*, 2016, verfügbar unter: http://www.tauschothek.de/, hier: http://www.tauschothek.de/thema/erfahrungen-mit-lovelybooks/ [21.12.2016].

TAYLOR, Joan Bessman: „Producing Meaning through Interaction. Book Groups and the Social Context of Reading", in: Lang, Anouk (Hg.): *From Codex to Hypertext. Reading at the Turn of the Twenty-First Century.* Amherst: University of Massachusetts Press, 2012, S. 142–158.

TRILCKE, Peer: „Ideen zu einer Literatursoziologie des Internets. Mit einer Blogotop-Analyse", in: *Textpraxis. Digitales Journal für Philologie* 2013/7, verfügbar unter: http://www.uni-muenster.de/textpraxis/peer-trilcke-literatursoziologie-d..., NBN: http://nbn-resolving.de/urn:nbn:de:hbz:6-83429579800 [21.12.2016].

TSCHOPP, Silvia Serena (Hg.): „Historische Leseforschung", in: *Internationales Archiv für Sozialgeschichte der deutschen Literatur (IASL)* 2014/39, 1, S. 151–283.

Naomi S. Baron

Doing the Reading. Technology's Role in Reshaping Reading in the Academy

Abstract
Reading is an activity in which billions of people engage. However, the amount and type of individual involvement shifts over time and circumstance. This chapter explores the nature of reading in current academic contexts, focusing on American higher education. While digital technologies play a role in shaping the length, volume and nature of texts students are now reading, other relevant variables include the changing character of students themselves, along with alterations in faculty practices.

I. Reading as a Cornerstone of Education

People read for a multitude of reasons: for amusement, to pass the time, for inspiration, and to learn. Not surprisingly, first learning to read and then engaging in reading have long been cornerstones of both informal and formal education. Even with the development of audio and visual communication media (ranging from radio and television to podcasts and TED Talks), reading the written word remains a consistent component of educational curricula from primary grades through graduate school.

And yet, the character of reading – and readers – evolves with time. Changes in educational opportunity vastly expanded the potential cohort of readers. The same is true of technological developments, including not only the rise of printing in the West but also production of inexpensive paper. Growth of the modern newspaper in the seventeenth century and rise of the novel in the mid-eighteenth century provided new texts to consume, as have the creation of science fiction, Gothic romance novels, and now blogs and social networking sites.

As both technology and educational opportunity continue to evolve, it becomes important to understand the character of reading today. Among the questions we need to ask are

- How are opportunities for reading on digital platforms (such as computers, eBooks, tablets, or mobile phones) affecting our reading patterns?
- What kinds of texts are today's readers gravitating towards and, as a result, are authors and publishers looking to produce?
- How do contemporary readers approach texts and in particular, how much concentrated mental effort do they invest?
- Do the growing calls on students' time impact their hours available for academic study and, in particular, for reading?
- What are the implications of both pervasive digital technologies and changes in the undergraduate student body for faculty roles as teachers and researchers?

For many years, I have been examining the relationship between technology (especially digital technologies) and other aspects of our lives, including the language we use and the ways technology influences our individual and interpersonal lives.[1] Recently, I have focused on readers' practices and preferences with regard to using digital versus print text.[2] In this chapter, we will explore how questions of what and how we read impact our roles as students and faculty in higher education.

Before we begin, a few caveats are in order. First, the discussion is framed from an American perspective, since this is the context I know best. Second, my focus is on higher education ('the academy'), though the same issues are relevant for lower education. Third, when I talk about reading, I have in mind substantial continuous linear text, not digitally-native books or short online postings.

II. The Character of Reading Today

Producing accurate statistics on how much literate people have read in the past or are reading today is highly challenging. On the one hand, the US Bureau of Labor Statistics (2016) has reported that of the more than 6 hours 20–24-year-olds devote to leisure or sports activity each day on weekends and holidays, they average less than 9 minutes on leisure reading. On the other hand, it makes intuitive sense to assume that people who know how to read are probably processing more words per day than they did, say, fifty years ago, thanks to the barrage of digital media continually accosting us, from trailers on the bottom of television newscasts to blogs, text messages, and online social media posts.

1 See Baron 2008.
2 See Baron 2015.

However, many of these strings of words fall short of the 'substantial continuous linear text' our current examination of reading is addressing.

There has been a long-running trend to make book-length text increasingly available to readers by lowering its price. Paperback editions are uniformly less expensive than hardback counterparts. When Amazon first introduced the Kindle, it priced eBook versions of bestsellers at a uniform $9.99 USD, which was often below the price of the paperback. Independently-published works of fiction (a major growth industry for eBooks) average from $2.99 to $3.99 USD, compared with traditionally-published books that retail for two or three times that amount.[3]

Selling a book, at whatever price or in whatever format, hardly guarantees it will be read. Peter STALLYBRASS has argued that outside of novels and detective stories, selective or incomplete reading has been the norm since the development of the codex,[4] while Hugh AMORY has suggested that "perhaps the majority of books ever printed have rarely been read."[5] The company Kobo, which markets eReaders and eBooks, has reported statistics on eBook completion rates (measured by page turns) by British readers. While only 28 percent finished Solomon Northrup's *Twelve Years a Slave* and only 44 percent made it to the end of Donna Tartt's Pulitzer Prize-winning *The Goldfinch*, 83 percent completed Casey Kelleher's self-published *Rotten to the Core*.[6]

Two other important questions to ask about the nature of reading today concern the length of "full-length" texts being read (and written) and the complexity of texts readers are tackling. We will address both of these issues in due course, arguing that a constellation of factors, including the rise of digital reading, are contributing to shorter and less complex reading assignments in academic settings.

III. Digital Reading

Readers have accessed texts on digital screens for several decades, with usage growing since popularization of the World Wide Web, internet browsers, and email. However, it was the appearance in late 2007 of Amazon's Kindle that marked a watershed in reading habits. Increased production of eBook titles (including bestsellers such as *Fifty Shades of Grey*) led to triple-digit eBook sales

3 WRITTEN WORD MEDIA 2016.
4 STALLYBRASS 2002, S. 46–47.
5 AMORY 1996, S. 55.
6 FLOOD 2014.

growth for several years. In the US, eBooks now command roughly 20 percent of the book market, depending upon how the numbers are calculated.

A. Prior Research Comparing Reading Platforms

Since the early 1990s, researchers have been comparing how people read on digital screens versus in print. The original studies suggested comprehension was better and reading speed faster in print, though we must remember that screens at the time were of comparatively poor quality and users' experience reading onscreen was limited. Contemporary studies now largely indicate that among adult study participants, comprehension levels are on par in the two media, though when asked about their perceptions, participants commonly report believing they learn more and remember more when reading in print.[7]

While most of the prior research has focused on cognitive measures, a factor repeatedly surfacing in surveys of students is that differential cost between print and electronic books often is the deciding factor, not preferred learning platform. In the US, a study by the NATIONAL SURVEY OF STUDENT ENGAGEMENT (2015) found that 40 percent of college seniors reported that "very often" or "often" they did not purchase required course materials because of cost.

B. Cross-National Study of University Student Reading Habits and Preferences

My own research has focused on the reading habits and preferences of university students. Using convenience samples, I surveyed a total of 429 students in the US, Japan, Germany, Slovakia, and India, ranging in age from 18 to 26 (mean: 20.9 years old). Data were collected between Spring 2013 and Spring 2015.

The first part of the survey consisted of a set of choice questions (e. g., "Are you more likely to re-read a book or article if it is in hardcopy [= print]? On a digital screen? Equally likely?"). Many of the questions distinguished between reading for academic purposes versus reading for pleasure.

The second portion of the survey asked four open-ended questions:

- What is the one thing you like *most* about reading in hardcopy?
- What is the one thing you like *least* about reading in hardcopy?
- What is the one thing you like *most* about reading onscreen?
- What is the one thing you like *least* about reading onscreen?

7 For a review of this prior literature, see BARON/CALIXTE/HAVEWALA 2017.

Responses from these questions were coded into more than fifty categories, clustered under the major headings Emotional/Aesthetic, Physical, Cognitive, Access to Material, Convenience, and Resources. In addition, participants were invited to offer any additional comments about their digital or print reading habits or preferences.

Detailed results from the study are reported in Baron/Calixte/Havewala ("The Persistence of Print Among University Students").[8] Here we summarize some of the major findings.

1. Text Length

Participants were asked four questions regarding reading medium preference when it came to the length of the work: "When you are reading for schoolwork/for pleasure and the text is short/long, would you rather read in hardcopy or on a digital screen?"

Results with regard to short texts were mixed, both regarding schoolwork and pleasure reading. However, when it came to reading long texts, 86 percent preferred hardcopy for schoolwork and 78 percent for pleasure.

2. Multitasking

Two choice questions concerned multitasking: "When you are reading in hardcopy/on a digital screen, how often are you multitasking?" The options were "very often", "sometimes", "occasionally", and "never".

Combining together responses of "very often" and "sometimes", the responses were as follows:

	All Countries	US
Hardcopy	41 %	26 %
Screen	67 %	85 %

The higher amount of multitasking by US participants (compared with the total cross-national cohort) probably reflects the fact that more US participants reported doing their digital reading on laptop computers, on which multitasking is easier than on a tablet or mobile phone.

8 Baron/Calixte/Havewala 2017.

3. Convenience

Information about the importance of convenience as a basis for preferring reading onscreen or in print came from the coded "like most"/"like least" responses. Regarding what they "liked most" about reading on digital screens, 25 percent explicitly praised convenience, with another 41 percent mentioning ease of access to material, functionality of digital devices, ease of searching for words or information, or using the internet. By contrast, 43 percent of "like least" responses about reading in hardcopy were complaints about lack of convenience.

4. Cost

Concerns about the price of books were reflected in responses to the two choice questions regarding cost: "If cost were identical, in which medium would you prefer to do reading for schoolwork? For pleasure?"

When asked about schoolwork, 87 percent said they preferred hardcopy. This response is consonant with reports from many other studies.[9] When my survey inquired about reading for pleasure (again, if cost were the same), 81 percent chose hardcopy. However, in their "like most"/"like least" responses, as well as in their additional comments, a number of students voiced feelings of conflict in choosing between media (e. g., "I like that digital screens save paper but it is hard to concentrate when reading on them"). More than two dozen respondents complained that print wasted monetary resources, while others commented on the higher cost of print books.

5. Concentration

Ability to concentrate while reading is a key component of learning. The survey asked, "On which platform is it easiest to concentrate on your reading (not get distracted or multitask)?" Choices included hardcopy, desktop or laptop, tablet, eReader, or mobile phone. The question did not distinguish between academic and pleasure reading.

Hardcopy was the overwhelming choice: 92 percent. In addition, for the "like least" question about reading on digital screens, 20 percent overall mentioned distraction or lack of concentration. In the US, 43 percent voiced these complaints.

9 For example, Ji/Michaels/Waterman 2014.

IV. What and How Do We Read?

Results from my cross-national survey suggest that new digital technology presents university students with some advantages (such as convenience) as well as potential challenges (particularly regarding concentration). However, the growing availability of digital texts onscreen is having significant effects on both the nature of the texts we read (and write) and the mental approach we take to them.

A. The Nature of Texts Being Read

We focus here on two issues. The first is text length and the second is the nature of fiction.

1. Length

For at least the past three centuries in the West, readers (and the authors who furnish them with texts) have been devising ways of shortening the amount of material to be consumed. In the eighteenth century, a continuing wave of encyclopedia projects provided comparatively short précises on a vast array of topics. Other eighteenth-century initiatives included abridgments of Samuel Richardson's lengthy novels, compilations of anthologies, the rise of periodicals, and establishment of the book review as a short-form overview of actual books.[10]

The twentieth century brought its own length-driven innovations. The best known in the US was Reader's Digest Condensed Books. For the academic realm, collections such as CliffsNotes, then Monarch Notes, and now SparkNotes offer students quick alternatives to actually reading *Macbeth*, *War and Peace*, or the *Critique of Pure Reason*. Academic presses are selling individual chapters of books, as well as creating series such as Princeton Shorts, Stanford Briefs, and Oxford University Press Very Short Introductions. Commercial publishers like Arcturus offer abbreviated reads such as *The 15 Minute Economist* or the *15 Minute Psychologist*.

While the move to limit the amount of text people are reading is not new, digital technology accelerates the trend. Here are but two examples of current 'publications' available online:

- Blinkist (n. d.): "Blinkist takes great works of non-fiction and distills them into powerful, made-for-mobile units. Our blinks, 2-minute-reads built

10 For a review of textual shortening devices, see Chapter 3 of Baron 2015.

around memorable key messages, give you the main concepts of an entire book in 15 minutes."
- Snack Reads (n. d.): Snack Reads offers "bite-size[d] ebook[s], perfect for your lunch break, your commute, or right before bed".

A related question regarding book length is whether readers (here, especially university students) actually read entire books. Speaking at the Phi Beta Kappa Triennial meetings in 2006, Katherine Hayles (now of Duke University) argued they do not. In the same vein, Jo Brewis (from the University of Leicester) says that "recommending whole books would be rather daunting for [our students]."[11] One of my own students informed me several years ago that books are only inflated versions of articles.

What is so challenging for today's students about reading long-form? Later we will consider the question of time availability. But part of the challenge – now and in the past – is those long descriptions (that have characterized fiction) and detailed data, argumentation, and recapping (that are typical of much non-fiction). Yes, working through such texts often requires patience. However, long texts offer mental breathing room – to reflect on characters and their fate, to mull over and revisit an author's arguments.

2. Fiction

While the preponderance of academic reading (outside of literature programs) involves non-fiction, works of fiction constitute a very large proportion of textual consumption among the reading public. However, not all fiction contains the same level of complexity or has the same impact upon readers.

Scholars distinguish between literary fiction (such as the writing of Jane Austen, which focuses on character development and aesthetics) versus genre fiction (such as romance novels or science fiction, which is typically characterized by formulaic plots and focus on single topics). In the words of the writer E. M. Forster, literary fiction constructs 'round characters', while those in genre fiction are more 'flat'.[12]

Research by contemporary psychologists suggests that complexity of characters (and plot) impacts not just literary sensibilities but our capacity for developing interpersonal empathy. More specifically, according to David Kidd and Emanuele Castano, engagement with literary fiction (with its 'round' characters) positively predicts "ability to infer and understand others' thoughts and

11 Reisz 2016.
12 Forster 2002 [1927].

feelings."[13] That is, literary fiction fosters an understanding of the mental states of individuals. (Kidd and Castano hypothesize that "genre fiction, with more stereotypical or stock characters, may boost" ability to navigate the social world.)

In looking at the potential impact of literary fiction on readers, it will be important for researchers to ascertain how much reading of literary versus genre fiction readers are doing. Equally useful will be compiling statistics on whether availability of eBooks (especially the profusion of self-published eBooks) is shifting the balance towards heavier reading of genre fiction.

B. Approaching Texts

We move now from thinking about texts themselves to the ways in which readers approach them. Many years ago, in a book entitled *How to Read a Book*, Mortimer ADLER argued that reading is serious business: "The most direct sign that you have done the work of reading is fatigue. Reading that is reading entails the most intense mental activity. If you are not tired out, you probably have not been doing the work."[14]

My own experience in contemporary American higher education suggests that today, many readers are not so much 'reading' books as 'using' them. Instead of working through entire books or even long stretches of them, students and faculty alike increasingly locate specific words, quotations, or small sections they wish to refer to. Yes, such selectivity was possible in the past, through skimming or use of a book's index. Today, however, availability of digital texts not only simplifies the search process but curbs natural opportunities to happen upon other portions of the text we might end up reading.

At all levels of education, we can think about students approaching a text with one of two mindsets. The first is commonly known as 'deep reading'. In the words of Maryanne WOLF and Mirit BARZILLAI, deep reading can be thought of as "the array of sophisticated processes that propel comprehension and that include inferential and deductive reasoning, analogical skills, critical analysis, reflection, and insight".[15] The second, which has been dubbed 'hyper reading', is, in the words of Katherine HAYLES, "a strategic response to an information-intensive environment, aiming to conserve attention by quickly identifying relevant information, so that only relatively few portions of a given text are actually read".[16]

13 KIDD/CASTANO 2016.
14 ADLER 1940, S. 110.
15 WOLF/BARZILLAI 2009, S. 33.
16 HAYLES 2012, S. 166.

While deep reading has been a standard against which we have traditionally measured educational achievement (even though sometimes honored in the breach), digital technologies are reshaping user expectations regarding how much time (and effort) actually to devote to reading. A study of graduate student and faculty reading habits online suggested that "It almost seems that readers go online to avoid reading in the traditional sense".[17]

While deep reading and hyper reading are two ends of a spectrum, there are obviously points in between. Literary scholar Natalie Phillips[18] compared fMRI scans of PhD students in literature who read passages of Jane Austen's *Mansfield Park* under two different conditions. In the first, participants were asked to do a close reading of the sort they might undertake for an academic class (essentially, deep reading). In the second, they were instructed to simply read for pleasure. The imaging studies revealed that while engaged in close reading, participants evidenced increased blood flow in more diverse areas of the brain, including those involving executive functions. Phillips concluded that "It is not only the books we read, but thinking rigorously about them that is of value, with literary study engaging diverse regions of the brain".

V. Students and Faculty

In recent years, the US has seen a decline in the number of university students studying the humanities, including cores fields such as literature, history, classics, and philosophy.[19] While the decline has obvious implications for the number of students doing serious reading of literary fiction, we need to ask whether deep reading of non-fiction might also be in decline.

To help answer that question, I will be undertaking a comparative analysis of how university course syllabi have evolved in the US over the past twenty years. While answers are not yet available, we do have data on changes in the number of hours university students report studying in general and reading in particular, along with indicators of how else these students are spending their time.

A. How US University Students Spend Their Time

For more than fifty years, various US organizations have been surveying university students. A study done in 1961 (Project Talent) reported that full-time

17 University College London 2008, S. 10.
18 See Phillips 2015.
19 See American Academy of Arts and Sciences 2016.

first year university students indicated they averaged 24 hours of studying per week. Of these students, 67 percent reported studying more than 20 hours per week. Twenty years later, in 1981, the National Longitudinal Survey of Youth (which summed across undergraduates at all levels) found the number of reported weekly study hours to be 20, with only 44 percent of students indicating they studied more than 20 hours a week. In its 2004 sample, the Higher Education Research Institute survey of college seniors indicated an average study time of 11 hours per week, with only 13 percent reporting more than 20 hours weekly.[20]

A more recent data source is the NATIONAL SURVEY OF STUDENT ENGAGEMENT (NSSE), which every two years surveys first year students and seniors on a wide range of issues relating to university life. The most recent survey (conducted in Spring 2016) found that while first-year students reported spending about 16 hours each week "preparing for class" (defined as "studying, reading, writing, doing homework or lab work, analyzing data, rehearsing, and other academic activities"), the average for seniors was half-an-hour less. In a follow-up question, students were asked what proportion of that preparation time was spent on assigned reading. On average, the answer was about half, that is, between 7 and 8 hours weekly.

What else are students doing with their time? Again, drawing upon the 2016 NSSE results, their days are filled with a host of other activities and responsibilities. Adding in 15 hours per week for attending classes (and moving between classes), here is a summary of responses from seniors:

ACTIVITY	HOURS WEEKLY
In class	15
Preparing for class	14
Co-curricular activities	5
Paid work	15
Volunteer work	3
Relaxing	11
Caring for family members	5
Commuting to school	4

Those hours total 72 per week.

If one of those classes is an internship, the student might swap out anywhere from 1 to 6 credits of class time for that internship. In the US, it is now very common for students to do internships. According to the NATIONAL ASSOCIATION OF COLLEGES AND EMPLOYERS (2015), 63 percent of bachelor's degree graduates in 2015 had been involved in an internship during their undergraduate

20 See BABCOCK/MARKS 2011 for details and sources; see MCCORMICK 2011 for analysis.

career. By comparison, as recently as 2007, less than about 35 percent of those graduating had done an internship.[21] In earlier years, the numbers were (anecdotally) far smaller.

At my own university, more than 85 percent of undergraduates do at least one internship before graduating. For each hour of academic credit for an internship, guidelines recommend the student work 5 hours – a far higher ratio than for a traditional course plus homework (nationally averaging a total of about 2 hours per academic credit). And so, for example, if students do a 6 hour internship, they are expected to commit to 30 hours of work each week, compared with the roughly 12 hours they would have devoted to a traditional 6 credit course.

The numbers tell the tale: For today's undergraduate in the US, at least 10 hours a day are filled, not including eating and sleeping – or internships. Not surprisingly, there is little time left for additional studying, including academic reading.

B. Shifting Demographics and Curricula

The number of hours studying is not the only change that has taken place over the years for university students in the US. In the 1961 Project Talent survey, students reported working only 4 hours per week. The 2003 NSSE survey put the number at over 9 hours weekly. (Recall that the figure from the 2016 NSSE was 15 hours for paid work.) Internships were few and far between fifty years ago, though extremely common now. And while there are no good statistics on how many hours university students spend daily on texting and social networking, these activities undoubtedly cut into the amount of time otherwise available in the course of a day.

Another significant change has been in the demographics of students attending college in the US. In 1965, only about 6 million were enrolled.[22] By 1976, that number had risen to nearly 11 million, and by 2014, to over 20 million.[23] Not only are more students enrolled, but the composition of attendees has shifted. In 1976, barely 1 million black students were in college; by 2014, the number was nearly 2.8 million. Similarly, while 1976 enrollment of Hispanic students was only 384,000, that number had climbed by 2014 to almost 3.2 million.[24] In recent years, organizations such as the Lumina Foundation and the Bill and Melinda

21 National Association of Colleges and Employers personal communication.
22 Statista n. d.
23 National Center for Education Statistics 2015.
24 National Center for Education Statistics 2015.

Gates Foundation have supported major initiatives to help a diverse population of undergraduates begin and complete college.

At the same time, universities themselves have been rethinking their curricula. In the US, there has been a significant shift from lecturing to discussions and active learning projects. New modalities for accessing information – be they podcasts or TED Talks, videos or Google searches – have naturally reduced faculty members' reliance on printed texts. Regarding written texts, not all are in hardcopy, leading to the question of whether students are as likely to complete a reading assignment if it is online as in print. (The data here, though largely anecdotal or from pilot studies, indicate print is the better motivator.)

Another relevant curricular change is driven in part by the widespread use of online learning management systems (LMSs) such as Blackboard or Moodle, on which course assignments can be uploaded. Increasingly, faculty post articles or book chapters. (Copyright restrictions nearly always preclude posting entire books.) The advantage of using an LMS is that course materials are available – for free – anywhere the student has an internet connection. A potential disadvantage, of course, is that students are exposed to selections and summaries, not entire works.

What about the level of complexity of readings students are asked to undertake? Anecdotal evidence suggests many faculty are increasingly favoring readings characterized by more straightforward prose than complex argument or nuanced language, though objective data are needed before drawing conclusions. Where we do have objective information is on recent changes to the vocabulary portion of the Scholastic Assessment Test (SAT), run by the College Board, that many high school students take in preparation for entering college. In 2014, the test was revised to eliminate words deemed obscure and to focus instead on "what the College Board calls 'high utility' words that appear in many contexts, in many disciplines".[25] The goal of this revision was to narrow the gap between test scores of rich and poor students, and eliminate advantages that might be gained through expensive test preparation courses.

C. What Do Students Need to Read?

The composition, academic background, and individual goals of the college-going student body in the US continue to evolve. The history of higher education in America reveals that the curriculum has repeatedly shifted as well. Mandatory Latin and Greek, and a fixed curriculum for all, yielded to electives, choice of major field of study, modern language offerings (along with courses in the sci-

25 Lewin 2014.

ences and mathematics), and multiple iterations of general education programs. It is therefore only to be expected that as the students entering college change in character, the curriculum and the educational principles behind it will alter as well.

We have already noted some of the obvious changes. Instead of lectures and assigned readings being the prevailing means of instruction, video and audio materials are increasingly appearing on course syllabi. Similarly, active learning (often student-led) is becoming a staple in many classrooms, as is use of the internet as a primary source of information.

When it comes to the shift towards reading digital material rather than print, the challenge is grounded in the medium through which digital texts are accessed. Computers, tablets, and smartphones are designed for rapid use and search, not for reflection and analysis. Digital media also facilitate multitasking, which is antithetical to focused reading. As a result, assigned reading that is accessed digitally structurally encourages hyper reading, rather than deep reading. Recall the definition of hyper reading "a strategic response to an information-intensive environment, aiming to conserve attention by quickly identifying relevant information, so that only relatively few portions of a given text are actually read".[26]

With regard to designing an appropriate curriculum for contemporary media-saturated students, Hayles questions the relative importance of assignments that call for deep attention (and, derivatively, deep reading) in universal education. She argues that "[a] case can be made that hyper attention is more adaptive than deep attention for many situations in contemporary developed societies".[27]

Whether or not faculty agree with Hayles' position, it appears that many faculty may be engaging in their own version of hyper reading.

D. Faculty Models: Reading versus Using

Besides their role as creators, providers, and interpreters of course material, faculty are typically also responsible for engaging in research. For most disciplines, such inquiry has a component that entails reading. Texts might appear as journal articles, stand-alone book chapters, or entire books.

How much text are faculty actually reading? Researchers from the University of Tennessee and the University of North Carolina have been studying the reading patterns of faculty members in science, technology, medicine, and the

26 Hayles 2012, S. 166.
27 Hayles 2012, S. 194.

social sciences, going back over thirty years.[28] The goal has been to see how much professors read the journal literature each year and how much time they spend reading each article. Between 1977 and 2005, the average number of articles scientists read annually increased from 150 to 280. However, the average amount of time (in minutes) spent on each article decreased from 48 minutes in 1977 to 31 minutes in 2005. Interestingly, participants in the study reported they were paying the same amount of attention to articles over the years, despite the decline in how much time they devoted to actually reading each piece. Were the faculty members now doing more power browsing than in years past? Had they become better readers? Had the scientific articles gotten shorter between 1977 and 2005? We do not know.

There is also the question of what kinds of articles faculty are looking at in the first place. A sociologist at the University of Chicago surveyed the references cited in a database of 34 million scientific articles. He analyzed the citations with respect to whether the articles cited were available online. The more journals became digitally available, the more recent the references became, and the narrower their scope.[29]

When it comes to reading book chapters or books, digital technology may also have a role in shaping how much we read. While the data here are anecdotal, I draw on my own experience to suggest that our ability to access and search books electronically is leading faculty to 'use' rather than 'read' text. Consider this scenario: It is midnight, the library is closed, and I want to check a source for a paper I am writing. If my library has an electronic copy of the book, I gratefully bring it up on my computer, confirm the specific item I am looking for, and then log out. If I had been using the physical book, I would have checked the source but then also probably perused the surrounding pages or maybe looked over the table of contents. I would have lingered.

What we do have some data on is research habits of students. THE CITATION PROJECT (n. d.), which studies issues relating to the teaching of writing, offers worrisome findings about the way today's university students are making use of reference sources (books, journals, online materials, and so on) in their research papers. In the student papers the project reviewed,

- 46 percent of citations were to the first page of the source
- 23 percent were to the second page
- 77 percent were to the first three pages

Of the works that students cited, 63 percent were indeed longer than three pages, some much longer.

28 TENOPIR/KING/EDWARDS/WU 2009.
29 See EVANS 2008.

VI. Concluding Remarks

Digital technology is still quite new. The internet is only 26 years old. Google has been available for only 19 years. The Amazon Kindle appeared in 2007, and the surge in reading books onscreen is even younger. Therefore, any predictions we make about the impact of these new technologies on reading in the academy must be accompanied by responsible caveats. Nonetheless, there is enough evidence to suggest that a cluster of factors, including technological, are likely to reshape the role that reading plays in higher education.

A. Predictions

Here are some predictions about student reading assignments:
- Assignments made by faculty (and undertaken by students) will make growing use of digital materials, largely for reasons of cost and convenience
- Reading assignments will continue to shift from books to articles or chapters
- Reading assignments will favor straightforward prose over complex and nuanced argumentation
- Reading assignments will continue to be reduced in favor of audio and video

And here are predictions about faculty research patterns:
- Faculty will increasingly 'use' books rather than read them
- When conducting literature reviews, faculty will increasingly be tempted to focus on material that is easily available digitally, ignoring sources in harder-to-locate print

B. The Role of Technology and Other Factors

Undoubtedly, the rise of digital technology is contributing to changes in the amount and type of reading taking place today in the academy. However, it would be a mistake to overlook other important contributing factors, including reduced enrollment in humanities courses, changing student demographics, redistribution of calls on students' time, and the reality that cost rather than personal preference is driving a portion of the move from print to digital reading. We also need to remind ourselves that before the rise of digital technology (and continuing today), readers did not always finish reading print books. Rather, we often skim them, use the index to locate specific text without reading surrounding paragraphs, and are distracted while engaging in the act of reading.

C. Implications for Education

The primary challenge for higher education regarding the place of reading in the academy is our failure to think about the issue. We assume that faculty and students alike have historically read and will continue doing so, without asking if the nature of the reading we assign – and engage in ourselves – is shifting. We know that many texts are available onscreen, but there is little research into the question of whether deep reading – or even sustained linear reading of any sort – is as likely to occur when reading onscreen as when reading in print.

Digital technology has enormous potential to bring texts to audiences who have little or no access to print – or to particular print texts. Similarly, the diverse activities in which students today increasingly participate (be they internships, volunteer work, or paid employment) play important roles in their personal and professional development, and fiscal well-being. That said, it is incumbent upon those of us who are concerned about the role reading will have in higher education in the coming decades to actively engage with the issue.

Acknowledgments

The author is grateful to Rachelle Calixte and Mazneen Havewala for their invaluable assistance in gathering and analyzing data in the author's cross-national study of university student reading practices and preferences. Thanks also to Noriko Ishihara, Tsuyoshi Ishihara, and Kumiko Akikawa (for their help with the Japanese survey), to Joachim Höflich, Afifa El Bayed, and William Quirk (for assistance with the German survey), and to Vladislav Kaputa (for the Slovak survey). I also thank Anna Longenberger (National Association of Colleges and Employers) for historical data on college internships, Gihan Fernando (American University) for information on internships at American University, and Karen Froslid Jones (American University) for data from the 2016 National Survey of Student Engagement.

Bibliographie

Adler, Mortimer: *How to Read a Book.* New York: Simon and Schuster, 1940.

American Academy of Arts and Sciences: "Bachelor's Degrees in the Humanities", in: *Humanities Indicators*, March 2016, verfügbar unter: http://www.humanitiesindicators.org/content/indicatordoc.aspx?i=34 [01.05.2017].

Amory, Hugh: "The Trout and the Milk. An Ethnobibliographical Talk", in: *Harvard Library Bulletin* 1996/7(1), S. 50–65.

Babcock, Philip/Marks, Mindy: "The Falling Time Cost of College. Evidence from Half a Century of Time Use Data", in: *The Review of Economics and Statistics* 2011/93(2), S. 468–478.

Baron, Naomi S.: *Always On. Language in an Online and Mobile World.* New York: Oxford University Press, 2008.

Baron, Naomi S.: *Words Onscreen. The Fate of Reading in a Digital World.* New York: Oxford University Press, 2015.

Baron, Naomi S./Calixte, Rachelle M./Havewala, Mazneen: "The Persistence of Print Among University Students. A Cross-National Study", in: *Telematics & Informatics*, 2017/34, 590–604.

Blinkist: n. d., verfügbar unter: https://www.blinkist.com/en/ [01.05.2017].

Evans, James A.: "Electronic Publication and the Narrowing of Science and Scholarship", in: *Science* 2008/321(5887), S. 395–399.

Flood, Alison: "Ebooks Can Tell You Which Novels You Didn't Finish", in: *Guardian*, December 10, 2014, verfügbar unter: https://www.theguardian.com/books/2014/dec/10/kobo-survey-books-readers-finish-donna-tartt [01.05.2017].

Forster, E. M.: *Aspects of the Novel.* New York: Rosetta Books, 2002 [1927].

Hayles, N. Katherine: *How We Think. Digital Media and Contemporary Technogenesis.* Chicago: University of Chicago Press, 2012.

Ji, Sung Wook/Michaels, Sherri/Waterman, David: "Print vs. Electronic Readings in College Courses. Cost-Efficiency and Perceived Learning", in: *The Internet and Higher Education* 2014/21, S. 17–24.

Kidd, David/Castano, Emanuele: "Different Stories. How Levels of Familiarity with Literary and Genre Fiction Relate to Mentalizing", in: *Psychology of Aesthetics, Creativity, and the Arts.* Online First Publication, August 8, 2016.

Lewin, Tamar: "Revised SAT Won't Include Obscure Vocabulary Words", in: *New York Times*, April 16, 2014, verfügbar unter: http://www.nytimes.com/2014/04/16/education/revised-sat-wont-include-obscure-vocabulary-words.html [01.05.2017].

McCormick, Alexander C.: "It's about Time. What to Make of Reported Declines in How Much College Students Study", in: *Liberal Education* 2011/97(1), S. 30–39.

National Association of Colleges and Employers: "Percentage of Students With Internship Experience Climbs", October 7, 2015, verfügbar unter: http://www.naceweb.org/s10072015/internship-co-op-student-survey.aspx [01.05.2017].

National Center for Education Statistics: "Digest of Education Statistics. Table 306.10: Total Fall Enrollment in Degree-Granting Postsecondary Institutions, by Level of Enrollment, Sex, Attendance Status, and Race/Ethnicity of Student: Selected Years, 1976–2014", 2015, verfügbar unter: http://nces.ed.gov/programs/digest/d15/tables/dt15_306.10.asp [01.05.2017].

National Survey of Student Engagement: "NSSE Annual Results 2015. Table 4: Percentage of First-Year Students and Seniors Who Evidenced Various Forms of Financial Stress in the Current School Year: 2012 and 2015", 2015, verfügbar unter: http://nsse.indiana.edu/NSSE_2015_Results/pdf/NSSE_2015_Annual_Results.pdf#page=7 [01.05.2017].

National Survey of Student Engagement: "NSSE 2016. Frequencies and Statistical Comparisons", 2016.

Phillips, Natalie: "Literary Neuroscience and History of Mind. An Interdisciplinary fMRI Study of Attention and Jane Austen", in: Zunshine, Lisa (Hg.): *The Oxford Handbook of Cognitive Literary Studies.* Oxford University Press, 2015.

Reisz, Matthew: "Books to Read Before University", in: *Times Higher Education*, April 14, 2016, verfügbar unter: https://www.timeshighereducation.com/features/books-to-read-before-university [01.05.2017].

Snack Reads: n. d., verfügbar unter: https://www.google.com/#q=SnackReads [01.05.2017].

Stallybrass, Peter: "Books and Scrolls. Navigating the Bible", in: Andersen, Jennifer/Sauer, Elizabeth (Hg.): *Books and Readers in Early Modern England. Material Studies.* Philadelphia: University of Pennsylvania Press, 2002, S. 42–79.

Statista: "U. S. College Enrollment Statistics for Public and Private Colleges from 1965 to 2014 and Projections up to 2025 (in Millions) ", verfügbar unter: https://www.statista.com/statistics/183995/us-college-enrollment-and-projections-in-public-and-private-institutions/ [01.05.2017].

Tenopir, Carol/King, Donald W./Edwards, Sheri/Wu, Lei: "Electronic Journals and Changes in Scholarly Article Seeking and Reading Patterns", in: *Aslib Proceedings. New Information Perspectives* 2009/61(1), S. 5–32.

The Citation Project: "Research Questions", verfügbar unter: http://citationproject.net/about/research-questions-2/ [01.05.2017].

University College London: "Information Behaviour of the Researcher of the Future", *CIBER Briefing Paper*, January 11, 2008, verfügbar unter: https://www.webarchive.org.uk/wayback/archive/20140614113419/http://www.jisc.ac.uk/media/documents/programmes/reppres/gg_final_keynote_11012008.pdf [01.05.2017].

US Bureau of Labor Statistics: "Table 11: Time Spent in Leisure and Sports Activities for the Civilian Population by Selected Characteristics, 2015 Annual Averages", in: Economic News Release, June 24, 2016, verfügbar unter: http://www.bls.gov/news.release/atus.t11.htm [01.05.2017].

Wolf, Maryanne/Barzillai, Mirit: "The Importance of Deep Reading", in: *Educational Leadership* 2009/66(6), S. 32–37.

Written Word Media: "Ten Trends in Publishing Every Indie Author Needs to Know", January 25, 2016, verfügbar unter: https://www.writtenwordmedia.com/2016/01/25/10-trends-publishing-indie-author-needs-know/ [01.05.2017].

Christian Müller

Digitale Lesekompetenz in der Grundschule

Abstract
In today's environment, a child's acquisition of reading and writing proceeds simultaneously with digital literacy. Given this, primary school pupils were observed whilst reading a digital children's book, with reference to certain parameters of digital reading literacy. This was carried out by means of a videography. Subsequently, the children were asked to solve text-picture-based tasks. Based on the findings of the study, this article aims to describe a didactical model of how to foster digital reading literacy in primary schools.

1 Einleitung

Während das Medium Buch seit vielen Jahrhunderten mit dem Druck, der Vervielfältigung und Verbreitung auf Papier verbunden war, bringen die heutigen technologischen Entwicklungen ständig neue Buchformate hervor. Die Verfasstheit eines Buches kann heute digital sein; der Erwerbsort wechselt in den digitalen Raum; die Sehfläche ist nicht mehr bedrucktes Papier, sondern ein Touchscreen. Es entstehen mediale literarische Formen wie die noch wenig erforschten digitalen Kinderbücher als Apps, die auf mobilen Endgeräten wie Smartphones und Tablets bereits von Grundschülerinnen und Grundschülern[1] – auch gemeinsam mit ihren Eltern – rezipiert werden.[2] Mit diesen Entwicklungen gehen Veränderungen des Rezeptionsverhaltens und -prozesses einher. Die Lektüre digitaler Literatur erfordert die Erweiterung traditioneller Lesekompetenzen. Diese Kompetenzen sind nicht länger beschränkt auf das Lesen

1 Aus Gründen der besseren Lesbarkeit wird bei generischen Personenbezeichnungen im Folgenden die maskuline Form verwendet; alle weiteren Geschlechter sind selbstverständlich mitgemeint.

2 Vgl. Stiftung Lesen/Deutsche Bahn/ZEIT 2012, S. 17; Feierabend/Rathgeb/Plankenhorn 2014a und 2014b.

von Texten, Bildern oder deren Kombination in einer statischen Visualisierung auf Papier.

Im Deutschunterricht muss deshalb das rezeptive Erfassen und Verstehen von komplexen, animierten, interaktiven Text-(Bewegt-)Bild-Kombinationen von Anfang an in den Blick genommen werden. Sind gedruckte Kinderbücher mit Bild-Text-Kombinationen für sprachliches und literarisches Lernen im Deutschunterricht bereits didaktisch aufbereitet worden,[3] so fehlt eine didaktische Modellierung digitaler Lesekompetenzen anhand digitaler Literaturformate für die schulische Bildung. Basierend auf Parametern, die sich für eine Modellierung eignen sowie auf Grundlage didaktischer Implikationen (s. Kap. 2) ist es von besonderem Forschungsinteresse zu untersuchen, wie Grundschüler animierte, interaktive Literatur rezipieren. Die Ergebnisse einer hierzu konzipierten Studie (s. Kap. 3) ermöglichen exemplarisch eine Beschreibung digitaler Lesekompetenz, die sich auf die Rezeption von digitalen Kinderbüchern bezieht, und zeigen einen modellhaften Weg zur Vermittlung und Förderung solcher Kompetenzen in der Primarstufe auf (s. Kap. 4).

2 Parameter digitaler Lesekompetenz und ihre didaktischen Implikationen

Die PISA-Studie (OECD 2015) *Students, Computers and Learning. Making the Connection* überprüfte digitale Lesekompetenzen von 15-jährigen Schülern. Die Ergebnisse der Untersuchung des Lesens, Navigierens und Verstehens von Online-Texten belegen, dass die deutschen Schüler in diesem Kompetenzbereich im Vergleich zu anderen OECD-Ländern lediglich mittelmäßige Leistungen aufweisen (s. Tab. 1).[4]

Der offensichtliche Nachholbedarf beim Lesenlernen auf Bildschirmen erfordert, dass digitale Lesekompetenz nicht erst bei Jugendlichen zu entwickeln ist, sondern bereits im Kindesalter. Da Kinder Unterstützung beim Erwerb digitaler Lesekompetenz benötigen, gilt es, entsprechende didaktische Konzepte zu entwickeln, die für die Fachdidaktik, die Lehrerprofessionalisierung und letztlich für die Vermittlung im Deutschunterricht einen Gewinn darstellen. Erste Ansätze dazu liefern Abraham und Knopf, die sich dem Deutschunterricht mit digitalen Medien in der Primarstufe aus fachdidaktischer Perspektive grundlegend annähern.[5] Die Notwendigkeit dieses Unterfangens verdeutlichen auch Albers, Magenheim und Meister, die überzeugt sind, „dass nicht der Einsatz

3 Vgl. hierzu z. B. die Ausführungen von Becker 2014.
4 OECD 2015.
5 Vgl. Abraham/Knopf 2016.

Tab. 1: PISA-Studie 2015. Ergebnisse zum digitalen Lesen

von digitalen Medien allein einen Lernerfolg garantiert, sondern dass dieser immer auch an didaktische Konzepte und Methoden gebunden ist".[6] Somit wird die aktuelle und künftige Lehrerprofessionalisierung die Medienbildung als eine vornehmliche Aufgabe zu bewältigen haben,[7] sodass Lehrkräfte die facettenreiche Herausforderung des Einsatzes digitaler Medien zu bewältigen wissen; in der sogenannten ‚Digitalstrategie' fordert die Kultusministerkonferenz (KMK) für die verschiedenen Ausbildungsphasen in der Lehrerbildung, „dass die

6 Albers/Magenheim/Meister 2011, S. 12.
7 Vgl. Schiefner-Rohs, S. 119–128.

fachdidaktische Kompetenz zur Nutzung digitaler Medien verstärkt verankert wird".[8]

Für die Zukunft des Lesens fordert Garbe

> eine ‚funktionale' Lese- und Schreibkompetenz für alle; hinzu kommt die Einbettung dieser Kompetenz in eine umfassendere Medienkompetenz, und wegfallen sollte die normative Orientierung literaler Aktivitäten am klassischen Bildungskanon (der Lektüre kanonischer Hochkultur).[9]

Auf Grundlage dieses Vorschlags soll digitale Lesekompetenz für Grundschüler basierend auf verschiedenen Parametern definiert werden,[10] die in Tabelle 2 aufgeführt und anschließend näher erläutert werden.

Digitales Medium	**Auswahl eines digitalen (Lese-)Mediums**		
Digitales Literaturformat	Auswahl eines digitalen Literaturformats		
(non)digitale Lese-/ Medienerfahrung	(non)digitale Lese-/ Medienkompetenz	(non)digitale Lese-/ Mediensozialisation	(non)digitale Lese-/ Medienmotivation
interaktiver Rezeptionsakt	digitales Leseverhalten	digitale Lesemotorik	digitales Text-(Bewegt-) Bildverstehen

Tab. 2: Parameter digitaler Lesekompetenz und ihre didaktischen Implikationen

Zur Entwicklung dieser Lesekompetenz bedarf es zunächst der Auswahl eines digitalen (Lese-)Mediums, das einen (Berühr-)Bildschirm als Sehfläche zum Lesen von Text bietet. Auf digitalen Medien wie beispielsweise PCs, Notebooks, Tablets, Smartphones oder Interaktiven Whiteboards lassen sich verschiedene digitale Literaturformate rezipieren. Abhängig vom jeweiligen digitalen Medium muss sich das zu wählende digitale Literaturformat zur Vermittlung von Fachkompetenzen eignen: Auf allen Medien (mit Internetzugang) stehen digitale Literatur und digitale Hörbücher und -spiele zur Verfügung; an PCs und Notebooks mit optischem Laufwerk ist solche Literatur auch offline auf CD rezipierbar; auf Tablets, Smartphones und Interaktiven Whiteboards kann spezielle (Touchscreen-)Software zum Lesen genutzt werden, so auch Kinderbücher als Apps, die „digital, visuell, akustisch, animiert, interaktiv"[11] sind. Die fachdidaktischen Potentiale wurden zwar im angloamerikanischen Raum[12] und auch

8 KMK 2016, S. 27.

9 Garbe 2013, S. 80.

10 Die aufgeführten Aspekte haben die digitale Lesekompetenz und ihre Vermittlung im Deutschunterricht in der Primarstufe im Blick. Der Definitionsversuch digitaler Lesekompetenz beansprucht keine Allgemeingültigkeit und darf als Einladung zur Schärfung und Erweiterung angesehen werden.

11 Schrenker/Beyer 2014, S. 142.

12 Vgl. hierzu z. B. Bird 2011, S. 26–31.

hierzulande beleuchtet;[13] die Potentiale des Einsatzes von Kinderbüchern als Apps zur Vermittlung und Förderung digitaler Lesekompetenz sind bislang noch nicht dargelegt worden.

Bei der Ausschöpfung der Potentiale stellt sich aus didaktischer Perspektive zunächst die Frage nach der Wahl eines literarischen Gegenstands für den Deutschunterricht. Die Entscheidung für oder gegen einen solchen ist eine bedeutsame, zu erlernende Kompetenz von Lehrpersonen, aber auch von Schülern. Bei fortwährend neu erscheinenden digitalen Literaturformen ist festzulegen, welche in der Primarstufe eingesetzt werden sollen. Die Kinderbuch-App *Alice für iPad* von Atomic Antelope (2010) wird zur Vermittlung und Förderung digitaler Lesekompetenz bei Grundschülern als geeignet erachtet, da sie Text, Bild und Bewegtbild beinhaltet sowie einfache Interaktionsmöglichkeiten und Animationen bietet. Sie enthält den Originaltext in gekürzter Fassung, der als populärer kanonisierter Gegenstand des Literaturunterrichts Grundlage zahlreicher medialer Adaptionen und didaktischer Bearbeitungen ist.[14] Sprache und Form des Originaltextes sind für Grundschüler herausfordernd, weshalb sich eine durch die Lehrperson begleitete Lektüre empfiehlt. Die meist auf den Text rekurrierende Bildlichkeit und die Interaktionsmöglichkeiten können das Verstehen unterstützen. Die App orientiert sich in ihrer Visualisierung an den Originalzeichnungen von John Tenniel (s. Abb. 1).[15] Sie zeigt auf der ersten Seite Kombinationen aus Text und Bild ohne Interaktionsmöglichkeiten und Animationen (s. Abb. 2). Anhand solcher Seiten lassen sich digitale Lesekompetenzen nicht erkennen oder vermitteln. Diese können jedoch – genau wie Seiten in Büchern auf Papier – (nondigitale) Lesekompetenzen fördern. Die vorgestellte Seite (Abb. 2) bietet beispielsweise Anlass zum Text-Bild-Verstehen und medienreflexiven Lernen, da hier ein Widerspruch zwischen Text und Bild besteht: Alice moniert die fehlenden Bilder im Buch ihrer Schwester; auf der Illustration in der App sind solche jedoch eindeutig erkennbar.

Die Lesekompetenzen, die es bei der Rezeption von animierten Seiten in digitalen Kinderbüchern zu erlernen gilt, unterscheiden sich von denen, die nondigitale Texte ausbilden, da die App zusätzlich das (Bewegt-)Bildverstehen fördert. Der Rezeptionsakt wird von interaktiven Funktionen beeinflusst. Das könnte eine potentielle Ablenkung vom Text bewirken, die das Textverstehen gegenüber anderen Leseaktivitäten möglicherweise in den Hintergrund treten lässt, könnte das Textverstehen jedoch ebenso verstärken, wenn die interaktiven Funktionen unterstützend wirken. Unabhängig von diesen Eventualitäten ist die

13 Vgl. Schrenker/Beyer 2014, S. 146ff.

14 Vgl. hierzu den Überblick zu Alice im Wunderland von Roeder 2016, S. 52–56.

15 Diese und alle folgende Abbildungen sind Screenshots aus Atomic Antelope: *Alice für iPad*. Oceanhouse Media 2010.

Abb. 1

gleichermaßen zu leistende Aufnahme und Verarbeitung von Text- und Bildinhalten mit dem Ziel des Verstehens ein entscheidender Aspekt des interaktiven Rezeptionsaktes. Daher ist bei Schülern eine Entwicklung der Lesekompetenz hinsichtlich der Visual Literacy zu fördern, bei der der Fokus auf dem Text-Bild-Verstehen liegt. Im Zuge dessen besteht die „Leseleistung […] in der Verknüpfung von visueller Bildbetrachtung und verbaler Erkenntnis der Handlungen im Bild";[16] die zu verarbeitenden Text-Bild-Beziehungen beinhalten zudem rezeptions- und synästhetische Erfahrungspotentiale,[17] die weitere Rezipientenleistungen erfordern.

Solche Lernpotentiale i. S. der Visual Literacy zeigen sich in den Kinderbuch-Apps besonders in den Animationen, die durch Tippen und Wischen ausgelöst

16 Vgl. Dobler 2013, S. 101.
17 Vgl. hierzu u. a. Frederking 2006a, 2006b, 2014; Thiele 2006, S. 39.

Abb. 2

und anschließend vom Leser rezipiert werden. In Tabelle 3 soll daher verdeutlicht werden, wie Animationen als lese(r)lenkende Elemente wirken.

Steuerung	Animationen als lese(r)lenkende Elemente	
	Interaktion (Lesemotorik)	Rezeption (Lesen)
Vorhanden	Direkt auslösbar	Beginn der Rezeption selbstbestimmt; geringe Lese(r)lenkung
Eingeschränkt vorhanden	Indirekt auslösbar	Beginn der Rezeption vorbestimmt; starke Lese(r)lenkung

Tab. 3: Steuerungsmöglichkeiten der Animationen

Animationen beeinflussen den interaktiven Rezeptionsakt auf zwei unterschiedliche Steuerungsweisen, die Leser bei der Erlangung digitaler Lesekompetenz zu bewerkstelligen haben:

Die direkte Steuerungsmöglichkeit einer Animation durch die Leser ist vorhanden, wenn sie die Animation auf einer Seite haptisch selbst direkt auslösen können. Die Interaktion mit Animationen in digitalen Kinderbuch-Apps erfordert folglich ein aktives lesemotorisches Verhalten durch das Berühren des Bildschirms. Auf diesen Part des digitalen Leseprozesses folgt der somit selbstbestimmte Rezeptionsbeginn der Bewegtbilder. Die Bildinhalte der Animation beeinflussen den Leser bei der Rezeption – wie auch Bilder in nondigitalen Medien –, sind jedoch von den Lesern kontrollierbar und werden in ihrem Beeinflussungsgrad daher zunächst als gering eingestuft. Da die Animationen als solche erkannt werden und der Beginn der Bewegung ausgelöst ist, ist es den Lesern haptisch und dauerhaft möglich, die Animationen zu steuern.

Des Weiteren kann die Steuerung der Animationen softwareseitig eingeschränkt sein. Eine eingeschränkte Steuerung liegt vor, wenn die Animation auf einer Seite bereits vorprogrammiert nach dem haptisch ausgelösten Umblättern startet. Die Animationsinhalte werden auf diese Weise indirekt durch den Page-Turn ausgelöst. Für den Rezeptionsakt, v. a. für wenig erfahrene Leser im Grundschulalter, hat dies zur Folge, dass die Rezeption sogleich begonnen werden muss, um die Inhalte wahrnehmen zu können. Dieser stark lese(r)lenkende Effekt könnte einerseits für eine positiv zu bewertende Fokussierung sorgen, andererseits von dem auf einer Seite zu lesenden Text ablenken und somit den Verstehensprozess erschweren.

Folglich lenken Bilder und deren auf Animationen gründende Bewegungen die Rezeption der Leser durch eine von den Programmierern der App entworfenen Software. Sie suggerieren den Nutzern eine Eingriffsmöglichkeit in die Erzählung. Die oft zahlreichen Text-(Bewegt-)Bild-Kombinationen auf einer Buchseite könnten das Verstehen unterstützen, aber bei einer Überfrachtung auch zu einer Überforderung führen; sie könnten – speziell im Literaturunterricht – zu einer Verminderung und Unterdrückung der Vorstellungskraft, jedoch ebenso zu einer Imaginationsförderung führen.[18] Grundschüler haben demnach beim Erwerb digitaler Lesekompetenz anspruchsvolle Text-(Bewegt-)Bild-Kombinationen zu verarbeiten. Sie benötigen hierbei ein didaktisch durchdachtes Unterrichtsetting, das den interaktiven Rezeptionsakt unterstützt. In diesen Akt bringen Leser ihre subjektiven Lese- und Medienerfahrungen mit ein, die unterschiedlicher nondigitaler oder digitaler Art sein können. Diese Erfahrungen bestehen aus der individuellen Ausprägung der Kompetenzen, Sozialisation und Motivation der Rezipienten. Die an den Schriftspracherwerb anzuschließende Ausbildung digitaler Lesekompetenz im Deutschunterricht in der Primarstufe bedarf einer Definition eines bei Grundschülern analysierbaren und in der Folge förderbaren Rezeptionsaktes: Digitale Lesekompetenz kann in einem solchen Prozess feststellbar sein, wenn sie im Leseverhalten und in der Lesemotorik sowohl beobachtbar als auch anhand von Aufgaben zum – den

18 Vgl. Spinner 2006, S. 6–16.

digitalen Medien eigenen – Text-(Bewegt-)Bildverstehen überprüfbar ist. Ein solcher interaktiver Rezeptionsakt lässt sich in folgendem Forschungsdesign untersuchen.

3 Studie

Die im Juni 2016 durchgeführte Studie erforschte interaktive Rezeptionsakte von Grundschülern (n=24) einer vierten Klasse[19] in Baden-Württemberg bei der Lektüre eines digitalen Kinderbuchs als App. Diese nicht hypothesengeleitete, ergebnisoffene Rezeptionsstudie auf Basis eines Mixed-Methods-Designs[20] aus Videoanalysen, schriftlichen Testaufgaben und mündlicher Anschlusskommunikation fokussierte einzig die Parameter digitaler Lesekompetenz des interaktiven Rezeptionsaktes mit einer Kinderbuch-App auf einem Tablet. Faktoren wie die individuelle Lese- und Mediensozialisation und Lese- und Medienmotivation der Schüler waren nicht Gegenstand der Untersuchung.

3.1 Forschungsfragen und Zielsetzung

Die Studie setzte sich zum Ziel, folgende Forschungsfragen zu beantworten:
(1) Welche Beobachtungen lassen sich bezüglich des digitalen Leseverhaltens (Lesehaltung und Lesepraxis) und digitaler Lesemotorik feststellen?
(2) Fördern die Spezifika der Interaktionsmöglichkeiten und Animationen das Text-(Bewegt-)Bild-Verstehen oder hemmen sie dieses?

Neben einer deskriptiven Bestandsaufnahme, die aus der Beobachtung des digitalen Leseverhaltens und der Lesemotorik sowie der Darstellung des Text-(Bewegt-)Bild-Verstehens der Grundschüler gewonnen werden sollte, war es das Ziel dieser Untersuchung, aus den Ergebnissen didaktische Erwägungen zur Vermittlung und Förderung digitaler Lesekompetenz abzuleiten. Die beiden Forschungsfragen werden in diesem Kapitel beantwortet. Die didaktischen Schlussfolgerungen in Gestalt eines Modells werden im Folgekapitel erbracht.

---

19 Zur heterogenen Zusammensetzung der Probandengruppe sei auf Folgendes verwiesen: Die Schüler haben nicht alle dasselbe Alter und Geschlecht; sie bilden ein breites Leistungsspektrum ab; alle haben mindestens einen Elternteil, dessen Erstsprache nicht Deutsch ist.
20 Vgl. Kuckartz 2014.

3.2 Setting und forschungsmethodisches Vorgehen

Die Probanden saßen ihrer Lehrerin einzeln in einem Klassenraum gegenüber. Diese face-to-face-Situation im gewohnten Umfeld mit der Lehrerin als Vertrauensperson sorgte für ein Unterrichtsarrangement, das möglichst alltäglich sein sollte. Auf dem Tisch befand sich ein Tablet, auf dem die App bereits gestartet war. Hinter der Lehrerin wurde eine Kamera zur Videoaufnahme des Rezeptionsaktes positioniert. Die Versuchsleiterin bekam zuvor vom Autor dieses Beitrags einen Leitfaden zur Durchführung der Untersuchung, der den interaktiven Rezeptionsakt in einem Dreischritt aus Lesen, Aufgabenlösen und mündlicher Anschlusskommunikation strukturierte.

Die Schüler bekamen zunächst die Instruktion, die ersten zehn Seiten der Kinderbuch-App still oder laut zu lesen. Hierzu erfolgte auch der Hinweis, dass sie frei über das Tablet verfügen, sich genügend Zeit nehmen können und jederzeit Fragen stellen dürfen. Im Anschluss an die Lektüre lösten die Schüler schriftlich Aufgaben zum Text-(Bewegt-)Bild-Verstehen. Drei von vier Aufgaben wurden in einem Multiple-Choice-Format dargeboten. Bei einer Aufgabe war ein Satz auf einer vorgegebenen Linie als Antwort gefordert. Für die darauffolgende mündliche Anschlusskommunikation bekam die Lehrerin Impulse und Fragen bereitgestellt, die sich auf das Text-(Bewegt-)Bild-Verstehen der Animationen bezogen (s. Kap. 3.3.3) und die gewonnenen Daten aus den Testaufgaben ergänzen und absichern sollten.

Einer gebotenen Datentriangulation eines Mixed-Methods-Designs entsprechend durchliefen die 24 Videos mit einer durchschnittlichen Länge von ca. 15 Minuten ein zweimaliges Rating. Vor den Analysedurchgängen der Videos wurden die Interessenmerkmale des digitalen Leseverhaltens und der Lesemotorik mit Indikatoren und Ankerbeispielen kodiert und in Auswertungsprotokollen schriftlich beschrieben: Aus den Videoanalysen konnten Daten zum – vermuteten hauptsächlich nonverbalen – digitalen Leseverhalten und der Lesemotorik, aber auch aus der mündlichen Anschlusskommunikation zum Text-(Bewegt-)Bild-Verstehen extrahiert werden. Die schriftlichen Testaufgaben erfuhren eine von den Videoanalysen unabhängige Auswertung, waren jedoch mit den Videodaten abzugleichen und in die folgende Ergebnisdarstellung miteinzubeziehen.

3.3 Didaktische Implikationen des interaktiven Rezeptionsaktes. Untersuchung und Forschungsergebnisse

Die Darstellung der Rezeptionsstudie weist insgesamt drei Schwerpunkte der Untersuchung auf (3.3.1–3.3.3), verbindet diese mit den hierfür ausgewählten

Seiten und endet mit den jeweiligen Forschungsergebnissen.[21] Der Analyse des digitalen Leseverhaltens (3.3.1) und der Lesemotorik (3.3.2) der Grundschüler wurden bestimmte Indikatoren und Ankerbeispiele zugrunde gelegt (s. Tabelle 4). Die Eruierung eines digitalen Text-(Bewegt-)Bildverstehens erfolgte über die in Kapitel 3.3.3 vorgestellten Testaufgaben und die mündliche Anschlusskommunikation.

Didaktische Implikationen des interaktiven Rezeptionsaktes	Indikatoren	Ankerbeispiele
Digitales Leseverhalten: Lesehaltung und Lesepraxis	Körperhaltung und -bewegungen sowie der Vorgang des Lesens	‚konzentrierte' Körperhaltung und Sitzposition; Kopf über die Kinderbuch-App gebeugt; Lesebewegungen mit den Augen; leises/lautes Lesen; lautes Denken; fragen
Digitale Lesemotorik	Handbewegungen	das Wischen und Tippen als Bedienung der Interaktionsmöglichkeiten; das Vor- und Zurückblättern; Lesebewegungen mit den Zeigefingern; die Nutzung des Tablets mit beiden Händen zum Drehen und Neigen

Tab. 4: Indikatoren und Ankerbeispiele digitaler Lesemotorik

3.3.1 Digitales Leseverhalten: Lesehaltung und Lesepraxis

Die Ergebnisse zum digitalen Leseverhalten beziehen sich auf die Lesehaltung, die anhand der Indikatoren der Körperhaltung und -bewegungen beobachtet wurden, und auf die Lesepraxis, die den Vorgang des Lesens in den Blick nimmt.

Die Schüler nahmen alle über die gesamte Lektürephase hinweg eine kon-

21 Die Forschungsergebnisse weisen aus folgenden Gründen eine limitierte Aussagekraft auf: Auf Grund der geringen Stichprobengröße (n=24) können keine quantitativen Aussagen getroffen werden. In diesem Beitrag werden daher selten Zahlen genannt. Die in einer größeren Fallzahl möglichen quantifizierbaren Faktoren werden als Tendenzen mit gebotener Vorsicht formuliert. Die einmaligen Interventionen bei der Durchführung der Rezeptionsstudie können keine Entwicklung digitaler Lesekompetenz messen. Deshalb sind die Ergebnisse als eine aktuelle Bestandsaufnahme digitaler Lesekompetenz einer heterogenen Probandengruppe zu verstehen. Nicht auszuschließen ist, dass soziale Erwünschtheit das Verhalten der Schüler beeinflusst. Die organisatorischen, räumlichen und sozialen Aspekte des Settings differieren leicht im Vergleich zum Schulalltag, was diesen Faktor eventuell noch verstärken könnte. Des Weiteren kann die App-Auswahl bei einzelnen Schülern zu einer höheren motivationalen Auseinandersetzung führen oder demotivierend wirken, was auch mit einem durch eine individuelle Lesesozialisation bereits erworbenen Vorwissen zusammenhängen könnte – wie dies bei jedem literarischen Gegenstand und jeder medialen Adaption der Fall sein kann.

Abb. 3

zentrierte Lesehaltung und Sitzposition ein. Das bedeutet, dass sie sich beispielsweise nicht mit dem Rücken anlehnten, sondern den Kopf über das Tablet beugten. Dies könnte mit den bereits genannten Einflussfaktoren zusammenhängen, ist jedoch ein bemerkenswertes Ergebnis, wenn bedacht wird, dass die Schüler frei in der Handhabung des Tablets waren und sich in anderen Lesesituationen mit dem Medium – das kann auch ein gedrucktes Buch sein – in den Händen vielleicht bequem zurücklehnen würden. Die meisten Schüler lasen leise, die von der Lehrperson als besonders leseförderbedürftig eingestuften Schüler von sich aus laut. Den Beobachtungen der Lehrkraft zufolge waren bei allen Schülern konzentrierte Lesebewegungen mit den Augen und dem Kopf zu beobachten, die sich hauptsächlich auf den Text bezogen;[22] vornehmlich auf die

22 Die Schüler wendeten folglich ihre nondigitalen Lesekompetenzen, die sie in ihrer schulischen Lesesozialisation mit Printtexten erlernten, völlig selbstverständlich auf das digitale Medium an.

Animationen fokussierte die Augen-Hand-Koordination nach dem Umblättern oder der (selbstgesteuerten) Aktivierung sowie nach dem Lesen des Texts auf einer Seite. Wenige dachten laut bei der Bedienung der ersten Animation (s. Abb. 3), der sich bewegenden und somit den Text verdeckenden Taschenuhr des Kaninchens (z. B. „Ich kann das so ja gar nicht lesen!"). Sie lachten und äußerten in Ausrufen ihre Verwunderung (z. B. u. a. „Oh!", „Oha!", „Hä?"). Nach der Interaktion mit dieser ersten Animation traten keine verbalen oder nonverbalen Äußerungen i. S. eines lauten Denkens mehr auf. Ein Grund hierfür könnte sein, dass sie bei der Betrachtung der zweiten und den folgenden Animationen eine ähnliche Funktionsweise registrierten, also medial lernten, indem sie ihre Medienerfahrungen abriefen und mit den neuen Erfahrungen abglichen. Kein Schüler stellte eine Frage zum Text-(Bewegt-)Bildverstehen während des Lesevorgangs; einige fragten, ob sie noch einmal zurückblättern dürften, was ein grundsätzliches, aber nicht explizit definierbares Interesse am Text und/oder den Bildern suggeriert.

3.3.2 Digitale Lesemotorik

Alle Schüler bedienten das Tablet und die Animationen motorisch geübt, ohne Verständnisfragen zu stellen. Die Leser durften das Tablet in die Hand nehmen, um es zu drehen oder zu neigen und hätten auch auf diese Weise die Animationen der Kinderbuch-App steuern können. Kein Schüler nahm diese Option wahr; alle ließen das Tablet auf dem Tisch liegen. Des Weiteren berührten sie den Bildschirm meist nur mit dem Zeigefinger der rechten Hand. Dies könnte an den gewohnten, intuitiven Bewegungen des Umblätterns von nondigitaler Literatur liegen sowie an den eher auf der rechten Bildschirmhälfte angesiedelten Animationen und dem rechten Pfeil zum Weiterblättern. Es wäre beispielsweise auch denkbar gewesen, dass die Leser mit zwei Händen oder Fingern interagieren, was jedoch nur bei drei Schülern der Fall war. Die meisten Schüler bedienten die Animationen zeitlich kurz und bewegten sie höchstens dreimal, um im Anschluss weiterzulesen. Nur zwei Schüler ‚spielten' zunächst vor dem Lesen mit einigen Animationen, indem sie u. a. die Taschenuhr (s. Abb. 3) wild herumfliegen ließen, konzentrierten sich dann jedoch von sich aus – ohne Hinweis der Lehrerin – auf die Lektüre des Textes. Gerade bei der animierten Taschenuhr, die den Text teilweise verdeckt, ließ sich eine interessante Beobachtung machen: Alle Schüler – auch die beiden, die zunächst ‚spielten' – schoben die Taschenuhr mit dem Finger in Ruhe in verschiedene Positionen, um den Text lesen zu können. Sie fixierten die Uhrposition, indem sie mit dem Finger auf dem Bildschirm blieben. Sie hatten folglich eine lesemotorische Leistung zu vollbringen, um sich das Lesen des Textes zu ermöglichen. Kein Schüler verzagte währenddessen. Aus medienkritischer Perspektive hätte vermutet werden können, dass die Lernenden die interaktiven Animationen als rein ludische Elemente nutzen, was jedoch nicht der Fall gewesen ist. Die Lese-/Medienmotivation war bei einigen Schülern am Zurückblättern i. S. eines Nachschlagens zu erkennen, um die später gestellten Aufgaben richtig beantworten zu können, deren Ergebnisse im nächsten Kapitel vorgestellt werden.

3.3.3 Digitales Text-(Bewegt-)Bildverstehen

Das Text-(Bewegt-)Bild-Verstehen wurde schriftlich und mündlich überprüft: zunächst in schriftlichen Testaufgaben und anschließend in einer mündlichen Anschlusskommunikation, bei der normierte Fragen gestellt und Impulse gegeben wurden, die sich inhaltlich auf die Testaufgaben bezogen und die Ergebnisse somit absichern. Die Schüler hatten zuvor keine Anweisung, auf die Animationen oder Interaktionsmöglichkeiten zu achten. Sie konnten sich folglich nicht auf die Inhalte der Testaufgaben oder des Anschlussgesprächs vorbereiten.

Die erste Multiple-Choice-Aufgabe bezog sich auf das Textverstehen:[23]

1. Aus welchem Grund sorgt sich das Kaninchen?
A Das Kaninchen sorgt sich, nicht mehr aus dem Kaninchenloch herauskommen zu können.
B Das Kaninchen sorgt sich, zu spät zu kommen.
C Das Kaninchen sorgt sich, dass es zu leise murmelt.

Die Antwort ist aus dem Text der Seite ohne Animation (Abb. 4) erschließbar. Die Textverstehensaufgabe bereitete den Schülern die größten Schwierigkeiten im Vergleich zu den anderen. In der Anschlusskommunikation wurde bezüglich der Taschenuhr-Animation, die das Textverstehen bei entsprechender digitaler Lesekompetenz unterstützen könnte, folgender erster Impuls von der Lehrkraft gegeben: „Sag mir doch mal, warum man diese Uhr zu Beginn des Buches sehen konnte." Konnte die Mehrheit der Schüler die Aufgabe schriftlich nicht richtig beantworten, brachten die meisten die Uhr mit der „Angst" des Zuspätkommens des Kaninchens in Verbindung. Die wenigen Schüler, die die Textverstehensaufgabe richtig beantworteten, wussten auch die Uhr richtig zu einzuordnen. Die Lernenden verknüpften ihr Bewegtbildverstehen – ausgelöst durch den Impuls – mit dem (zunächst nicht) abgerufenen Textverstehen. Dies belegt, dass die Animation das Textverstehen nicht negativ beeinflusst, dieses allerdings erst unterstützen kann, wenn Schüler digital lesekompetent werden, indem sie im Rezeptionsakt (Bewegt-)Bilder wahrzunehmen lernen; auf der Seite der Abb. 3

23 Die richtige Antwort ist im Fließtext stets in Fettdruck visualisiert.

z. B. bezieht sich dies auch auf das auf die Uhr schauende Kaninchen im Bildhintergrund.

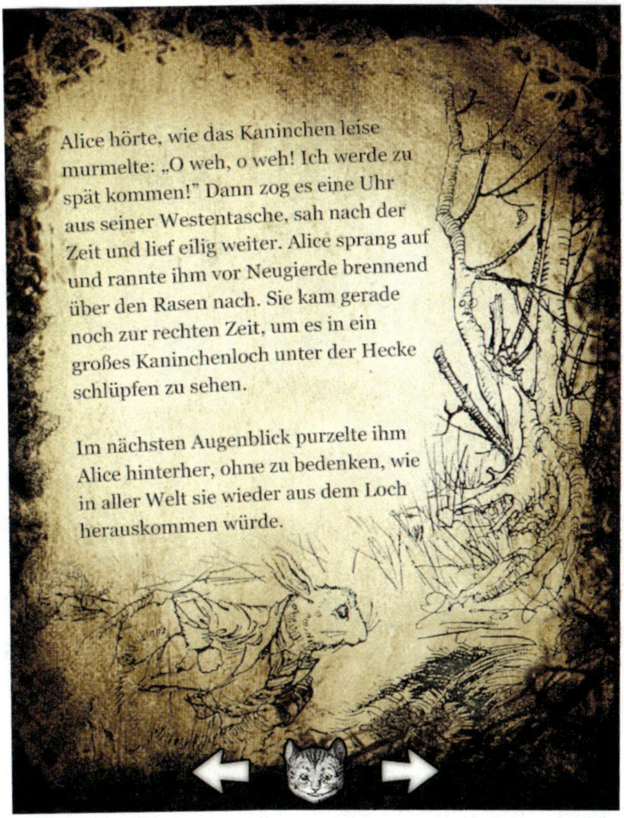

Abb. 4

Mit einem Widerspruch in der Text-Bild-Beziehung wurden die Schüler auf Abb. 5 konfrontiert. Der Textinhalt besagt, Alice falle auf den Boden. Die durch das Umblättern ausgelöste Animation eines nach unten fallenden Glases Orangenmarmelade (laut Text fällt das Glas jedoch nicht zu Boden; Alice steckt es im Fallen in einen Schrank) erforderte eine besondere Verstehensleistung in der zu trennenden Wahrnehmung des Text- und Bewegtbildinhalts.

In Aufgabe 2, in der keine der Optionen als falsch zu bewerten war, sollte deswegen eruiert werden, ob das Bewegtbildverstehen (Antwort A), Textverstehen (Antwort B) oder Text-Bewegtbild-Verstehen im Vordergrund stand:

Abb. 5

2. Wer oder was schlug auf dem Boden auf?
A ein Glas Orangenmarmelade
B Alice
C ein Glas Orangenmarmelade und Alice

Die Antworten waren nahezu gleichmäßig auf alle Schwerpunkte des Verstehens verteilt. Einzig auffallend war, dass die Schüler, die zuvor die Textverstehensaufgabe (Aufgabe 1) richtig lösten, bei Aufgabe 2 die Lösung B wählten. Sie konzentrierten sich offensichtlich bei beiden Aufgaben auf das Textverstehen.

Mit der offenen Frage „Was hat es mit dem Glas Orangenmarmelade auf sich?" sollte herausgefunden werden, ob die Schüler die Diskrepanz zwischen Text und Animation wahrnehmen – eine wichtige digitale Lesekompetenz, die dem Lernen von Visual Literacy zuzuordnen ist. Die Aussagen ließen nicht auf ein Erkennen der Diskrepanz schließen. Die Grundschüler können folglich nicht per se Text und Bewegtbild in Beziehung setzen, obwohl einige von ihnen während der

Anschlusskommunikation noch einmal auf diese Seite zurückblätterten und versuchten, den Abschnitt zu verstehen. Dies zeigt, dass ein bewusst fokussierter Umgang mit dem Text-Bewegtbild-Verhältnis nicht vorausgesetzt werden kann und im Deutschunterricht zu lehren ist.

In einer dritten, offenen Aufgabe bekamen die Schüler die Frage gestellt, was Alice auf dem Tischchen entdeckt habe (s. Abb. 6). Da eine Text-Bild-Kongruenz gegeben ist und zusätzlich eine große, animierte Flasche dominant im Vordergrund steht, konnte vermutet werden, dass auch die Schüler, die die textverstehenslastigen Aufgaben nicht lösen konnten, hier eine Unterstützung erfahren würden. Die meisten Schüler beantworteten die Frage richtig. Vorsichtig formuliert bedeutet dies: Das nicht animierte Bild (Alice mit dem Fläschchen in der Hand) und die visualisierte Animation scheinen nicht verstehenshinderlich zu sein.

Abb. 6

Abb. 7

Eine ähnliche Ergebnisformulierung kann für die vierte Aufgabe zu Abb. 7 gewählt werden.

4. Was passierte mit Alice?
A Sie wurde größer.
B Sie veränderte sich gar nicht.
C Sie wurde kleiner.

Die meisten Schüler antworteten richtig, was dem Text- und Bildverstehen entspricht. Die wenigsten Schüler ließen Alice mit ihrem Finger wachsen und schrumpfen.[24] Die rezeptive Haltung der beim Umblättern indirekt ausgelösten,

24 Für künftige empirische Forschungsvorhaben mit einer größeren Probandenzahl wäre es von Interesse, einen Zusammenhang zwischen dem Text-(Bewegt-)Bild-Verstehen und der Interaktionszeit mit den Animationen zu untersuchen: Antworten die Schüler schriftlich oder/

vorbestimmten Animation genügte ihnen zur Ergänzung ihres Textverstehens. Die Aufgabe der mündlichen Anschlusskommunikation (Alice sagt zum Schluss: „Ich klappe ja zusammen wie ein Teleskop!" Was könnte das bedeuten?) bestätigte das schriftliche Ergebnis im Allgemeinen, jedoch nicht bei den wenigen Schülern, die die Wörter „Teleskop" oder „zusammenklappen" nicht verstanden. Diese Lernenden konnten nur eine unverständliche oder keine Antwort geben, unabhängig davon, ob sie die schriftliche Aufgabe richtig beantworteten oder nicht.

Abb. 8

Die letzte Aufgabenstellung zur Annäherung an eine Leserlenkung und die damit mögliche Beschränkung einer Vorstellungsbildung durch die Visualisierung eines animierten Gartenmotivs (s. Abb. 8: Auf dem Gartenmotiv sind lediglich

und mündlich eher richtig, wenn sie mit den Animationen in bestimmter Weise kürzer oder länger interagieren?

grün bewachsene Torbögen, Bäume und eine weiße Kuppel zu sehen; gemeinhin würde man hier nicht von dem „reizendsten Garten" sprechen) erfolgte ausschließlich mündlich anhand folgender Fragestellungen:

A. *Im Text steht, Alice sehe den „reizendsten [also schönsten] Garten, den man sich denken kann." Du hast diesen ja sehen können. Bist du auch der Meinung? Warum (nicht)?*
B. *Wie stellst du dir denn den schönsten, reizendsten Garten vor?*

Die meisten Schüler bejahten Frage A, konnten dies jedoch nur spärlich oder nicht begründen, indem sie Gesehenes wiedergaben (z. B. „grün", „Bäume", „Pflanzen") oder schwiegen. Möglicherweise entsprachen sie hier dem gelesenen Textinhalt, der mündlichen Wiedergabe dessen oder es griff der bereits genannte Einflussfaktor der sozialen Erwünschtheit. Die Ergebnisse zu Frage A zeigen, dass die meisten Grundschüler die Diskrepanz zwischen Text und Bild hier nicht medienreflexiv einordnen konnten. Alle Schüler, die sich zu Frage B äußerten – wenige antworteten nicht – imaginierten einen im Allgemeinen als schöner empfundenen Garten mit bunten Blumen, Tieren und einem vielfältigeren Baum- und Pflanzenbestand. Die Ergebnisse zu Frage B bestätigen die von Müller geäußerte Vermutung, die sich auf die Leserlenkung und die Problematik der Imagination bezieht:

> In der Auswahl der zur Animation vorgesehenen Elemente und in deren Behandlung haben die Entwickler Entscheidungen getroffen, die von einem bestimmten Textverständnis ausgehen und dieses dem Betrachter nahe legen. Was der Leser von Carrolls Buch an Vorstellungsbildung allein leisten muss, wird durch die animierten Elemente erleichtert: Textverstehen wird unterstützt.[25]

Eine Imaginationsbildung wird durch eine (leserlenkende) Animation nicht beschnitten und das Textverstehen dann gefördert, wenn an die zu reflektierende Text-(Bewegt-)Bild-Kombination (Frage A) mit einer auf den Text rekurrierenden Frage (Frage B) angeschlossen wird. In einer derart verstehensunterstützenden Vorgehensweise eignet sich der Einsatz dieses digitalen Literaturformats mit seinen Animationen v. a. für wenig lesemotivierte und -kompetente Schüler. Die Leseerfahrenen, die eine besonders ausgeprägte Textverstehenskompetenz aufwiesen, registrierten die Animationen zumeist schneller und banden sie als sinnhafte visuelle Unterstützung zum Text-(Bewegt-)Bildverstehen ein. Als weitere grundlegende Erkenntnisse für die Vermittlung, Entwicklung und Förderung von digitaler Lesekompetenz sind festzuhalten: Alle Grundschüler nahmen die App als zu lesendes Buch wahr. Sie lasen und waren nicht durch

---

25 Müller 2014, S. 14.

vermeintlich ludische Elemente von der Lektüre abgelenkt. Animationen können das Text-(Bewegt-)Bild-Verstehen unterstützen und hemmen dieses in der Regel nicht. Die dargelegten Ergebnisse entstanden auf Grundlage eines Settings, das im letzten Kapitel didaktisch zu perspektivieren ist.

4 Vorschlag eines didaktischen Modells zur Vermittlung digitaler Lesekompetenz

Das in der Studie erprobte Setting kann in ein didaktisches Modell zur Vermittlung digitaler Lesekompetenz überführt werden, das die oben genannten Parameter, Implikationen und die Ergebnisse miteinbezieht (s. Abb. 9).

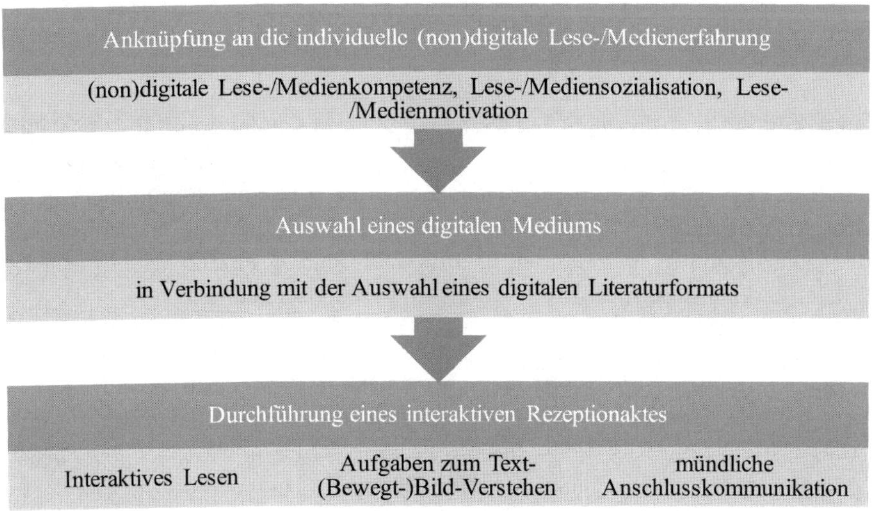

Abb. 9: Didaktisches Modell zur Vermittlung digitaler Lesekompetenz

Das Modell verdeutlicht die Äquivalenz der (non)digitalen Lese- und Medienerfahrung: Diese Aspekte sind bei der Vermittlung von digitaler Lesekompetenz in gleichen Teilen zu beachten, wenn Grundschüler eine zeitgemäße, die Lebenswelt berücksichtigende Lese- und Medienkompetenzförderung erfahren sollen.

In Anbetracht der (non)digitalen Lese- und Medienerfahrung und des (syn-)ästhetischen Genusses ist das Erlernen einer bedachten Medien- und Literaturauswahl bedeutsam, das sich nicht länger ausschließlich auf die Wahl gedruckter Kinderbücher beschränkt. So ist es Schülern möglich, eine medienreflexive und -kritische Haltung einzunehmen und eigenständig Medien und Literatur jeglichen Formats auswählen zu können.

Ein interaktiver, mehrkanaliger – in einigen digitalen Literaturformaten sind zusätzlich auch Ton und Musik verwirklicht – Rezeptionsakt verlangt von Grundschülern komplexe Leistungen, die über die einer Print-Lektüre hinausgehen. Für den Deutschunterricht bietet sich ein didaktischer Dreischritt an, der eine individuelle methodische Umsetzung zu erfahren hat:

(1) Interaktives Lesen
(2) Aufgaben zum Text-(Bewegt-)Bild-Verstehen
(3) Mündliche Anschlusskommunikation

Das Leseverhalten wird während des Rezeptionsaktes um eine lesemotorisch veranlasste Interaktion mit dem digitalen Literaturformat ergänzt. Dabei müssen Rezipienten lernen, verschieden steuerbare Animationen als lese(r)lenkende Elemente zu identifizieren, sie i. S. einer Visual Literacy zu verarbeiten und in ein Text-(Bewegt-)Bildverstehen zu überführen. Die zu stellenden Aufgaben zu den Text-(Bewegt-)Bildkombinationen können schriftlich und/oder mündlich sein. Die Aufgaben gewährleisten eine intensive, medienreflexive Auseinandersetzung mit den Text-(Bewegt-)Bilddarstellungen und schulen somit die Lese- und Medienkompetenz. Zur Überprüfung, Festigung und Diskussion eines angestrebten Text-(Bewegt-)Bildverstehens dient die mündliche Kommunikation im Anschluss an die ersten beiden Phasen. Die Begleitung und Unterstützung durch eine Lehrperson ist im gesamten Prozess unabdingbar, um die Vermittlung digitaler Lesekompetenz letztlich erfolgreich gestalten zu können.

Bibliographie

ABRAHAM, Ulf/KNOPF, Julia (Hg.): *Deutsch digital. Theoretische Grundlagen und Implikationen für die Praxis.* Baltmannsweiler: Schneider, 2016.

ALBERS, Carsten/MAGENHEIM, Johannes/MEISTER, Dorothee M.: „Der Einsatz digitaler Medien als Herausforderung von Schule. Eine Annäherung“, in: Dies. (Hg.): *Schule in der digitalen Welt. Medienpädagogische Ansätze und Schulforschungsperspektiven.* Wiesbaden: VS Verlag, 2011, S. 7–16.

ATOMIC ANTELOPE: *Alice für iPad.* Oceanhouse Media, 2010.

BECKER, Tabea: „Sprachliches und literarisches Lernen an Bilderbüchern“, in: Knopf, Julia/Abraham, Ulf (Hg.): *BilderBücher.* Bd. 1: *Theorie.* Baltmannsweiler: Schneider, 2014, S. 164–174.

FREDERKING, Volker: „Symmedialität. Mediendidaktisches Theorem und Entwicklungsprinzip im E-Learning-Bereich“, in: Kleber, Hubert (Hg.): *Perspektiven der Medienpädagogik in Wissenschaft und Bildungspraxis.* München: kopaed, 2005, S. 187–203.

FREDERKING, Volker: „Symmedialität und Synästhetik. Begriffliche Schneisen im medialen Paradigmenwechsel und ihre filmdidaktischen Implikationen am Beispiel von Erich Kästners ‚Emil und die Detektive‘“, in: Ders. (Hg.): *Filmdidaktik und Filmäs-*

thetik. Jahrbuch Medien im Deutschunterricht 2005. Bd. 4. München: kopaed, 2006a, S. 204–229.

Frederking, Volker: „Synästhetik multimedialer Gesamttexte“, in: Kliewer, Heinz Jürgen/Pohl, Inge (Hg.): *Lexikon Deutschdidaktik.* Bd. 2. Baltmannsweiler: Schneider, 2006b, S. 751.

Frederking, Volker: „Symmedialer Literaturunterricht“, in: Ders./Krommer, Axel/Meier, Christel (Hg.): *Taschenbuch des Deutschunterrichts.* Bd. 2: *Literatur- und Mediendidaktik.* Baltmannsweiler: Schneider, 2013, S. 535–566.

Frederking, Volker: „Symmedialität und Synästhetik. Die digitale Revolution im medientheoretischen, medienkulturgeschichtlichen und mediendidaktischen Blick“, in: Ders./Krommer, Axel/Möbius, Thomas (Hg.): *Digitale Medien im Deutschunterricht. Deutschunterricht in Theorie und Praxis.* Bd. 8. Baltmannsweiler: Schneider, 2014, S. 3–49.

Garbe, Christine: „Die Zukunft des Lesens als Herausforderung für die Forschung“, in: Maas, Jörg/Ehmig, Simone (Hg.): *Zukunft des Lesens. Was bedeuten Generationswechsel, demografischer und technischer Wandel für das Lesen und den Lesebegriff?* Mainz: Stiftung Lesen, 2013, S. 78–84.

Kato, Hiloko: „A new generation of pop-up books. Alice for the iPad und die Bedeutung von Materialität und medialer Technik für den Textsortenwandel“, in: Hauser, Stefan/Kleinberger, Ulla/Roth, Kersten Sven (Hg.): *Musterwandel – Sortenwandel. Aktuelle Tendenzen der Text(sorten)linguistik.* Bern u. a.: Lang, 2014, S. 183–206.

KMK: *Bildung in der digitalen Welt. Strategien der Kultusministerkonferenz,* 2016, verfügbar unter: https://www.kmk.org/fileadmin/Dateien/pdf/PresseUndAktuelles/2016/Bildung_digitale_Welt_Webversion.pdf [10.12.2016].

Medienpädagogischer Forschungsverbund Südwest: Feierabend, Sabine/Rathgeb, Thomas/Plankenhorn, Theresa: *KIM-Studie 2014. Kinder und Medien, Computer und Internet. Basisuntersuchung zum Medienumgang 6- bis 13-Jähriger in Deutschland,* 2014a, verfügbar unter: http://www.mpfs.de/fileadmin/files/Studien/KIM/2014/KIM_Studie_2014.pdf [18.11.2016].

Medienpädagogischer Forschungsverbund Südwest: Feierabend, Sabine/Rathgeb, Thomas/Plankenhorn, Theresa: *JIM-Studie 2014. Jugend, Information, (Multi-)Media. Basisuntersuchung zum Medienumgang 12- bis 19-Jähriger in Deutschland,* 2014b, verfügbar unter: http://www.mpfs.de/fileadmin/files/Studien/JIM/2014/JIM_Studie_2014.pdf [18.11.2016].

Müller, Christian: „Literarisches Lernen anhand einer Kinderbuch-App“, in: *Praxis Deutsch* 2014/247, S. 14–17.

OECD: *Students, Computers and Learning. Making the Connection,* 2015, verfügbar unter: http://www.oecd.org/education/new-approach-needed-to-deliver-on-technologys-potential-in-schools.htm [20.10.2016].

Roeder, Caroline: „Lewis Carroll: Alice im Wunderland/Alice hinter den Spiegeln“, in: Spinner, Kaspar H./Standke, Jan (Hg.): *Erzählende Kinder- und Jugendliteratur im Deutschunterricht. Textvorschläge – Didaktik – Methodik.* Paderborn: UTB Schöningh, 2016, S. 52–56.

Schiefner-Rohs, Mandy: „Lehrerbildung und digitale Medien. Herausforderungen entlang der Lehrerbildungskette“, in: Dies./Gómez Tutor, Claudia/Menzer, Christine

(Hg.): *Lehrer. Bildung. Medien. Herausforderungen für die Entwicklung und Gestaltung von Schule.* Baltmannsweiler: Schneider, 2015, S. 119–128.

SCHRENKER, Eva/BEYER, Martin: „Digitale interaktive Bilderbücher im Unterricht. Theoretische Grundlagen und praktische Implikationen", in: Knopf, Julia/Abraham, Ulf (Hg.): *BilderBücher.* Bd. 1: *Theorie.* Baltmannsweiler: Schneider, 2014, S. 141–151.

SPINNER, Kaspar H.: „Literarisches Lernen", in: *Praxis Deutsch* 2006/200, S. 6–16.

STIFTUNG LESEN/DEUTSCHE BAHN/ZEIT: *Vorlesestudie 2012. Digitale Angebote – Neue Anreize für das Vorlesen*, 2012, verfügbar unter: https://www.stiftunglesen.de/download.php?type=documentpdf&id=752 [10.05.2016].

THIELE, Jens: „Das Buch als Objekt – das Objekt als Buch", in: *1000 und 1 Buch. Das Magazin für Kinder- und Jugendliteratur* 2006/4, S. 37–39.

Martin Rehfeldt

„Ganz große, poetische Literatur – Lesebefehl!" Unterschiede und Gemeinsamkeiten von Amazon-Rezensionen zu U- und E-Literatur

Abstract
Book reviews on *Amazon.de* do not consider formal characteristics of the reviewed books like linguistic and stylistic innovativeness a lot. Instead, they focus on aspects which are important for an exciting reading such as suspense, humor and informative content – no matter whether the reviewed book can be described as sophisticated or not. The reviewer's role is different from the one of professional literary critics as it's not hierarchical but equal to the reader just as in everyday conversations about a book one has read.

1 Vorgehen

Welche formalen und inhaltlichen Eigenschaften weisen Amazon-Kundenrezensionen auf? Dieser Frage sind wir im Jahr 2014 als interdisziplinär zusammengesetztes Forschungsteam – Axel Kellermann (Informatik), Holger Kellermann (Germanistik, Kommunikationswissenschaft), Gabriele Mehling (Kommunikationswissenschaft) und Martin Rehfeldt (Germanistik) – in einer explorativen Studie zur Beschaffenheit von Kundenrezensionen zu Romanen auf *Amazon.de* nachgegangen.[1] Dazu haben wir eine teilautomatisierte quantitative Inhaltsanalyse durchgeführt. Ziel dieses Verfahrens war es, eine große Menge heterogener Daten so zu formalisieren, dass sie bezüglich der untersuchten Eigenschaften vergleichbar werden. Dazu wurden 155 verschiedene Kategorien sowohl theoriegeleitet als auch in einer qualitativen Vorstudie empirisch ermittelt. Diese Kategorien reichten von einfach erfassbaren Größen wie dem Umfang einer Rezension oder der Anzahl der vergebenen Sterne bis zu komplexen Fragen wie der, ob eine von verschiedenen möglichen Spielarten der

1 Kellermann/Kellermann/Mehling/Rehfeldt 2017. Das Forschungsprojekt wurde gefördert von der Waldemar-Bonsels-Stiftung.

Identifikation mit einer Romanfigur geschildert wird. Die Kategorien wurden operationalisiert und zu einem Kategoriensystem zusammengefasst.

Nachdem ein eigens zu diesem Zweck programmiertes Tool (*Arwex* – Amazon Review Extractor) die Rezensionen und mit ihnen verbundene Informationen in eine Datenbank geschrieben hatte, damit der Datenbestand während der weiteren Analysen unverändert blieb, wurden 20 für die Erfassung mittels eines Computerprogramms geeignete Kategorien für die Auswahlgesamtheit von 19.407 Rezensionen automatisiert erfasst. Die übrigen 135 wurden händisch von einem aus fünf studentischen Hilfskräften mit einer wissenschaftlichen Hilfskraft als Koordinator bestehenden Codierer-Team für eine Stichprobe von 507 Rezensionen erhoben, die, ebenfalls mithilfe des dafür entwickelten Tools, nach dem Kriterium der vergebenen Sterneanzahl geschichtet gezogen worden war. Um eine möglichst hohe Intercoder-Reliabilität zu erreichen, wurde ein Codebuch mit Messanweisungen zu jeder händisch zu codierenden Kategorie erstellt, sowie eine einwöchige Schulung der Codierer durchgeführt.

Im Folgenden sollen zunächst einige der Ergebnisse dieser Studie referiert werden, um anschließend zu untersuchen, inwiefern die Beobachtungen, die in unserer Studie ausschließlich an Rezensionen zu Bestsellern gemacht wurden, auch für Amazon-Rezensionen zu Büchern, die der sogenannten Hoch- oder E-Literatur zugerechnet werden, zutreffen. Dies geschieht durch die Analyse der Amazon-Rezensionen zu Walter Kappachers Roman *Der Fliegenpalast* anhand einiger ausgewählter Kategorien.

2 Ergebnisse einer inhaltsanalytischen Studie

Den augenfälligsten Unterschied zwischen Amazon-Rezensionen und solchen, die in Print-Feuilletons erscheinen, stellt ihre Kürze dar: Auf Basis der automatisiert ausgewerteten Auswahlgesamtheit ergab sich eine durchschnittliche Rezensionslänge von 606 Zeichen bzw. 110 Wörtern. Der Median lag mit 264 Zeichen bzw. 47 Wörtern sogar noch deutlich niedriger, was bedeutet, dass viele sehr kurze Rezensionen Teil der Auswahlgesamtheit waren.

Die genaue händische Inhaltsanalyse der Stichprobe ließ weitere markante Unterschiede deutlich werden: So kommen gut 70 % ohne Angaben zum Inhalt des Buches aus, die schon aufgrund deren Servicefunktion einen unverzichtbaren Teil journalistischer Rezensionen ausmachen; in den übrigen knapp 30 % überwiegt die selektive Nacherzählung, also das Beschreiben einzelner Szenen (46 %), gefolgt von einer Rekonstruktion der Erzählung (30 %) und der Verdichtung, bei der auf stark typisierte Vorgaben (z. B. Genres) zurückgegriffen wird, um den Inhalt kurz zu charakterisieren (24 %). Einen Grund für die relative Seltenheit von Inhaltsangaben dürfte der Publikationsort darstellen: Da auf

Amazon.de oft schon als Teil der redaktionell angebotenen Informationen zum Buch, spätestens aber in den ersten Rezensionen anderer Leser etwas über den Inhalt des besprochenen Buches mitgeteilt wird, dürfte es vielen späteren Rezensenten überflüssig erscheinen, ihrerseits entsprechende Angaben zu wiederholen.

Stattdessen liegt der Fokus der meisten Rezensionen auf dem beurteilenden Aspekt: Wertungen des gesamten Buches bilden einen zentralen Bestandteil von Amazon-Rezensionen. Vier Fünftel (79 %) aller Kritiken enthalten explizite Äußerungen des Ge- oder Missfallens über das gesamte Buch im ideellen Sinn (also ohne Berücksichtigung materieller Aspekte wie Drucksatz, Cover, Papierqualität u. ä.) bzw. über das gesamte Leseerlebnis. In knapp drei Vierteln (74 %) der Rezensionen, in denen das Buch oder das gesamte Leseerlebnis explizit bewertet wird, fällt das Urteil positiv aus.[2] In weiteren 14 % erwähnen die Rezensenten gleichermaßen positive wie negative Aspekte, lediglich 12 % werten ausschließlich negativ. In einem knappen Drittel der Rezensionen (31 %) wird außerdem eine explizite Lektüreempfehlung oder -warnung ausgesprochen. In 79 % dieser Fälle wird für eine Lektüre plädiert. In jeweils 11 bzw. 10 % wird davon abgeraten oder werden abwägend Gründe für und gegen die Lektüre angeführt.

Dabei stehen inhaltliche Elemente im Vordergrund: In einem Drittel aller Rezensionen (33 %) finden sich Wertungen, die sich im weitesten Sinn auf die Handlung beziehen, also auf Narration, Plot oder Dramaturgie. Auch hier überwiegen die positiven Meinungen mit fast zwei Dritteln (62 %); negative Wertungen machen 21 % aus, abwägende Urteile enthalten nur 17 % der den Inhalt wertenden Rezensionen. 21 % aller Rezensionen enthalten außerdem Wertungen, die sich speziell auf die Romanfiguren beziehen. Dabei entspricht die Verteilung von positiven (61 %), negativen (27 %) und abwägenden (12 %) Urteilen in etwa der bei Äußerungen zum Inhalt allgemein.

Etwas seltener als die *histoire*-Dimension bewerten Laienrezensenten die *discours*-Ebene der besprochenen Bücher: In 23 % der Fälle beziehen sich die Rezensenten darauf, *wie* erzählt wird. Bei diesen Bewertungen der erzählerischen Präsentation kommen fast zwei Drittel (61 %) zu einem positiven Urteil, ein knappes Drittel äußert sich hinsichtlich der Erzählweise negativ (31 %), abwägende Urteile kommen weitaus seltener vor (8 %).

Die sprachliche Gestaltung der Romane allgemein wird lediglich in 14 % der Rezensionen bewertet. Dabei fallen die Urteile zu zwei Dritteln (66 %) positiv

2 Das verbale Urteil innerhalb der Stichprobe von 507 Rezensionen entspricht damit relativ genau der bei allen 19.407 ausgewerteten Rezensionen festgestellten Sterneverteilung, bei der in 77 % der Rezensionen vier oder fünf Sterne vergeben wurden.

aus, in einem guten Viertel der Fälle (27 %) negativ; abwägende Urteile sind auch hier selten (7 %).

Zusammenfassend zeigt auch die Analyse der Bewertungen einzelner Aspekte des rezensierten Buches, dass Wertungen die bei weitem häufigsten Inhalte der Laienrezensionen bilden. Nur 9 % aller Texte enthalten keine Wertung.[3] Am häufigsten sind Rezensionen, in denen ein oder zwei Aspekte des Buches bewertet werden (je 29 %). Ein knappes Drittel (30 %) enthält Wertungen zu drei bis fünf verschiedenen Aspekten. Bewertungen zu mehr als fünf Kriterien finden sich nur in 3 % aller Rezensionen.

Betrachtet man das Vorkommen positiver, negativer und ausgewogener Wertungen insgesamt über alle Bewertungskriterien hinweg, so zeigt sich auch in der Zusammenschau, dass die positiven Urteile überwiegen. 70 % aller Rezensionen enthalten mindestens eine positive Wertung. Demgegenüber fällen die Rezensenten nur in einem knappen Viertel (23 %) aller Buchbesprechungen ein negatives Urteil über zumindest einen Aspekt. Abwägende Urteile, in denen sowohl positive wie negative Bewertungen einzelner Aspekte vorgenommen werden, finden sich in 23 % der Rezensionen.

Seltener als auf den Inhalt wird auf die Sprache des rezensierten Buches eingegangen. In lediglich 8 % aller Rezensionen gehen die Verfasser auf die Schönheit des Stils und der Sprache ein. In fast drei Vierteln (73 %) davon wird die Sprache als besonders schön, elegant, poetisch etc. gelobt, während ein Viertel (24 %) sie im Gegenteil als holprig, abgeschmackt, vulgär etc. abqualifiziert. Häufiger wird die Verständlichkeit der Sprache thematisiert (10 %). Von diesen Rezensionen heben 78 % die Verständlichkeit positiv hervor. Nur wenige Rezensenten bemängeln die Unverständlichkeit oder Sperrigkeit des Textes (14 %), noch weniger (unter 1 %) finden sowohl lobenswerte als auch kritisierbare Aspekte der Verständlichkeit. Auf Kriterien wie die Kreativität oder Innovativität der Sprache gehen nur wenige Rezensenten (unter 3 %) ein.

Nimmt man alle Aspekte der Sprachbeschreibung zusammen, so zeigt sich, dass immerhin in knapp jeder fünften Rezension (19 %) wenigstens einer davon thematisiert wird. Von den Rezensionen, in denen sprachliche Aspekte der Bücher zur Sprache kommen, wird in der großen Mehrzahl der Fälle (83 %) nur ein Gesichtspunkt erwähnt.

Lektüregratifikationen wie Spannung,[4] Komik,[5] Erotik,[6] Gruseln bzw. Angstlust[7] und Informationsgewinn[8] werden hingegen häufig thematisiert. Von allen

---

3 Empfehlungen wurden hierbei nicht inkludiert.
4 Vgl. Anz 2002, S. 150–171.
5 Vgl. ebd., S. 172–204.
6 Vgl. ebd., S. 205–236.
7 Vgl. ebd., S. 115–149.
8 Mit der Gratifikation Informationsgewinn ist gemeint, ob der Verfasser einer Rezension

Gratifikationen wird Spannung am häufigsten genannt. Fast die Hälfte (46 %) aller Rezensionen enthält Hinweise darauf, ob das Buch als fesselnd empfunden wurde. In drei Vierteln (74 %) der Rezensionen, in denen diese Gratifikation überhaupt angesprochen wird, sind die Rezensenten zufrieden. Aber immerhin in jeweils 13 % wird fehlende Spannung bemängelt bzw. ein differenziertes Urteil über das Spannungspotenzial des Buches gefällt.

Die am zweithäufigsten angesprochene Gratifikation ist Komik. In 14 % aller Rezensionen äußern sich die Verfasser dazu, ob sie das Buch komisch fanden. Auch hier wird meist ein positives Urteil ausgesprochen – in 81 % der Rezensionen, in denen die Komik des Buches thematisiert wird. Seltener wird ihr Fehlen bemängelt (8 % aller Rezensionen mit Hinweisen auf die Komik), etwas häufiger werden komische und nicht-komische Aspekte gegeneinander abgewogen (11 %).

Informationsgewinn als mögliche Gratifikation wird in 8 % der Rezensionen erwähnt, auch hier sind die meisten Urteile positiv (90 % aller Rezensionen, die den Informationsgehalt des Buches ansprechen). Ausgewogene Urteile kommen bei dieser Gratifikation nicht vor.

Die Gratifikation Gruseln wird sehr selten (knapp 2 %) thematisiert – hier liegt der Grund mutmaßlich in der Buchauswahl, worunter sich kein Schauerroman befand. Die Tendenz, Gratifikationen eher zu thematisieren (75 %), wenn sie durch die Lektüre erfüllt werden, setzt sich hier fort (negativ und abwägend wurde lediglich in je einer Rezension, also in je 12,5 % der Fälle geurteilt).

Die Gratifikation Erotik wird ebenfalls nur sehr selten angesprochen (1 %), obwohl sich mit *Shades of Grey. Geheimes Verlangen* zumindest ein erotischer Roman in der Auswahl befand. Auch hier zeigt sich die Tendenz, Gratifikationen eher zu thematisieren, wenn sie durch die Lektüre erfüllt werden: 60 % (aber in absoluten Zahlen lediglich 3 Fälle) gegenüber je 20 % (1 Fall) negativ und abwägend. Hier könnten Hemmungen, diese Gratifikation öffentlich zu thematisieren, eine Rolle spielen.

Betrachtet man nicht nur die einzelnen Gratifikationen, die in einem engen Zusammenhang mit dem Lesestoff stehen, dann zeigt sich, dass eine deutliche Mehrheit der Rezensionen (58 %) Angaben darüber enthält, ob und wie Lesebedürfnisse durch das betreffende Buch befriedig werden. In den meisten Fällen wird nur eine Gratifikation thematisiert, aber immerhin in mehr als jeder fünften (22 %) der Rezensionen, in denen die Befriedigung von Lesebedürfnissen diskutiert wird, werden zwei oder mehr verschiedene Gratifikationen erwähnt.

Da die Identifikation mit Figuren gemeinhin als eine häufig genutzte Lese-

ausdrückt, dass das Buch in irgendeiner Weise informativ ist oder (neue) Vorstellungen von der (historischen oder gegenwärtigen) Wirklichkeit vermittelt, dass es mithin auch dem Wissenserwerb dient.

strategie[9] nicht-professioneller Leser gilt, insbesondere bei Genre-Literatur (so bereits in Sigmund Freuds Theorie des literarischen Probehandelns),[10] haben wir des Weiteren erfasst, ob Laienrezensenten sich ausweislich ihrer Rezensionen mit Figuren identifizieren. Obwohl wir dabei verschiedene Formen der Identifikation berücksichtigt haben, enthalten zusammengenommen nur 7 % aller Rezensionen Aussagen darüber.

Schließlich bildet die Ausstellung von Subjektivität einen weiteren Unterschied zu professionellen Buchkritiken: Dort eher unüblich, ist sie bei Amazon-Rezensionen gängig: Gut 73 % der Rezensenten aus der untersuchten Stichprobe sprechen von sich in der Ich-Form. Ihre Erwartungen an das rezensierte Buch thematisieren immerhin 12 % der Rezensenten.

Zusammenfassend lässt sich festhalten, dass Amazon-Kundenrezensionen sich als relative kurze, offen subjektiv wertende Äußerungen beschreiben lassen, wobei die positiven Wertungen deutlich überwiegen. Erklärt werden könnte dieser Überhang damit, dass den Rezensionen i. d. R. freiwillige Lektüren zugrunde liegen und die Leser offensichtlich ihre eigenen Lektürevorlieben so gut kennen, dass sie in den meisten Fällen zutreffend einzuschätzen vermögen, welches Buch diese befriedigen könnte. Außerdem könnte das Bewertungssystem, in dem registrierte Nutzer von Amazon angeben können, ob eine Rezension sich für sie als hilfreich erweisen hat, was wiederum den Rezensentenrang beeinflusst, zum Überhang von Empfehlungen beitragen. Denn die Wahrscheinlichkeit, dass die eigene Rezension als hilfreich bewertet wird, ist mutmaßlich größer, wenn das darin geäußerte Votum klar zugunsten eines Buches ausfällt, das zu kaufen derjenige, der sich auf diesem Wege informiert, in Erwägung zieht.[11] Denn wer sich aufgrund einer Rezension zum Kauf entscheidet und seine Erwartungen dann bestätigt sieht, wird die Rezension mutmaßlich eher als nützlich einstufen als jemand, der aufgrund einer Rezension vom Kauf eines Buches Abstand nimmt, die Richtigkeit dieser Entscheidung ja aber nicht überprüfen kann. Schließlich wäre es noch denkbar, dass eine lustvolle Lektüre eher dazu motiviert, eine Rezension zu verfassen, als eine unbefriedigende und möglicherweise abgebrochene.

Die Tendenz zur positiven Bewertung setzt sich wenig überraschend auch bei den Wertungskriterien, die in den untersuchten Kunden-Rezensionen genannt werden, fort, indem eher hervorgehoben wird, wenn ein Roman ein Qualitätskriterium erfüllt, als wenn dies nicht zutrifft. Betrachtet man die Häufigkeit, mit

9 Unter Lesestrategien versteht man „kognitives, emotionales und/oder soziales Handeln, welches der Leser im Laufe seiner literarischen Sozialisation erworben hat und das er situationsspezifisch zeigt, um die mit dem Lesen antizipierten Gratifikationen zu erlangen", Pette 2001, S. 50.

10 Vgl. grundlegend Freud 1999, S. 213–223.

11 Vgl. Scheer 2012.

der bestimmte Wertungskriterien genannt werden, so lässt sich als Meta-Kriterium die Gewährleistung von Lesegenuss konstruieren. Dafür spricht, neben der großen Bedeutung, die Lektüregratifikationen zugemessen wird, dass im Bereich der Sprache vor allem die Verständlichkeit hervorgehoben wird, die *Flow*-Erlebnisse bei der Lektüre[12] begünstigt. Traditionelle Kriterien der professionellen Literaturkritik[13] wie Originalität und Innovativität spielen hingegen eine untergeordnete Rolle.

So hat die durchgeführte Studie gezeigt, dass sich auf *Amazon.de* eine Rezensionspraxis etabliert hat, die zwar einerseits durchaus Berührungen mit der professionellen erkennen lässt,[14] aber andererseits hinsichtlich der Länge, der ausgestellten Subjektivität sowie der Maßstäbe, nach denen ein Buch bewertet wird, deutliche Unterschiede aufweist.

3 Analyse der Amazon-Rezensionen zu Walter Kappachers *Der Fliegenpalast*

Die genannten Ergebnisse sind zwar auf Grundlage einer relativ großen Auswahlgesamtheit und einer kontrolliert gezogenen Stichprobe generiert worden. Allerdings handelt es sich bei den Romanen, auf die sich die analysierten Rezensionen beziehen, ausschließlich um Bestseller und dadurch mehrheitlich um Bücher der sogenannten Unterhaltungsliteratur, die in vielen Fällen einem bestimmten Genre zugerechnet werden können. Denn um auf ein möglichst großes Rezensionskorpus zurückgreifen zu können, haben wir uns bei den 24 ausgewählten Büchern auf solche beschränkt, die auf den Plätzen 1 bis 20 der *Spiegel*-Bestsellerlisten aus den Jahren 2012 und 2013 standen. Dies muss auch bei der Interpretation der Ergebnisse beachtet werden. So kann etwa die häufige Erwähnung von Spannung als Lektüregratifikation teilweise mit dem deutlichen Überhang von Romanen aus spannungsaffinen Genres erklärt werden. Eine weitere Frage, die sich angesichts der getroffenen Auswahl stellt, besteht darin, ob sich an Amazon-Rezensionen zu überwiegend der U-Literatur zugerechneten Romanen gemachte Beobachtungen auf Kundenrezensionen zu E-Literatur übertragen lassen oder ob deren Leser anders rezensieren. Dieser Frage wird nun anhand der Amazon-Rezensionen zu Walter Kappachers Roman *Der Fliegenpalast* nachgegangen. Dieses Buch erscheint als Beispiel für E-Literatur deshalb besonders geeignet, weil es im Jahr 2009 erschienen ist, als Kappacher mit dem Georg Büchner-Preis die renommierteste Auszeichnung für deutschsprachige

12 Vgl. Muth 1996, S. 57–81.
13 Vgl. dazu Hohendahl 1985, Neuhaus 2004, Anz/Baasner 2004.
14 Vgl. dazu auch Kellermann/Mehling 2017.

Literatur erhalten hat. Kappachers Bücher werden von Literaturkritikern und bekannten Autorenkollegen wie Peter Handke und Martin Walser gelobt, dennoch sind ihre Verkaufszahlen relativ gering geblieben. Speziell *Der Fliegenpalast* hat zudem ein Thema, das ihn als geradezu exemplarische E-Literatur ausweist: Hauptfigur ist der 50-jährige Hugo von Hofmannsthal, der versucht, eine Schreibblockade zu überwinden. Es handelt sich also um autoreflexive Literatur.

Einen markanten Unterschied offenbart ein Vergleich hinsichtlich der Anzahl der Rezensionen: Die für unsere Studie ausgewählten Bücher wurden im Durchschnitt 803 Mal rezensiert, der Median liegt bei 389 Rezensionen. Zu Kappachers Roman hingegen finden sich lediglich 13 Rezensionen, obwohl er früher erschienen ist und die Erfassung der Rezensionen später stattfand, also deutlich mehr Zeit zum Veröffentlichen von Rezensionen bestand. Ein wesentlicher Grund dafür dürfte in den im Vergleich zu Bestsellern geringen Verkaufszahlen des Romans liegen.

Bereits die von anderen am besten bewertete Rezension erweist sich als raffiniertes Plagiat: Erkennbar hat der Verfasser „Carl-heinrich Bock" die Sendung *Literaturclub*, die am 10. Februar 2009 im Schweizer Fernsehen gesendet wurde, gesehen und aus den teilweise wörtlich übernommenen Äußerungen der dort diskutierenden professionellen Literaturkritiker (Iris Radisch, Peter Hamm und Patrick Frey sowie als Gast der Schriftsteller Catalin Dorian Florescu) eine Rezension collagiert.[15] Genauso ist er bei den übrigen in dieser Sendung besprochenen Büchern verfahren, namentlich Daniel Kehlmanns *Ruhm*, Wilhelm Genazinos *Das Glück in glücksfernen Zeiten* und Philip Roths *Empörung* – für die Rezensionen der letzten beiden Bücher ist ihm dies über die Kommentarfunktion von einem anderen Amazon-Rezensenten auch vorgehalten worden. Dabei erscheint es nur auf den ersten Blick überraschend, dass es sich bei dem Plagiator um einen Amazon-Top-1000-Rezensenten handelt, der darüber hinaus noch Mitglied der Rezensenten-„Hall of Fame" sowie „Vine-Produkttester" ist.[16] Denn aus Interviews mit ehemaligen Top-Rezensenten ist mittlerweile bekannt, dass in der Spitzengruppe des Rezensentenrankings ein großer Konkurrenzdruck herrscht,[17] der hier offenbar dazu geführt hat, dass der Rezensent, statt die vier

15 Vgl. Carl-heinrich Bock 2009. Amazon-Rezensionen werden hier mit dem *Nickname* des Rezensenten zitiert. Stammen mehrere wörtliche Zitate in einem Absatz aus derselben Rezension, wird diese nur beim letzten Zitat des Absatzes angegeben.

16 Bei „Vine-Produkttestern" handelt es sich um „vertrauenswürdige Rezensenten", die von Amazon ausgewählt werden, um Produkte vorab zu erhalten und zu rezensieren (Amazon 2017b). Der „Hall of Fame"-Titel stellt „eine lebenslange Ehrung" dar, die Rezensenten zuerkannt wird, wenn sie entweder unter die Top 10 der Rezensenten gelangt sind oder „mehrere Jahre lang beständige hervorragende Beiträge eingebracht haben" (Amazon 2017a).

17 Vgl. etwa Trotier 2012; Scheer 2012.

Romane selbst zu lesen, lediglich eine gut einstündige Literatursendung gesehen und zur Grundlage von gleich vier Rezensionen gemacht hat. Dass seine *Fliegenpalast*-Rezension bei diesem Verfahren dabei sprachlich wie thematisch einer professionellen Rezension ähnelt, überrascht wenig. Lediglich die Markierung von Subjektivität durch die Verwendung der ersten Person entspricht typischen Amazon-Rezensionscharakteristika, ließe sich hier aber auch damit erklären, dass sich die plagiierten Literaturkritiker in ihren mündlichen Redebeiträgen ebenso dieser Form bedienen. Somit wird an dieser Rezension zwar eine mögliche Problematik von Amazon-Rezensionen als Quellentexten deutlich; um die Frage zu diskutieren, inwiefern sich Amazon-Rezensionen zu E-Literatur von solchen zu U-Literatur unterscheiden, eignet sie sich aber nicht, da es sich um keine eigenständig verfasste Rezension handelt.

Die titellose Rezension von einem Kunden mit dem Nickname „taciturus" hingegen lässt sich sofort als Amazon-Rezension erkennen, wird dort doch gleich im ersten Satz auf den Publikationsort Bezug genommen: „Die Höhenflüge in der Amazonrangliste von Walter Kappachers Büchern nach der Verleihung des Büchner-Preises an ihn[] hatte ich noch belächelt: Wer richtet schon seine Bücherwahl nach Preisen?!" Anschließend schildert der Rezensent, dass aber Fernseh- und Zeitungsinterviews mit Kappacher sein Interesse soweit geweckt hätten, dass er schließlich angesichts eines präsentierten Stapels des Romans in einer Buchhandlung seine Kaufentscheidung getroffen habe. Anschließend erzählt er von der Lektüre und seinen Schwierigkeiten bei der Rezension: „Bald begann ich dann auch das Buch zu lesen, es zu verschlingen. Einen Kommentar zu diesem Buch zu verfassen, fällt mir aber auch heute – Wochen[,] seitdem ich das Buch ausgelesen habe [–] schwer."[18] Eine Beschreibung des ‚Wegs zum Buch' findet sich in 7 % der in unserer Studie untersuchten Stichprobe. Da es sich von den Rezensionen zu Kappachers Roman bei dem zitierten Beispiel um die einzige von insgesamt 12 (das Plagiat wurde herausgerechnet) handelt, liegt bei diesen ein ähnlicher Schnitt vor. Indem der Rezensent angibt, dass er zunächst über eine Bestenliste auf das Buch aufmerksam geworden, sein Interesse dann über die mediale Berichterstattung geweckt worden und er schließlich in einer Buchhandlung auf das Buch gestoßen sei, nennt er gleich drei der vier häufigsten Varianten der in unserer Studie erfassten Wege zum Buch. Im weiteren Verlauf seiner Rezension hebt er die Lektüregratifikation des Informationsgewinns (über Hofmannsthal und über die Zwischenkriegszeit) sowie die gute Lesbarkeit durch den „sehr angenehmen, überaus flüssigen Schreibstil" hervor. Die Rezension schließt mit dem Vorsatz, „sich näher mit dem Werk dieses [] als auch jenes Schriftstellers zu befassen", zu dessen Umsetzung auch bereits konkrete Maßnahmen ergriffen wurden: „Mit

18 TACITURUS 2009.

Reclamheften v. Hofmannthals bin ich nun bereits versorgt, auf die Erscheinung dreier Romane Kappachers im Taschenbuchformat im Oktober 2009 warte ich bereits."[19] So endet die Rezension, wie sie begonnen hat, mit einer deutlichen Konturierung der Person des Rezensenten.

Rezensent „Manfred Theussl" hebt in seiner emphatisch mit „Was für ein Buch!!" überschriebenen Rezension ebenfalls den Informationsgewinn über die Zeit hervor, in der die Handlung spielt, sowie über den „Schaffensprozess von Dichtung und Literatur". Zum Schluss seiner Rezension erteilt er bezüglich dieses als „poetische Literatur" eingestuften Textes einen „Lesebefehl"[20] und spricht damit wie ein knappes Viertel der Rezensenten in unserer Studie eine explizite Buchempfehlung aus.

„Dr. Oskar Schröttner" charakterisiert den Roman als „literarisches Kleinod" und hat sich (wie er allerdings in der „man"-Form mitteilt) durch die Lektüre animiert gefühlt, im Internet nach Postarten mit Bildern des Handlungsorts Bad Fusch aus dem 19. Jahrhundert zu suchen; diese haben ihn „verlockt sich nostalgisch in eine noch heile Welt Ende des 19. Jahrhundert[s] zu versetzen", die allerdings, wie er nachschiebt, am Anfang des 20. Jahrhunderts, also zur Handlungszeit des Romans, zu Ende ging.[21] Hier kommt eine komplexe Imaginations- und Identifikationstechnik zum Einsatz, bei der ausgehend von einem Impuls des ersten rezipierten Mediums (Roman) ein zweites (Internet) genutzt wird, um Reproduktionen eines dritten (Postkarten) zu betrachten, um sich damit in eine Welt hineinzuversetzen, an die sich der Protagonist des ersten Mediums zurückerinnert.

Im Gegensatz dazu wählt „Katharina Biringer", die offenbar auch Interviews mit Kappacher rezipiert hat, einen direkteren Weg der Identifikation, indem sie sich in die Figur Hofmannsthal hineinversetzt. Zudem empfindet sie den Text als amüsant und spricht damit die Lektüregratifikation des Humors an, hebt ebenfalls den Informationsgewinn über Hofmannsthal, die „Nachkriegszeit" sowie die Salzburger Festspiele hervor und lobt, dass der Roman „einfach und schnell zu lesen" gewesen sei.[22]

Auch „Rosmarie Isler", die zuvor schon Kappachers Roman *Silberpfeile* gelesen hat, hebt den Humor hervor und gibt an, es habe sie oft „beim Lesen zum Lachen gereizt, ohne dass ich einen Grund dafür erkannt hätte." Als Erklärung dafür zieht sie eine offenbar lustvoll erlebte permanente Erwartungsenttäuschung in Erwägung:

19 Ebd.
20 Manfred Theussl 2009.
21 Dr. Oskar Schröttner 2009.
22 Katharina Biringer 2009.

> Wahrscheinlich hängt es mit dem Austricksen gewohnter Erwartungen und Erzählmuster zusammen, und zwar sowohl der alltäglichen Muster des Geschichtenerzählens, wo alles Anfang und Ende und Sinn hat, als auch der subtileren literarischen Muster der Anspielungen. Nichts hat wirklich einen Sinn oder wird zum Abschluss gebracht.[23]

Dem Scheitern der eigenen hermeneutischen Bemühungen, zu einer allegorischen Lesart zu kommen, schreibt sie sogar eine für das eigene Leben positive Wirkung zu:

> Trotzdem war es alles andere als ein frustrierendes Leseerlebnis. Es stellte sich eher ein Gefühl der Leichtigkeit ein. Vergebliches Bemühen kann ja auch zu Gelassenheit führen, ja zu dezenter Heiterkeit. Diese scheint mir sehr kostbar.[24]

Sie ist außerdem die einzige Rezensentin, die auf andere Rezensionen Bezug nimmt und dabei die erwähnte These, das häufige Fehlen von Inhaltsangaben könnte auf deren Vorhandensein in früheren Rezensionen auf *Amazon.de* zurückzuführen sein, bestätigt: „Für die Inhaltsangabe verweise ich auf die früheren Rezensionen."[25]

„Richard Reinisch", der in seiner Überschrift „Jedermann und doch Nicht-Jedermann" auf Hofmannsthals wohl bekanntesten Text anspielt, nimmt an, dass sich andere, die er mit „wir" einbezieht, ebenso wie er mit dem Protagonisten des Romans identifizieren könnten: „Eigentlich stehen wir da auch heute und sehnen uns nach der ‚einfachen', unwiederbringlichen Kindheit zurück." Dieser Erkenntnis setzt er als Abschluss seiner kurzen Rezension einen Wunsch entgegen: „Doch wir können auch und hoffentlich, satt an Lebensjahren, vorausschauen und unser Ende bald oder noch lange nicht, erwarten."[26]

„Nola272" hat mit ihrer 5-Sterne-Rezension eine interpretierende Inhaltszusammenfassung verfasst, in der nur recht allgemein von einem „wunderbaren Ton" die Rede ist, „der sowohl die Zeitstimmung als auch die Gedankenwelt Hofmannsthals anmutig spiegelt".[27]

Neben diesen positiven (4 oder 5 Sterne) Wertungen finden sich jedoch auch einige negative, die deutlich kürzer ausfallen als die positiven. Der dabei am häufigsten geäußerte Kritikpunkt ist die fehlende Spannung: „Dauerleser" bemängelt, die Geschichte fließe „ziemlich zäh dahin", und konstatiert, dass „kein spannungsbogen, keine richtige dramaturgie" vorhanden sei.[28]

Auch „Vine-Produkttester" „hasewue", der immerhin drei Sterne vergeben hat (und zum Ausdruck bringt, dass er eigentlich lieber nur 2,5 vergeben hätte,

23 Rosmarie Isler 2009.
24 Ebd.
25 Ebd.
26 Richard Reinisch 2009.
27 Nola272 2011.
28 Dauerleser 2009.

wenn diese Einstellung möglich wäre), hat es beim Lesen so empfunden, dass die Handlung nach einem interessanten Anfang „immer zäher" werde und Spannung vermissen lasse, was zu Langeweile beim Leser führe. Was „der Autor eigentlich sagen wollte", hat sich ihm bis zum Ende des Romans nicht erschlossen.[29]

Rezensent „Barlow" nimmt das Buch ebenfalls als langweilig wahr und bemängelt nicht nur das Fehlen äußerer Ereignisse, sondern auch, dass die beginnende Freundschaft zwischen Hofmannsthal und dem Arzt Krakauer nur ein Nebenaspekt bleibt; insbesondere dass ein Gespräch der beiden über Hofmannsthals *Die Briefe des Zurückgekehrten*, das Krakauer gerne führen möchte, im Roman nicht zustande kommt, stört ihn. Abschließend lastet er dem Buch an, dass es „keinerlei Lust" mache, ein Werk Hofmannsthals zu lesen.[30] Die Kritik erfolgt also keineswegs von einem Leser, dessen falsche Genreerwartungen enttäuscht worden sind, sondern von jemandem, der durchaus an der Auseinandersetzung mit E-Literatur interessiert zu sein scheint (auch wenn er sich ausweislich seiner übrigen Rezensionen vornehmlich mit klassischer Musik beschäftigt).

Auch „Lothar Müller-Güldemeister" kritisiert vor einem bildungsbürgerlichen Hintergrund: Sein polemischer Verriss setzt (wie dies bei 2 % der Rezensionen in unserer Studie der Fall war) gleich mit der Überschrift „Wenn einem Autor nichts mehr einfällt…" ein; den dort angefangenen Satz setzt er fort mit: „…dann schreibt er ein Büchelchen über einen Autoren, dem nichts mehr einfällt." Später nimmt er diesen Gedanken wieder auf:

> Und wenn der beschriebene Autor, dem nichts mehr einfällt, auch schon ein Epigone war, dem, wie seinen unsäglichen Vorgängern Geibel oder Heyse, nichts Besseres eingefallen ist als Goethe zu fleddern, dann kommt dabei ein Stück Kunstgewerbe heraus, nicht minder gruselig als ein Kruzifix vom Oberammergauer Herrgottsschnitzer made in Hongkong.[31]

Hier wird also der im Feuilleton (das der Rezensent ausweislich einer anderen Rezension rezipiert) gängige, in den in unserer Studie ausgewerteten Amazon-Rezensionen aber nur selten (in unter 3 % der Rezensionen) erhobene Vorwurf der stilistischen Unoriginalität bzw. sogar Epigonalität erhoben.

Rezensent „film-o-meter", der neben Filmkritiken, die sein Nickname erwarten lässt, auch viele Rezensionen zu Romanen der Gegenwartsliteratur, aber auch zu klassischen Schul- und Universitätslektüren wie Brechts *Der kaukasische Kreidekreis* oder Goethes *Unterhaltungen deutscher Ausgewanderten* verfasst hat, scheint einen philologischen Hintergrund zu haben: Er arbeitet in seiner

---

29 HASEWUE 2009.
30 BARLOW 2015.
31 LOTHAR MÜLLER-GÜLDEMEISTER 2009.

Rezension mit der Angabe von Seitenzahlen in Klammern und stellt vor allem auf die intertextuellen Bezüge des Textes ab, was in der Schlussthese gipfelt, Kappachers Roman müsse ohne eine genaue Kenntnis von Texten Hofmannsthals, über die er offenbar verfügt, unverständlich bleiben. In diesem Fall nimmt er aber an, dass die Lektüre immerhin zur Beschäftigung mit dem Werk Hofmannsthals anregen könne. Darüber hinaus konstatiert er wertneutral, dass es sich bei den Episoden des Romans um „spannungsarme Miniaturen" handle.[32]

4 Fazit

Unterscheiden sich also die untersuchten Rezensionen zu Walter Kappachers *Fliegenpalast* als einem exemplarischen Roman der E-Literatur erheblich von solchen zu Bestsellern?

Für die formale Ebene kann man diese Frage (bei aller Vorsicht, die angesichts der geringen Anzahl hierfür untersuchter Rezensionen geboten ist) bejahen: Die Markierung von Subjektivität durch die Verwendung von „ich" oder entsprechenden Pronomen bezogen auf den Rezensenten kommt gegenüber den 72 % der Fälle in unserer Studie bei den hier untersuchten Rezensionen mit lediglich 42 % deutlich seltener vor. Dies ist allerdings auch schon der einzige Wert, bei dem eine stärkere Orientierung der Rezensenten eines E-Literatur-Romans an professioneller Literaturkritik erkennbar ist. Die Ursache dafür könnte darin liegen, dass Leser von E-Literatur mutmaßlich in größerem Umfang professionelle Literaturkritik rezipieren, die sich ja auch mehrheitlich mit E-Literatur befasst.

Hinsichtlich der inhaltlichen Kategorien, die hier in den Blick genommen wurden, unterscheiden sich die Amazon-Rezensionen zu Kappachers E-Literatur-Roman allerdings nicht von den in der Studie analysierten Rezensionen zu Bestsellern. Lektüregratifikationen werden in zwei Dritteln der untersuchten Rezensionen erwähnt, was sogar leicht über dem Ergebnis unserer Studie (58 %) liegt; am häufigsten genannt werden dabei Informationsgewinn und (fehlende) Spannung mit je einem Drittel, gefolgt von Humor (ca. 17 %). Identifikation, eine Lesestrategie, die man gemeinhin eher Lesern von U-Literatur als solchen von E-Literatur unterstellt, haben mit ebenfalls 17 % sogar mehr als doppelt so viele Rezensenten erwähnt als in unserer Studie (7 %). Die Originalität als Kriterium wird hingegen lediglich einmal (also in 8 % der Rezensionen) thematisiert. Auch die Verständlichkeit der Sprache, die u. a. wichtig für ein *Flow*-Erlebnis bei der Lektüre ist, heben mit 17 % mehr *Fliegenpalast*-Rezensenten hervor als solche der in unserer Studie einbezogenen Romane.

32 FILM-O-METER 2013.

Insgesamt hat die Analyse der Rezensionen zu Walter Kappachers Roman *Der Fliegenpalast* demnach trotz formaler Anleihen bei Schreibweisen des Feuilletons nicht indiziert, dass Amazon-Rezensionen zu sogenannter E-Literatur sich hinsichtlich der angelegten Wertmaßstäbe grundlegend von solchen zu U-Literatur unterscheiden. Gewertet wird nicht danach, ob ein Text ästhetischen Wertmaßstäben entspricht, sondern danach, ob er eine interessante und lustvolle Lektüre ermöglicht. Das könnte darauf hindeuten, dass sich das Rollenverständnis der Laienrezensenten grundlegend von dem professioneller Kritiker unterscheidet. Sie sehen sich offenbar weniger als Experten und Kunstrichter, deren Rezensionen neben der informierenden und unterhaltenden Funktion auch eine erzieherische – sowohl gegenüber Lesern als auch gegenüber Autoren – zukommt, und die vor allem der Sache der ‚guten' Literatur, für die sie eintreten, verpflichtet sind. Statt ein solches hierarchisches Verhältnis vorauszusetzen scheinen Amazon-Rezensenten gegenüber ihren Lesern eher eine gleichberechtigte Haltung einzunehmen, die sie auch in der Alltagskommunikation[33] über Bücher wählen würden, wenn sie Bekannten von einer Lektüre berichten. Zwar wird der Gestus des Wertens (allein schon wegen der obligatorischen Sternevergabe) als Konvention der professionellen Literaturkritik übernommen, aber die Wertung zielt weniger darauf, Aussagen über die wie auch immer begründete Qualität eines Buches zu treffen. Vielmehr geht es vielen Amazon-Rezensenten darum, ausgehend von den eigenen Lektüreerfahrungen vorherzusagen, ob das Buch auch anderen gefallen wird.

Bibliographie

AMAZON: „Hall of Fame-Rezensenten", in: *Amazon.de*, 2017a, verfügbar unter https://www.amazon.de/gp/customer-reviews/guidelines/top-reviewers.html [wie alle übrigen nachfolgend aufgeführten Internetseiten zuletzt aufgerufen am 14.03.2017].

AMAZON: „Was ist Amazon Vine – Club der Produkttester?", in: *Amazon.de*, 2017b, verfügbar unter https://www.amazon.de/gp/vine/help.

ANZ, Thomas: *Literatur und Lust. Glück und Unglück beim Lesen.* München: dtv, 2002.

ANZ, Thomas/BAASNER, Rainer (Hg.): *Literaturkritik. Geschichte – Theorie – Praxis.* München: C. H. Beck, 2004.

Barlow: „Langweilig und überflüssig", in: Amazon.de, verfügbar unter: https://www.amazon.de/review/R26P5KE5Y56GNG/ [19.09.2015].

CARL-HEINRICH BOCK: „H. als gedachte Folie für das Lebensgefühl des Autors?", in: *Amazon.de*, verfügbar unter: https://www.amazon.de/review/R188Z7NJXEXUS6/ [03.04.2009].

33 Vgl. KELLERMANN/MEHLING 2017.

DAUERLESER: „worum genau geht es eigentlich?", in: *Amazon.de*, verfügbar unter: https://www.amazon.de/review/R2OKROX9UUT3N5/ [06.08.2009].

DR. OSKAR SCHRÖTTNER: „Ein Kleinod über eine brüchige Welt", in: *Amazon.de*, verfügbar unter: https://www.amazon.de/review/R2TF9ER3ZWL6MY/ [17.04.2009].

FILM-O-METER: „1924 – der Sommer des Jahrhunderts", in: *Amazon.de*, verfügbar unter: https://www.amazon.de/review/RFU6JEVU6BXW2/ [24.07.2013].

FREUD, Sigmund: „Der Dichter und das Phantasieren", in: Ders.: *Gesammelte Werke chronologisch geordnet.* Unter Mitwirkung v. Marie Bonaparte, hg. v. Anna Freud u. a. Bd. 7: *Werke aus den Jahren 1906–1909*, Frankfurt a. M: Fischer, 1999, S. 213–223.

HASEWUE: „Walter Kappacher – Der Fliegenpalast", in: *Amazon.de*, verfügbar unter: https://www.amazon.de/review/R19UZ2ERX2DJP8/ [28.06.2009].

HOHENDAHL, Peter Uwe: *Geschichte der deutschen Literaturkritik. 1730–1980.* Stuttgart: Metzler, 1985.

KATHARINA BIRINGER: „‚Der Fliegenpalast' – Ein faszinierendes, literarisches Meisterwerk!", in: *Amazon.de*, verfügbar unter: https://www.amazon.de/review/R30T4RU8AY3JWP/ [15.06.2009].

KELLERMANN, Axel/KELLERMANN, Holger/MEHLING, Gabriele/ REHFELDT, Martin: *Leserrezensionen auf amazon.de. Eine teilautomatisierte inhaltsanalytische Studie.* Bamberg: Bamberg University Press, 2017.

KELLERMANN, Holger/MEHLING, Gabriele: „Laienrezensionen auf amazon.de im Spannungsfeld zwischen Alltagskommunikation und professioneller Literaturkritik", in: Bartl, Andrea/Behmer, Markus (Hg.): *Die Rezension. Aktuelle Tendenzen der Literaturkritik.* Würzburg: Königshauen & Neumann, 2017 (im Druck).

LOTHAR MÜLLER-GÜLDEMEISTER: „Wenn einem Autor nichts mehr einfällt…", in: *Amazon.de*, verfügbar unter: https://www.amazon.de/review/R2J22KKB1ACIKM/ [27.05.2009].

MANFRED THEUSSL: „Was für ein Buch!!", in: *Amazon.de*, verfügbar unter: https://www.amazon.de/review/R1NKTBGBAJMT19/ [20.01.2009].

MUTH, Ludwig: „Leseglück als Flow-Erlebnis. Ein Deutungsversuch", in: Bellebaum, Alfred/Ders. (Hg.): *Leseglück. Eine vergessene Erfahrung?* Opladen: Westdeutscher Verlag, 1996, S. 57–81.

NEUHAUS, Stefan: *Literaturkritik. Eine Einführung.* Göttingen: Vandenhoeck & Ruprecht, 2004.

NOLA272: „Vorzügliche Miniatur", in: *Amazon.de*, verfügbar unter: https://www.amazon.de/review/R3ET54ULQYGXZ0/ [08.02.2011].

PETTE, Corinna: *Psychologie des Romanlesens. Lesestrategien zur subjektiven Aneignung eines literarischen Textes.* Weinheim/München: Juventa, 2001.

RICHARD REINISCH: „Jedermann und doch Nicht-Jedermann", in: *Amazon.de*, verfügbar unter: https://www.amazon.de/review/RVC14TR2DISD1/ [26.05.2009].

ROSMARIE ISLER: „Palast für lästige Nebensachen", in: *Amazon.de*, verfügbar unter: https://www.amazon.de/review/R1H4JCQZARKU3L/ [18.08.2009].

SCHEER, Ursula: „Man benutzt Amazon und wird benutzt", in: *faz.de*, verfügbar unter http://www.faz.net/aktuell/feuilleton/top-rezensenten-man-benutzt-amazon-und-wird-benutzt-11761329.html [23.05.2012].

TACITURUS: [ohne Titel], in: *Amazon.de*, verfügbar unter: https://www.amazon.de/review/RNA1PJE8OJ04V/ [05.07.2009].

TROTIER, Kilian: „Der Toprezensent", in: *zeit.de*, verfügbar unter http://www.zeit.de/2012/23/Interview-Amazon [31.05.2012].

Zeiten des Lesens

Tobias Christ

Formen literaturbezogener Autor-Rezipient-Kommunikation vor der ‚digitalen Revolution'. Ein sozialgeschichtlicher Überblick

Abstract
In predigital era, literature-related communication was virtually limited to professional readers and members of the higher social strata. Literary landscape was largely dominated by unidirectional and author-centered forms that offered few possibilities for a real exchange between readers and authors. Interactive digital communication, by contrast, increases the possibilities of reader participation, but the uses of such possibilities still considerably depend upon socially determined preferences.

1 Einleitung

Von der Ära der digitalen Kommunikation werden tiefgreifende Veränderungen des Leseverhaltens erwartet.[1] Die Rede von der Ablösung des ‚passiven' Literaturkonsumenten durch den ‚vernetzten', am literarischen Austausch und der Literaturproduktion mitbeteiligten Leser ist verbunden mit der Hoffnung, dass die digitalen Medien und das Internet eine Demokratisierung der literarischen Kommunikation herbeiführen. Insbesondere der durch soziale Netzwerke und

1 An das Aufkommen der digitalen Medien waren zunächst ebenso euphorische wie pessimistische Veränderungserwartungen in Bezug auf das Lesen geknüpft. Während von den einen die Möglichkeiten einer neuen interaktiv-kollaborativen Netzliteraratur begrüßt wurde, in denen die Unterscheidung zwischen Lesern und Autoren aufgehoben sein würde (vgl. z. B. Idensen 1993; Whooley 1992, S. 165; Coover 1992a; vgl. dazu Heibach 2000), befürchteten die anderen vom elektronischen Zeitalter das Ende der Schrift- und Lesekultur (wie Steiner 1990, Birkerts 1997 oder Weizenbaum 2002; vgl. dazu Stein 2010, S. 317). Dabei zeigt sich im Rückblick, dass – ähnlich wie während des ersten Medienumbruchs, in dem die Rede vom „Ende der Gutenberg-Galaxis" (McLuhan) aufkam – der Einfluss der Neuen Medien insgesamt überschätzt worden ist (vgl. Stein 2010, S. 312; Schrape 2012). Indes lässt die derzeit vollziehende digitale Transformation das Lesen natürlich nicht unberührt, sondern bringt neue Umgangsweisen mit Texten hervor (zur Veränderung der Textverarbeitung in digitalen Lesemedien vgl. Kuhn/Hagenhoff 2015, bes. S. 409ff.).

Foren mögliche symmetrische Austausch zwischen Lesern und Autoren verspricht eine ‚Emanzipation des Lesers' sowie die umfassende ‚Sozialisierung des Lesens'.[2] Inwieweit derartige Erwartungen plausibel sind, lässt sich mit Blick auf die Sozialgeschichte des Lesens und der Mediennutzung erörtern.

Auf den folgenden Seiten gilt es darzulegen, welche Kommunikationsformen Lesern und Autoren belletristischer Literatur im vordigitalen Zeitalter zur Verfügung standen, um miteinander in Austausch zu treten, und welche Leserschichten diese Möglichkeiten vorwiegend nutzten. Dabei soll zunächst gezeigt werden, wie sich die Nutzung dieser Formen in Abhängigkeit von sozial- und mediengeschichtlichen Rahmenbedingungen seit 1800 entwickelt hat, um dann genauer die an der Schwelle zum digitalen Zeitalter (ca. 1997–2000) verfügbaren Medien und Kommunikationsformen hinsichtlich ihrer kommunikativen Potenziale und ihrer sozialen Reichweite zu beschreiben.[3]

---

2 Das Narrativ der digitalen Leseremanzipation speist sich aus dem Diskurs zum Demokratisierungspotenzial der Online-Kommunikation, der das Internet seit seiner Einführung begleitet (vgl. Bonfadelli 2015, S. 870; zu den konkreten Transformationserwartungen vgl. Schrape 2012). So verbreitete sich die These von der Intensivierung des öffentlichen Diskurses durch das Internet, das als Fortsetzung der Aufklärung (Lévy 1996, S. 69) und neue Form bürgerlicher Öffentlichkeit (Saco 2002) gefeiert wurde (vgl. dazu Simanowski 2008, S. 76, 224). Im Zusammenhang mit den erweiterten Partizipationsmöglichkeiten, die digitale Literatur im Netz bietet (wie die Selbstbestimmtheit des Lesens bei Hypertexten, die aktive Teilnahme an Mitschreibprojekten und Anschlusskommunikation oder die verlagsunabhängige Autorschaft per *self-publishing*) kam die Rede von der Befreiung des Lesers vom Autor (vgl. z. B. Coover 1992b, S. 64) und der „Geburt des Lesers als Ko-Autor" (S. Stillich, zit. n. Opitz/Opitz-Wiemers 2013, S. 754), der sozialen Zukunft des Lesens (z. B. B. Stein, zit. n.: Nuwer 2016) und der „Demokratisierung des Buchmarktes" auf (vgl. Beilein 2013, S. 587). Der medienzentrierte Diskurs, auf dem die Emanzipations- und Demokratisierungserwartungen beruhen, überschätzt allerdings nicht nur die Reichweite des Medienwandels, sondern übersieht auch die soziale Differenzierung der Mediennutzung (vgl. Stegbauer 2012, S. 12). Denn die bloße *Möglichkeit* interaktiv-horizontaler Kommunikation verbürgt noch nicht deren emanzipatorisch-demokratische Nutzung (vgl. Simanowski 2008, S. 224f.). Nicht das medientechnische Potenzial, sondern die sozial bedingten spezifischen Bedürfnisse und Interessen der Mediennutzer sind letztlich für die Art und Weise der Nutzung entscheidend (vgl. Roesler 1997, S. 191f.; zur sozialen Differenzierung der Mediennutzung, insbesondere des Internets vgl. Bonfadelli 2015, S. 870; Stegbauer 2012, S. 13; Initiative D21 e. V., S. 24–29).

3 Der Übergang zur Ära der digitalen Massenkommunikation lässt sich in Deutschland zwischen den Jahren 1997 und 2000 verorten, drei Jahre, in denen die Internetnutzung in der Bevölkerung um 64 % von nur 6,5 % auf 28,6 % stieg und sich damit gesellschaftlich durchzusetzen begann. (Vgl. Wilke 1999b, S. 753, 766f.).

2 Die Hauptformen der Autor-Rezipient-Kommunikation im sozial- und mediengeschichtlichen Wandel

2.1 Systematik der Hauptformen der Autor-Rezipient-Kommunikation

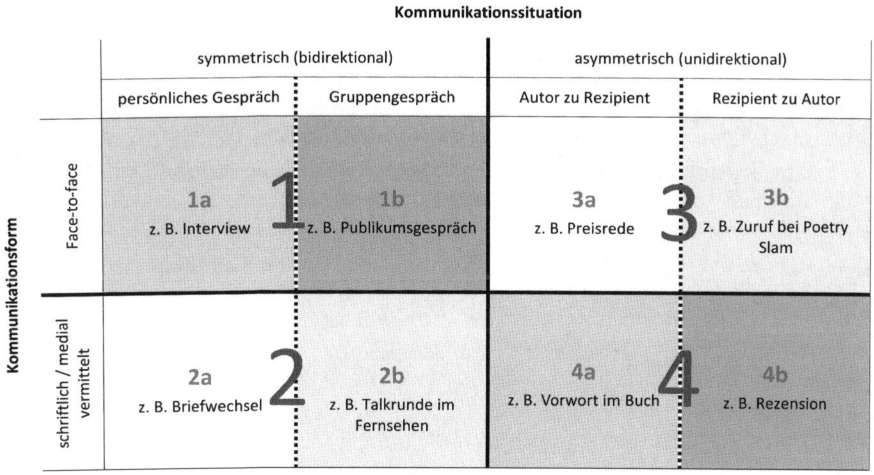

Abb. 1: Hauptformen der Autor-Rezipient-Kommunikation

Um die möglichen Formen literaturbezogener Kommunikation zwischen Autoren und Rezipienten kategorial zu differenzieren, bietet es sich an, sie nach medialer Form (Face-to-face vs. schriftlich/medial vermittelt) und kommunikativer Situation (symmetrisch vs. asymmetrisch) zu ordnen (s. Abb. 1). Auf diese Weise lassen sich vier Hauptformen unterscheiden: einerseits (1) die symmetrische Face-to-face-Kommunikation und (2) die symmetrisch-schriftlich/mediale Kommunikation, die sich jeweils wiederum unterteilen lassen in persönliches Gespräch (1a, 2a) und Gruppengespräch (1b, 2b); und andererseits (3) die asymmetrische Face-to-face-Kommunikation und (4) die asymmetrisch-schriftlich/mediale Kommunikation, wobei sich hier jeweils nach der Kommunikationsrichtung differenzieren lässt in Autor-zu-Rezipient-Kommunikation (3a, 4a) und Rezipient-zu-Autor-Kommunikation (3b, 4b). Auf diese Weise lassen sich die Formen des Austauschs zwischen Autoren und Rezipienten inventarisieren und nach gemeinsamen Hauptmerkmalen beschreiben.

2.2 Entwicklungstendenzen der Autor-Rezipient-Kommunikation: 1800 – 1900 – 2000

2.2.1 Sozial- und mediengeschichtliche Rahmenbedingungen

Die Entwicklung und Vervielfältigung der Formen der Autor-Rezipient-Kommunikation in den letzten 200 Jahren vollzog sich in Abhängigkeit von sozial- und mediengeschichtlichen Bedingungen. Als wichtigste Faktoren wirkten hierbei die enorme Expansion des Buchmarktes, die Erweiterung des Lesepublikums um neue Leserschichten und die Vervielfältigung der Distributions- und Kommunikationsformen infolge medientechnischer Innovationen.[4]

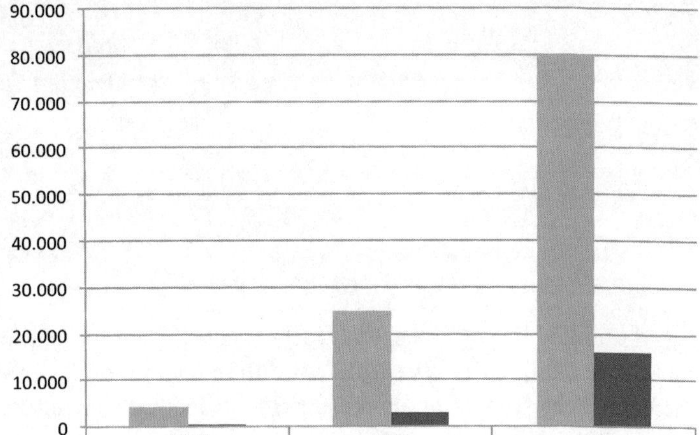

	1800	1900	2000
Jährliche Neuerscheinungen gesamt	4.300	24.800	80.000
Titelproduktion Belletristik	550	3.000	16.000

Abb. 2: Jährliche Neuerscheinungen auf dem Buchmarkt

Zwischen 1800 und 1900 versiebenfachte sich das jährliche Produktionsvolumen der Belletristik von etwa 400 auf fast 3000 Titel und erreichte um 2000 einen Umfang von ca. 16.000 Titeln, wovon etwa die Hälfte Erstauflagen waren (s. Abb. 2).[5] Dementsprechend vergrößerte sich das belletristische Lesepublikum,[6]

4 Vgl. Wittmann 1991, S. 111ff., 218–222, 295f.; Schön 1999, S. 38–41, 50–53; Stein 2010, S. 284–299.

5 Nach Angaben bei Schön 1999, S. 29, 40; Wittmann 1991, S. 271f.; Dotzauer 2010a, S. 43; Schneider 2004, S. 295.

6 Hiermit sind im Gegensatz zum potenziellen Lesepublikum die Menschen gemeint, die *tatsächlich* regelmäßig (mehrmals im Jahr) belletristische Werke lesen. Freilich sind derartige Schätzungen aufgrund des unzureichenden empirischen Datenmaterials nur Annäherungs-

das um 1800 höchstens 300.000 Personen und damit kaum mehr als 1 % der deutschen Erwachsenenbevölkerung umfasste, auf schätzungsweise ein Drittel (ca. 18 Mio. Leser) zu Beginn des 20. Jahrhunderts.[7] Um 2000 war das belletristische Lesepublikum mit über 23 Mio. Lesern zwar absolut gewachsen, sein Anteil an der Gesamtbevölkerung blieb allerdings – trotz höherer Alphabetisierungsrate (70 % zu 40 %) – in etwa gleich.[8] Während also um 1900 der größte Teil der potenziellen Leser auch gelegentlich belletristische Literatur las, verringerte sich dieser Anteil im Zeitalter der Medienkonkurrenz auf weniger als die Hälfte (s. Abb. 3).

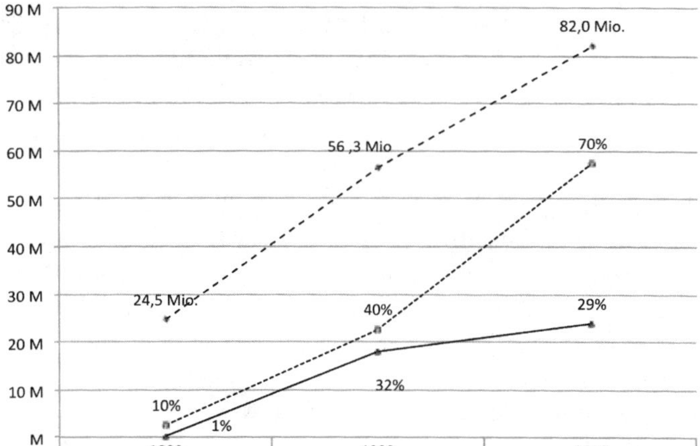

	1800	1900	2000
Gesamtbevölkerung	24,5 M	56,3 M	82,0 M
normale Schriftbeherrschung	2,5 M	22,5 M	57,4 M
belletristisches Lesepublikum	300.000	18,0 M	23,8 M

Abb. 3: Das Lesepublikum von Belletristik

Im Zuge von Alphabetisierung und verbesserten Produktions- und Distributionsbedingungen erweiterte sich das zuvor fast ausschließlich dem höheren Bürgertum entstammende (vorwiegend weibliche) Lesepublikum von Belletristik im 19. Jahrhundert um neue soziale Schichten, die je andere Bedürfnisse und Interessen mit der Lektüre verbanden.[9] Rekrutierte sich die überwiegende Mehrheit noch bis weit ins 19. Jahrhundert aus dem oberen Mittelstand,[10] wurde die Belletristik-Leserschaft mit der zunehmenden Verbreitung der Lektüre im

werte, die in der Forschung zum Teil deutlich voneinander abweichen. (Vgl. zu dieser Problematik U. Schneider 2015, S. 826f.).

7 Angaben und Schätzungen nach Wittmann 1991, S. 197f., 265; Wehler 1987, S. 69; Hohorst/Kocka/Ritter 1978, S. 22.

8 Angaben und Schätzungen nach Schneider 2007, S. 10f.; Stiftung Lesen 2000, S. 13.

9 Vgl. Schneider 2004, S. 161–275.

10 Vgl. Wittmann 1991, S. 288f.; Schön 1999, S. 25; Schneider 2004, S. 250.

Kleinbürgertum und in der Arbeiterschaft am Jahrhundertende zu einem Massenpublikum.[11] Trotz dieser sozialen Expansion waren während der 200 Jahre Leserinnen und Leser aus Ober- und Mittelschichten überproportional vertreten, wobei das belletristische Lesepublikum bis heute ein vorwiegend weibliches geblieben ist.[12]

Im 20. Jahrhundert kam es infolge medientechnischer Innovationen zur Ausdifferenzierung der Mediennutzung.[13] Im Zuge dieser Entwicklung erhielten Buch, Zeitung und Zeitschrift als Hauptmedien der Freizeitbeschäftigung Konkurrenz durch das Kino (1920er Jahre) und den Hörfunk (seit 1923). In der zweiten Jahrhunderthälfte wurden sie zunehmend durch das (erstmals 1935 eingeführte) Fernsehen verdrängt, das sich in den 1960er Jahren als gesellschaftliches Leitmedium etablierte[14] und bis heute das weit am meisten genutzte Medium ist.[15] Insbesondere in den kleinbürgerlichen und unteren Schichten verlor das Lesen mit der Durchsetzung des Fernsehens und später der neuen elektronischer Medien (Video, Spielkonsole, PC usw.) wieder an Bedeutung.[16] Im Jahr 2000 lag die Buchlektüre, die von 19 % der Bevölkerung als Lieblingsbeschäftigung bezeichnet wurde, nach Fernsehen (Platz 1), Freunde treffen, Zeitung lesen, Musik hören u. a. auf Platz 8, doch lasen immerhin knapp 60 % mindestens einmal im Monat in einem Buch, wobei die Belletristik-Lektüre zunehmend vom berufsbezogenen Lesen von Sach- und Fachbüchern überlagert wurde.[17] 2009 wurde die Buchlektüre erstmalig von der Internetnutzung übertroffen.[18] Gleichwohl beweist die Buchlektüre trotz der enormen Medienkonkurrenz in den letzten Jahrzehnten eine erstaunliche Stabilität, was von ihrer gesellschaftlichen Verankerung als kulturelle Praxis zeugt.[19]

---

11 Vgl. Schön 1999, S. 50ff.

12 Vgl. ebd, S. 46f.; Foltin/Oldewage 1999, S. 283; Börsenverein des Deutschen Buchhandels 2015.

13 Vgl. U. Schneider 2015, S. 820ff.

14 Vgl. Kübler 2015, S. 835, 842; Schneider 2004, S. 296; Ludes 1999, S. 272.

15 Vgl. Verband Privater Rundfunk und Telemedien e. V. 2017, S. 8; Hagenah/Gilles 2012, S. 60ff.; Schrape 2012.

16 Vgl. Stein 2010, S. 301.

17 Vgl. ebd., S. 314; Schön 2007, S. 191. Zum Vergleich: 1962 rangierte das Lesen – vor allen anderen Medienaktivitäten – auf Platz 5 der beliebtesten Freizeitaktivitäten (vgl. Kübler 2015, S. 840).

18 Vgl. Richter 2011, S. 123.

19 Vgl. Bonfadelli 1999, S. 137f.; Schön 2007, S. 191.

2.2.2 Anonymisierung und Medialisierung: Tendenzen der Autor-Rezipient-Kommunikation

Die am Ende des 18. Jahrhunderts entstehende moderne literarische Kommunikation ist geprägt von einer zunehmenden Anonymisierung und Medialisierung.[20] Der vormals gesellige Charakter der Literaturrezeption machte am Beginn des 19. Jahrhunderts einer zunehmend individuellen Lektürepraxis Platz.[21] Während sich Autoren in der vorkapitalistischen literarischen Kultur noch an ein zumeist relativ begrenztes, oft höfisches Publikum richteten, mit dem sie häufig in persönlichem Austausch standen, ist der für den Markt produzierende ‚freie' Schriftsteller von einem weitgehend anonymen Konsumenten-Publikum abhängig, von dem er kaum den kleinsten Teil jemals kennenlernt.[22] So stieg zwischen 1800 und 1900 die Relation von (hauptberuflichen) Schriftstellern und Belletristik-Lesern von unter 1:100 auf 1:3600 an und lag um 2000 bei 1:2300.[23] Während also Buchmarkt und Lesepublikum extreme Zuwächse erfuhren, nahm gleichzeitig die Möglichkeit symmetrischer Kommunikation proportional ab.

Im Zuge der rasanten Publikumsvergrößerung gewann die asymmetrische, größtenteils medial vermittelte Kommunikation über Presse, Radio und Fernsehen (Abb. 1, Form 4a) insbesondere für die Autoren an Bedeutung. Sie ermöglichte ihnen, ihren Wirkungskreis innerhalb kurzer Zeit enorm zu erweitern und so die Beschränktheit der symmetrischen Kommunikation im Zeitalter des anonymen Massenpublikums zu kompensieren. Konnte um 1800 noch ein vergleichsweise großer Teil des kleinen, sozial relativ homogenen Publikums im Rahmen einer bürgerlichen Öffentlichkeit und Geselligkeitskultur in Zirkeln und Salons oder über Briefkorrespondenzen und Zeitschriften an symmetrischen Formen der Autor-Rezipient-Kommunikation teilnehmen, so kommt in unserer Zeit nur ein verschwindend geringer Teil des sozial sehr heterogenen Massenpublikums überhaupt in den Genuss des Austausches mit Autoren. Die dominierenden Formen asymmetrisch-indirekter Kommunikation von Autor zu Rezipient (3a, 4a), wie etwa Fernsehauftritte, dienen auf dem hart umkämpften Literaturmarkt primär der Selbstpublicity im Interesse der Steigerung des eigenen ökonomischen und symbolischen Kapitals.[24] Die Präsenz von Autoren in den Massenmedien, die als Aufmerksamkeitsmultiplikatoren fungieren, ist ein

20 Vgl. Plumpe/Stöckmann 1999, S. 323; Kübler 2015, S. 835.
21 Vgl. Wittmann 1991, S. 194.
22 Vgl. Haferkorn 1964, bes. S. 563; Kiesel/Münch 1977, S. 83ff.
23 Bei der Berechnung werden die Höchstzahlen zugrunde gelegt: 1800: 3000 hauptberufliche Schriftsteller zu 300.000 Leser; 1900: 5000 zu 18 Mio.; 2000: 10.000 zu 23 Mio. (vgl. Kiesel/Münch 1977, S. 90f; Schön 1999, S. 27; Schneider 2004, S. 169; Buschle/Klein-Klute 2007, S. 1096).
24 Vgl. U. Schneider 2013, bes. S. 243ff.

entscheidender Faktor für die Positionierung im literarischen Feld.[25] Symmetrische Kommunikationsformen (1, 2) bleiben dagegen größtenteils einer mit dem Literaturbetrieb und der medialen Literaturvermittlung betrauten Berufsleserschaft (Verleger, Lektoren, Kritiker usw.) vorbehalten.[26]

3 Medien und Formen der Autor-Rezipient-Kommunikation am Ende des 20. Jahrhunderts: kommunikative Potenziale und soziale Reichweite

3.1 Literaturbezogene Medien und Kommunikationsformen

Am Ende des 20. Jahrhunderts, vor der massiven Nutzung des Internets, standen der Gesellschaft eine Vielzahl von Medien und Kommunikationsformen zur Verfügung. Sie konnten (und können) auf verschiedene Weisen auch von Autoren und Lesern zur Distribution bzw. Rezeption literarischer Inhalte und zum Austausch über Literatur genutzt werden (s. Abb. 4).

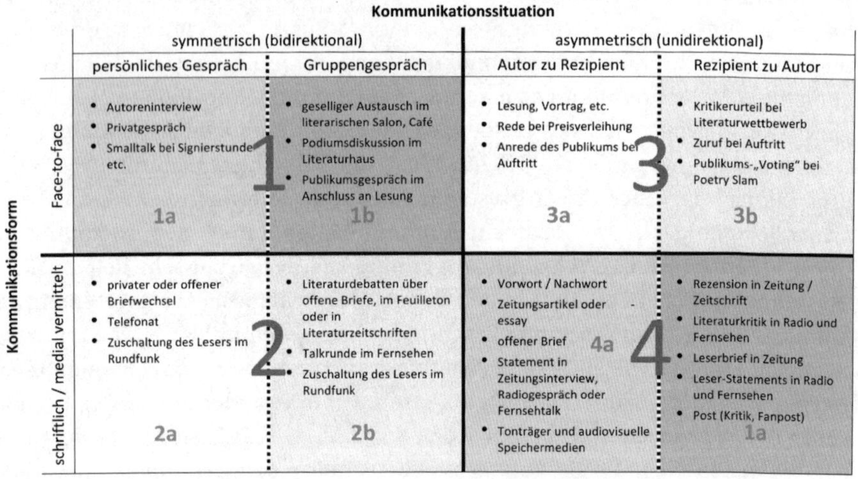

Abb. 4: Formen der Autor-Rezipient-Kommunikation vor der ‚digitalen Revolution'

Der symmetrische Austausch mit Autoren (Formen 1 und 2) war im vordigitalen Zeitalter, von eher sporadischen Kontakten bei Lesungen und Signierstunden einmal abgesehen, weitgehend den Instanzen der Literaturvermittlung vorbehalten, die entsprechende Inhalte für ein größeres Publikum aufbereiteten.

25 Vgl. Richter 2011, S. 104.
26 Vgl. Winkels 1997, S. 15.

Aufgrund ihrer Stellung im Medien- und Literaturbetrieb verfügten Kulturjournalisten und Kritiker über einen privilegierten Zugang zu Schriftstellern, um sie für Interviews zu gewinnen (1a) oder sich brieflich bzw. telefonisch mit ihnen auszutauschen (2a). Auch bei Podiumsdiskussionen (1b) waren sie häufig als Moderatoren oder Gäste anzutreffen, ebenso in Talkrunden im Fernsehen oder als Teilnehmer an Literaturdebatten in Zeitungen und Zeitschriften (2b). Die eigentlichen Leser kamen dagegen recht selten in den Genuss eines direkten Austauschs mit Autoren. So mochte man bei einer Signierstunde face-to-face (1a) oder per Zuschaltung im Rundfunk (2a/b) ein paar Worte wechseln oder sich beim Publikumsgespräch im Anschluss an eine Lesung (1b) mit Schriftstellern austauschen.

Im massenmedial geprägten Literaturbetrieb des ausgehenden 20. Jahrhunderts wuchs die Bedeutung der asymmetrischen Kommunikationsformen (3, 4) für die Pflege des Leserkontakts. In Formaten der Einweg-Kommunikation von Autor zu Rezipient (3a/b) wie Lesungen oder Statements in den Medien konnten (und können) Schriftsteller sich ihren (potenziellen) Lesern in der gewünschten Autorenrolle präsentieren und ein entsprechendes Marken-Image kreieren.[27] Den Lesern wiederum boten (und bieten) sich klassische Autorenlesungen, Vorträge und Preisreden oder gar stadienfüllende Live-Events (3a), welche die Lektüreerfahrung um ein ‚authentisches Autorenerlebnis' erweitern und zur Bildung von Lesergemeinden beitragen.

Eine größere Publikumswirkung erreichten Autoren allerdings über die Medien. Gegen Ende des 20. Jahrhunderts erlangten Formen asymmetrischer Medienkommunikation von Autor zu Rezipient (4a) einen zuvor nie gekannten Stellenwert im Kampf um öffentliche Aufmerksamkeit; insbesondere die Präsenz der Autoren außerhalb der klassischen Printmedien, und hier vor allem Auftritte im Fernsehen, brachten die nötige mediale Aufmerksamkeit und sorgten für Anschlusskommunikation in anderen Medien.[28] Seit der Nachkriegszeit bot der Hörfunk Autoren die Möglichkeit, Literatur für das Radio zu produzieren (wie Hörspiele und Radioessays) und ließ sie in Gesprächsformaten wie dem *Nachtstudio* des NWDR zu Wort kommen.[29] Zwar ist das Kulturradio bis heute mit einer Vielzahl anspruchsvoller Literatursendungen und einem großen Publikum ein wichtiger Faktor des literarischen Lebens,[30] wurde jedoch mit dem Siegeszug des Fernsehens in den 1960er Jahren in seiner gesamtgesellschaftlichen Bedeutung verdrängt.[31]

27 Vgl. Richter 2011, S. 20f.; Wegmann 2010a, S. 258f.; Bolz 2010, S. 145. Zu den spezifischen Selbstdarstellungspraktiken von Autoren vgl. John-Wenndorf 2014, S. 141–410.
28 Vgl. Döring 2010a, S. 121; Stiftung Lesen 2000, S. 19.
29 Vgl. Richter 2011, S. 102.
30 Vgl. Sarkowicz 2009, S. 242f.
31 Vgl. Halefeldt 1999, S. 116. In den 1950er Jahren war der Hörfunk das wichtigste Frei-

War der Hörfunk ein literaturaffines Medium, in dem sich zum Teil längere Autorenlesungen und Gespräche senden ließen, so kam (und kommt) im schriftfernen, dominant mündlichen Fernsehen *Literatur* (auch als gelesener Text) kaum vor. Literatursendungen im Fernsehen sind bis heute vor allem Gespräche *über* Literatur, bei dem es auf beredte Unterhaltsamkeit und die Autorendarstellung ankommt, weshalb der kompetente Medienauftritt bis heute ein wichtiger Erfolgsfaktor von Autorschaft ist.[32] Bei Kritikerdiskussionen wie dem *Literarischen Quartett* (ZDF/ORF, 1988–2001, Neuauflage seit 2015) und Studiogesprächen wie *Literatur im Foyer* (SWF/SWR, seit 1990), Interviewsendungen wie *Nachtstudio* (ZDF 1997–2012), aber auch Latenightshows wie der *Harald Schmidt Show* (Sat.1/Das Erste/Sky, 1995–2014), erhielten von Zeit zu Zeit auch Schriftsteller die Möglichkeit, sich zu äußern. Hierbei konnten sie mit der Aufmerksamkeit von teilweise bis zu 800.000 Zuschauern (*Literarisches Quartett*) rechnen.[33] Abgesehen von Prominenten, die häufiger als Gäste zu Literaturtalks eingeladen wurden (etwa bei *Lesen!* mit Elke Heidenreich, ZDF 2003–2009), hatten (und haben) die eigentlichen Hauptabnehmer von Literatur in den meisten Literatursendungen keinen Ort.[34]

Trotz der gesellschaftlichen Dominanz des Fernsehens am Ende des 20. Jahrhunderts spielten (und spielen weiterhin) die Printmedien für die Literatur eine bedeutende Rolle. So bieten die Feuilleton-Teile überregionaler Zeitungen wie der *FAZ* und der *Zeit* (Reichweite 1998 je über 1,2 Mio. Leser) regelmäßig Raum für Essays, Interviews und offene Briefe, in denen Schriftsteller sich einem vorwiegend bürgerlich-intellektuellen Lesepublikum mitteilen können.[35] Autoren populärer Unterhaltungs- und Genreliteratur fanden hier nur selten Eingang.[36] Über sie wurde dagegen häufig in Zeitschriften und Regionalzeitungen mit anderen Zielgruppen berichtet. Mit großer Werbewirkung konnten Autoreninterviews und Buchempfehlungen in auflagenstarken Magazinen wie dem *Spiegel* (Reichweite 1997: 5,8 Mio. Leser) oder illustrierten Frauenzeitschriften wie *Brigitte* (Aufl. 1997 980.000, ca. 4 Mio. Leserinnen) ein Massenpublikum erreichen.[37] Literaturzeitschriften wie *Sinn und Form* (seit 1949, Aufl. 3000), *Edit* (seit 1993, Aufl. 1800) und *Literaturen* (seit 2000, erste Auflagen 20.000–25.000)

---

zeitmedium, über das abends in einigen Sendegebieten über 50 % der Bevölkerung erreicht wurde (vgl. Halefeldt 1999, S. 215).

32 Vgl. Winkels 1997, S. 33–59; Döring 2010b, 272f.; zur Typologisierung der Formate vgl. Lang/Homann 2009, S. 227–231.

33 Vgl. Döring 2010a, S. 123.

34 Vgl. ebd., S. 122–124; Richter 2011, S. 104–106.

35 Vgl. Wilke 1999a, S. 311f., 317.

36 Vgl. Dotzauer 2010a, S. 232.

37 Vgl. Wilke 1999a, S. 320, 324.

richteten sich als Foren für Texte, Rezensionen und literaturästhetische Debatten vornehmlich an ein Fachpublikum.[38]

Komplementär zur weitgehenden Medialisierung der kulturellen Kommunikation ist mit der zunehmenden Event-Orientierung des Literaturbetriebs seit den 1990er Jahren ein Gegentrend zu beobachten, der wieder auf das unmittelbare Erleben von Literatur und Autoren setzt.[39] Großveranstaltungen wie Literaturfestivals, Lesewettbewerbe, Lesebühnen-Shows, Poetry Slams und andere Live-Events ergänzten die auf ein eher älteres, bildungsbürgerliches Publikum zugeschnittenen klassischen Lesungen und Vorträge um Literaturpräsentationen mit besonderem ‚Erlebniswert', die ein breiteres (auch jüngeres) Publikum ansprachen.[40] Lesungen im Rahmen der Buchmessen wie *Leipzig liest* (seit 1991 mit rund 80.000 Besuchern) und multimediale Literaturevents wie die *lit.COLOGNE* (seit 2001, 50.000 Besucher), aber auch kleinere Formate wie das Wettlesen im Rahmen von Nachwuchswettbewerben wie dem *Open Mike* in Berlin (seit 1993) und bei Poetry Slams kommen den Bedürfnissen der Erlebnisgesellschaft ebenso entgegen wie den Vermarktungswünschen der Verlage und Autoren.[41] Doch selbst bei mündlich-direkten Präsentationen handelt es sich trotz erhöhten Einbezugs des Publikums letztlich um weitgehend asymmetrische Kommunikationsformen, die den Rezipienten kaum mehr Raum einräumen als für Applaus und Zurufe.[42] Elaborierte mündliche Äußerungen sind bei den meisten Veranstaltungen den Moderatoren und Literaturkritikern vorbehalten, etwa wenn letztere als Juroren bei Literaturwettbewerben ihr Urteil abgeben (3a).[43]

Weitere Möglichkeiten der Kommunikation von Rezipient zu Autor boten sich vor der Durchsetzung des Internets in den Massenmedien (4b). Doch auch hier kamen (und kommen) ganz überwiegend die Leser zu Wort, die sich beruflich mit Literaturvermittlung befassten. So brachten Tages- und Wochenzeitungen, Nachrichtenmagazine und Zeitschriften wie auch die Kulturprogramme von Radio und Fernsehen regelmäßige Buchbesprechungen in Rezensionen, Buchsendungen und Kritikerrunden, die ebenso eine Orientierungsfunktion erfüllten wie sie das Kaufverhalten der Leser beeinflussen konnten.[44] Die Teilnahme der gewöhnlichen Leser beschränkte sich auf marginale, meist indirekte Kommunikationsformen wie den Leserbrief in der Zeitung und (seltener) Statements in Radio und Fernsehen; auf direkte persönliche Weise konnte der Leser sich dem Autor unter Umständen per Post mitteilen.

38 Vgl. Richter 2011, S. 99; Meyer-Gosau 2010, S. 249.
39 Vgl. Richter 2011, S. 113–117; Rühr 2015, S. 920–923.
40 Vgl. Ditschke 2009.
41 Vgl. Wegmann 2010b, S. 223; Klein 2010.
42 Vgl. Rühr 2015, S. 920ff.
43 Vgl. Schütz 2010, S. 242.
44 Vgl. Dotzauer 2010b, S. 233.

Als Fazit lässt sich festhalten, dass es im vordigitalen Medienzeitalter für Leser zwar vielfältige Möglichkeiten gab, face-to-face oder medial vermittelt in Austausch mit Schriftstellern zu treten. Verglichen mit den privilegierten Formen, die den Berufslesern zur Verfügung standen, waren sie allerdings relativ beschränkt. Nur selten trat der gewöhnliche Leser aus der Anonymität des Massenpublikums hervor. Intensiver symmetrischer Austausch fand (und findet) dagegen sowohl auf Seiten der Schriftsteller im Rahmen von Autorentreffen und Schriftsteller-Tagungen als auch unter Lesern in Lesekreisen und Fangemeinden statt.[45] Man kann insofern für das vordigitale Zeitalter von einer weitgehenden Trennung der Autoren- und Leserkommunikation sprechen.

3.2 Schichten- und milieuspezifische Teilnahme an der Autor-Rezipient-Kommunikation

Am Ende des 20. Jahrhunderts verfügte zwar die große Mehrheit der Gesellschaft (70 %) prinzipiell über die nötige Lesefähigkeit und Zugang zu Büchern,[46] nach einer Studie der Stiftung Lesen aus dem Jahr 2000 griffen jedoch nur 6 % der Bevölkerung täglich zum Buch, 13 % einmal die Woche, 28 % dagegen nie.[47] Dabei hing es in ganz entscheidendem Maße von sozialer Lage, Bildungsvoraussetzungen und Milieuzugehörigkeit ab, ob überhaupt, was und wie viel gelesen wurde. Freizeitverhalten und Medienkonsum unterschieden sich je nach sozialem Umfeld zum Teil stark.[48] Auch das Belletristik-Publikum war keineswegs homogen. Vielmehr rekrutierte es sich, wie Jost Schneider gezeigt hat, immer schon aus unterschiedlichen sozialen Schichten und Milieus, die ihre je eigene Lesekultur mit zum Teil stark voneinander abweichenden Präferenzen und Lektürezielen hatten.[49] Von den jeweiligen Rezeptionsbedürfnissen und Umgangsformen mit Literatur hing letztlich ab, inwieweit mit der Lektüre auch ein weitergehendes Interesse an literarischen Fragen, etwa am Austausch mit Autoren, verbunden wurde. Als Nutzer von Formen der Autor-Rezipient-Kommunikation kamen insofern vornehmlich diejenigen Viel- und Intensivleser belletristischer Literatur infrage, die in ihrer Freizeitgestaltung (oder von Berufs

45 Vgl. Richter 2011, S. 30ff.
46 Vgl. Schneider 2007, S. 11.
47 Vgl. Stiftung Lesen 2000, S. 7.
48 Zwar wurde laut Heinz Bonfadelli in den späten 1990er Jahren in allen Gesellschaftsschichten gelesen, doch wurde der Zugang zum Medium Buch von großen Bildungsunterschieden bestimmt: So war etwa die Lesedauer im oberen Bildungssegment dreimal so hoch wie im untersten, wo der Fernsehkonsum entsprechend höher lag (vgl. Bonfadelli 1999, S. 116f.).
49 Vgl. Schneider 2004, bes. S. 435ff., 453; Bonfadelli 1999, S. 121.

wegen) ein besonders vitales Interesse an Literatur hatten.[50] Zu ihnen gehörten um 2000 24 % der Bevölkerung, eher älter und vorwiegend weiblich.[51]

Die innere soziale Differenzierung des Vielleserpublikums hinsichtlich heterogener literaturbezogener Interessen und Lektürefunktionen, aus der sich dann Rückschlüsse auf die wahrscheinliche Teilnahme an Formen der Kommunikation mit Schriftstellern ziehen lassen, lässt sich soziologisch am besten mittels der Kategorien von Schicht- und Milieuzugehörigkeit beschreiben.[52] Hierfür bietet sich das sogenannte Sinus-Modell an, das in der Marktforschung häufig verwendet wird und auf dem auch die jüngeren Leserstudien des Börsenvereins des Deutschen Buchhandels basieren.[53] Dieser Ansatz gruppiert Menschen nach ähnlicher Lebensauffassung und Lebensweise in soziale Milieus und bildet deren Lage im sozialen Raum nach Schichtzugehörigkeit (Einkommen, Bildungsstand, berufliche Position) und Werteorientierung (zwischen Traditionsverhaftung und Modernisierung) ab. Die hier zugrunde gelegte Modellvariante von Flaig, Meyer und Ueltzhöffer versucht, Mentalitäten und Sozi-

50 Zu den Viellesern werden Personen gezählt, die mind. 18 Bücher pro Jahr lesen. Im Unterschied zu den Durchschnitts- und Weniglesern lagen deren Lektürepräferenzen im Jahr 2000 vorwiegend bei belletristischer Literatur (42 %). Zum Vergleich: Bei den Weniglesern waren es nur 24 %. 68 % der Vielleser hatten einen Hochschulabschluss, womit die höheren Bildungsschichten in dieser Gruppe stark überrepräsentiert waren. (Vgl. STIFTUNG LESEN 2000, S. 23, 25.).

51 Vgl. TULLIUS 2001, S. 69; zit. n. SCHÖN 2007, S. 191. Vgl. auch KÜBLER 2015, S. 851f.

52 Wenn im Folgenden sowohl von Schichten als auch von Milieus die Rede ist, so geschieht dies aus folgenden Überlegungen: Der Schichtenbegriff dient nicht nur der Vergleichbarkeit zu anderen Gesellschaftsepochen (als umfassende Kategorie für die epochentypischen Ausprägungen sozialer Differenzierung in Stände, Klassen und Milieus), sondern ist hier auch insofern relevant, als Schichtenzugehörigkeit (und damit wichtige Faktoren wie Einkommens- und Bildungsniveau) nach wie vor ganz entscheidend Lesekompetenz und Lektürehäufigkeit von Menschen bedingen (vgl. z. B. STIFTUNG LESEN 2000, S. 25ff.; 2008, S. 17, 51). Der Milieuansatz wird verwendet, weil das vertikale Stratifikationsmodell zur differenzierten Beschreibung der heutigen „pluralisierten Klassengesellschaft" (vgl. VESTER 2001, bes. S. 135–149), allein nicht ausreicht. Denn in gleichen sozialen Schichten kommt es heute zur Ausprägung von zum Teil ganz verschiedenen Lebensstilen (aus denen auch ein unterschiedliches Lese- und Mediennutzungsverhalten resultiert). Wenngleich objektive soziale Ungleichheiten sich weiterhin lebensprägend auswirken (vgl. ebd., S. 44f.), scheint soziale Zugehörigkeit im Gegensatz zu früheren Epochen weit weniger auf (objektiven) schichtspezifischen Kriterien als auf (subjektiven) Gemeinsamkeiten in Werteinstellung und Lebensstil zu beruhen (vgl. DIAZ-BONE 2003, S. 366f.).

53 Der Ende der 1970er Jahre im Kontext der Lebensweltforschung von Berthold Flaig und Jörg Ueltzhöffer am Sinus-Institut entwickelte Milieuansatz hat sich in den 1990er Jahren als wissenschaftlich attraktivste Konzeption durchgesetzt, da er im Vergleich zu anderen Modellen wie etwa Gerhard Schulzes Konzeption sozial weitgehend entkoppelter ‚Erlebnismilieus' (vgl. SCHULZE 2005, bes. S. 177) eine äußerst differenzierte Verortung der Milieus im sozialen Raum erlaubt (vgl. DIAZ-BONE 2003, S. 373, 378). Gleichwohl gilt hier, trotz der empirischen Grundlegung, dass derartige Milieutypologien stets idealtypische Ordnungsstrukturen darstellen, die nicht umstandslos mit der Realität gleichzusetzen sind.

alstruktur der bundesrepublikanischen Gesellschaft (noch ohne die neuen Bundesländer) für die 1990er Jahre zu erfassen.[54] Darin wird die Gesellschaft in insgesamt neun Milieus unterteilt, die sich bezüglich des Freizeit- und Mediennutzungsverhaltens voneinander unterscheiden. Führt man die Ergebnisse mit verschiedenen Lesestudien zusammen, lässt sich annäherungsweise ermitteln, aus welchen Milieus sich die Gruppe der Vielleser (24 %) hauptsächlich rekrutierte (siehe Abb. 5 u. 6)[55] und welche der Lesermilieus bei der Nutzung von Formen der Autor-Rezipient-Kommunikation klar überrepräsentiert waren.

3.2.1 Niveauorientierung und kommunikative Partizipation: die oberen Leserschichten

Die kleinste und zugleich am stärksten in literaturbezogenen Austausch involvierte Gruppe des Vielleserpublikums bildeten die in Kultur- und Bildungseinrichtungen sowie im Literaturbetrieb tätigen Berufsleser, die in vielfältiger Weise an der Literaturvermittlung beteiligt waren (darunter besonders Lehrkräfte an Schulen und Hochschulen, Kulturjournalisten und Schriftsteller, Verleger und Lektoren). Sie gehörten der schmalen Bildungselite an, die sich aus verschiedenen Gesellschaftsschichten rekrutierte, aber mehrheitlich im technokratisch-liberalen Milieu beheimatet war[56] und nach einer Berechnung von J. Schneider um das Jahr 2000 kaum 1 % der Bevölkerung ausmachte.[57] In Beruf und Freizeit beschäftigten sie sich ausgiebig mit (Hoch-)Literatur und pflegten einen intellektualisierten, distanziert-kritischen und auf Erkenntnis zielenden Umgang mit Literatur.[58] Aufgrund ihrer Vermittlungsfunktion und des großen literarischen Interesses kann man davon ausgehen, dass sie am Jahrhundertende bei allen Formen des Austauschs mit Autoren stark überrepräsentiert waren. Insbesondere die im medialen Literaturbetrieb Tätigen hatten einen privilegierten oder gar exklusiven Zugang zu symmetrischen Austauschformen (s. Abb. 4, Formen 1

54 Vgl. Flaig/Meyer/Ueltzhöffer 1997; vgl. dazu Schneider 2004, S. 279ff., an dessen Milieubeschreibungen (S. 303–414) sich die folgenden Ausführungen orientieren. Eine habitus- und klassentheoretische Weiterentwicklung und Anpassung der Sinus-Milieutypologie an die gesellschaftlichen Veränderungen Ende der 1990er Jahre haben Vester u. a. 2001 (vgl. bes. S. 503–541) geliefert, die hier ergänzend mitreferiert wird.

55 Vielleser-Anteile geschätzt nach Schneider 2004, S. 303–414; Flaig/Meyer/Ueltzhöffer 1997, S. 94–98; Stiftung Lesen 2000, S. 25ff. Da es für den Untersuchungszeitraum keine detaillierte Milieustudie zum Leseverhalten gibt, wurde (unter Annahme einer relativen Stabilität der Leseaffinität in den Milieus) vergleichend die letzte Sinus-Buchleserstudie herangezogen (vgl. Börsenverein des deutschen Buchhandels 2015, S. 147, 156).

56 Vgl. Vester u. a. 2001, S. 507.

57 Vgl. Schneider 2004, S. 419f.

58 Vgl. ebd. 2004, S. 419, 426.

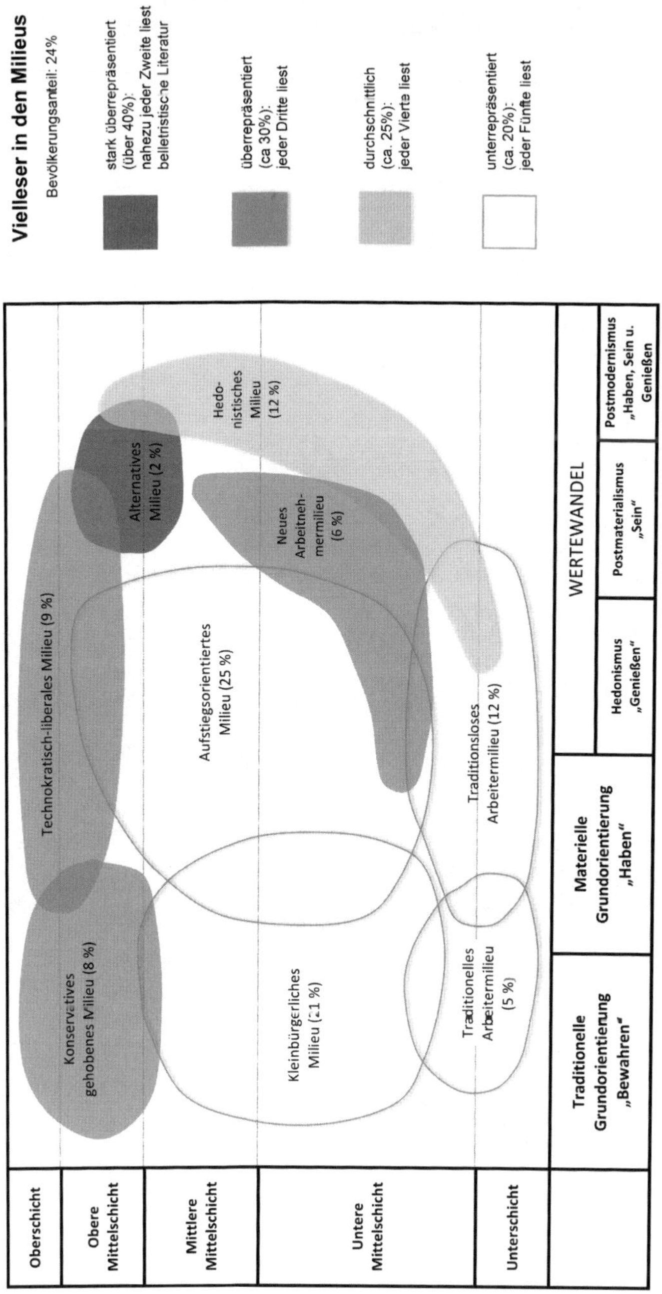

Abb. 5: Vielleser nach Sinus-Milieus (BRD 1997, ohne neue Bundesländer) (nach FLAIG/MEYER/UELTZHÖFFER 1997, S. 73f.; Vielleser-Anteile geschätzt nach SCHNEIDER 2004, S. 303–414; STIFTUNG LESEN 2000, S. 25ff; BÖRSENVEREIN DES DEUTSCHEN BUCHHANDELS 2015, S. 147, 156)

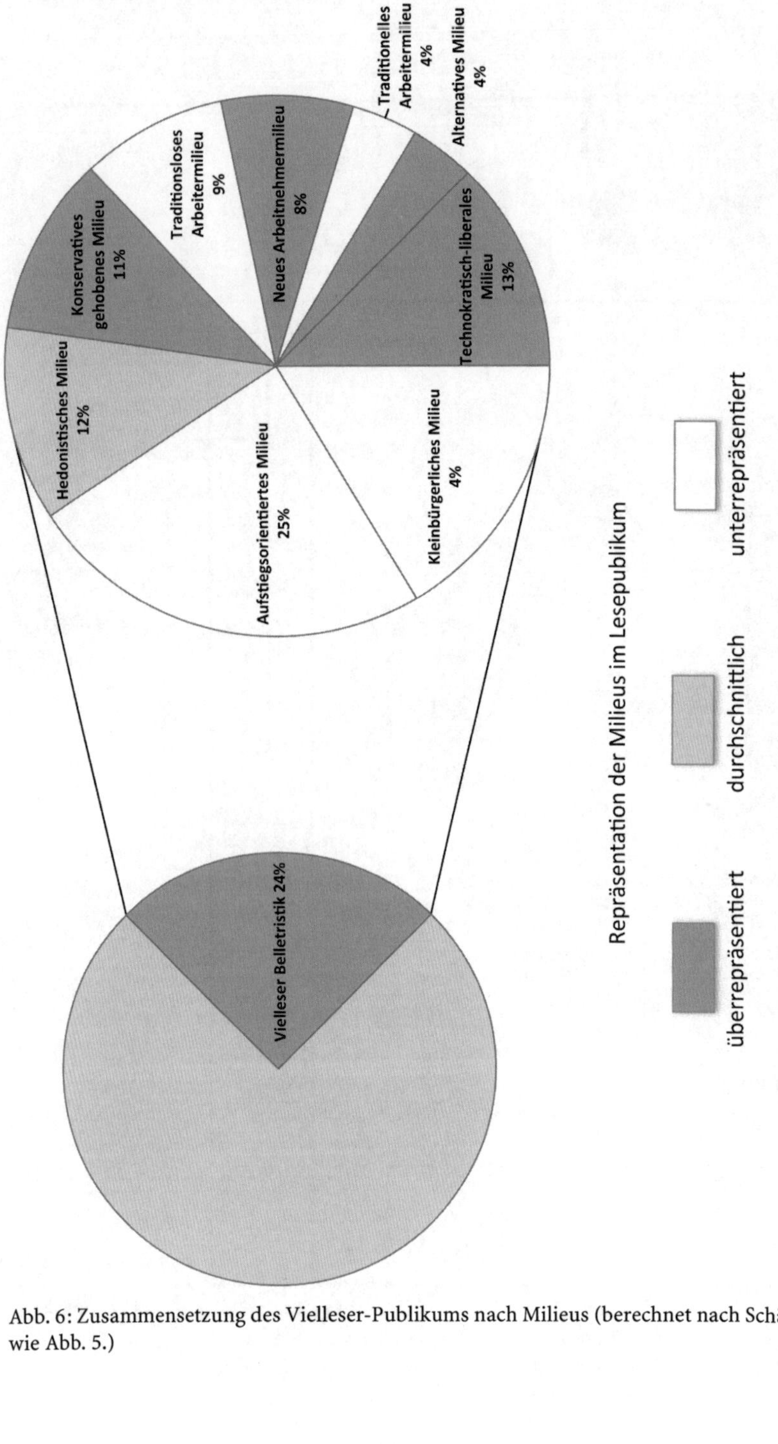

Abb. 6: Zusammensetzung des Vielleser-Publikums nach Milieus (berechnet nach Schätzungen wie Abb. 5.)

und 2), aber auch zu den meisten Formen asymmetrischer Kommunikation von Rezipient zu Autor (3b, 4a).

Betrachtet man die Verteilung der 24 % Vielleser auf die Sinus-Milieus, so wird deutlich, dass in dieser Gruppe (die sich zu fast drei Vierteln aus den mittleren und unteren Gesellschaftsschichten rekrutierte) Leser aus den oberen Schichten klar überrepräsentiert waren (s. Abb. 5). Hier wies das kleine *Alternative Milieu* den höchsten Anteil an Viellesern auf. Von dessen mit überdurchschnittlichem Einkommen und hoher Bildung ausgestatteten Angehörigen, die oft pädagogischen, medizinischen oder künstlerischen Berufen nachgingen,[59] las nahezu jeder Zweite regelmäßig Belletristik. In diesem stark individualistischen, konsum- und medienkritischen Milieu stieß neben Theateraufführungen, Kleinkunstdarbietungen und Filmvorführungen der Besuch von literarischen Veranstaltungen wie Lesungen auf breites Interesse.[60] Die ästhetische Grundorientierung war nach J. Schneider nonkonformistisch und mit einem hohen Anspruchsniveau verbunden. Bevorzugt rezipierte man hier Werke von Autoren mit gesellschaftskritischer, politisch-progressiver oder auch esoterischer Tendenz, wobei die Rezeption hier weniger der Unterhaltung als vielmehr der Orientierung und Bewusstseinserweiterung diente.[61]

Ausgesprochene Vielleser fanden sich auch häufig unter den Angehörigen des *Technokratisch-liberalen Milieus*, der ‚neuen Oberschicht', zu welcher die Inhaber von Führungspositionen, Selbständige und Freiberufler mit hoher Bildung gehörten.[62] Mit dem *Konservativen gehobenen Milieu*, der besitzbürgerlichen ‚alten Oberschicht' aus leitenden Beamten und Angestellten, Freiberuflern und Unternehmern und deren meist nicht berufstätigen Frauen,[63] teilten sie weitgehend die Präferenzen der Freizeitgestaltung. In beiden Milieus sah man nach Ergebnissen der Studie von Flaig u. a. häufig ausgewählte Programme im Fernsehen, hörte klassische Musik (im liberalen Milieu auch Rock und Jazz), und besuchte regelmäßig die Oper, Museen, Schauspielhäuser und Galerien.[64] Bei der häufigen Lektüre anspruchsvoller Werke bezog man nicht selten zusätzlich Information durch die Feuilletons. Während die Leser der liberal-progressiven Oberschicht die Hauptabnehmer anspruchsvoller Gegenwartsliteratur waren, orientierte sich die Lektürewahl der konservativen Oberschicht weitgehend am klassischen Kanon des bürgerlichen Zeitalters.[65] Diente Literaturrezeption im

59 Vgl. ebd. 2004, S. 405; Flaig/Meyer/Ueltzhöffer 1997, S. 68f.; Vester u. a. 2001, S. 509f.
60 Vgl. ebd., 98.
61 Vgl. Schneider 2004, S. 406ff.
62 Vgl. Flaig/Meyer/Ueltzhöfffer 1997, S. 66; Vester u. a. 2001, S. 506–509.
63 Vgl. Flaig/Meyer/Ueltzhöfffer 1997, S. 59f.; nach Vester u. a. hat sich das Milieu zum „Konservativ-technokratischen Milieu" modernisiert (vgl. Vester u. a. 2001, S. 505f.).
64 Vgl. Flaig/Meyer/Ueltzhöfffer 1997, S. 94, 97; vgl. auch Hickethier 1998, S. 491.
65 Vgl. Flaig/Meyer/Ueltzhöfffer 1997, S. 94, 97.

konservativen Milieu außer Repräsentationszwecken vor allem der Bildung und Orientierung, so standen bei den Intellektuellen des liberalen Milieus soziale Distinktion, (Selbst-)Reflexion und der Genuss formal-ästhetischer Werte im Zentrum.[66]

Gemeinsam war den drei Milieus der oberen Schichten der mit Reflexions- und Orientierungsabsichten verbundene Niveauanspruch, der, dem Hochkulturschema folgend, mit einer starken Abgrenzung gegenüber der Unterhaltungs- und Kompensationskultur der Mittel- und Unterschichten einherging.[67] Aufgrund der häufigen Nutzung der Kulturmedien und regelmäßiger Besuche kultureller Veranstaltungen können die literaturinteressierten Vielleser dieser Milieus nach den Berufslesern zu den aktivsten Teilnehmern an Formen literaturbezogener Kommunikation gezählt werden. Auch bei den Formen, die nichtprofessionellen Lesern offenstanden, waren die Vielleser dieser Gesellschaftsschichten als Kommunikationsteilnehmer (z. B. als Besucher von Lesungen, Leser von Feuilletons und Literaturzeitschriften, Radiohörer oder Leserbriefschreiber) im vordigitalen Zeitalter sehr stark überrepräsentiert.

3.2.2 Unterhaltungs- und Erlebnisorientierung: das ‚passive' Massenpublikum der mittleren Leserschichten

Mit fast zwei Dritteln Vielleseranteil konstituierten die mittleren Leserschichten das eigentliche Massenpublikum von Belletristik jenseits der schmalen ‚literarischen Hochkultur'. Am häufigsten fanden sich Vielleser der Mittelschicht im *Neuen Arbeitnehmermilieu*, einem nach Flaig u. a. relativ jungen, modernen Milieu, dessen Angehörige typischerweise über eine mittlere formale Bildung (Realschulabschluss, Fachabitur) verfügten und in mittleren Positionen tätig waren.[68] Freizeitgestaltung und Mediennutzung waren vielfältig, aber eher mainstreamorientiert; oft wurden die neuen elektronischen Medien genutzt, man hörte gern Musik (Rock und Pop), las häufig (etwa den *Spiegel*), sah aber weniger fern (v. a. Sportsendungen und moderne Spielfilme).[69] Was die Belletristik angeht, so wurde hier J. Schneider zufolge vorwiegend moderne Unterhaltungsliteratur zur Zerstreuung, Anregung der Phantasie oder zum Erleben von Spannung gelesen (besonders häufig Frauenromane, Science-Fiction-Literatur oder Krimis).[70]

In den restlichen Mittelstandsmilieus überwogen andere Freizeitinteressen

66 Vgl. Schneider 2004, S. 358, 369.
67 Vgl. ebd., S. 358.
68 Vgl. Flaig/Meyer/Ueltzhöffer 1997, S. 64f.; vgl. auch Vester u. a. 2001, S. 516ff.
69 Vgl. Flaig/Meyer/Ueltzhöffer 1997, S. 96; Burda Avertising Center 2000, S. 58; Schneider 2004, S. 380f.
70 Vgl. ebd., S. 381, 383f., 386.

das Lesen von Belletristik – wobei gerade diese Milieus die Mehrheit der Vielleser stellten (s. Abb. 6). Hier hatte das Buch (wie in den Unterschichtmilieus) das frühere Monopol zur Befriedigung emotionaler, kompensatorischer oder eskapistischer Bedürfnisse weitgehend eingebüßt.[71] So fanden sich ausgesprochene Intensivleser, aber weniger Vielleser im *Hedonistischen Milieu*, das nach Flaig u. a. eine große Bandbreite sozialer Lagen umfasste und dem typischerweise nicht-etablierte junge Menschen wie Schüler und Studenten angehörten.[72] Orientiert an individualistischen Werten wie Selbstverwirklichung und Geselligkeit, war das zentrale Lebensthema in diesem Milieu das selbstbestimmte Gestalten und Erleben der Freizeit.[73] Nur etwa jeder Vierte las hier regelmäßig Belletristik (s. Abb. 5). Dagegen hörte man ausgesprochen viel Musik jenseits des Mainstreams und bevorzugte nonkonformistische und experimentelle Kunst.[74] Die Leser des Hedonistischen Milieus waren nach J. Schneider die Hauptabnehmer von Popliteratur und auch häufige Besucher von Events wie Poetry Slams.[75]

Das größte Gesellschaftsmilieu, das aus dem traditionellen Arbeiter- und dem Kleinbürgermilieu entstandene *Aufstiegsorientierte Milieu* der Angestellten und Facharbeiter,[76] versammelte dagegen verhältnismäßig wenige regelmäßig Lesende (ca. 20 %) unter sich (s. Abb. 5 u. 6). Zur Freizeitgestaltung gehörten hier laut Sinus-Studie vor allem das Ansehen von Videos, das Spielen am Computer, der Besuch von Schnellrestaurants, Kinos oder Fitnessstudios.[77] Lektüre und Medienkonsum standen nach Flaig u. a. im Zeichen von beruflicher Weiterbildung sowie Unterhaltung und Entspannung.[78] So fanden vor allem Massenzeitschriften wie *Focus* und Fachjournale ein breites Interesse, wogegen der Fernsehkonsum (Sportsendungen, Spielfilme und Krimis) weniger extensiv war.[79] Neben dem Computerspiel überwog das unterhaltende Sachbuch eindeutig die Belletristik.[80]

Im anliegenden *Kleinbürgerlichen Milieu*, zu dem vorwiegend ältere Menschen mit konservativer Grundorientierung (‚Ordnung, Sauberkeit, Anstand') gehörten,[81] war die Freizeitgestaltung nach den Ergebnissen von Sinus bevorzugt

71 Vgl. Kübler 2015, S. 851; vgl. auch Faulstich 2007, S. 231.
72 Vgl. Flaig/Meyer/Ueltzhöffer 1997, S. 67f.; vgl. auch Vester u. a. 2001, S. 521f.
73 Vgl. Schneider 2004, S. 328; vgl. auch Flaig/Meyer/Ueltzhöffer 1997, S. 68.
74 Vgl. Schneider 2004, S. 329.
75 Vgl. ebd., S. 331ff.
76 Vgl. ebd., S. 304; vgl. auch Flaig/Meyer/Ueltzhöffer 1997, S. 65f. und Vester u. a. 2001, S. 521f.
77 Burda Avertising Center 2000, S. 33.
78 Vgl. Flaig/Meyer/Ueltzhöffer 1997, S. 96.
79 Vgl. Burda Avertising Center 2000, S. 58; vgl. Schneider 2004, S. 305.
80 Vgl. ebd., S. 305ff.
81 Vgl. Flaig/Meyer/Ueltzhöffer 1997, S. 60f.; vgl. auch Vester u. a. 2001, S. 518ff.

von Aktivitäten wie Gartenarbeit, Stricken, Kochen und dgl. geprägt.[82] Bei der Mediennutzung stand das Fernsehen (besonders Volksmusiksendungen, Shows, Sport- und Nachrichtensendungen) an erster Stelle, gefolgt von der Zeitschriftenlektüre.[83] Die Buchlektüre war dagegen weitgehend durch das Fernsehen ersetzt worden.[84] Die Belletristik-Leser dieses Milieus bevorzugten laut J. Schneider spannungsreiche Abenteuerliteratur und sentimentale Liebes- und Familienromane, deren Lektüre einer zum Eskapismus neigenden Unterhaltung diente.[85]

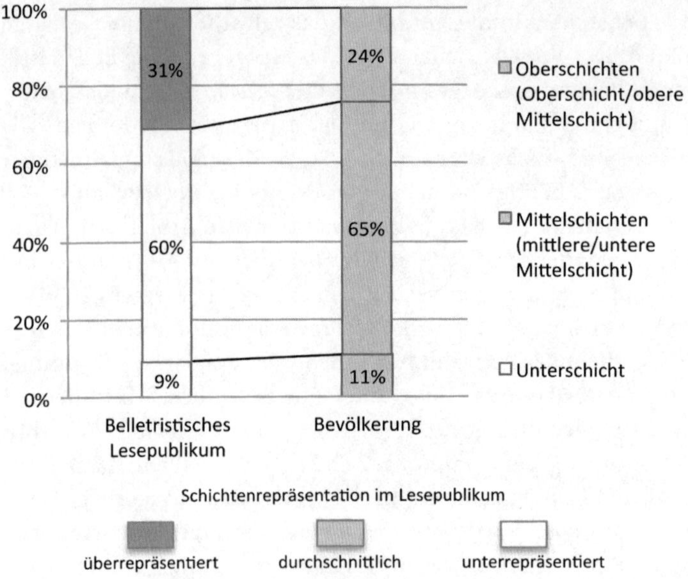

Abb. 7: Zusammensetzung des Vielleser-Publikums nach Schichten (berechnet nach Schätzungen wie Abb. 5.)

Der Überblick zeigt, dass die Mittelschichten (ihrer gesellschaftlichen Größe entsprechend) die Mehrheit der Vielleser aufwiesen (s. Abb. 7). Die bei Freizeitgestaltung und Medienkonsum vorherrschende Unterhaltungs- und Erlebnisorientierung entsprach einer eher passiven Rezeptionshaltung, die nur selten mit weiterführendem Interesse am intellektuellen Austausch über Literatur einherging. Informationen über Literatur wurden hier, wenn überhaupt, aus Magazinen und Zeitschriften gewonnen. Vielleser mochten gelegentlich Literaturevents und Lesungen mit Autoren besuchen, die etablierten Kulturmedien aber wurden hier kaum genutzt. Insgesamt ist daher (gerade in den teilmoder-

82 Vgl. Burda Avertising Center 2000, S. 27.
83 Vgl. ebd., S. 58; vgl. auch Schneider 2004, S. 317f.; Hickethier 1998, S. 491.
84 Vgl. Schneider 2004, S. 317.
85 Vgl. ebd., S. 318ff.

nisierten und traditionellen Mittelschichten) für den Untersuchungszeitraum von einer nur sehr geringen Teilhabe an Formen der Autor-Rezipient-Kommunikation auszugehen.

3.3.3 Kompensatorische Unterhaltung abseits von Hochkultur und Mainstream: zur marginalen Lektüre in den unteren Schichten

Lesen genoss in den unteren Gesellschaftsschichten keinen hohen Stellenwert. Im *Traditionslosen Arbeitermilieu*, zu dem unterprivilegierte Menschen mit geringer Bildung und niedrigem Einkommen zählten,[86] rangierte das Lesen von Belletristik nach Ergebnissen von Sinus zumeist hinter anderen Freizeit- und Medienaktivitäten.[87] Nur etwa jeder Fünfte las regelmäßig belletristische Literatur (s. Abb. 5), die vorwiegend in Form von geschlechtsspezifisch adressierten Heftromanen (z. B. Horror- und Science-Fiction-Serien für Männer, Familien- und Liebesgeschichten für Frauen) rezipiert wurde,[88] deren Produktion allerdings bereits in den 1970er Jahren mit der Konkurrenz der elektronischen Unterhaltungsmedien einen deutlichen Rückgang erfahren hatte.[89] Der Lektüre und dem Medienkonsum kamen hier laut J. Schneider vor allem eine Kompensationsfunktion zu, insofern Fiktion ein identifikatorisch-imaginäres Ausleben von Affekten und Wunschträumen ermöglichte und von den mit der sozialen Lage verbundenen Lebensängsten entlastete.[90]

Nirgendwo spielte Lektüre eine so geringe Rolle wie im *Traditionellen Arbeitermilieu*, zu dem typischerweise Angelernte, Ungelernte und Facharbeiter mit geringem Bildungsniveau gehörten (s. Abb. 5).[91] Wie das kleinbürgerliche Milieu in der zweiten Hälfte des 20. Jahrhunderts zu einem TV-Milieu geworden, war hier die extensive Fernsehnutzung tägliche Gewohnheit (bevorzugt Talkshows und Prominentensendungen); außerdem wurde häufig Musik (besonders Schlager) gehört und die Regenbogenpresse gelesen.[92] Der kontrolliert eskapistische Medienkonsum dieses Milieus zielte laut J. Schneider vor allem auf imaginäre Wunscherfüllung im Zeichen von Sicherheit und Harmonie.[93]

Bei den zwischen Anschlusshalten und sozialer Ausgrenzung lebenden Angehörigen der Unterschichtmilieus hatten literaturbezogene Kommunikations-

86 Vgl. Flaig/Meyer/Ueltzhöffer 1997, S. 63; Vester u. a. 2001, S. 522ff.
87 Vgl. Burda Avertising Center 2000, S. 37, 58; vgl. auch Flaig/Meyer/Ueltzhöffer 1997, S. 95; Schneider 2004, S. 341ff.
88 Vgl. ebd., S. 343ff.; vgl. auch Flaig/Meyer/Ueltzhöffer 1997, S. 95.
89 Vgl. Foltin/Mundhenke 1999, S. 217; Muth 1999, S. 201.
90 Vgl. Schneider 2004, S. 347.
91 Vgl. ebd., 399; vgl. auch Flaig/Meyer/Ueltzhöffer 1997, S. 61f., 95; Vester u. a. 2001, S. 513f.
92 Vgl. Schneider 2004, S. 393ff.
93 Vgl. ebd., S. 399.

formen so gut wie keine Bedeutung. Aufgrund einer ausgeprägten materiellen Grundorientierung und Präferenz für die elektronischen Medien (besonders für das Fernsehen), war das Lesen von Literatur in der schrift- und bildungsfernen unteren Gesellschaftsschicht so marginal wie in keiner anderen Schicht. Zudem dominierte eine generalisierte Aversion gegen die etablierte ‚Hochkultur', die als lebensfern empfunden wurde und an der man aufgrund von Bildungsvoraussetzungen und habitusbedingter Schwellenängste in der Regel nicht partizipierte.[94] Im Blick auf die anders gelagerten Interessen und Bedürfnisse kann davon ausgegangen werden, dass – außer vielleicht sporadisch in den Nischen der Fankultur (Clubs, Fanzines zu Comics und Heftroman-Serien) – literaturbezogener Austausch mit Autoren hier kaum stattfand.

3.3.4 Ungleichheit und Marginalität: Nutzung literaturbezogener Kommunikation

Wenngleich sich das Vielleserpublikum am Ende des 20. Jahrhunderts aus allen Gesellschaftsschichten, ganz vorwiegend aber aus dem Mittelstand, rekrutierte (s. Abb. 6 und 7), muss man davon ausgehen, dass die Nutzung von Formen der Autor-Rezipient-Kommunikation sich fast ausschließlich auf die kleine Minderheit derjenigen Viel- und Intensivleser beschränkte, die aufgrund ihrer mit Literaturrezeption verbundenen Erwartungen und Ziele ein besonderes Interesse an literaturbezogener Anschlusskommunikation hatten. Dabei waren Leser aus der Bildungselite und den oberen Gesellschaftsschichten (Konservatives gehobenes und Technokratisch-liberales sowie Alternatives Milieu) weit überproportional vertreten, gefolgt von Lesern aus den modernen Mittelschichtmilieus (Neues Arbeitnehmer- und Hedonistisches Milieu), während Leser aus den übrigen Schichten kaum an literaturbezogener Kommunikation teilhatten.[95] Nimmt man die Vielleseranteile in den kultur- und lektüreaffinen Milieus zur Grundlage und berücksichtigt, dass freilich nicht alle dieser Leser auch Interesse an Anschlusskommunikation aufbrachten, so werden die Nutzer solcher Formen an der Schwelle zum digitalen Zeitalter mit kaum mehr als einem Drittel der Vielleser zu veranschlagen sein, was weniger als einem Zehntel der Gesamtbevölkerung entspricht.

---

94 Vgl. ebd., S. 341 f., 392; vgl. auch Flaig/Meyer/Ueltzhöffer 1997, S. 95.

95 Diese Schlussfolgerung legen die von Flaig u. a. für die einzelnen Milieus vorgelegten Ergebnisse zu Leseaffinität und Teilnahme an Kulturveranstaltungen nahe (vgl. ebd., S. 93–99), die durch die in verschiedenen Lesestudien festgestellten bildungs- und sozialspezifischen Ungleichheiten hinsichtlich des Interesses an und der Häufigkeit des Lesens von Belletristik bestätigt werden (z. B. Stiftung Lesen 2000, S. 23, 25; vgl. auch Bonfadelli 1999, S. 116 f.).

4 Fazit

Der Wandel der gesellschaftlichen und medientechnischen Rahmenbedingungen in den letzten 200 Jahren wirkt sich in mehrerlei Hinsicht auf die Autor-Rezipient-Kommunikation aus:

(1) Die rasante Vergrößerung der Leserschaft im 19. Jahrhundert vollzog sich als sukzessive Integration nahezu aller Gesellschaftsschichten in das lesende Publikum, wobei die Mittelschichten durchgehend die Mehrheit bildeten.

(2) Dabei kam es zu einer ebenso rapiden Verschiebung des Verhältnisses von Autoren und Lesern, bei der die Anzahl der Leser gegenüber der der Autoren und damit deren potenzieller Leserkreis derart wuchs, dass dies eine weitgehende Anonymisierung der Autor-Rezipient-Kommunikation zur Folge hatte.

(3) Durch die mediengestützte Kommunikation wurden zwar absolut immer mehr Rezipienten erreichbar, doch verloren dabei gleichzeitig die symmetrischen Formen des Austauschs proportional gesehen an Bedeutung. Wo Formen der Autor-Rezipient-Kommunikation im 18. Jahrhundert noch weitgehend von einer Symmetrie des Austauschs mit relativ kleinen Leserkreisen geprägt waren, verlagerte sie sich in der Ära des Massenpublikums in die asymmetrischen Kommunikationsformen der Leitmedien Presse, Radio und Fernsehen, die ganz massiv die Autorseite gegenüber der Rezipientenseite privilegierten und die Leserteilnahme fast ausschließlich auf die professionellen Literaturvermittler beschränkten.

(4) Soziale Formen des Lesens und des literaturbezogenen Austauschs waren in der vordigitalen Zeit zwar in einer großen Vielfalt vorhanden. Ihre leserseitige Nutzung war allerdings sowohl hinsichtlich der Dominanz asymmetrisch-medialer Kommunikationsformen wie auch in Bezug auf ihre soziale Reichweite relativ beschränkt. Neben den mit Literaturvermittlung befassten Berufslesern verwendete nur eine kleine literaturinteressierte Minderheit des Lesepublikums seine Freizeit für entsprechende Formate und Veranstaltungen. Die meisten Leser traten nicht als aktive Kommunikationsteilnehmer auf und blieben zumeist mit ihrer Leseerfahrung allein, während die Bevölkerungsmehrheit (mit fast einem Drittel Nichtleser) vorwiegend anderen Beschäftigungen (Fernsehen, Musik hören usw.) nachging, die das in der Jahrhundertmitte noch weitgehend an Bücher gebundene Unterhaltungsbedürfnis ebenso befriedigen konnten. Dies hat sich auch fast 20 Jahre nach der Etablierung des Internets in der Grundstruktur kaum verändert.

Dass bis heute nur eine kleine Minderheit an Formen der Autor-Rezipient-Kommunikation teilhat, ist ganz entscheidend bedingt durch geschichtlich relativ stabile Lese- und Medienrezeptionsgewohnheiten in den verschiedenen Schichten und Milieus. Die mit Lektüre- bzw. Medienkonsum verbundenen Ziele und Funktionen erweisen sich als äußerst persistent, da sie unmittelbar mit den aus sozialer Lage und Lebenswelt der Menschen entstehenden Bedürfnissen und Interessen verbunden sind.

Bibliographie

BEILEIN, Matthias: „Der Literaturbetrieb“, in: Beutin, Wolfgang u. a.: *Deutsche Literaturgeschichte. Von den Anfängen bis zur Gegenwart.* 8., aktualis. u. erw. Aufl. Stuttgart u. a.: J. B. Metzler, 2013, S. 585–598.

BIRKERTS, Sven: *Die Gutenberg-Elegien. Lesen im elektronischen Zeitalter.* Frankfurt a. M.: S. Fischer, 1997.

BOLZ, Norbert: „Image“, in: Schütz, Erhard u. a. (Hg.): *Das BuchMarktBuch. Der Literaturbetrieb in Grundbegriffen.* 2., durchges. Aufl. Reinbek bei Hamburg: Rowohlt, 2010, S. 143–145.

BONFADELLI, Heinz: „Leser und Leseverhalten heute. Sozialwissenschaftliche Buchlese(r)forschung“, in: Franzmann, Bodo u. a. (Hg.): *Handbuch Lesen.* München: K. G. Saur, 1999, S. 86–144.

BONFADELLI, Heinz: „Politische Implikationen des Lesens“, in: Rautenberg, Ursula/Schneider, Ute (Hg.): *Lesen. Ein interdisziplinäres Handbuch.* Berlin u. a.: De Gruyter, 2015, S. 859–876.

BÖRSENVEREIN DES DEUTSCHEN BUCHHANDELS (Hg.): *Buchkäufer und -leser 2015. Profile, Motive, Einstellungen.* Frankfurt a. M., 2015; Zusammenfassung unter: http://www.boersenverein.de/sixcms/media.php/1117/Buchk%C3%A4ufer_und_leser_2015_Pressemappe.pdf [23.01.2017].

BÖRSENVEREIN DES DEUTSCHEN BUCHHANDELS (Hg.): *Buch und Buchhandel in Zahlen 2000*, in: *Börsenblatt* 2000/55, Sonderteil.

BURDA ADVERTISING CENTER (Hg.): *Die Sinus-Milieus in Deutschland [2000]. Strategische Marketing- und Mediaplanung mit der Typologie der Wünsche Intermedia. Eine Dokumentation für Anwender.* Offenburg: BAC, 2000.

BUSCHLE, Nicole/KLEIN-KLUTE, Axel: „Freie Berufe in Deutschland. Ergebnisse der Einkommenssteuerstatistik 2001“, in: Statistisches Bundesamt (Hg.): *Wirtschaft und Statistik* 2007/11, S. 1087–1096; verfügbar unter: https://www.destatis.de/DE/Publikationen/WirtschaftStatistik/FinanzenSteuern/FreieBerufeDeutschland.pdf?__blob=publicationFile [24.01.2017].

COOVER, Robert: „The End of Books“, in: *The New York Times*, 21.06.1992a; verfügbar unter: http://www.nytimes.com/books/98/09/27/specials/coover-end.html [10.03.2017].

COOVER, Robert: „Hypertext“, in: *Chelsea Hotel. A Magazine for the Arts*, 1992b/2, S. 64–69.

DIAZ-BONE, Rainer: „Milieumodelle und Milieuinstrumente in der Marktforschung“, in: *Sozialwissenschaften in der Berufspraxis* 2003/26, H. 4, S. 365–380; verfügbar unter: http://nbn-resolving.de/urn:nbn:de:0168-ssoar-38156 [13.03.2017].

Ditschke, Stephan: „„Das Publikum hat getobt‘“, in: Arnold, Heinz Ludwig/Beilein, Matthias (Hg.): *Literaturbetrieb in Deutschland*. 3., völlig veränderte Aufl. Neufassung. München: edition text + kritik, 2009, S. 307–321.

Döring, Jörg: „Fernsehen“, in: Schütz, Erhard u. a. (Hg.): *Das BuchMarktBuch. Der Literaturbetrieb in Grundbegriffen*. 2., durchges. Aufl. Reinbek bei Hamburg: Rowohlt, 2010a, S. 121–125.

Döring, Jörg: „Medienkompetenz“, in: Schütz, Erhard u. a. (Hg.): *Das BuchMarktBuch. Der Literaturbetrieb in Grundbegriffen*. 2., durchges. Aufl. Reinbek bei Hamburg: Rowohlt, 2010b, S. 271–274.

Dotzauer, Gregor: „Belletristik“, in: Schütz, Erhard u. a. (Hg.): *Das BuchMarktBuch. Der Literaturbetrieb in Grundbegriffen*. 2., durchges. Aufl. Reinbek bei Hamburg: Rowohlt, 2010a, S. 42–45.

Dotzauer, Gregor: „Literaturkritik“, in: Schütz, Erhard u. a. (Hg.): *Das BuchMarktBuch. Der Literaturbetrieb in Grundbegriffen*. 2., durchges. Aufl. Reinbek bei Hamburg: Rowohlt, 2010b, S. 231–235.

Faulstich, Werner: „Druckmedien“, in: Anz, Thomas (Hg.): *Handbuch Literaturwissenschaft. Gegenstände – Konzepte – Institutionen*. Bd. 1. Stuttgart u. a.: J. B. Metzler, 2007, S. 224–231.

Flaig, Berthold Bodo/Meyer, Thomas/Ueltzhöffer, Jörg: *Alltagsästhetik und politische Kultur. Zur ästhetischen Dimension politischer Bildung und politischer Kommunikation*. 2. Aufl. Bonn: Dietz, 1997.

Foltin, Hans-Friedrich/Oldewage, Anke: „Lesekultur heute und morgen. Fakten und Perspektiven“, in: Bohnsack, Petra/Foltin, Hans-Friedrich (Hg.): *Lesekultur. Populäre Lesestoffe von Gutenberg bis zum Internet*. Marburg: Universitätsbibliothek Marburg, 1999, S. 279–287.

Foltin, Hans-Friedrich/Mundhenke, Florian: „‚Jerry Cotton‘ und ‚Perry Rhodan‘. Zwei Dauerbrenner“, in: Bohnsack, Petra/Foltin, Hans-Friedrich (Hg.): *Lesekultur. Populäre Lesestoffe von Gutenberg bis zum Internet*. Marburg: Universitätsbibliothek Marburg, 1999, S. 217–230.

Haferkorn, Hans Jürgen: „Der freie Schriftsteller. Eine literatur-soziologische Studie über seine Entstehung und Lage in Deutschland zwischen 1750 und 1800“, in: *Archiv für Geschichte des Buchwesens* 1964/5, S. 523–713.

Hagenah, Jörg/Gilles, David: „Über die Mediatisierung der Freizeit. Wie und in welchen sozialen Gruppen die Medienpräferenz der Deutschen seit der Einführung des dualen Rundfunksystems gestiegen ist“, in: Stegbauer, Christian (Hg.): *Ungleichheit. Medien- und kommunikationssoziologische Perspektiven*. Wiesbaden: Springer VS, 2012, S. 57–72.

Halefeldt, Horst O.: „Programmgeschichte des Hörfunks“, in: Wilke, Jürgen (Hg.): *Mediengeschichte der Bundesrepublik Deutschland*. Bonn: Bundeszentrale für politische Bildung, 1999, S. 211–230.

Heibach, Christiane: *Literatur im Internet. Theorie und Praxis einer kooperativen Ästhetik*. Berlin: dissertation.de, 2000.

Hickethier, Knut: *Geschichte des deutschen Fernsehens*. Unter Mitarbeit von Peter Hoff. Stuttgart u. a.: J. B. Metzler, 1998.

Hohorst, Gerd/Kocka, Jürgen/Ritter, Gerhard A.: *Sozialgeschichtliches Arbeitsbuch. Bd. 2: Materialien zur Statistik des Kaiserreichs 1870–1914.* 2., durchges. Aufl. München: C. H. Beck, 1978.

Idensen, Heiko: *Hypertext als Utopie. Entwürfe postmoderner Schreibweisen und Kulturtechniken* [1993]; verfügbar unter: https://www.netzliteratur.net/idensen/utopie.htm#27 [10.03.2017].

Initiative D21 e. V. (Hg.): *D21-Digital-Index 2016. Jährliches Lagebild zur Digitalen Gesellschaft.* Berlin: Initiative D21, 2016; verfügbar unter: http://initiatived21.de/app/uploads/2017/01/studie-d21-digital-index-2016.pdf [03.03.2017].

John-Wenndorf, Carolin: *Der öffentliche Autor. Über die Selbstinszenierung von Schriftstellern.* Bielefeld: Transcript, 2014.

Kiesel, Helmuth/Münch, Paul: *Gesellschaft und Literatur im 18. Jahrhundert. Voraussetzungen und Entstehung des literarischen Marktes in Deutschland.* München: C. H. Beck, 1977.

Klein, Armin: „Erlebnisgesellschaft", in: Schütz, Erhard u. a. (Hg.): *Das BuchMarktBuch. Der Literaturbetrieb in Grundbegriffen.* 2., durchges. Aufl. Reinbek bei Hamburg: Rowohlt, 2010, S. 115–118.

Kübler, Hans-Dieter: „Lesen und Medien in der zweiten Hälfte des 20. Jahrhunderts", in: Rautenberg, Ursula/Schneider, Ute (Hg.): *Lesen. Ein interdisziplinäres Handbuch.* Berlin u. a.: De Gruyter, 2015, S. 832–857.

Kuhn, Axel/Hagenhoff, Svenja: „Digitale Lesemedien", in: Rautenberg, Ursula/Schneider, Ute (Hg.): *Lesen. Ein interdisziplinäres Handbuch.* Berlin u. a.: De Gruyter, 2015, S. 349–414.

Lang, Tilman/Homann, Meike: „Guckst du nur oder liest du auch?", in: Arnold, Heinz Ludwig/Beilein, Matthias (Hg.): *Literaturbetrieb in Deutschland.* 3., völlig veränderte Aufl. Neufassung. München: edition text + kritik, 2009, S. 219–233.

Lévy, Pierre: „Cyberkultur. Universalität ohne Totalität", in: Bollmann, Stefan/Heibach, Christiane (Hg.): *Kursbuch Internet. Anschlüsse an Wirtschaft und Politik, Wissenschaft und Kultur.* Mannheim: Bollmann, S. 56–82.

Ludes, Peter: „Programmgeschichte des Fernsehens", in: Wilke, Jürgen (Hg.): *Mediengeschichte der Bundesrepublik Deutschland.* Bonn: Bundeszentrale für politische Bildung, 1999, S. 255–276.

Meyer-Gosau, Frauke: „Literaturzeitschriften", in: Schütz, Erhard u. a. (Hg.): *Das BuchMarktBuch. Der Literaturbetrieb in Grundbegriffen.* 2., durchges. Aufl. Reinbek bei Hamburg: Rowohlt, 2010, S. 248–251.

Muth, Anke: „‚Balsam für die Seele'. Der Kitschroman ‚Kleine Mutti'", in: Bohnsack, Petra/Foltin, Hans-Friedrich (Hg.): *Lesekultur. Populäre Lesestoffe von Gutenberg bis zum Internet.* Marburg: Universitätsbibliothek Marburg, 1999, S. 201–216.

Nuwer, Rachel: „Are paper books really disappearing?", in: BBC Future, 25.01.2016; verfügbar unter: http://www.bbc.com/future/story/20160124-are-paper-books-really-disappearing [10.03.2017].

Opitz, Michael/Opitz-Wiemers, Carola: „Tendenzen der deutschsprachigen Gegenwartsliteratur seit 1989", in: Beutin, Wolfgang u. a.: *Deutsche Literaturgeschichte. Von den Anfängen bis zur Gegenwart.* 8., aktualis. u. erw. Aufl. Stuttgart u. a.: J. B. Metzler, 2013, S. 669–756.

PLUMPE, Gerhard/STÖCKMANN, Ingo: „Autor und Publikum. Zum Verhältnis von Autoren und Lesern in medienspezifischer Perspektive", in: Franzmann, Bodo u. a. (Hg.): *Handbuch Lesen.* München: K. G. Saur, 1999, S. 298–328.

RICHTER, Steffen: *Der Literaturbetrieb. Eine Einführung. Texte – Märkte – Medien.* Darmstadt: Wissenschaftliche Buchgesellschaft, 2011.

ROESLER, Alexander: „Bequeme Einmischung. Internet und Öffentlichkeit", in: Münker, Stefan/Ders. (Hg.): *Mythos Internet.* Frankfurt a. M.: Suhrkamp, 1997.

RÜHR, Sandra: „Inszenierungen des Lesens. Öffentliche literarische Lesungen von der Mitte des 19. Jahrhunderts bis zur Gegenwart", in: Rautenberg, Ursula/Schneider, Ute (Hg.): *Lesen. Ein interdisziplinäres Handbuch.* Berlin u. a.: De Gruyter, 2015, S. 898–929.

SACO, Diana: *Cybering Democracy. Public Space and the Internet.* Minneapolis: University of Minnesota Press, 2002.

SARKOWICZ, Hans: „Hören als Ereignis", in: Arnold, Heinz Ludwig/Beilein, Matthias (Hg.): *Literaturbetrieb in Deutschland.* 3., völlig veränderte Aufl. Neufassung. München: edition text + kritik, 2009, S. 234–249.

SCHNEIDER, Jost: *Sozialgeschichte des Lesens. Zur historischen Entwicklung und sozialen Differenzierung der literarischen Kommunikation in Deutschland.* Berlin u. a.: De Gruyter, 2004.

SCHNEIDER, Jost: „Literatur und Text", in: Anz, Thomas (Hg.): *Handbuch Literaturwissenschaft. Gegenstände – Konzepte – Institutionen.* Stuttgart u. a.: J. B. Metzler, 2007, Bd. 1, S. 1–23.

SCHNEIDER, Ute: „Literatur auf dem Markt. Kommunikation, Aufmerksamkeit, Inszenierung", in: Theison, Philipp/Weder, Christine (Hg.): *Literaturbetrieb. Zur Poetik einer Produktionsgemeinschaft.* München: Wilhelm Fink, 2013, S. 235–247.

SCHNEIDER, Ute: „Moderne", in: Rautenberg, Ursula/Schneider, Ute (Hg.): *Lesen. Ein interdisziplinäres Handbuch.* Berlin u. a.: De Gruyter, 2015, S. 801–831.

SCHÖN, Erich: „Geschichte des Lesens", in: Franzmann, Bodo u. a. (Hg.): *Handbuch Lesen.* München: K. G. Saur, 1999, S. 1–85.

SCHÖN, Erich: „Realer Leser", in: Anz, Thomas (Hg.): *Handbuch Literaturwissenschaft. Gegenstände – Konzepte – Institutionen.* Stuttgart u. a.: J. B. Metzler, 2007, S. 181–192.

SCHRAPE, Jan-Felix: „Wiederkehrende Erwartungen an interaktive Medien", in: *Mediale Kontrolle unter Beobachtung* (April 2012); http://www.medialekontrolle.de/beitrage/wieder-kehrende-erwartungen-an-interaktive-medien/ [02.03.2017].

SCHÜTZ, Erhard u. a.: „Literaturwettbewerb", in: Ders. u. a. (Hg.): *Das BuchMarktBuch. Der Literaturbetrieb in Grundbegriffen.* 2., durchges. Aufl. Reinbek bei Hamburg: Rowohlt, 2010, S. 240–243.

SCHULZE, Gerhard: *Die Erlebnisgesellschaft. Kultursoziologie der Gegenwart.* Um den Anhang gekürzte und mit einem neuen Vorwort des Autors versehene 2. Aufl. Frankfurt a. M. u. a.: Campus, 1992.

SIMANOWSKI, Roberto: *Digitale Medien in der Erlebnisgesellschaft.* Reinbek bei Hamburg: Rowolth, 2008.

STEGBAUER, Christian: „Medien und soziale Ungleichheit. Eine Einleitung", in: Ders. (Hg.): *Ungleichheit. Medien- und kommunikationssoziologische Perspektiven.* Wiesbaden: Springer VS, 2012, S. 11–18.

STEINER, George: *Von realer Gegenwart. Hat unser Sprechen Inhalt?* München: Hanser, 1990.

STEIN, Peter: *Schriftkultur. Eine Geschichte des Schreibens und Lesens.* 2., durchges. Aufl. Darmstadt: Wissenschaftliche Buchgesellschaft, 2010.

STIFTUNG LESEN (Hg.): *Leseverhalten in Deutschland im neuen Jahrtausend. Ausgewählte Ergebnisse.* Mainz 2000; verfügbar unter: https://www.stiftunglesen.de/download.php?type=documentpdf&id=1831 [24.02.2017].

TULLIUS, Christiane: „Typologie der Leser und Mediennutzer", in: Stiftung Lesen (Hg.): *Leseverhalten in Deutschland im neuen Jahrtausend. Eine Studie der Stiftung Lesen.* Mainz u. a., 2001, S. 61–83.

VERBAND PRIVATER RUNDFUNK UND TELEMEDIEN E. V. (Hg.): *Mediennutzung in Deutschland 2016.* Berlin: VPRT, 2017; verfügbar unter: http://www.vprt.de/sites/default/files/documents/VPRT_Mediennutzung-in-Deutschland-2016.pdf?c=4 [03.03.2017].

VESTER, Michael/VON OERTZEN, Peter/GEILING, Heiko/HERMANN, Thomas/MÜLLER, Dagmar: *Soziale Milieus im gesellschaftlichen Strukturwandel.* Frankfurt a. M.: Suhrkamp, 2001.

WEGMANN, Thomas): „Marke", in: Schütz, Erhard u. a. (Hg.): *Das BuchMarktBuch. Der Literaturbetrieb in Grundbegriffen.* 2., durchges. Aufl. Reinbek bei Hamburg: Rowohlt, 2010a, S. 257–261.

WEGMANN, Thomas: „Literaturfestival", in: Schütz, Erhard u. a. (Hg.): *Das BuchMarktBuch. Der Literaturbetrieb in Grundbegriffen.* 2., durchges. Aufl. Reinbek bei Hamburg: Rowohlt, 2010b, S. 223–226.

WEHLER, Hans-Ulrich: *Deutsche Gesellschaftsgeschichte.* Bd. 1: *Vom Feudalismus des alten Reiches bis zur Defensiven Modernisierung der Reformära 1700–1815.* München: C. H. Beck, 1987.

WEIZENBAUM, Joseph: „Goodbye Gutenberg?", in: Stiftung Lesen (Hg.): *Gutenbergs Folgen. Von der ersten Medienrevolution zur Wissensgesellschaft.* Baden-Baden: Nomos, 2002, S. 283–282.

WHOOLEY, Benjamin: *New Media-Worlds.* London 1992; zit. n. Wirth, Uwe: „Wen kümmert's, wer spinnt? Gedanken zum Schreiben und Lesen im Hypertext" (1999); verfügbar unter: https://www.netzliteratur.net/wirth/wirth99.htm [10.03.2017].

WILKE, Jürgen: „Leitmedien und Zielgruppenorgane", in: Ders. (Hg.): *Mediengeschichte der Bundesrepublik Deutschland.* Bonn: Bundeszentrale für politische Bildung, 1999a, S. 302–329.

WILKE, Jürgen: „Zukunft Multimedia", in: Ders. (Hg.): *Mediengeschichte der Bundesrepublik Deutschland.* Bonn: Bundeszentrale für politische Bildung, 1999b, S. 751–774.

WINKELS, Hubert: *Leselust und Bildermacht. Über Literatur, Fernsehen und neue Medien.* Köln: Kiepenheuer & Witsch, 1997.

WITTMANN, Reinhard: *Geschichte des deutschen Buchhandels. Ein Überblick.* München: C. H. Beck, 1991.

Friederike Schruhl und Matthias Beilein im Gespräch mit
Silvia Serena Tschopp

Überlegungen zu einer historischen Leseforschung der Gegenwart

Lesen ist die zentrale Kulturtechnik unserer Gesellschaft: Es wird in der Schule erlernt und gefördert, im Studium professionalisiert, im Alltag als Grundlage von Bildung, Ausbildung und gesellschaftlicher Teilhabe als wertvoll anerkannt. Zu der Erforschung des Lesens gehören inzwischen eine Fülle an Zugangsweisen, die von literatursoziologischen, rezeptionstheoretischen und sozialhistorischen bis hin zu empirisch-quantitativen und kognitionspsychologischen Ansätzen reichen. Ebenso vielfältig ist das zur Verfügung stehende Material zur Untersuchung der Leser-, Lesestoff- und Lesesituation: Neben Briefen, Exzerpten und Notizen können Bibliotheken, Lesegesellschaften sowie Bücher-, Zeitungs- und Zeitschriftenangebote Auskunft über den Gegenstand, den Kontext und die Art und Weise der Lektüre geben.

Leser*innen stehen freilich auch im Fokus des Buchmarketings: Vor allem Verlage, aber auch Buchhandelssortimente, interessieren sich für Lese- und Kaufpräferenzen, um ihre Angebote besser auf die spezifischen Zielgruppen abstimmen zu können.

Der *Börsenverein des Deutschen Buchhandels* hat als Interessensvertreter der deutschen Buchbranche mit der aktuellen Studie „Buchkäufer und -leser 2015. Profile, Motive, Einstellungen“ (Oktober 2015) eine umfassende Untersuchung zu den Kauf- und Lesegewohnheiten der deutschen Bevölkerung erstellen lassen, die – anders als andere Studien zu diesem Thema – neben dem Kaufverhalten auch Gewohnheiten beim Verschenken von Büchern sowie das Leseverhalten von Konsument*innen, ihre Lesemotivationen, ihre bevorzugten Genres usw. erfasst.[1]

Über die Studie und die Herausforderungen einer historischen Leseforschung

1 Die Studie wurde auf unserer Tagung von Jana Lippmann vorgestellt. Eine Zusammenfassung dieser Studie drucken wir hier im Anschluss ab. Wir danken dem *Börsenverein des Deutschen Buchhandels* für die Genehmigung zum Abdruck der Kurzfassung.

der Gegenwart haben wir mit Silvia Serena Tschopp gesprochen, die an der Universität Augsburg den Lehrstuhl für Europäische Kulturgeschichte innehat.[2]

1 Interview

Gibt es Ergebnisse oder Thesen in der Studie „Buchkäufer und -leser 2015. Profile, Motive, Einstellungen" des Börsenvereins des Deutschen Buchhandels, die Sie für interessant, kommentierungsbedürftig oder problematisch halten?

Als ich mir die Studie angesehen habe, ist mir bewusst geworden, welche methodischen Probleme auch bei modernen Studien auftauchen. Zwar lässt sich anhand der erhobenen Daten ablesen, wer wann welche Bücher gekauft hat, ob der oder die Käufer/in aber jene Bücher überhaupt gelesen hat bzw. wann und wie er oder sie gelesen hat, kann man mit diesen Zahlen nicht eruieren. Ebenso müsste die These, dass Frauen mehr Bücher lesen als Männer, spezifiziert werden, da auch hier Frauen lediglich als Käuferinnen erfasst wurden. Es könnte ja durchaus sein, dass Frauen Bücher verschenken – und darum eben viele Bücher kaufen. Das heißt, die Studie sagt etwas aus über die Buchkäufe, aber nicht darüber, was mit gekauften Büchern passiert. Im Hinblick auf das Kaufverhalten bei Männern und Frauen und bezogen auf die These, dass Männer teurere Bücher und Frauen mehr Bücher kaufen, müsste man außerdem die Genrewahl mitbedenken. Eventuell könnte der diesbezügliche Befund damit zusammenhängen, dass Frauen möglicherweise tatsächlich mehr Belletristik kaufen und Männer mehr Sachbücher. Die in der Studie erhobenen Daten sind also in hohem Maße interpretationsbedürftig.

Könnte die empirisch-quantitative Käufer- und Leserstudie dennoch für eine historisch akzentuierte Leseforschung anschlussfähig sein?

Die Studie ist für die historische Leseforschung durchaus interessant. Vor allem die Beobachtung, dass sich unterschiedliche Lesemilieus differenzieren lassen, liefert einen wichtigen Anstoß auch für die historische Leseforschung. Hier hat man relativ spät registriert, dass soziale Kontexte bzw. Milieus mit spezifischen Lektürepraktiken verbunden sind. Die Forschungen vor 1970 bezogen sich eher auf die Lesestoffe und das Verhältnis zwischen einzelnen individuellen Lesern. Erst unter dem Einfluss von Studien zur Sozialgeschichte der Literatur rückte die Kontextualisierung von Kommunikations- und Leseprozessen in den Fokus. Allerdings ging die sozialgeschichtlich inspirierte Leseforschung zum Teil noch

2 Wir bedanken uns herzlich bei Frau Prof. Dr. Tschopp für das Interview.

zu schematisch von Korrelationen zwischen bestimmten sozialen Merkmalen und Lesestoffen aus. Derlei Kriterien erscheinen mir jedoch noch nicht ausreichend. Vielmehr sollten soziale Merkmale mit Kategorien wie etwa Alter, Geschlecht, Religion und Generation bei der Erforschung von Lesepraktiken kombiniert werden. Spezifische Einstellungen, politische Überzeugungen oder moralische Gesinnungen können sich ebenso wie ökonomische Voraussetzungen innerhalb einer sozialen Gruppe stark unterscheiden. Daher ist der in der Studie verwendete Begriff des Milieus an dieser Stelle sehr passend. In einem Milieu können sich heterogene Akteure bewegen, die aber über bestimmte mentale Dispositionen und Erfahrungen miteinander verbunden sind. Mit Sicht auf die historische Leseforschung kann diese mit dem Milieubegriff verbundene Perspektive von Interesse sein und Fragen beispielsweise danach aufrufen, wie jemand liest, der zu einer bestimmten Gruppe gehört, in der bestimmte konfessionelle, soziale, ökonomische oder regionale Parameter eine Rolle spielen. In der Forschung gibt es hier auch schon Versuche, eine solche Lesegeschichte zu formulieren, wenn man etwa an die Arbeiten von Jost Schneider denkt.

Welche Quellen würde eine historische Leseforschung heranziehen, um so eine Art von Tiefendimensionierung, wie Sie es gerade beschrieben haben, zu gewährleisten? Hat man denn nicht das Problem, dass oft einfach die Quellen fehlen?

Das ist tatsächlich schwierig. Letztlich greift die Forschung dann meist doch wieder auf die Lesestoffe zurück. Ich habe mich kürzlich mit katholischen Verlegern von populären Lesestoffen wie etwa Kalendern oder Familienzeitschriften aus der zweiten Hälfte des 19. Jahrhunderts befasst. In diesem Zusammenhang ist der Begriff des Milieus sehr treffend, weil die genannten Medien maßgeblich an einer katholischen Milieubildung partizipierten. Jetzt kann man sich fragen, wie derartige Medien und Lesestoffe dazu beitragen, innerhalb eines sich bereits abzeichnenden Milieus die Bindungskräfte innerhalb dieses Milieus zu verstärken, bestimmte gemeinsame Dispositionen zu intensivieren etc. Damit richtet man zunächst den Fokus auf die Lesestoffe und ihre Funktionen innerhalb eines bestimmten Milieus. Mit Blick auf die Lektüren und Lesepraktiken ist es ungleich schwieriger, adäquate Quellen zu bestimmen. Eine Möglichkeit wäre, auf Texte zurückzugreifen, die beschreiben, wie man idealtypisch lesen sollte. In der zweiten Hälfte des 19. Jahrhunderts gab es – um ein Beispiel zu nennen – die sogenannten Piusvereine, die sich als einer von mehreren institutionellen Trägern u. a. darum bemühten, Lesestoffe für das katholische Volk zu vermitteln. Über diese Piusvereine lassen sich einzelne Quellen oder Hinweise finden, die auf entsprechende Ausleihpraktiken und Lektüreanlässe verweisen. Auch wenn es hierzu bislang kaum Forschung gibt, lassen sich diesen Quellen Anweisungen entnehmen, was der idealtypische katholische Leser aus der Lektüre entnehmen soll. Aber das Beispiel macht die methodischen Herausforderungen deutlich, die bei der Rekonstruktion von Lektüren zwangsläufig entstehen: Für die Lektüre eines einzelnen Individuums lassen sich neben den nicht unproblematischen normativen Quellen bestenfalls noch Briefe oder Tagebücher heranziehen, aber bei generalisierten und routinisierten Lesepraktiken in einem bestimmten Milieu fehlen uns oft die Quellen.

Die Suche nach aufschlussreichem Untersuchungsmaterial ist eine große Herausforderung für die Leseforschung und sie birgt methodische Tücken: Denken wir an Tagebücher, mittels derer man versuchen kann, Auskunft darüber zu erhalten, wie gelesen wurde. Auch bei dieser Art von Quellen muss man stets deren inhärente Normativität berücksichtigen: Tagebücher wie auch Briefe bilden oft nicht tatsächliche Lektüreverhältnisse ab, sondern spiegeln bestimmte Auffassungen darüber wider, wie oder was man lesen sollte. Vermutlich müsste man deshalb unterschiedliche Arten von Quellen kombinieren, um zu stabilen Thesen zu gelangen. Letztlich bleibt es dabei, dass der einzelne historische Leseakt so gut wie gar nicht rekonstruierbar ist und Lesehaltungen größerer Gruppen oft nur fragmentarisch überliefert sind.

Wäre aus Ihrer Sicht die Digitalisierung in diesem Zusammenhang nicht ein vielversprechendes Angebot, um aus vielen einzelnen Quellen eine Quantität zu generieren, die es ermöglicht, auf überindividuelle Leseroutinen zu schließen?

Grundsätzlich wäre es reizvoll, mit Hilfe neuer Technologien Einblick in das konkrete Leseverhalten von Einzelnen gewinnen zu können und dann diese zahlreichen Einzelbefunde zu bündeln, um Muster zu identifizieren. Computergestützte Erhebungen, die aufzeigen würden, wie lange jemand am Stück einen Abschnitt liest, wo er dann etwas überspringt, wo er abbricht oder wo er etwas markiert, wären für eine zukünftige historische Leseforschung sicherlich von Interesse. Es stellen sich für mich zum jetzigen Zeitpunkt noch Fragen, die möglicherweise auch damit zusammenhängen, dass ich mit bestimmten Technologien zu wenig vertraut bin. Diese Fragen betreffen vor allem Probleme der Datenspeicherung und der Verfügbarkeit der hier interessierenden Aufzeichnungen für die Forschung. Historiker brauchen Überlieferungen. Aber wird es diese Überlieferungen zukünftig noch geben bzw. welche Institution speichert sie und macht sie dauerhaft zugänglich?

Das Problem ist dabei natürlich auch, dass genau diese Dokumentation aus anderen Gründen heute schon weit verbreitet ist. Viele E-Book-Reader dokumentieren genau solche Daten, ohne dass dies allen Nutzern bewusst wäre.

Ich gehe ebenfalls davon aus, dass fast alles, was wir im Netz tun, registriert und gespeichert wird. Allerdings werden diese Daten meist nicht für die Forschung verfügbar gemacht. Sie werden für kommerzielle Zwecke genutzt, aber mir als Historikerin sind sie nicht zugänglich – ganz abgesehen davon, dass elektronische Daten – wie ich bereits andeutete – schwer zu speichern sind, was man mittlerweile ja auch an den konservatorischen Problemen erkennen kann, die Archive und Bibliotheken haben. Zudem werden diese Daten, wie gesagt, nicht von öffentlichen Institutionen erhoben, sondern von privatwirtschaftlichen Akteuren, die spezifische Interessen damit verbinden und die diese Daten mutmaßlich auch nur solange aufbewahren, wie sie für ihre Absichten relevant sind. In 20 Jahren werden sie diese Daten wahrscheinlich schon nicht mehr gespeichert haben. Historiker haben aber Interesse an Daten, die auch 200 Jahre alt sind. Im Moment habe ich eher die Befürchtung, dass, sollte sich das Lesen und die Dokumentation von Lesen verstärkt in elektronische Medien verlagern, die ohnehin dünne Quellenlage für Historiker noch zusätzlich geschmälert wird.

In dieser Hinsicht wird man in der Zukunft also über das 21. Jahrhundert weniger wissen als über das 18. Jahrhundert?

Möglicherweise. Wenn wir davon ausgehen, dass Leute irgendwann nicht mehr primär gedruckte Bücher lesen und darin notieren oder anstreichen, sondern E-Books lesen, wird die Quellenlage für uns Historiker wahrscheinlich immer spärlicher.

Vor dem Hintergrund der Digitalisierung hat sich ja auch ein fester Krisendiskurs über das Lesen etabliert: Keiner versenke sich mehr in Bücher, heißt es; kursorische Lektüren hätten das zeitintensive und aufmerksame Leseverhalten abgelöst; von der ersten bis zur letzten Seite lese gewissermaßen niemand mehr. Manchmal wird sogar das ‚Ende des Lesens' prophezeit. Könnten Sie die Entstehungsgeschichte dieser Beobachtungen rekonstruieren bzw. die Wirkmächtigkeit solcher Lese(r)verständnisse reflektieren?

Also ich glaube nicht an das Ende des Lesens. Es gibt so viele Alltagszusammenhänge, in denen Texte und Lesen eine Rolle spielen, dass ich denke, es ist geradezu absurd zu sagen, das Lesen wird verschwinden. Vielleicht werden bestimmte Formen des Lesens an Bedeutung verlieren. Das scheint mir realistischer. Von hier aus betrachtet, kann man sich dann fragen: Welche Aspekte der Lektüre gewinnen an Bedeutung, welche verlieren an Bedeutung? Aber wer vom Untergang des Lesens spricht, unterstellt immer eine ganz bestimmte Vorstellung dessen, was Lesen eigentlich sei oder zumindest zu sein habe.

Aus meiner Erfahrung mit lesehistorischen Fragestellungen ist es für mich schwer, die Genese einer derartigen Vorstellung zu begründen. Und was ich schon gar nicht könnte, ist, sie zu rechtfertigen, weil die historischen Lesepraktiken sehr vielfältig waren. Eine Lektüreweise, die dadurch charakterisiert ist, dass von der ersten bis zur letzten Seite mit derselben Konzentration konstant gelesen wird, stellt einen Sonderfall des Lesens dar. Insofern müsste man fragen, wie es eigentlich dazu kommt, dass etwas, das – historisch betrachtet – als Sonderfall zu bezeichnen ist, zum Normal- und geradezu zum Idealfall stilisiert wird. Die Frage ist, ob das Lesen von der ersten bis zur letzten Seite immer sinnvoll bzw. nicht bisweilen dysfunktional ist. Nehmen wir das Beispiel der Wissenschaft: Es wäre hochgradig ineffizient, wenn ich jedes Buch von der ersten bis zur letzten Seite lesen würde. Wenn ich Forschungsliteratur lese, nehme ich mir das heraus, was ich für meine Fragestellung brauche. Ein anderes Beispiel wäre die Erbauungsliteratur, die wenig erforscht ist, aber von ihrer quantitativen Bedeutung, vermutlich auch von ihrer Wirkung her, hochgradig relevant ist. In der Frühen Neuzeit lasen viele Menschen, wenn sie überhaupt lasen, primär Erbauungsliteratur. Wenn man sich jetzt fragt, wie diese Texte gelesen wurden, stellt man fest, dass es zwar eine sehr intensive, konzentrierte Auseinandersetzung mit dieser Literatur gab, aber für viele Leser und Leserinnen das stückweise Lesen charakteristisch ist. Man las täglich einen Abschnitt eines Erbauungsbuchs oder täglich einen Psalm, wenn man die Bibel las. Das heißt: Die Vertiefung war gerade nur deshalb möglich, weil man eben einen begrenzten Textausschnitt zur Kenntnis genommen hat. Oder um ein anderes Beispiel zu nennen: Wenn man sich private Bibliotheken anschaut, sind diese bis weit ins 18. Jahrhundert hinein maßgeblich durch Sachliteratur, durch gelehrte Literatur gekennzeichnet. Alles andere konnten oder wollten sich die meisten nicht leisten. Wenn man Geld für teure Bücher ausgab, wurden Standardwerke gekauft, die auch für die Nachkommen noch von Interesse sein konnten. Auch die Lesegesellschaften des späten 18. Jahrhunderts haben primär Sachliteratur angeschafft. Gerade Sachliteratur wurde oft nicht vollständig gelesen, sondern gewissermaßen instrumentell genutzt: Man nahm sich das heraus, was man im jeweiligen Augenblick benötigte. Deswegen müsste man, wenn man über das Lesen spricht, sehr stark unterscheiden, was genau gelesen wird und welche Traditionen bzw. ritualisierte Formen des Lesens sich mit bestimmten Genres in einem spezifischen historischen Moment verbinden. Die Vorstellung einer Lektüre von der ersten bis zur letzten Seite kommt mir ein bisschen so vor, als sei dies das Ideal der begeisterten ersten Lektüre von Kindern, die völlig abtauchen in ein Buch. Das ist wunderbar, nur ist das – wie gesagt – nicht die einzige und nicht einmal die häufigste Form des Lesens.

Außerdem gilt es den Praxiszusammenhang des Lesens in Erinnerung zu halten. Es gibt sehr viele Formen des Lesens, die sich mit kollektiven Praktiken des mündlichen Austauschens über das Lesen verbinden. In der sogenannten Hausväterliteratur, die in der Frühen Neuzeit verbreitet war, lässt sich dieses Leseverhalten gut beobachten. Hier wurde erwartet, dass ein Hausvater – oder auch mal eine Hausmutter – vor der Familie oder dem Gesinde, also dem ‚Haus', dem ‚Oikos' im frühneuzeitlichen Sinne, das durch die Lektüre erworbene Wissen weitervermittelt. Dieser Vorleseprozess konnte dann auch zu einem Austausch über das Gelesene werden. Hieran lässt sich beispielhaft ablesen, wie selbst die stillen und einsamen Leseweisen in einen vielfältigen dialogischen, mündlichen und kommunikativen Prozess eingebettet sein können.

Vielleicht wäre es daher, wenn ich an ihre Anmerkungen anschließen darf, sehr interessant, wenn man sich in der Forschung nicht nur ausschließlich auf die Gegenstände der Lektüre konzentrieren, sondern auch die Infrastrukturen des Lesens verstärkt in den Blick nehmen würde. Habe ich Sie hier richtig verstanden?

Ja, genau. In zwei meiner Publikationen[3] beziehe ich mich auf die Arbeiten von Roger Chartier,[4] der genau diesen Aspekt, den Sie formulieren, in die Forschung einbrachte. Er verweist darauf, dass man sich in der Leseforschung zu lange auf die „Repräsentationen", also die Lesestoffe, konzentrierte, und zu wenig beachtete, wie Bücher im Rahmen spezifischer Praktiken überhaupt erzeugt, vermittelt und dann rezipiert wurden. Diesen Gedanken fand ich sehr inspirierend. Die heutige Leseforschung müsste diesen Aspekt der Praktiken, des Zusammenhangs, in dem gelesen wurde, und die Wirkung dieses Zusammenhangs auf die konkrete Lektüre in den Fokus stellen. Als ich das Schwerpunktheft der Zeitschrift *Internationales Archiv für Sozialgeschichte der deutschen Literatur* betreute, war diese Perspektive für mich bei der Zusammenstellung der Beiträge überaus wichtig.[5]

Inwieweit steuern oder präjudizieren Kontexte eine spezielle Leseeinstellung oder -haltung?

Man wird in einem sakralen Raum ein und denselben Text vermutlich anders lesen, als wenn man denselben Text in einem völlig profanen Raum lesen würde. Liest man auf einer eleganten Chaiselongue ein in Seide gebundenes Duodezformat, wird alleine die Umgebung und die Körperhaltung vermutlich einen Einfluss darauf haben, wie ich den Text wahrnehme. Ein Hirtenjunge, der mit den Schafen auf der Weide ist und einen mehr oder weniger zerfledderten Ka-

3 Vgl. Tschopp 2004 sowie Tschopp 2005.
4 Vgl. beispielsweise Chartier 1989 sowie v. a. Chartier 1994.
5 Vgl. Tschopp 2014.

lender liest, wird sicherlich auch eine spezifische Lesehaltung einnehmen. Natürlich ist es schwierig, so etwas angemessen zu historisieren, aber ich glaube, dass man zumindest ein Bewusstsein dafür haben sollte, dass unterschiedliche Räume mit den ihnen inhärenten Bedeutungen und Wirkungen die Lesepraxis beeinflussen können. Neben den Räumen ist aber auch die Kategorie Zeit von fundamentaler Bedeutung. Ein und derselbe Text wird ganz unterschiedlich gelesen werden, je nachdem, wann er gelesen wurde. Allein der historische Abstand kann schon die Haltung verändern. Wenn ich etwas lese und weiß, dass der Text 2000 Jahre alt ist, werde ich auch den Inhalt anders einschätzen, als wenn ich weiß, dass er vor zwei Jahren geschrieben wurde. Zu verschiedenen Zeitpunkten leiten oder strukturieren Texte auch mentale Prägungen, die hinsichtlich herrschender Wissenshorizonte, heterogener Normsysteme oder sozioökonomischer Parameter unterschiedlich ausfallen können. Beispielsweise bedeutete die Erfindung des elektrischen Lichts für das Lesen, dass man plötzlich nicht mehr an das Tageslicht gebunden war, was die Lektüre erheblich veränderte. So konnten plötzlich Dienstboten in ihrer spärlichen Freizeit, die meistens in die Nachtstunden fiel, lesen. Das zeigt, dass ein historisch-technischer Wandel auch einen Wandel der Lesepräferenzen und Leseweisen nach sich ziehen kann.

Zudem lassen sich auch Genres als wirkmächtige Kontexte verstehen. Sie implizieren spezifische Lesehaltungen. Ob sie immer umgesetzt werden, können wir nicht immer nachvollziehen, aber zumindest legen Genres bestimmte Lesehaltungen nahe. Ich werde eine Predigtsammlung aus der Frühen Neuzeit vermutlich sehr ernsthaft rezipieren. Ganz anders zum Beispiel bei Flugblättern aus dem 17. Jahrhundert, die Konflikte zwischen den Geschlechtern karikieren. Diese satirischen Flugblätter sollten m. E. im Rahmen von geselligen Anlässen amüsante Gespräche über Geschlechterverhältnisse stimulieren. Die adäquate Rezeptionshaltung dieser Flugblätter ist eine des Vergnügens, des Lachens über das, was dargestellt ist, des gemeinsamen Weiterspinnens und des Lachens über das Weitergesponnene. Das wäre bei der Lektüre einer Postille, einer Predigtsammlung, völlig undenkbar. An diesen plakativen Beispielen zeigt sich, dass jedem Genre schon Rezeptionshaltungen und Rezeptionsprozesse eingeschrieben sind.

Welche Lesepraktiken spielen aus ihrer Perspektive heute entweder keine Rolle mehr oder haben sich soweit verändert, dass wir sie gar nicht mehr kennen?

Was früher wohl eine sehr große Rolle gespielt haben dürfte und heute eher aus dem Bewusstsein gerückt ist, ist die Praxis des sogenannten intensiven Lesens. In der Forschung wird ja zwischen intensivem Lesen und extensivem Lesen differenziert. Das intensive Lesen bezeichnet Praktiken des Buchstabierens des Texts, wo quasi Buchstabe für Buchstabe, Wort für Wort gelesen wurde, was sich oft mit einem lauten Lesen verband. Das war eine Form der Lektüre der eher schwach alphabetisierten Leser. Hierbei ist es wichtig, nicht nur zwischen jenen, die lesen, und jenen, die nicht lesen konnten, zu unterscheiden, sondern auch zwischen den verschiedenen Stufen des Lesen-Könnens zu differenzieren, wie es jüngere Arbeiten der Alphabetisierungsforschung zeigen. Diese Form des intensiven, skandierenden Lesens hat heute sicherlich an Bedeutung verloren. Im sakralen Bereich wiederum gibt es Praktiken, die historisch sehr weit zurückreichen. Damals reichte es nicht, die individuelle Lektüre eines sakralen Textes zu empfehlen, sondern es gab noch die *ex cathedra*-Lesung oder aber auch das gemeinsame Sprechen eines Textes. Dies wäre ein Beispiel für Lesepraktiken in religiösen, sakralen Zusammenhängen, die bis heute weiter praktiziert werden.

Lässt sich die Etablierung von Hörbüchern auch als ein Beispiel für das Überleben bzw. die Modifizierung bestimmter Vorlesepraktiken deuten?

Die Frage ist, ob ältere Formen des Vorlesens vor Anwesenden nicht interaktiver waren, als wir uns dies heute vorstellen. Das Hörbuch wäre gegenüber diesen älteren Formen als etwas einseitiger einzustufen. Zwar kann man sich über das Gehörte natürlich mit jemandem unterhalten, aber man kann nicht mit dem Hörbuch selbst interagieren und damit den Text verändern oder beeinflussen. Das wäre ein Unterschied. Ähnlich wirken dürften hingegen die psychologischen Momente des Vorlesens. Das Beruhigende einer angenehmen Stimme, die Zuwendung, die daraus resultiert, dass jemand einem etwas vorliest, spielen bis heute eine große Rolle.

Auch das kollektive Lesen, wie es heute beispielsweise online in sogenannten Readinggroups stattfindet, gründet ja auf einer viel älteren Tradition.

Formen kollektiven Lesens haben tatsächlich eine lange Tradition. Historisch dokumentiert sind vor allem die institutionalisierten Formen. Im späten 18. Jahrhundert haben sich Lesegesellschaften als Vereine konstituiert, die in der Regel Statuten hatten. Diese Gesellschaften erwarben gemeinsam Bücher, wohlhabendere Gesellschaften verfügten häufig auch über einen festen Ort, wo sie die Bücher sammelten, die sie gekauft hatten, und wo sie auch Leseräume einrichteten. Das waren in hohem Maße organisierte Formen gemeinsamen Lesens. Dass es auch informellere Lesegruppen gegeben haben muss, kann man aus Quellen schließen. Im Bereich der höfischen Kultur etwa konnten sich die Damen des Hofs über Lektüre unterhalten. Allerdings sind solche Praktiken zum Teil schlecht dokumentiert. Aber grundsätzlich kann man sagen, dass das Bedürfnis, das Gelesene im Verbund zu thematisieren, sich darüber auszutauschen, ein ganz altes Bedürfnis ist und sich nur die technischen Möglichkeiten des

Austausches verändert haben. Früher kommunizierte man in Briefen, wie man ein Buch wahrgenommen hat; heute trifft man sich im Chatroom. Aber letztlich, denke ich, ist es ein vergleichbares Bedürfnis. Man hat etwas gelesen, man will sich darüber austauschen, auch über räumliche Distanzen hinweg. Man braucht ein Medium, mittels dessen man dies tun kann, wenn man sich nicht gegenübersitzt.

Es gibt natürlich auch Anpassungs- und Veränderungsprozesse. Entsprechende Theorien in der Medienwissenschaft besagen: Wenn ein neues Medium auf den Markt kommt, führt dies in der Regel nicht dazu, dass ein altes Medium vollständig verschwindet. Vielmehr passt sich das alte an und übernimmt neue Funktionen oder wird in eine Art Nische abgedrängt. Man muss sich das Mediensystem tatsächlich als ein System vorstellen: Kommt ein neues Element in dieses System, ändern sich alle anderen Elemente; sie passen sich an, die Konstellationen werden neu definiert. Aber in der Regel bedeutet dies nicht die Eliminierung eines bestehenden Elements. Ich denke, dass das beim Lesen ganz ähnlich sein dürfte. Es gibt bestimmte Bedürfnislagen, es gibt spezifische Interessen und Praktiken, die eine lange Tradition haben und die sich letztlich nicht auflösen werden. Sie werden sich aber insofern verändern, als neue technische und mediale Möglichkeiten sie dazu zwingen, sich an neue Begebenheiten anzupassen. Das zeigt sich auch mit Blick auf die zu Beginn unseres Gesprächs erwähnte Lesestudie. Dort wird die Beobachtung formuliert, dass insgesamt der Verkauf der Bücher nicht abnimmt, aber dass es offenbar Verschiebungen gibt, und zwar zugunsten von Ratgeber-, Hobby- und Kochbüchern, was zu Lasten der belletristischen Texte geht. Das könnte damit zusammenhängen, dass die genannten Sachbücher oft sehr schön bebildert sind, also eben eine ganz spezifische Materialität, auch eine Ästhetizität haben, die im E-Book nicht so richtig zum Tragen kommt. Möglicherweise gibt es irgendwann ja eine Aufgabenteilung: Was textlastig ist, das kann ins E-Book. Was aber schön sein soll, was auch hinsichtlich seiner Materialität, seiner optischen Reize ansprechen soll, das kann nicht ins E-Book, das bleibt eben als Hardcopy auf dem Markt. Wenn sich dann bestimmte Segmente des Buchmarkts bemühen, sich besonders ästhetisch, besonders wertig zu präsentieren, um sich von all dem, was ins E-Book abwandert, deutlich abzuheben, hätte man genau dieses Phänomen, dass neue technologische Möglichkeiten zu Anpassungsprozessen auf verschiedenen Ebenen führen.

Könnte sich also mit der Einführung eines Lesemediums auch eine neue Lesetechnik entwickeln?

Als ich erstmals Handschriften gesehen habe, die um 1500 in Europa entstanden sind, ist mir aufgefallen, dass die Handschriften wie gedruckt aussahen. Dies also zu einem Zeitpunkt, an dem das Druckwesen bereits seit einigen Jahrzehnten existierte und sich rasant verbreitete. Wenn man nun aber die ersten Drucke betrachtet, sehen diese wiederum aus wie Handschriften. Das heißt, dass in dieser Übergangsphase sich zunächst die Drucke, deren Ziel es nicht war, billige Bücher, sondern besonders schöne Bücher zu produzieren, an den aufwändig hergestellten handschriftlichen Kodizes orientierten. Das Vorbild der handschriftlichen Reproduktion bleibt noch längere Zeit maßgebend für die Art und Weise, wie man druckt. Nach einigen Jahrzehnten trat dann offenkundig eine Art Gewöhnung ein. Man erkannte die Vorteile des gedruckten Texts. In den weiterhin noch existierenden, an Bedeutung allerdings abnehmenden Skriptorien, den für die handschriftliche Reproduktion zuständigen Werkstätten, fing man an, nach dem Muster der gedruckten Texte zu arbeiten. Es ist also durchaus davon auszugehen, dass eine neue Technik neue Gewohnheiten begünstigt, die dann dazu führen, dass alte Gewohnheiten fremd werden und man sie ablegt und durch neue ersetzt.

Bibliographie

Chartier, Roger: „Einleitung. Kulturgeschichte zwischen Repräsentation und Praktiken", in: Ders.: *Die unvollendete Vergangenheit. Geschichte und die Macht der Weltauslegung.* Berlin: Wagenbach, 1989, S. 7–20.

Chartier, Roger: „Die Welt als Repräsentation", in: Middell, Matthias/Sammler, Steffen (Hg.): *Alles Gewordene hat Geschichte. Die Schule der Annales in ihren Texten 1929–1992.* Leipzig: Reclam, 1994, S. 320–347.

Tschopp, Silvia Serena: „Philologie und Geschichte im Dialog. Historische Leseforschung im Spannungsfeld von disziplinärer Kompetenz und interdisziplinärem Erkenntnisinteresse", in: Erhart, Walter (Hg.): *Grenzen der Germanistik. Rephilologisierung oder Erweiterung?* Stuttgart/Weimar: J. B. Metzler, 2004, S. 223–235.

Tschopp, Silvia Serena: „Das Unsichtbare begreifen. Die Rekonstruktion historischer Wahrnehmungsmodi als methodische Herausforderung der Kulturgeschichte", in: *Historische Zeitschrift* 2005/280, S. 39–81.

Tschopp, Silvia Serena (Hg.): *Historische Leseforschung*, in: *Internationales Archiv für Sozialgeschichte der deutschen Literatur (IASL)* 2014/39.

2 Zusammenfassung der Studie: Buchkäufer und -leser 2015. Profile, Motive, Einstellungen

2.1 Zielsetzung und Methodik der Studie

Mit der Studie „Buchkäufer- und -leser 2015. Profile, Motive, Einstellungen“ (Oktober 2015) liegt nun – nach 2005 und 2008 – erneut eine umfassende Untersuchung über die Buchkäufer und -leser in Deutschland vor. Durchgeführt wurde die Studie von der Gesellschaft für Konsumforschung (GfK) und der SINUS Markt- und Sozialforschung GmbH im Auftrag des Börsenvereins des Deutschen Buchhandels e. V.

Die Daten zum Kaufverhalten stammen dabei wie in den Studien zuvor aus dem GfK Consumer Panel Media*Scope Buch mit insgesamt 25.000 Personen. Das Panel Media*Scope Buch ist eine Quotenstichprobe und repräsentativ für die deutsche Wohnbevölkerung ab zehn Jahren. Die Konsumentenbefragung zu den Motiven und Einstellungen der Buchkäufer und -leser basiert auf der Befragung von 10.000 Personen innerhalb dieses Panels. Sämtliche Daten der Untersuchung wurden zudem nach Unterschieden zwischen den Sinus-Milieus analysiert. Darüber hinaus wurden „Buchtypen“ gebildet, indem Leser- und Käufertypen zueinander ins Verhältnis gesetzt wurden.

Ziel der Studie ist es erneut, die Profile, Motive, Einstellungen und Vorlieben der Buchkäufer und -leser zu analysieren und an die zurückliegende Untersuchung anknüpfend Veränderungen auszumachen und neue Entwicklungen (auch im Hinblick auf den wachsenden Online-Buchhandel und E-Book-Markt) aufzuspüren.

Zur Fokussierung von aktuellen und künftigen Zielgruppen für den Buchmarkt wurde erneut die soziokulturelle Perspektive durch Integration des Gesellschaftsmodells der Sinus-Milieus herangezogen. Sinus-Milieus fassen Personen zusammen, die sich in ihrer Lebensauffassung und Lebensweise ähneln. Damit gehen grundlegende Wertorientierungen ebenso in die Analyse ein, wie Alltagseinstellungen – zur Arbeit, zur Familie, zur Freizeit, zu Geld und Konsum. Sie rücken also den Menschen und das gesamte Bezugssystem seiner Lebenswelt ganzheitlich ins Blickfeld.

Je höher ein Milieu in der folgenden Grafik angesiedelt ist, desto gehobener sind Bildung, Einkommen und Berufsgruppe; je weiter es sich nach rechts erstreckt, desto moderner im soziokulturellen Sinn ist die Grundorientierung des jeweiligen Milieus.

Die horizontale Achse bewegt sich somit von traditionell geprägten Leitwerten wie Pflicht, Leistung und Bescheidenheit auf der linken Seite hin zu postmodernen Werten auf der rechten Seite. Zu postmodernen Werten gehören insbesondere Flexibilität, Neuorientierung und adaptive Navigation, verbunden mit der Akzeptanz einer schnelldrehenden Welt, in der dauerhaft mit Unsicherheiten zu rechnen ist. Auf diese reagiert man mit entsprechenden Neujustierungen der persönlichen Lebensentwürfe.

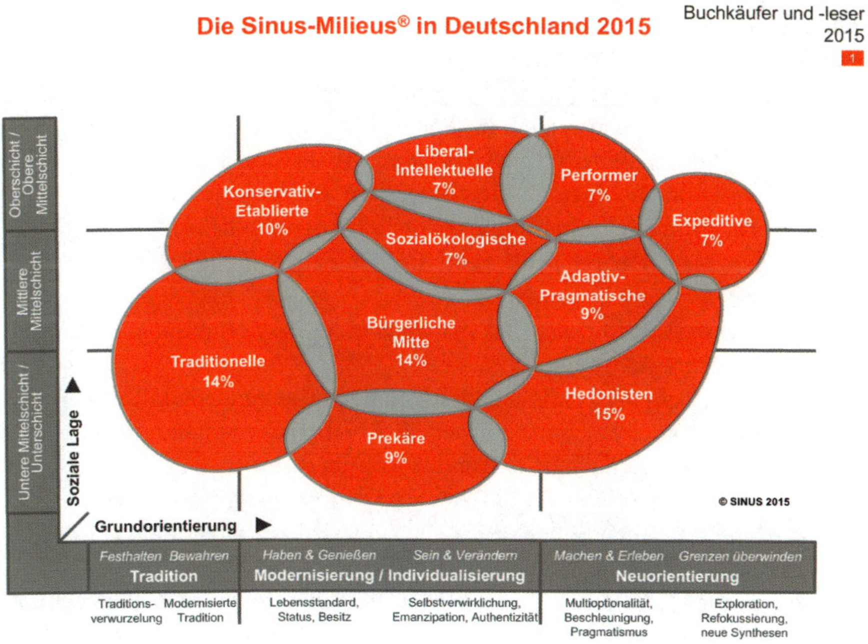

2.2 Kauf- und Lesegewohnheiten

2.2.1 Generelle Erkenntnisse

59 Prozent der deutschen Bevölkerung gehören derzeit zu den Buchkäufern, 83 Prozent zu den Buchlesern. Das heißt: Mehr als 8 von 10 Personen haben in den letzten 12 Monaten mindestens ein Buch gelesen, etwa 6 von 10 mindestens eines gekauft. Obwohl der Anteil der Buchleser in Deutschland im Vergleich zu 2008 zurückgegangen ist, ist der Käuferanteil stabil geblieben bzw. leicht gestiegen. Das veränderte Medienzeitbudget scheint hier zwar Auswirkungen auf die Leser zu haben (weniger Menschen kommen dazu, ein Buch zu lesen), aber nicht auf die Käufer.

Der Anteil der Vielleser (mehr als 18 Bücher im Jahr) ist in den vergangenen sieben Jahren nahezu konstant geblieben. Mehr als jeder fünfte Deutsche und etwa jeder dritte Leser liest mehr als 18 Bücher im Jahr. Der Anteil der Durchschnittsleser (mehr als 9 Bücher im Jahr) unter den Lesern beträgt 26 Prozent. Damit liest insgesamt also mehr als die Hälfte der Leser (58 Prozent) mehr als 9 Bücher im Jahr.

Gerade mit Blick auf die rasante Medienrevolution der vergangenen Jahre (und deren Auswirkungen auf das Medienzeitbudget der Bevölkerung) sind dies gute Nachrichten – im Erscheinungsjahr der vorausgegangenen Studie (2008) war beispielsweise das iPhone erst kurz auf dem Markt und mobiles Internet noch kaum relevant im Alltag der Deutschen. Wer eine Affinität zum Buch hat, bleibt diesem Medium also auch im hochgradig digitalisierten Alltag, in dem immer mehr Medieneinheiten gleichzeitig verarbeitet werden, treu.

Das Alter hat kaum einen Einfluss darauf, ob gelesen wird. Der Nicht-Leseranteil ist in den jüngeren Alterskohorten nicht höher als in den älteren. Lediglich bei Personen über 60 Jahren beträgt er 2 Prozent mehr als beim Durchschnitt der Bevölkerung (19 vs. 17 Prozent gesamt).

Der Stellenwert des Lesens und der Zugang zu Büchern sind vor allem lebensweltlich geprägt:

- Sozialökologische sind emotional stark an Bücher gebunden und können sich nur schwer vorstellen, ohne Bücher zu leben. Das ebenfalls postmateriell geprägte Milieu der Liberal-Intellektuellen, das mit dem sozialökologischen Milieu Werte wie Toleranz und Gerechtigkeit teilt, hat eine ähnliche Grundeinstellung zum Bücherlesen, wenn auch eine geringere emotionale Nähe.
- Konservativ-Etablierte lesen Bücher überdurchschnittlich oft zur Allgemeinbildung und um in der Gesellschaft mitreden zu können. Auch Performer und Expeditive sehen Bücher als Möglichkeit zur Erweiterung ihres persönlichen Horizonts, wobei es ihnen auch um den Wissensvorsprung gegenüber ihren Mitmenschen geht.
- Postmodern orientierte Milieus (Performer, Expeditive, Adaptiv-Pragmatische und teilweise auch die Hedonisten) postulieren vor allem Flexibilität und Mobilität als Leitwerte und akzeptieren, dass das Leben dauerhaft von Unwägbarkeiten geprägt ist. Sie möchten durch das Lesen von Büchern eine völlig neue Perspektive kennen lernen. Bücher zu lesen ist hier keine gelernte Selbstverständlichkeit, sondern eine bewusste Entscheidung.
- Für die Bürgerliche Mitte und die Traditionellen nehmen Bücher im Alltag keine zentrale Stellung ein. Unterhaltung und Entspannung stehen hier als wichtigste Motive im Vordergrund. Prekäre sehen insgesamt weniger Gründe, Bücher zu lesen.

2.2.2 Wer sind die Buchkäufer?

Die Mehrheit der Buchkäufer ist weiblich (Anteil 60 Prozent). Auch die Vielkäufer, also die Personen, die mehr als 14 Bücher pro Jahr kaufen, sind in der

Mehrzahl weiblich (61 Prozent). Frauen kaufen im Durchschnitt 1,7 Bücher mehr pro Jahr als Männer. Dafür kaufen Männer wiederum eher höherpreisige Bücher.

Der Anteil der Buchkäufer nimmt mit steigendem Alter zu. Ältere kaufen zudem mehr Bücher als Jüngere (ab 60-Jährige erwerben pro Jahr doppelt so viele Bücher wie die unter 20-Jährigen).

Der Anteil an Buchkäufern ist insbesondere im Milieu der Sozialökologischen sehr hoch.

2.2.3 Ausgaben für Bücher und Kauforte

Zwar wurden im aktuellen Erhebungszeitraum (zugrunde liegen die Kaufdaten für 2014) am Publikumsbuchmarkt (ohne Schul- und Fachbücher) etwas weniger Bücher gekauft als 2008, die jährlichen Buchausgaben pro Kopf sind jedoch gestiegen. Die Buchkäufer haben also pro Buch im Schnitt mehr ausgegeben. Die Nachfrage nach wertigen Büchern hat somit nicht abgenommen.

Überdurchschnittlich viel geben vor allem die 50 bis 59-Jährigen und die über 60-Jährigen aus. Im Milieu-Vergleich ist die Ausgabebereitschaft unter den Sozialökologischen am größten. Den höchsten Anteil an allen Ausgaben am Publikumsbuchmarkt hat aber das größere Milieu der Konservativ-Etablierten.

Der beliebteste Kaufort für Bücher ist und bleibt mit Abstand der stationäre Buchhandel. Online-Shops haben zwar in den letzten sieben Jahren stark an Bedeutung gewonnen, substituieren dabei aber vor allem sonstige Einkaufsstätten.

Onlinekäufer sind am stärksten in der Altersgruppe der 30 bis 39-Jährigen vertreten, gefolgt von den 20 bis 29-Jährigen. Ebenso geben Männer anteilig etwas mehr im Internetbuchhandel aus als Frauen.

Vor allem die jüngeren und postmodernen Milieus (Exepeditive, Performer, Hedonisten) geben einen vergleichsweise hohen Anteil im Online-Buchhandel aus. Postmaterielle und traditionelle Milieus (insbesondere Konservativ-Etablierte) hingegen tätigen einen höheren Anteil ihrer Ausgaben in der stationären Buchhandlung.

Insgesamt steigt die Kaufabschlussrate im Buchhandel vor Ort: Nur noch jeder Dritte (2008 war es jeder Zweite) sagt, dass es häufig vorkommt, in der Buchhandlung beim Besuch kein Buch zu kaufen.

2.2.4 Kaufverhalten und Informationsquellen

Wichtigster Kontaktpunkt beim Buchkauf ist der stationäre Handel, der damit der zentrale Ort bleibt, um Bücher (erfolgreich) zu präsentieren: 64 Prozent der Buchkäufer werden durch das Stöbern im Laden auf Bücher aufmerksam, die sie kaufen. Nur halb so viele entdecken Bücher in Online-Shops, die damit hier den dritten Platz einnehmen. Die zweitwichtigste Inspirationsquelle bilden Empfehlungen von Freunden und Bekannten.

Bücher werden meist dort gekauft, wo sie auch entdeckt werden – das heißt: Der Kontaktpunkt ist auch Kaufort. Im Falle des stationären Buchhandels bedeutet dies: Gut ein Viertel der Buchkäufer kauft Bücher, wenn sie dort entdeckt werden, anschließend ausschließlich in der stationären Buchhandlung. Im Internetbuchhandel ist das bei 9 Prozent der Fall. Ist der Kontaktpunkt nicht auch der Kaufort, kommt es wesentlich häufiger vor, dass ein Buch im Internet entdeckt und dann im stationären Buchhandel gekauft wird, als dies umgekehrt der Fall ist.

Geht es darum, als wie hilfreich bei der Auswahl im Bücherdschungel verschiedene Orientierungspunkte empfunden werden, zeigt sich: Menschen bevorzugen beim Buchkauf zunehmend Informationsquellen, die sie aktiv aufsuchen und mit denen sie sich selbst eine Meinung bilden können. Prospekte in Buchhandlungen und Ladenschaufenster, das heißt klassische Formen der Produktpräsentation, haben als Informationsquellen an Bedeutung verloren. Auch die Bedeutung des Klappentextes auf der Buchrückseite hat abgenommen, dennoch bleibt dieser hier das wichtigste Werkzeug. Thementische und die Empfehlung des Buchhändlers folgen auf Platz zwei und drei.

2.3 Lese-Motive und Genre-Präferenzen

2.3.1 Lese-Motive und -Vorlieben

Die zentralen Motive für das Bücherlesen haben sich gegenüber 2008 kaum verändert: Unterhaltung und Entspannung werden von 79 Prozent der Befragten als Lesegrund genannt. Sie betrachten Bücherlesen somit als Freizeitvergnügen und eine Passion. Sich durch Lesen zu informieren hat zwar im Vergleich zu 2008 an Bedeutung verloren, stellt aber immer noch das zweitwichtigste Motiv dar. Es folgen – ebenfalls mit abnehmender Tendenz, da diese Bedürfnisse teilweise durch Online-Dienste substituiert werden – die Motive Allgemeinbildung sowie Aus- und Weiterbildung.

Immer mehr Menschen lesen am liebsten nicht zu dicke Bücher. Der Anteil derer, die lieber Bücher mit weniger als 300 Seiten lesen, hat sich im Vergleich zu 2008 fast verdoppelt.

2.3.2 Format-Präferenzen

Das gedruckte Buch ist für die Menschen in Deutschland weiterhin von hoher Relevanz: 45 Prozent aller Befragten geben an, Bücher auch künftig ausschließlich gedruckt lesen zu wollen – dieser Wert hat gegenüber dem Vorjahr (2014) um 7 Prozentpunkte zugenommen. Der Anteil an Parallelnutzern, die sowohl gedruckte Bücher als auch E-Books lesen möchten, ist um 7 Prozentpunkte zurückgegangen. Der Anteil derer, die weitestgehend oder ausschließlich E-Books präferieren, bleibt stabil (8 Prozent). Es scheint sich momentan anzudeuten, dass viele Personen künftig entweder digitale oder analoge Leser sein werden.

60 Prozent der Ausgaben im Publikumsbuchmarkt entfallen auf Hard- und Softcover. Für Taschenbücher wird nur halb so viel ausgegeben. Hörbücher und E-Books machen mit jeweils 4 Prozent einen kleinen Anteil aus.

2.3.3 Genre-Präferenzen

Das von den meisten gelesene Genre sind nach wie vor Romane/Klassiker/Erzählungen, an zweiter Stelle folgt der Krimi. Beide Genres haben jedoch wie fast alle anderen betrachteten Segmente an Lesern verloren. Jedoch zeigt sich, dass der Krimi eine treue Stammleserschaft besitzt, die bei Personen im Alter von 50 bis 59 Jahren zu finden ist.

Das einzige Genre, das im Vergleich zu 2008 in den Leser-/ Nutzer-Anteilen nicht rückläufig ist, sind Lernmedien: Wie schon 2008 nutzt diese knapp jeder Fünfte. Bei den 20- bis 29-Jährigen kann hier sogar ein Zuwachs der Nutzer um 9 Prozentpunkte verzeichnet werden. Lernmedien werden besonders in den jungen postmodernen Milieus genutzt.

In allen anderen Kategorien finden sich Rückgänge in den Leser-Anteilen. Der Anteil der Vielleser pro Genre bleibt jedoch weitgehend konstant. Die Leser-Rückgänge sind über die Genres hinweg wesentlich durch die abnehmende Lese-Motivation der Männer bedingt.

Die unter 20-Jährigen sind zwar wesentlich verantwortlich für die starken Rückgänge der Leser-Anteile bei den Kinder- und Jugendbüchern, aber ihr Anteil an den Lesern ist nicht generell gesunken. Vielmehr zeigt sich, dass der Anteil von Lesern unter ihnen bei einzelnen Genres deutlich gestiegen ist (z. B. bei Reiseführern sowie Ratgebern/Kochbüchern/Hobbybüchern). Bei Romanen bleibt ihr Leser-Anteil im Unterschied zu allen anderen Altersgruppen konstant. Zudem haben sich die anteiligen Ausgaben für Kinder- und Jugendbücher bei den bis 19-Jährigen mehr als verdoppelt – eine der Ursachen: Immer mehr junge Menschen kaufen ihre Bücher selbst.

In den Alterskohorten der unter 30-Jährigen gibt es deutliche Zuwächse der Leser-Anteile beim Genre Ratgeber/ Kochbücher/ Hobbybücher. Die Verlage scheinen hier den Nerv der jungen Leserschaft zu treffen.

2.4 Kernzielgruppen des Buchmarkts und Handlungsempfehlungen

Die Erkenntnisse der umfangreichen Buchkäufer und -leserstudie werden erst anwendbar, wenn man die Fakten zielgruppenspezifisch bündelt und in Handlungsempfehlungen übersetzt. Buchmarktrelevante Zielgruppen lassen sich dabei entlang mehrerer Dimensionen identifizieren. Im Vordergrund stehen dabei soziodemographische Aspekte, die Segmentation nach Leser- und Käufertypen und insbesondere milieuspezifische Differenzierungen. Letztere ermöglichen vor allem holistische Zugangsweisen und liefern konkrete Ideen für eine erfolgreiche Adressierung verschiedener Lebenswelten.

Die Studie deckt folgende Themenbereiche ab:

- Leser-Strukturen, -Verhalten und -Einstellungen (inkl. Lese-Motiven, Stellenwert von Büchern und Lese-Events, Genrevorlieben und Beschaffungswegen)
- Käufer-Strukturen, -Verhalten und -Einstellungen (inkl. Kennzahlen, Genre- und Formatvorlieben, Kaufanlässen und -planung, Informationsverhalten und Kontaktpunkten)
- Relevanz und Bewertung von Vertriebskanälen (inkl. Kauf- und Nichtkauf-Aspekten, Online-/ Offline-Information vs. -Kauf, Bewertung von Zusatzsortimenten)
- Segmentierung nach Sinus-Milieus und nach „Buchtypen" (nach Kauf- und Lesehäufigkeit)
- Kernzielgruppen und Empfehlungen

2.5 Vertrieb der Studie

Herausgeber der Studie „Buchkäufer und -leser 2015 – Profile, Motive, Einstellungen" ist der Börsenverein des Deutschen Buchhandels e. V.

Autor*innen

Naomi S. Baron is Professor of Linguistics and Executive Director of the Center for Teaching, Research, and Learning at American University in Washington, DC, USA. A Guggenheim Fellow and Fulbright Fellow, she is interested in the effects of digital technology on language, learning, and social interaction. Her recent books include *Words Onscreen. The Fate of Reading in a Digital World* (Oxford University Press, 2015) and *Always On. Language in a Online and Mobile World* (Oxford University Press, 2008).

Sebastian Böck forscht seit 2014 am DFG-Graduiertenkolleg *Literatur und Literaturvermittlung im Zeitalter der Digitalisierung* an der Georg-August-Universität Göttingen. Sein Promotionsprojekt fragt nach der zeitgenössischen Praxis literaturmusealen Ausstellens unter den veränderten Bedingungen der Digitalität. Weitere Interessengebiete liegen im Bereich der Literatur des langen 19. Jahrhunderts, der ästhetischen Verhandlung von Mensch-Technik-Beziehungen, der Material Culture Studies und der Literatur- als genereller Medienkulturwissenschaft.

Kristina Busse has a PhD in English from Tulane University and teaches in the Department of Philosophy at the University of South Alabama. Kristina is an active media fan and has published widely on fan fiction and fan cultures. Kristina is cofounder and editor of the online peer-reviewed academic journal *Transformative Works and Culture* and coeditor of *Fan Fiction and Fan Communities in the Age of the Internet* (2006), *Sherlock and Transmedia Fandom* (2012), and *The Fan Fiction Studies Reader* (2014). Her forthcoming *Framing Fan Fiction* situates fan fiction within its literary and cultural contexts.

Tobias Christ hat Germanistik und Philosophie an der Ruhr-Universität Bochum und an der Universität Barcelona studiert. Seit einigen Jahren lebt er in Barcelona, wo er als Deutschlehrer und Übersetzer arbeitet. Zurzeit ist er dabei, eine von Prof. Dr. Jost Schneider (Ruhr-Universität Bochum) und Prof. Dr. Anacleto

Ferrer (Universität Valencia) betreute Dissertation abzuschließen, welche die Rezeptionsproblematik der ‚dunklen' Spätlyrik Hölderlins im Kontext der zeitgenössischen Lesekultur zum Thema hat. Dabei geht er insbesondere der Frage nach, welches Konzept von Lektüre dieser Dichtung zugrunde liegt, und in welchem Verhältnis es zu den Lektürepraktiken der Zeit steht.

Thomas Ernst, Dr. phil., forscht und lehrt an der Universiteit van Amsterdam als Universitair Docent (etwa: Juniorprofessor) im Bereich der deutschen Literatur und Kultur, der Medientheorie und der digitalen Kulturwissenschaft. Nach der Promotion an der Universität Trier mit einer Arbeit über „Literatur und Subversion. Politisches Schreiben in der Gegenwart" forschte er von 2008 bis 2010 als Postdoktorand an der Université du Luxembourg über Mehrsprachigkeit und Identität in der deutschen, flämischen und luxemburgischen Literatur. Von 2010 bis 2016 arbeitete er als Assistenzprofessor an der Universität Duisburg-Essen, wo er sich insbesondere mit dem Medienwandel der Literatur in einer digitalisierten Gesellschaft und der Geschichte des geistigen Eigentums beschäftigt hat. Weitere Informationen und Kontakt über: www.thomasernst.net.

Renate Giacomuzzi ist Privatdozentin und Senior Scientist am Institut für Germanistik und am Innsbrucker Zeitungsarchiv der Universität Innsbruck. Ihre aktuellen Forschungsschwerpunkte sind Literaturvermittlung, Literatur und digitale Medien, Archivierung. Ihre Monographien behandeln die Themen *Digitale Literaturvermittlung* (gem. mit Stefan Neuhaus u. Christiane Zintzen (Innsbruck 2010) und *Deutschsprachige Literaturmagazine im Internet* (Innsbruck 2012). Weitere Informationen auf der Homepage: http://www.uibk.ac.at/germanistik/mitarbeiter/giacomuzzi_renate/.

Svenja Hagenhoff ist Professorin für E-Publishing und Digitale Märkte im Institut für Buchwissenschaft der Friederich-Alexander-Universität Erlangen-Nürnberg. Ihre Kernarbeitsgebiete in Erlangen sind die Medienwirtschaft mit Fokus auf Schrift- und Lesemedien sowie anwendungsbezogene Technologieaspekte in dieser Domäne. Aktuelle Publikationen: „Buch und Buchsachgruppen", in: Jan Krone und Tassilo Pellegrini (Hg.): *Handbuch Medienökonomie.* Berlin 2017 (online first 2016); „Medieninnovationen und Medienrevolutionen. Von Gutenberg zu Berners Lee", in: Jan Krone und Tassilo Pellegrini (Hg.): *Handbuch Medienökonomie.* Berlin 2017; „Daten und softwaretechnische Funktionalität als Ressourcen im System der Wissenschaftskommunikation", in: Wolfgang Seufert (Hg.): *Media Economics revisited. (Wie) verändert das Internet die Ökonomie der Medien?* Baden-Baden, im Druck.

Ayoe Quist Henkel is an associate professor at VIA University College and PhD student at Centre for Children's Literature and Media, Department of Communication and Culture, Aarhus University, Denmark. She is an author and editor of articles and books on children's literature. Most recently an article in *Nordic Journal of ChildLit Aesthetics* on children's literature shifting between media and in *Children's Literature in Education* on the materiality of literary apps.

Julian Ingelmann ist wissenschaftlicher Mitarbeiter am DFG-Graduiertenkolleg *Literatur und Literaturvermittlung im Zeitalter der Digitalisierung* an der Georg-August-Universität Göttingen, wo derzeit seine Dissertation zum Thema Laienliteratur im digitalen Zeitalter entsteht. Zu seinen Forschungs- und Publikationsschwerpunkten zählen die Literatur der Digitalisierung, die Rolle der Germanistik in der Gegenwart und die Unterhaltungsliteratur um 1800.

Raphaela Knipp, Dr., ist Wissenschaftliche Koordinatorin des DFG-Graduiertenkollegs „Das Dokumentarische. Exzess und Entzug" an der Ruhr-Universität Bochum. Ihre Forschungsschwerpunkte sind Medien der Literatur, Leser*innen- und Rezeptionsforschung, Ethnographisch-praxeologische Ansätze in der Literaturforschung, Kollektives Lesen (insbes. im digitalen Zeitalter), Literaturgeographie, Literaturausstellung, Literaturtourismus. Letzte Publikationen: *Begehbare Literatur. Eine literatur- und kulturwissenschaftliche Studie zum Literaturtourismus*, Heidelberg 2017; „Literaturbezogene Praktiken. Überlegungen zu einer praxeologischen Rezeptionsforschung", in: Mark Dang-Anh u. a. (Hg.): *Navigationen. Zeitschrift für Medien- und Kulturwissenschaften* 17, 1 (2017): *Medienpraktiken. Situieren, erforschen, reflektieren*, S. 95–116.

Axel Kuhn promovierte 2008 an der FAU Erlangen-Nürnberg zum Thema *Vernetzte Medien. Nutzung und Rezeption am Beispiel von World of Warcraft.* Von 2008 bis 2011 war er Wissenschaftlicher Mitarbeiter der Buchwissenschaft und Wirtschaftsinformatik im interdisziplinären BMBF-Projekt *2nd Tech Cycle*, von 2010 bis 2011 Wissenschaftlicher Mitarbeiter an der JGU Mainz im Projekt *Kulturzeitschriften. Medien zwischen Buch und Zeitschrift* sowie 2011 Wissenschaftlicher Mitarbeiter am Forschungsschwerpunkt Medienkonvergenz der JGU Mainz im Projekt *Transition of the book industry in the network society.* Seit 2011 ist er Akademischer Rat auf Zeit am Institut für Buchwissenschaft der FAU Erlangen-Nürnberg und habilitiert sich zum Thema *Zeitschriften und Medienunterhaltung. Zur Evolution von Medien und Gesellschaft in systemfunktionaler Perspektive als Erweiterung buchwissenschaftlicher Forschung* (Abschluss Mitte 2017). Publikationen und Forschung mit den Schwerpunkten Rezeptions- und Mediennutzungsforschung, insbesondere zum Lesen und zu digitalen Medien, sowie Mediensoziologie, insbesondere zur Wechselwirkung von Medien- und Gesellschaftsentwicklung.

Kai Matuszkiewicz war Kollegiat und wissenschaftlicher Mitarbeiter am GRK 1787 *Literatur und Literaturvermittlung im Zeitalter der Digitalisierung* an der Georg-August-Universität Göttingen. Zu seinen Forschungsschwerpunkten zählen u. a. Game Studies, Narratologie und Transmedia Studies. Ausgewählte Publikationen: [zusammen mit Julian Ingelmann] „Autorschafts- und Literaturkonzepte im digitalen Wandel", in: *Zeitschrift für Germanistik. Neue Folge XXVII* 2017/2, S. 300–315 sowie „Internarrativität. Überlegungen zum Zusammenspiel von Interaktivität und Narrativität in digitalen Spielen", in: *DIEGESIS. Interdisziplinäres E-Journal für Erzählforschung* 2014/3, H. 1, S. 1–23.

Christian Müller ist Akademischer Mitarbeiter am Institut für Sprachen an der Pädagogischen Hochschule Ludwigsburg und Lehrbeauftragter am Institut für Germanistik an der Universität Koblenz-Landau. Zu seinen Arbeitsschwerpunkten zählen: Literatur- und Mediendidaktik; Kinder- und Jugendliteraturforschung; Theaterdidaktik. Kontakt über christian.mueller@ph-ludwigsburg.de. Aktuelle Publikationen: „Literarisches Lernen anhand einer Kinderbuch-App", in: *Praxis Deutsch*, H. 247/2014, S. 14–17; „Tanztheatrale Erfahrungen mit Körpern. Ein propädeutisches Modell zum Umgang mit den Rezeptionsnormen des postdramatischen Theaters", in: Steiner, Anne/Radvan, Florian (Hg.): *Grenzspiele. Theaterdidaktische Perspektiven auf Normen und Normbrüche im Drama und auf der Bühne.* Baltmannsweiler: Schneider, 2016, S. 217–235; „Autorenlesungen in ihrer Diversität. Zur Rezeption von Gegenwartsliteratur im Internet", in: Pieper, Irene/Stark, Tobias (Hg.): *Neue Formen des Poetischen. Didaktische Potenziale von Gegenwartsliteratur.* Frankfurt a. M.: Lang, 2016, S. 119–138.

Martin Rehfeldt, Dr. phil., geb. 1978, studierte 2000–2005 Neuere deutsche Literaturwissenschaft, Philosophie und Psychologie in Augsburg und Bamberg und ist seit April 2005 als wissenschaftlicher Mitarbeiter an der Professur für Neuere deutsche Literaturwissenschaft und Literaturvermittlung der Otto-Friedrich-Universität Bamberg tätig. Er erhielt ein Promotionsstipendium der Studienstiftung des deutschen Volkes und promovierte 2013 mit einer Arbeit über Möglichkeiten interpretierender Rezeptionsforschung mit Beispielanalysen zur Rezeption von Texten Helmut Kraussers. Er publizierte u. a. zu Rezeptionsforschung, Liedtexten, Literatur und Film, Literatur und Recht, Gegenwartsliteratur, war von 2003 bis 2009 Redakteur der Zeitschrift *Deutsche Bücher. Forum für Literatur* und ist seit 2011 Redakteur des Blogs *Deutsche Lieder. Bamberger Anthologie* (deutschelieder.wordpress.com).

Peter Scheinpflug, Dr. phil., ist Medienkulturwissenschaftler am Institut für Medienkultur und Theater an der Universität zu Köln. Nach dem Studium in Darmstadt, Saint Louis und Köln wurde er 2013 an der Universität zu Köln promoviert. Seine Forschungsschwerpunkte sind Genre-Forschung, Film- und Mediengeschichte, Comics Studies, Gender, Taktilität und Digitalität sowie Visual Literacy. Ausgewählte Publikationen: *Formelkino. Medienwissenschaftliche Perspektiven auf die Genre-Theorie und den Giallo* (Monographie: Bielefeld, 2014); *Genre-Theorie. Eine Einführung* (Monographie: Berlin, 2014); „‚Touch Windows Now!' Mediale Praktiken und kulturelle Phantasmen des Touchscreens" (Aufsatz: St. Wolfgang, 2013); „eiPott, Oliven-Apps und Candy Crush. Der kulinarische Interdiskurs rezenter Medientechniken" (Aufsatz im Erscheinen).

Friederike Schruhl, geb. 1987, ist wissenschaftliche Mitarbeiterin an der Humboldt-Universität zu Berlin. Von 2006 bis 2013 studierte sie Philosophie und Deutsche Literatur in Berlin und Nottingham. Von 2013 bis 2017 war sie wissenschaftliche Mitarbeiterin im DFG-Graduiertenkolleg *Literatur und Literaturvermittlung im Zeitalter der Digitalisierung* an der Universität Göttingen. 2014 verbrachte sie einen Forschungsaufenthalt an der Österreichischen Akademie der Wissenschaften in Wien am Forschungsschwerpunkt „*Digital Humanities. Literature in Transition*". Ihre Forschungsinteressen sind Digital Humanities, Praxeologie und Wissenschaftsforschung. Aktuelle Publikation: „Literaturwissenschaftliche Wissensproduktion unter dem Einfluss der Digitalisierung", in: *Zeitschrift für Germanistik* NF XXVII (2017), H. 2, S. 239–260.

Martin Stobbe war bis 2016 Doktorand im Promotionskolleg *Literaturtheorie als Theorie der Gesellschaft* der Hans-Böckler-Stiftung an der Universität Münster und ist Redakteur beim philologischen Open-Access-Journal *Textpraxis*. Seine Forschungsschwerpunkte liegen in den Bereichen Gegenwartsliteratur und Postsäkularität sowie digitale Spiele. Er lebt und arbeitet in Leipzig. Ausgewählte Publikationen: (zus. mit Tristan Weigang): „Relativ Indie. Kultursoziologische Skizzen zu einem neuen Produzententypus im Feld der Computerspielproduktion", in: Martin Hennig u. Hans Krah (Hg.): *Spielzeichen. Theorien, Analysen und Kontexte des zeitgenössischen Computerspiels.* Glückstadt 2016, S. 94–116; (zus. mit Tristan Weigang): „Was sind Serious Games? Explizit-politische Themen und problematische Regeln im Computerspiel der Gegenwart", in: Dominic Büker u. a. (Hg.): *Social Turn? Das Soziale in der gegenwärtigen Literatur(-wissenschaft).* Weilerswist 2017, S. 117–136.

Silvia Serena-Tschopp ist seit 2000 Inhaberin des Lehrstuhls für Europäische Kulturgeschichte an der Universität Augsburg; seit 2001 ist sie Direktorin des

Instituts für Europäische Kulturgeschichte an der Universität Augsburg. Ihre Forschungsschwerpunkte sind u. a.: Historische Medienforschung, Literatur und Kultur der Frühen Neuzeit, Schweizer Literatur und Kultur des 16. bis 19. Jahrhunderts, Methodenfragen der Kulturwissenschaft, populäre Lesestoffe (Volkskalender, Fabeldichtung, Unterhaltungsliteratur), Wissens- und Wissenschaftsgeschichte. Buchpublikationen zur *Publizistik des Dreißigjährigen Krieges* (1991), zur *Geburt der Nation aus dem Geist der Geschichte* (2004) sowie zu *Grundfragen der Kulturgeschichte* (2007). Außerdem ist sie Mitherausgeberin von Sammelbänden u. a. zu *Literatur und Geschichte* (2002) oder *Macht und Kommunikation* (2012).